実定法秩序論

実定法秩序論

尾高朝雄

書肆心水

目次

実定法秩序論

凡例

一、本書は尾高朝雄著『実定法秩序論』（一九四二年、岩波書店刊行）の復刻版である。底本には第三刷（一九六九年）を使用した。底本の印刷欠字は第一刷に拠って補ったが、第一刷においても不明瞭な場合は妥当と考えられる字を［　］で括って補った。

一、本書では新漢字・新仮名遣に変更して表記した。ただし人名の漢字はそのままにし、和書（和訳書）引用文の仮名遣も（尾高自身の著作を含め）そのままにした。

一、読み仮名ルビを付加した。

一、底本において、行が変わるために「々」の使用が避けられたと考えられる場合、本書では「々」を使用した。

一、［　］による挿入は本書刊行所によるものである。

はしがき

本書の中で私が何を説こうとしているかは、本書そのものが物語るであろうから、ここでその内容を不完全な仕方で要約するのは、差し控えることとしたい。ただ、あらかじめ断って置かなければならないのは、本書には、いわゆる「方法論」と名づけられるような部門がないということである。私は、いかなる哲学上の立場から、いかなる方法を用いて実定法の現象を研究しようとしているか、ということを明らかにしないで、ただちに法の立体構造を論じ、法の効力とか法の効力の根拠とかいうような根本問題に向って突き進んで行ったのである。

しかし、私の貧しい体験からいわせると、法とか国家とかいうがごとき複合対象の正体を見窮めるためには、始めから方法論上の立場に捉われているよりも、むしろ対象そのものと直接に取り組んで行くのが、一番正しい「方法」ではあるまいかと思われる。いわゆる方法論は、対象の持つ固有性を抽き出して、これを学問の画布の上にはっきりと浮び上らせるには適している。けれども、その結果として、対象が生きた実在の聯関から切り離され、生命のない形骸として科学の俎上に横たえられることになる虞れがある。実定法現象の複合性を論理のメスによって傷つけることなしに、これをそっくりそのままに科学の世界に移して見るためには、いわゆる方法論的な成心を去って、まず学徒自ら実定法現象の中に沈潜して行くに如《し》くはない。私は、個々の実定法解釈学についてはきわめて乏しい素養をしか持たぬけれども、本書の想を練るに当り、少くとも大局的に私の採ろうとした態度は、それであった。これをも一つの「方法」であるというならば、それは、対象自体の中に身を置いて見る綜合認識の方法であり、「事物そのものに向って」(an die Sachen selbst) 進む現象学の方法であるということが出来るであろう。

本書の中で取り扱っている問題は、法の効力にせよ、法の効力の根拠にせよ、幾多の先人があらゆる辛酸を嘗めつくして解明に努力して来た法学のアポリアである。また、法の目的相互の複雑な対立関係を論じ、その間の調和の原理を見出そうとしたことは、いままでの法学や法哲学では部分的にしか取り上げられなかったような仕事である。更に、国家と実定法との関係に論及して、国家の基本構造や現代国家の諸類型を考察するに当っては、国家の法共同体性・統治権の主体と客体・立憲君主国家の構造、等、国法学上の最も重大な問題にまで立ち入っている。本書は、私が十年来これらの大問題について重ねて来た苦吟・摸索の跡を一応取りまとめて記録したものであるに過ぎない。したがって、一応の解決と見ゆるものも、更に新たな問題を生んで、ほとんど窮まるところを知らない。ここにあえてかかる未熟な試論を公にする所以は、これによって広く学界の叱正を仰ぎ、今後ともに微力を傾けて遥けき窮理の道に進みたいという念願以外にはないのである。

なお、実定法秩序論という以上、当然に、実定国際法秩序の問題を取り上げなければならない筈であり、本書に著手した際には私《ひそ》かにその計画をも立てていたのである。しかし、それは問題領域をいよいよ広大複雑ならしめる結果となり、それについて一応の試論を組み立てることすら、私の現在の能力の及ぶところでないばかりでなく、今日の激動する世界情勢が或る安定点に達するまでは、軽々に国際法理論の構想を試みることは差し控えらるべきであると考えたので、本書では専ら実定国法秩序の考察のみに留めることとした。

本書の成るに際して、畏友、船田享二・清宮四郎両教授の並々ならぬ高誼に篤き感謝を捧げると同時に、京城帝国大学法文学部勤務、高尾嘉四郎・樋口正克・中吉功の諸氏の協力、ならびに岩波書店編輯部の布川角左衛門・本堂繁松の両氏の高配に対し、哀心の謝意を表する次第である。

昭和十七年二月十一日

尾高朝雄

謬った命題は、普通、同じように謬った反対命題によって押しのけられる。のちになって始めて、人はその中間に存するところの真理を発見する。それが学問の運命である。

――フィヒテ――

第一章　法の立体構造

第一節　法の垂直断面

一　規範と事実

法は人間生活の秩序である。人間の社会生活は不断に流動転変しているが、流動転変する社会生活過程の中に常に一定の軌道があって、混乱破壊に陥ることを防いでいるのは、すなわち法の機能に他ならない。社会が人間生活の軌道に沿うて秩序正しい状態を保っているのは、そこに法が実現されているからである。その意味では、法は一つの大きな「事実」である。しかしながら、人間の複雑多岐の生活は、必ずしも常に法の軌道のみに従って営まれているとはかぎらない。なすべからざる行為と識りながら、法の軌道を踏み違える者もあり、あるいは、何らかの信念や目的に基づいて、殊更に法の規定に反する行動に出づる者もある。それらの人間の事実生活と対比するときは、法は決して単なる事実そのものではなく、事実上の人間生活の準拠すべき「規範」であると考えられなければならない。故に、法は、事実であると同時に規範である。存在であると同時に当為である。かように一見矛盾した二つの性格を併せ有するものが、すなわち実定法なのである。

このことは、既に、実定法が平盤的な対象ではなく、立体的な構造を有するものであることを物語っている。平盤的とか立体的とかいっても、それはもとより一つの比喩であって、法が実際にさような文字通りの空間性を有している訳ではない。しかし、仮りに精神的対象を以て構成された空間というようなものを考えて見るとすると、法は事実の層を地盤としながら、事実の層を越ゆる規範の層にもり上って、いわば三次元的な領域を占めているのである。いいかえると、実定法は、事実の世界と規範意味の世界とに跨がって築かれている人間社会生活の秩序態であり、したがって、これを単なる事実と見ることも、これを単なる規範であると考えることも、共に法に関する一面観であるに過ぎない。

法をば事実と全く没交渉な規範と見るのは、いうまでもなく純粋法学の立場である。純粋法学は、法をば純粋の当為法則として説明しようとする。ただし、法をば純粋の当為法則と見るからといって、純粋法学は、そこに実在性のない「自然法」を考えている訳ではない。むしろ、全く反対に、純粋法学は何処までも法をば一つの実在として説明しようとしている。実在する法の理論、すなわち「実定法の理論」を組織立てようとするのが、純粋法学の最初からの意図なのである。(1) それでは、実定法が自然法と同じく純粋の規範でありながら、自然法と違って社会的歴史的な「実在」であるのは、一体、何によるのであろうか。——純粋法学をしていわしむるならば、自然法は無条件に、したがって時と処とを越えて、普遍的に妥当する規範と考えられているのに反して、実定法は一定の条件の下に妥当する規範であり、それ故に、時と共に変化し、処によって相違する法である、と。(2) しかしながら、一定の条件の下に定立された法規範が、時により場所によって変化し得るからといって、それだけでその法規範が実定法であるといい得るであろうか。専政君主がいかに物好きに朝令暮改の法を制定して見ても、あるいは、議会においていかに法をたびたび改正して見ても、もしもそれが実際には一向に社会生活の中に行われ得ないものであるならば、これを厳密な意味で実定法と見做すことが出来るであろうか。法は、単に時と処とによって変化するというだけの理由で、実定法と認められる訳ではない。実定法の実定法たる所以は、それが現実の社会生活の上に働きかけ、その中に事実として行われ得る、という点にある。だから、仮りに絶対無条件に妥当する法があって、それがその絶対不易の内容のままに常に事実上行われているとしたならば、これを実定法と見るのに何の差支えもない筈なのである。実定法は規範である。しかし、それは、事実として実現されつつある規範である。実定法は、事実生活に深く浸潤している規範である。故に、事実から切り離された規範をいかに論理的に分析して見ても、それによって実定法の実定性を明らかにすることは出来ない。実定法の研究は、まずこの事態を直視することから始められねばならぬ。

しかしながら、それであるからといって、法の規範性を否定し、これを単なる事実と同一視することが出来るであろうか。

経験主義的な傾向の強い法学者の中には、法の存立の根拠をば、事実に帰着せしめようとする者が少くない。「事実の規範力」を以て窮極の法源と見たイェリネックを始めとして、[3] 法をば一定の社会生活圏内での最高実力の現れとして説いたショムロオ、[4] 憲法の効力の根源は政治上の権力意志の決定であると做すカアル・シュミットなど、[5] いずれも結局は法を何らかの意味での事実に依存せしめているものということが出来よう。しかし、それらの見解は、法の根本を事実に求めている点で、明らかに純粋法学の純粋規範主義と対立しているとはいえ、その反面、それは決して法の規範性を否定している訳ではない。むしろ、イェリネックの「事実の規範力」説などによって明瞭に示されているように、法の淵源は事実であるが、法そのものは規範である、という見方が優勢なのである。もっとも、この方面に更に徹底して、法の規範性を全く否定し、裁判官が現実の事実について現実に判決を下す行為というようなものを取り上げて、それが法であると見る考え方もない訳ではない。例えば、アメリカの尖端的な新現実主義の学説などが、それに属するであろう。[6] これも一つの見方ではあろうが、しかし、それでは、裁判官が裁判官であって教会の牧師ではなく、判決が判決であって俳優の台詞ではないということの根拠は何処に存するか。結局、それは、裁判官をして裁判官たらしめ、判決を判決として通用せしめているところの、法的規範意味でなければならないであろう。故に、事実は決して単なる事実として法であるのではなく、一定の規範意味を実現しつつある事実として始めて、一つの法現象と見做され得るのである。かように、いかに事実の尖端を捉えてそれが法であると考えようとして見ても、決して規範性の領域から全く絶縁し去ることは出来ないのである。

それであるから、法は間違いもなく規範の一種である。法の規範性を否定することは、法を法と認めぬことである。しかし、そうであるからといって、法は事実から隔絶した単なる規範ではない。法たる規範は、絶えず事実の中に実現されることを求めており、また、その規範意味の大部分は実際に社会生活の事実を動かしているのである。かように事実生活の中に実現された相を捉えていえば、法は一つの事実なのである。けれどもまた、さればとて、無意味な事実生活や事実行為が、そのままただちに法である訳ではない。社会生活の事実は、その中に一定の規範意味を実現せしめているかぎりにおいて、始めて法と認められるのである。法は、事実の中に実現されることを求めている規範であり、規範意味を実現せしめつつあるところの事実である。故に、法の基底は事実であり、法の上層は規範である。すなわち、事実の層を底面としながら、規範意味の領域に聳え立っているのが、実定法の存在様相であると考えられなければならぬ。

（1）「純粋法学は実定法の理論である。」ただし、それは「ただ単に実定法の理論であって、或る特殊の法秩序の理論ではない。それは一般法学であって、特殊の国法規範または国際法規範の解釈ではない。」Hans Kelsen: Reine Rechtslehre. Einleitung in die rechtswissenschaftliche Problematik, 1934, S. 1: Vgl. derselbe: Hauptprobleme der Staatsrechtslehre entwickelt aus der Lehre vom Rechtssatze, Vorrede zur 2. Aufl., 1923, S. V.

（2）「自然法の理念に対して、その規範の絶対的な効力ということが照応するがごとくに、実定法の理念には、その規範の単に仮言的・相対的な効力ということが対応する。実定法規範の効力が仮言的・相対的であるというのは、それが、一定の前提の下においてのみ始めて、すなわち、法創設の最高権威を指定する根本規範を予想して始めて、効力を有するという意味である。」「自然法が、一定の絶対価値に淵源を有し、したがって絶対的の効力を主張するということは、いいかえれば、それが――その純粋理念に相応して――一つの永久不変の規範として現れるというのと同じことである。これに反して、単に仮言的・相対的の効力を持つに過ぎぬところの実定法は、それ自体に含まれた意味において、無限に流動する、空間上・時間上変転的な諸関係に順応する秩序なのである。」Kelsen: Die philosophischen Grundlagen der Naturrechtslehre und des Rechtspositivismus, 1928, S. 12, S. 14.

（3）「或る民族の中に行われているすべての法は、最初は事実上の慣行以外の何ものでもなかったのである。一定の慣行が永く続けられている内に、その慣行は規範に適っているという表象が生じて来る。そうして、それと共に、規範そのものが共同体の権威ある命令として、すなわち法規範として認められるようになるのである。」Georg Jellinek : Allgemeine Staatslehre, 3. Aufl., 1914, S. 339.

（4）「法とは、一定の、通例的に遵守される、包括的にしてかつ恒常的なる最高実力の諸規範を意味する。」「一つの実力がここで用いられる言葉の意味において最高の実力であるためには、その実力の発する命令が、一定の人間範域の中で通例的に行われ、他の実力に比して一層実効的に遂行され得る、ということが必要である。」「一つの規範が法としての性質を持つかどうかの問題は、常にただ、その規範を制定したところの実力が、自己の要求を『通例的』に実現し得るかどうか、によって決せられるのである。」Felix Somló : Juristische Grundlehre, 2. Aufl., 1927, S. 105, S. 93.

（5）「実際のところ、一つの憲法が効力を有するのは、それが一つの憲法制定権力（すなわち実力または権威）に淵源し、その権力の意志によって定立されているからなのである。」「憲法は、憲法を制定した者の、実存する政治的意志によって通用するのである。」「憲法の基礎に一つの規範があり、憲法はその規範が正当なるが故に妥当する、という風に考えらるべきではない。憲法の基礎に在るものは、政治的の存在である。その政治的の存在が、自巳の存在の様式と形態とについて政治的の決定を与えたということが、憲法の根柢を成すのである。」Carl Schmitt: Verfassungslehre, 1928, S. 9, S. 22, S. 76.

（6）この種の考え方によれば、「ある特定の事実関係についての法は、それらの事実についての、そして人に対する裁判所の判決そのものなのである。したがつて裁判所がそれらの事実について判決を下すまでは、その点についての法はまだ存在しないのであり、その判決以前においては、その事実についての法に関する法律家の意見だけしか存在しないのである。かかる意見は現実には法そのものではないので、裁判所の判決の、したがつて法の推量にすぎないのである。」それは、「即ち法は個々の判決につきるのであり、いはゆる一般的抽象的な法は名目にすぎない、言葉にすぎない、と主張することを意味する。」高柳賢三教授・独裁政と法律思想、昭和十三年、二四二頁以下。

二　法と道徳

法は、事実を基礎としつつ、規範意味の領域に聳え立っているところの、人間社会生活の秩序態である。しかし、法が規範意味の世界に聳え立っているといっても、その聳え立ち方は、決して事実から隔絶して鋭角的にそそり立っているような意味に解されてはならない。むしろ、広い事実層を底面として、緩やかな曲線を描きながら、丘阜状に規範意味の世界にもり上っているのが、実定法の姿なのである。だからして、法の規範性の頂点に在る法規を取って見ても、それと事実性の底面との距離は、決して著しく大きいということはない。何故ならば、法規範の内容が事実生活から距たれば距たるほど、それが事実となって実現される可能性は、それだけ少くなる。いいかえると、事実から余りに遠ざかり過ぎた規範は、実際に行われることが非常に困難になって来る。ところで、実際に行われない規範は、非実定的な規範であって、実定法規範としての資格を持たない。故に、法は規範として定立されるのであるが、法規範の規範意味内容は、容易に事実化され得るということのために、必ず事実と近接した距離を保つ必要がある。かように、規範として定立されながらも、しかも決して事実から遠く隔絶してはならないということは、実定法によって常に守らるべき限界である。そうして、この限界の中に、法を特質づける一つの顕著な性格が見出されるのである。

というのは、この点に、法と道徳とを区別する大きな相違性があるからである。道徳もまた、規範として定立され、規範として事実生活への実現を求めている。その点は、法も道徳も同じである。ところで、法にとっては、この規範的な要求が単なる「要求」たるに留まらないで、実際に人間の行為となって「実現」されて行くということは、本質的に重要な意味を持つ事柄である。百人が百人まで法を遵守しないまでも、それが百人の中の例えば九十人によって実行されているということは、法の本質に属するのである。これに反して、道徳の規律は、その規律の内容が現実の人間によってはほとんど実現され得ないようなものであっても、それが道徳であるという本質は、それによって毫も損われることがない。千万人の中のただ一人にして始めて実行し得るような峻厳な格律といえども、立派に道徳として通用するのである。否、通常人の及びもつかない位に峻厳な要求が掲げられていればいるほど、その格律の道徳としての尊厳性は、ますます高められて行くのである。「汝は人をば、それが自己自身たると他人たるとを問わず、常に同時に目的として取扱い、決して単なる手段として用うることなきように行動せよ、」というカントの定言命令は、奴隷制度が公認され、極端な搾取が行われている社会にも、否、そういう社会であればあるだけに、それだけ崇高な道徳律として妥当するであろう。一箪の食、一瓢の飲、陋巷に在ってその楽しみを改めざるほどの顔回にして、なおかつ喟然として、「之を仰げば弥々高く、之を鑽れば弥々堅し、」と歎ぜざるを得なかった孔子の人格は、およそ人として達することの出来る至上至高の境地であろう。しかも、孔子の前に孔子なく、孔子の後に孔子なき、その不世出の人格によって始めて躬行実践せられた東洋道徳の精華は、二千年の後世にもなお燦として輝きを失わぬのである。かように、事実と隔絶した理想の高みに立って、自己と背馳する事実の世界を睥睨し得るところに、法と異なる道徳の根本性格が存する。

勿論、道徳といえども、人間の社会生活の規矩準縄であるかぎり、全く人の踏み行い得ぬような内容を持つものであってはならない。道徳にとっても現実化の可能性は必要であり、現実化の要求の熾烈な点では、道徳は毫も法に劣らないといい得る。しかし、その熾烈な現実化の要求が、単なる要求だけに留まっていても、道徳の道徳たる価値は少しも損われないというところに、道徳規範の明白な事実超越性が認められるのである。これに対して、人はあるいは、さように事実から隔絶した道徳だけが道徳である訳ではなく、日常卑近の人間生活の中にも道徳は現に行われているのであり、それらの日常道徳といえども、日常的であるが故に崇高でないとは決していい得ない、と反駁するであろう。確かに、日常性の道徳の中に、守り易く行い易き人倫の常経が、燦然として光り輝いているということは、充分に認められなければならない。けれども、一見、守り易く行い易く思われる人倫の常経であっても、それを完全に実践して行こうということになると、その目標はますます高く、その理想はいよいよ遠く現在の到達点から隔たり去って、人をして修道精進の遂に成る日のないことを嘆ぜしめるのである。「道は近きに在り、」というが、近き道に甘んじて、遠き理想を忘れるならば、道徳の発展は忽ちにして停頓して了うであろう。身辺側近の道から始まって、彼岸悠遠の理念に達するところの人倫の歴程は、行くほどに高く、進むほどに嶮しい規範性の峻峰でなければならぬ。その峻峰の頂上こそ真の道徳の所在であるとするならば、道徳と事実との距離は、いきおい、はなはだしく隔絶することとならざるを得ないのである。

道徳と法とは、同じく規範でありながら、前者は事実と隔絶した高みに立ち、後者は常に事実と近接した位置を保っているという考え方に対しては、更に法の立場からも抗議を受ける可能性がある。それは、法の理念の崇高性を信奉する者の目から見れば、法の要求といえども、道徳と同じく、事実の如何によって左右されることのない絶対性を持つ、と考えられるからである。なるほど、法の理念は正義であり、正義の要請は絶対であるといわれる。「天地崩るるとも、正義をして成就せしめよ」(Fiat iustitia, ruat caelum) という格言は、さような信念を力強く表現しているのである。しかしながら、天地が崩れようとも、あるいは、社会が紊乱の極に達しようとも、なおかつ厳として妥当すべき正義は、「自然法」の理念であって、「実定法」上の当為ではない。自然法は、行われないでも尊いという点で、むしろ道徳と同じ範疇に属し、したがって、実際に行われるということを要件とする実定法とは、別個の取扱いを受けなければならない。実定法は、実際上歴史と共に遷り、社会によって異なる。実定法が歴史と共に遷り、社会によって異なるのは、それが可変可動の事実を地盤とし、転変流動する実生活への順応を余儀なくされるからである。故に、法をばいかに道徳と同じ高みにまで引き上げようと努力して見ても、法の実定性を奪わないという限度を守る必要があるかぎり、その中に盛られた道徳の内容は、道徳としては相対的な、不徹底なものとならざるを得ない。この制約を無視して、法の中に徒らに崇高な理念を盛ることは、法の本質に反するばかりでなく、法の効力を不確実なものたらしめるが故に、立法政策としても大いに戒められなければならない。

もとより、法の内容が同時に道徳上の要求に適うということは、それ自体としては、誠に望ましいことである。さればこそ、法は、国民固有の醇風美俗を助成することに力めると同時に、公の秩序・善良の風俗に反する事項を目的とする法律行為に対しては、その効果を否定し、更に進んでは、道徳を破壊する行為をば犯罪として、これに刑罰を科する等、出来得るだけ道徳への接近を計るのである。しかし、その反面また、法の基脚は、常に事実の大地の中に深く根を下していなければならない。高柳賢三教授のいわるる通り、「法の生命はその執行にある。行はれない法は名は法であつても実は空文に過ぎぬ[1]」。そうして、「行はれざる法からは二つの重大な結果が生れる。その一は法律と実際との離隔であり、その二は遵法心の衰退である[2]」。例えば、北アメリカ合衆国の禁酒法は、その制定当時には色々な議論があり、将来の効果を期待する意見も行われたけれども、今日では、何人といえどもそれが失敗であったことを認めざるを得ないであろう。禁酒法が失敗に帰したのは、それが事実を無視した法であり、したがって行われぬ法であったからである。行われぬ法であったが故に、まず禁酒法そのものの権威が失墜し、引いて、一部の国民に国法一般に対する軽蔑の念を植えつけたからである。その結果としては、いわば面白半分に国法を犯すというような風潮を醸成する。或る刑事学者のごときは、ギャングや人攫いなどのようなアメリカ特有の犯罪現象の発達の原因をば、一つには禁酒法の失敗に帰せしめている[3]。法が、余りに高度の、もしくは一面的の道徳の要求に追随して、行われぬ法と化するときは、単に法の失敗となるばかりでなく、国民道徳の上にも由々しい弊害を惹き起す虞れがある。法は、いかに道徳の内容を盛る場合にも、自らは法であって、道徳そのものではないことを忘れてはならない。これを忘れた法は、鵜の真似をする烏のごとくに、水に溺れるのである。故に、法の道徳化には自らにして限度がなければならぬ。その限度は、道徳の立場から見れば、すこぶる不満足な限度であるかも知れない。しかも、法を通じて実現される道徳は、法をして失敗に終らしめず、引いて道徳それ自体へ悪影響を及ぼさしめないために、必ず大なり小なり不満足な状態に満足しなければならない。この関係をやや誇張して表現するならば、イェリネックの言葉にある通り[4]、法は「倫理的の最小限度」(das ethische Minimum) であるというようなことにもなるであろう。

それであるから、道徳は事実を遥かに超越した規範であり得るが、法は規範として定立されながらも、常に事実と近接した距離を保たなければならない。そこに、「事実からの距離」によって測定される、道徳と法との間の位置の相違が認められるであろう。この関係を最も明らかに説いた法哲学者は、ラアドブルッフである。ラアドブルッフによれば、慣習と法と道徳とは、丁度ここに並べたと同じ順序を以て、歴史的に分化発達して来たのであるが、慣習から法が、法から道徳が分化するにつれて、理想と現実との間の「隔張度」(Spannungsgrad) が増大し、現象の事実性に対する規範定立の放胆さが高まって行くのである。すなわち、現実の社会状態に最も忠実な慣習律は、事実を事実なるが故に尊重し、昨日そうであった事柄を、昨日そうであったが故に今日の規範たらしめようとする。これに反して、現実に対して最も大胆な道徳律は、事実の如何を問わずに、純粋の当為を定立し、真の道徳上の義務は、よしんばそれが現実には何人によっても履行されていないにせよ、常に絶対の義務として行わるべきことを要求する。これら二つの極端の中間に位するのが法であって、法の規定は、一方では単に伝来の事実を尊重するばかりでなく、事実を大なり小なり匡正しようとする意味を持つけれども、しかも、法と事実との間の距離は、いかなる場合にも、道徳と事実との間の距離のように大きな隔たりを示すことは出来ない。もっとも、立法者は、形式上はいかなる内容の法規範をも、その思うがままに定立することが出来るであろう。故に、事実生活と全くかけ離れた法をも、とも角も形式上は法として制定し得るであろう。しかし、国民生活の実情を無視して定立された法規範には、実際上国民が追随しては来ないのである。すなわち、さような法は実質上の効力を持たない法でしかあり得ないのである。法は、単なる当為ではなくして、国民生活の中に有効に行われる規範でなければならぬ。そのためには、法は、常に事実と余りに隔絶しない限度を守る必要がある、――と。(5)

故に、仮りに実定法の領域を縦に断ち切って、その断面に現れた関係を図形的に表現するならば、法の基底は事実の世界に属するが、その上層は規範の世界にもり上っている。しかし、法の規範性の頂点といえども、事実の底面から遠く隔たった位置に在ることは出来ない。したがって、法の規範領域は、事実との接触面を弦とする鈍い弧を描いて、道徳の世界と相交わっているのである。法の規範領域をば、事実の底面から出発して、次第に上層に登って行くと、それだけ道徳の色彩が濃厚になって来る。その部分は、法であると同時に道徳であるような、二色混合の規範領域である。しかし、これを更に高度の規範段階にまで登りつめて行くならば、或る高距にいたって、法規範帯を全く抜け出でて、純粋道徳帯に入ることになるのである。逆に、人倫の理念に向って鋭角的にそそり立っている純粋道徳の高みから、規範意味の峻峰を下降して来ると、或る高距以下は、相当の広範囲に亙って法と道徳との交錯地帯を通過することになる。それが更に高度を減ずるにつれ、道徳の色彩は次第に漠然となって来て、遂に純粋事実性の山麓に達する。これが、規範と事実とを結ぶ線に沿うて考察された、法の立体構造の垂直断面の概貌である。

（1） 高柳賢三教授・新法学の基調、大正十二年、一二三頁。
（2） 高柳教授・前掲書、一二三頁。なお、田中耕太郎教授も、同様の趣旨を以ていわれる、＝「実定法は斯くの如く特に実現せられなければならぬのであり、若し実現せられない実定法が存するに於ては、徒らに法の権威を失墜することになるので、立法者は法の制定に当り其の実現の可能性を大に考慮しなければならぬのである、」と。法の妥協的性質に就て、牧野教授還暦祝賀・法理論集、昭和十三年、一一四頁。
（3） Franz Exner: Kriminalistischer Bericht über eine Reise nach Amerika, Zeitschrift für die gesamte Strafrechtswissenschaft, 54. Bd., 1934, S. 352. 不破武夫教授・刑の量定に関する実証的研究、昭和十四年、二〇〇頁。
（4） 「法は、倫理的の最小限度に他ならない。客観的に見れば、法は、人間の意志によって決定され得る社会の存立条件、すなわち、社会の存立のために必要な倫理的諸規範の最小限度である。主観的にいえば、法は、社会構成員によって要求せられるところの、倫理的生活動および心情の最小限度である。」G. Jellinek: Die socialethische Bedeutung von Recht, Unrecht und Strafe, 1878, S. 42.
（5） Gustav Radbruch: Einführung in die Rechtswissenschaft, 7. und 8. Aufl., 1929, S. 14 ff.

第二節　法と強制

一　強制による法の実現

法は規範ではあるが、事実を尊重する。規範として定立された法は、常に事実生活の中に実現されて行かねばならぬ。この必要から出発して、法を特に法として明確に特質づけているのは、法と強制との不可分の結びつきである。法規範を遵守実行せしめるために、これを強制し、その違反行為に対して制裁を加えるということは、法の事実化を保障する、平凡ではあるが有効な手段である。「盗む勿れ、」といっても、盗む者がある。「約束を守れ、」と教えても、契約に違反する者がある。これをそのままに放任して置いたのでは、規範の実現の大きな障害となる。故に、法は窃盗罪に対して刑罰を科し、契約違反の責任をば強制的に追及する。カントは、「法と強制を加える権能とは一つである、」といった。[1] 法の中には、その本質契機として強制が含まれている。法が強制を以て本質とするのは、法がその本質上、事実として実現されなければならないものだからである。

法的強制の典型は、いうまでもなく刑罰である。刑罰は、それ自身としては否定的な意味を持つ。罰金刑によって財産の一部を没収し、懲役刑によって身体の自由を拘束し、死刑によって人間の生命を断つというのは、いずれも否定的な行為である。かような否定的な行為が法によって行われるのは、そこに、その否定性を越える大きな積極的な意義があるからでなければならぬ。しからば、刑罰は何のために科せられるか。――一つの学説は答える。刑罰を科するのは、社会を犯罪から防衛する目的に出づるのである、と。これに対して、他の学説は論ずる。刑罰は、或る目的のための単なる手段ではない。犯罪という反価値の行為がなされた以上、これに対して刑罰を科するのは当然の応報であり、応報そのものの中に正義が実現せられるのである、と。これが、刑法基礎理論における目的刑説と応報刑説の対立である。しかし、いかに極端な応報刑説の主張者といえども、応報的正義を多々ますます顕彰するために、犯罪の頻発を要求するというようなことはあるまい。刑罰の本質が応報であるにせよ、それは、少くとも併せて犯罪の防止に、いいかえれば、規範内容と社会生活事実とを合致せしめる上に役立つものでなければならないであろう。更に、目的刑説の中にも、刑罰によって犯罪予防の実を挙げ得るのは、一般社会が刑罰を通じて威嚇されるためである、という見解と、犯罪者そのものがそれによって、警告され、改善され、隔離されるためである、という考え方とが分岐しているが、いずれにせよ、刑罰によって出来るだけ規範と事実との背反を防ごうとしている点には変りはない。このことは、民事法上［の］制裁手段たる強制執行にも当てはまるのである。刑罰や強制執行の営む本質的な機能の一つは、人間の事実生活が規範内容から逸脱することを防ぎ、規範と事実とを少くとも蓋然的に一致せしめて行く点に在る。故に、規範と事実との合致を求めるところの法は、必然的に強制の契機と結びついて来る。強制が法の本質を成すのは、そのために他ならない。

しかし、いかに法が強制を用いて規範の遵守を保障しようとしても、もしもその規範の内容が余りに事実と懸け離れたものであるならば、法の与える強制の保障も、実際上の効果を挙げることは出来ないであろう。例えば、平均点六〇点未満の成績の者は落第せしめる、という学則——落第はもとより刑罰ではないが、多少は制裁的な意味を含むと見てもよいであろう、——は、怠惰な生徒に対して規律ある勉学を促す上に効果があるに相違ない。けれども、仮りにその及第点を九〇点に引き上げたとするならば、——全生徒が九〇点以上の成績を得ることは、それ自身としては理想であるけれども、——落第の脅威も退学の強制も、教育の理想と生徒能力の現実とを合致せしめる上に、実際上何の役にも立ち得ないであろう。同様に、法は、これまで考察して来た通りに、原則としては事実と近接した当為の限度を以て満足する規範であればこそ、その規範内容の実現を強制するということが、可能でもあり、効果的でもある。これに反して、もしも法が、千万人の中のただ一人にして始めて行い得るような崇高な行為を以て規範としながら、しかもこれを強制的に遵守せしめようとしたと仮定するならば、それは単に苛酷不当であるばかりでなく、到底実際的に行い得ぬ事柄であること、いうを俟たない。法は、事実と余りに懸隔することのない規範を定立し、常人の行わんとして行い得る行為を要求しているが故に、その要求を強制的に実現せしめようとすることに意味があるのである。法が事実から近い距離に在るということと、法に強制する権能が備わっているということとの間には、かくて密接不可分の関係がある。

もっとも、社会生活の大きな変動期などには、道徳観念が急激に変化したり、政治上の世界観が尖鋭的に対立したりするために、既存法秩序の埒外に逸脱する行為が頻々として行われ、重酷の刑罰を以てこれに弾圧を加える必要の生ずることがあり得る。あるいはまた、歴史の変革が行われたのちに、基礎のいまだ薄弱な新政権がその地歩を守るために、峻厳な刑罰を濫用し、主義主張の偏差を一歩も仮借するところなく糾弾するような場合もあり得る。さような場合には、法の要求と人間の思惟行動の現実との間に大きな隔たりがありながら、しかもなお、法は、規範逸脱の行為をば強制的に剪除抑圧しようとしているのである。しかしながら、法と事実とがはなはだしく離反している場合には、いかに強制の手段を加重してこれを抑えようとしても、その結果は概ね失敗に終らざるを得ない。安政の大獄も徳川幕府の頽勢を挽回することを得ず、ギロッチンを間断なく動かして見ても、徒らにフランス革命後の混乱に拍車をかけたに過ぎなかったのである。故に、法が強制を用いて秩序の維持に当ることと、法の規定と社会生活の事実とが蓋然的に合致していることとの間には、本質的の牽聯関係がある。法は強制によって事実を規範に合致せしめようとする。しかし、この目的を達成し得るためには、規範と事実とが、強制によらずして既に概ね互に合致すべき可能性を有することを前提とするのである。すなわち、法が強制を本質契機とするということは、法規範と事実との親近関係を予想せずしては、ほとんど無意味であるといわなければならない。

これに反して、道徳は、存在から隔絶した当為性を内容とするものであればあるほど、強制というような外面的な保障手段とは相容れ難い性格を有する。高次の道徳は強制され得ず、強制によって実現された道徳は、もはや純真の道徳ということは出来ないのである。勿論、さればといって、道徳は決して強制と結びつき得ないというのではない。刑罰を恐れて守る道徳も、やはり一つの道徳である。裁判沙汰となることを厭うて隣人への義務を果す行為にも道徳性がないとはいえぬのである。しかし、それは、道徳ではあるが、既に法の内容となったところの道徳である。あるいは、それは、「最小限度」を以て満足しているところの道徳なのである。更にまた、刑罰や強制執行のような法的制裁手段によらないでも、社会の非難とか輿論の声とかいうような非組織的な強制が働いて、それが道徳の義務履行を保障していることも、少くないであろう。しかし、社会の非難を恐れ、輿論の誹りを免れるために、悪行を避け、善行を積むというような態度は、道徳としてはいまだ平俗低調の段階に留まるものといわねばならぬ。かような外面的の保障によって躬行される道徳は、既に大なり小なり不純化された道徳である。純粋の道徳の実現は、外面からは保障され得ない。真正の道徳を行わしめるものは、内面の義務観念であり、「良心」の叫びである。法と道徳との区別の標準をば、その規律の外面的であるか内面的であるかに求めるのも、広く行われている見解の一つであるが、道徳といえども、その規律の対象においては決して単に「内面的」であるとはいえない。道徳の要求は、法の規律と同じように、一定の「外面的」な人間の関係となって実現されなければならないのである。ただ、法は、義務履行の保障として外面的な強制の手段に訴えるのに対して、道徳は内面から人を動かす良心の声をばその最後の拠点としている。そういう意味では、法の外面性・道徳の内面性ということをば、両者を、区別するための一つの標識とすることが出来るであろう。

　それであるから、道徳は、純粋であればあるほど強制の契機と結びつき得ない。強制の契機と結びつかないということは、その道徳が法の内容を成さないということであり、それがつまり道徳の「純粋性」に帰着するのである。ところで、これをもう一度その反面から眺めると、強制の契機と結びつかない道徳は、道徳として純粋であり、尊厳であればあるほど、それだけ事実から遠ざかり、それだけ実現の可能性が稀薄となるのである。

　だからして、もしも道徳がその規範内容を広く社会生活の中に実現せしめて行こうとするならば、それは、その純粋度の低下を厭わず、その尊厳な理念の平俗化を計って、強制可能な規範、いいかえれば、それだけ事実生活に近接した内容を持つ規範を定立することを以て満足しなければならない。道徳が実現され難い規範の高みを去って、規範性の段階をば事実性の地盤に向って下降して行けば、その規範に対する違反行為に強制を加えることが出来、強制の手段によって規範内容の実現を保障することが可能となる。それが、法となったところの道徳なのである。すなわち、法たる性質を備えている道徳は、道徳としては不純であり、平凡であろう。これを「倫理的の最小限度」と名づけるのは、誇張した表現ではあるけれども、法が低度の道徳であることをいい現している点で、真理たることを失わない。しかし、低度の道徳であればこそ、法は高度の道徳とは違って、広く社会生活の事実を動かして行くことが出来る。シュモラアのいう通り、法は、実現される可能性が大きいという意味では、正に「倫理的の最大限度」(ein ethisches Maximum)である。[2] その当為性において最小限度の道徳たる法は、その実効性においては最大限度の道徳である。故に、現実に行われることを求める道徳は、進んで強制の契機と結合し、自ら化して法の内容となって来なければならないのである。

（1） Kant : Metaphysische Anfangsgründe der Rechtslehre, 1797. Kants Werke, herausgegeben v. E. Cassirer, Bd. VII, S. 33.
（2） Gustav Schmoller : Grundriss der allgemeinen Volkswirtschaftslehre, 1. Teil, zweite Aufl., 1923, S. 57.

二　行為規範と強制規範

さて、法が強制の手段を用いて規範内容の実現を計るものである、ということからして、更に法規範に特有の重層構造が生れて来る。すなわち、純粋の道徳は、人間に一定の義務の履行を命ずる「行為規範」であり[1]、それ以外に更に他種の規範を附加することのない単層規範である。これに対して、法は、それが一定の行為規範として定立された場合にも、この行為規範の違反行為がなされたときを予想して、これに更に一定の強制効果を発生せしむべきことを規定する「強制規範」を随伴せしめているところの、重層規範である。人が人と約束を取り結んだ以上、その約束を約束通り誠実に果さなければならない、というのは、それだけの単層規範として見れば、一つの道徳規範である。しかし、約束を守れといっても、約束を破る者がある。表面上は約束を果したように見えて、その実それは誠意のない不完全な約束の履行であり、その結果として約束の相手方が損害を蒙るような場合もある。これに対して、約束に違反した者に何らかの制裁を加え、不誠実な義務の履行から生じた相手方の損害を、強制的に賠償せしめる規定が結びついて来ると、約束を守れ、という道徳規範が法となるのである。かように、行為規範と強制規範とが結びついて重層性の複合規範を成し、強制規範の発動によって行為規範の遵守を外面的に保障しようとしているということは、規範形態の上から見た法の顕著な特性であるといわなければならない。

ただし、これについて、ここで予め三つの点に注意して置く必要がある。それは、これだけの簡単な叙述では色々と誤解や速断の生ずる虞れがあるからであり、また、それを防ぐために多少の布衍を試みて置くことは、これからの考察を展開する準備ともなるであろうからである。

第一に、これまでの論述は、専ら法と道徳との関係を主題として来たのであるが、法において強制規範と結合する行為規範は、決して道徳規範のみにかぎられる訳ではない。道徳の他、宗教上・政治上・経済上、等の意味を持つ行為規範も、強制規範と牽聯することによって法の色彩を佩び、法規範の内容を形成するのである。例えば、一定の宗教を信仰し、その戒律を守ることは、宗教的行為規範によって要求されるが、この要求が強制を背景として行われるときは、それが同時に法の内容となるのである。また、例えば、一定の内容を有する政治上の言論や意見の発表が出版法によって禁ぜられ、これに違反するときは法の制裁を受けるように規定されている場合には、政治上の意味を持つ行為規範が法として定立されているのである。更に、例えば、経済上の統制を行う必要上、公定価格が公示され、これを越える価格による売買が闇取引として処罰されるような場合には、経済的な行為規範が法として通用しているのである。勿論、これらの場合にも、一定の宗教を信じ、或る政治上の世界観を遵法し、経済上の統制を守ることには、同時にそれぞれまた道徳としての意味が含まれている、と考えられるであろう。その意味で、道徳は更に宗教と結びつき、政治と交流し、経済の中にも流れ込んでいるのである。しかし、その色彩の最も鮮明な点を捉えていえば、それらの行為規範は、本質的に見てそれぞれ宗教規範であり、政治規範であり、あるいは経済規範であって、それが法的強制規範と結合することによって法の内容を成しているのである。この点は、のちに改めて論述し直すこととする。

次に、法の重層構造について注意すべき第二の点は、法は行為規範と強制規範の重層規範であるが、その重層関係は成文法規の上には明らかに現れてはいない、ということである。成文法は、或る場合には、行為規範をそのままに規定している。例えば、日本民法第二百十四条に、「土地ノ所有者ハ隣地ヨリ水ノ自然ニ流レ来ルヲ妨クルコトヲ得ス」とあるがごとき、それである。(2) しかし、低地の所有者が境界に障壁を設けて流水を阻止し、そのために隣接地が水浸しになって耕作物に被害を生じた際には、高地の所有者は裁判に訴えてその救済を求めることが出来る。その意味で、この行為規範は強制規範と牽聯し、重層規範の一翼を成しているのである。これに対して、成文法は、他の場合には、単に強制規範のみを規定している。例えば、日本刑法第二百四十六条には、「人ヲ欺罔シテ財物ヲ騙取シタル者ハ十年以下ノ懲役ニ処ス」と定められている。これは、いうまでもなく、詐欺取財の行為を禁ずる行為規範が、一般に社会に——不文の形式で——行われていることを前提として定立された強制規範であって、刑法第二編の各本条は、ほとんどこの種の純粋強制規範から成り立っている。更にまた、成文法の中には、直接には行為規範としての意味も強制規範としての性質も持たぬ、単なる定義や単なる概念規定のごときものが少からず含まれている。例えば、民法第三条が「満二十年ヲ以テ成年トス」といい、刑法第七条が「本法ニ於テ公務員ト称スルハ官吏、公吏、法令ニ依リ公務ニ従事スル議員、委員其他ノ職員ヲ謂フ」と定めているなど、それである。しかし、これらの規定といえども、未成年と成年とによっていかなる行為能力や責任の差異があるか、あるいは、犯罪の主体または客体たる人が通常人たると公務員たるとによって、いかなる取扱いの差別を生ずるか、等の関係を辿って考えるならば、やはり、行為規範や強制規範の内容を限定したり、特殊化したりして行く意味を持つものであることが知られる。故に、行為規範・強制規範の重層規範たることが法規範の完全形態であるとするならば、一々の成文法規は、他の成文法規または不文の規範と結びついて、始めて完全法規範たり得ることが出来るところの、法の部分内容であり断片であるに過ぎない。かような断片的な成文法規の体裁を楯に取って、法の重層構造を疑ったり否定したりする者があるとすれば、それは全く理由のないことといわなければならぬ。

第三に断って置かなければならないのは、法の重層関係は行為規範と強制規範との聯関のみに尽きているのではなく、更にこの聯関が組織規範と結びついて、三重の規範構造を示している、ということである。法は人間関係の秩序の原理であるが、それは決して断片的に社会生活の中に通用しているのではなく、原則として一定の統一的な団体生活の規範として定立され、それによってそれ自身もまた統一的な体系を形成している。かように、法が統一的な体系を成して人間の団体生活を規律し得るためには、団体——共同体——の内部に、各種の行為規範を法として定立し、これにそれぞれ適当な強制規範を聯関せしめるところの立法上の権威が存すると同時に、法として定立された諸規範を適用・執行して行く者が分業的に定まっておらなければならない。それによって、人間共同体の「組織」が確立されるのである。かくの如き人間共同体の組織を定めるものも、また法である。これを名づけて「組織規範」という。

組織規範は法である。何故ならば、それは、法たる行為規範・強制規範の定立される根拠と過程とを明らかにし、法の適用・執行の筋道を定めているからである。しかしながら、組織規範は、共同体の組織に関する法であって、一般社会生活関係の規律ではなく、また、強制規範の定立・適用・執行の筋道を定めてはいるが、自ら強制の準則を明らかにするという性質の規範ではない。故に、組織規範は、行為規範でもなく強制規範でもないところの、第三の法規範形態である。かような組織規範は、共同体の組織が複雑であり、その規模が大きければ、それだけ複雑大規模な発達を遂げる。しかるに、人間共同体の中で最も複雑大規模なものは、いうまでもなく国家であるから、国家の組織規範は最も宏壮にして緻密な発達を遂げている。例えば、憲法・議院法・裁判所構成法・行政官庁の官制のごときは、主として組織規範としての性質を有する法規の統一体である。故に、共同体、中でも国家の法秩序は、常に行為規範・強制規範・組織規範の三重層構造を有する。(3) この点も、のちに改めて考察されるであろう。

法はかように複合的の規範構造を有するのであるが、いままでのところでは、その中の行為規範と強制規範の関係、しかも、単に道徳的な行為規範とこれに伴う強制規範との関係が、一応明らかにされ得たに過ぎない。しかし、それだけの結果を以てしても、法と道徳との交錯状態は、前よりもよほど明瞭になって来たということが出来る。

さきの叙述を繰りかえすならば、「法の規範領域をば、事実の底面から出発して次第に上層に登って行くと、それだけ道徳の色彩が濃厚になって来る。その部分は、法であると同時に道徳であるような、二色混合の規範領域である。しかし、これを更に高度の規範段階にまで登りつめて行くならば、或る高距にいたって、法規範帯を全く抜け出でて、純粋道徳帯に入ることになるのである。」――それでは、そのいわゆる法と道徳との混合地帯と、純粋道徳帯との限界線は、何によって劃され得るであろうか。前の論述だけでは、その点がなお曖昧であった。これに対して、いまはその限界線の標識を明瞭に確定することが出来るであろう。すなわち、一定の道徳的行為規範が強制規範と結合し、前者の実現の可能性が後者によって保障されている間は、それは法と道徳の混合規範帯である。それが、事実との距離が拡大して、強制規範の保障を伴わない、したがってそれだけ事実として実現される可能性に乏しい純粋行為規範の地帯に入れば、それは、もはや法としての色彩から離れた、純粋道徳の領域となるのである。これによって、法の立体構造の垂直断面は、ただ単なる比喩としてだけではなく、やや厳密な科学的概念性を以て描写され得たことになるであろう。

（1）のちにも述べるように、行為規範は一般社会生活の準則であるから、これを「社会規範」とも呼ぶことが出来る。私は、これまでこの用語の方を常用して来た。

（2）民法の規定する条項の多くが、国民生活そのものの準則、すなわち、本文にいわゆる行為規範ではなく、裁判の場合に司法機関の則るべき裁判規範である、ということは、慧眼な法学者によって夙に闡明せられている。例えば、我が国では、末弘嚴太郎教授が最も明確にこの点を指摘せられた。教授によれば、「裁判規範たる法律は主として司法機関に向つて其の行動上の準則を指示することを目的とするものであつて、民法も実に其の一例に外ならないのである」（末弘教授・民法講話、上巻、大正十五年、一六頁）。この見地に立って、教授は、民法第五百五十条の「書面ニ依ラサル贈与ハ各当事者之ヲ取消スコトヲ得」という規定を例に取り、この規定は、「決して国民日常の生活に於て書面に依らざる以上贈与約束はすべて自由に之を取消し得べしとの主旨を言ひ表はしたものではない。贈与約束が書面によつて為されて居らず、而して相手方が取消によつて其の履行を拒否して居る以上、神ならぬ裁判官としては必ずしも確実を期し難い証人のみに信頼して裁判を為してはならない、と云ふのが本条の真意である」（前掲書一五頁）、と明快に説明しておられる。しかし、教授によるも、民法の規定は、主として司法機関の行動上の準則を示しているのであり、その中に国民社会生活上の規律が含まれておらぬ、という意味ではない。むしろ、本文に例示した条項のごときは、もとより一面では裁判の準則ともなるのであるが、それ自体の正面の意味としては、国民生活上の行為規範を定立しているものといってよいであろう。

（3）これまで、多くの学者が、行為規範と強制規範、あるいは行為規範と組織規範の二重構造を説いて来たのに対して、始めて明らかに行為規範・強制規範・組織規範の三重性において、法の立体構造を窮明しようとせられたのは、我が廣濱嘉雄教授である。ただし、廣濱教授は、強制規範といわずして、「裁決規範」の語を用いられ、かつ、行為規範も裁決規範も組織規範の裁可によってのみそれぞれ法としての存立を完うし得る、という意味で、組織規範を規範序列上の最上位に置かれる。すなわち、「法を、他の社会規範から区別し、かつ、その全貌を明かならしめんがためには、之を全体的に把握せねばならぬが、全体的把握の道は立体的考察に向つてのみ通じてゐる。法を立体的に見ると、組織規範・行為規範・裁決規範の三重構造を有する綜合体である。」廣濱教授・法理学、新法学全集所載、昭和十二年、一五頁以下。なお、法の重層構造に関する諸学説の要点は、のちに改めて註記するであろう（本章、第五節、三、註三）。

第三節　法の水平断面

一　道徳・政治・宗教・経済、等と法

これまでの考察は、事実と規範とを結ぶ線に沿うてなされた法の領域の測量であり、その結果は、主に法と道徳の位置関係を規定するに役立った。何故ならば、法と道徳とは共に規範の領域に属しながらも、法規範は事実の世界に近接し、その多くは事実として行われているのに反して、道徳規範は事実から遠い距離に在って、現実に対する高度の理想性を発揮しているために、事実から規範へ向って進む探索の進路は、自らにして法から道徳への斜面を上昇することとなるのである。しかし、既に明らかにされたように、法と道徳とは決して互に相容れ得ない別々の領域を劃している訳ではなく、法は道徳の実現を保障することによってやがて道徳の性格を帯び、道徳は法的強制と結合することにより自ら法の内容を成し、相互に広い共通領域を以て相交わっている。故に、この共通領域を取って、これを更に事実の面と平行に横に切断して見たとすると、その水平断面は、法と道徳の不可分の構造聯関を示すこととなるのである。

ところで、かようにして、事実から余り遠く隔たらない距離において構成された水平断面は、決して法と道徳との構造聯関だけを示しているのではない。法は、そこでは、道徳以外のさまざまな社会生活領域とも接触交流し、きわ

めて多彩複雑な相貌を呈しているのである。以下、その中の主要なものを取り出して簡単に叙述し、次第に法の立体構造の全貌の把握に向って進むであろう。

まず第一に、道徳と並んで法の中に深く浸徹し、むしろ道徳以上の力強さを以て法の形成を動かし、法を通じて広くその目的の達成を計っているものは、政治である。

政治とは何か、政治と道徳とはいかなる点で一致し、いかなる点で相違しているか、という問題には、ここでは立ち入らずに、ただ漠然と政治という言葉を用いて置く。[1]しかし、漠然と常識的に考えても、政治と道徳とが同義でないことは明らかであり、政治と法との結合が、道徳と法との関係よりも更に一層緊密であることも、また容易に推断され得るであろう。何となれば、政治は時に高遠な道徳的の理想を掲げることがあるにしても、さればといって、単なる理想に憧れ、高嶺の花を慕っているに過ぎない、というような態度は、政治の態度ではない。むしろ、一たび或る目的を掲げた以上、八方手段を尽してこれを現実化しようと努力しているところに、政治の特色が存するのであり、その点、政治は既に道徳より遥かに現実的な性格を有する。そうして、道徳よりも現実的な政治が、同じく道徳よりも現実的な法と、道徳以上に親近な立場に立つことは、きわめて自然な成行きでなければならないのである。しかも、法が、例えば道徳上の目的をば強制の手段によって実現しようとするがごとくに、政治もまた、その目的とするところをば実力によって達成しようとするものである。その場合に、政治が拠って以て自己を貫徹しようとする実力は、法的強制を遂行するために用いられる強制力と、同じ淵源から流出しているのが原則である。この意味でも、法と政治の結合は、法と道徳のそれに比して、一層緊密の度を加えたものとならざるを得ないのである。

それ故に、これを政治の側から見るならば、大部分の政治活動は、同時に法と結合し、同時に法の作用としての意味を帯びて来るのである。自由主義的な法治国家の政治が、必ず法の形式を踏んで行われるべきものであることは、法治の要求からいってもとより当然であるが、いわゆる「法治」とは全く縁遠いように見える専政政治や武断政治といえども、それが既に確立した制度となって了った暁には、やはり法を根拠とする政治として意味づけられているのである。逆にこれを法の側面から眺めても、法は、あらゆる場合において政治の目的を裡に包蔵し、政治の生命をばその不可欠の原動力としているのである。もっとも、個々の法規を取り出して見れば、政治と何の縁故もないような規定が、数多く存在しているであろう。しかしながら、統一的な共同体——特に国家——の法秩序全体について見るならば、およそ政治的に無色な法はあり得ないのである。専制主義の法や独裁主義の法が濃厚な政治色を帯びていることは、改めていうを俟たないが、法秩序として最も大規模の発達を遂げた第十九世紀ヨオロッパ大陸諸国の厳密な成文法体系といえども、個人の自由や個人の権利の擁護を根本の目的としていた点で、専政主義や独裁主義の法に劣らず豊満な政治的内容を盛るものであった、といわなければならない。

それであるから、法と政治とは、一面からいえば、確かにほとんど同じ分野を劃して互に重なり合っているのである。殊に、政治が安定し、それに伴って法が整備されている状態について見るならば、両者の間には完全に近い合致の関係が成立していることも、稀ではないのである。しかしながら、他面からいうと、政治の本質は単なる安定状態ではなくて、不断の目的活動である。不断の目的活動を本質とするが故に、政治の理念には歴史があり変化がある。しかるに、法はその場合に、必ずしも政治と歩調を合せて動いて行くとはかぎらない。法にも変遷があり進化があるけれども、法に固有の性格としては、むしろ秩序の安定を第一義とするものである。したがって法が安定を重んじ、政治は進展を求めて、両者の間の足並が揃わなくなれば、政治を牽制しようとする法と、法から逸脱しようとする政治との間に、往々にして大きな喰い違いの生ずることを免れない。そうした状態を捉えて見れば、法と政治とは、互に相異なる領域を占めて、対峙拮抗しているとも考えられて来る。故に、法と政治との間には、重層の関係もあれば、反撥の関係もある。法をば必須の水路として、洋々と秩序の流域を潤おして行くのも政治であるかと思えば、時には法の堤防を乗り越えて、激しく非法の原野に氾濫するものも、また政治である。この関係を図示して見るとするならば、法と政治とは、中心を異にする二つの円のように相交わっているのであるが、両円の中心は、場合によってはきわめて接近していることもあるし、時にはまた相当の距離にまで離隔することもあるのであって、それに応じて両円の交錯する領域も、全面的に重なり合うほどに広くなることもあれば、また、比較的に狭い場面に局限されて了うこともある、といった具合になるのである。

それとほぼ同じような関係は、法と宗教との間にも認められ得るであろう。一体、社会発達の初期においては、宗教の力は特に偉大であり、その影響は人間生活のほとんどすべてに亙って深くかつ強く及んでいたといわれる。さような時代には、道徳や政治が宗教を離れて存在し得なかったごとくに、法を創造するものも、法を維持するものも、法を動かすものも、結局は宗教上の信仰であった。すなわち、神意を以て法と做し、神託によって裁判をする、というようなことが一般に行われていたのである。そののち、社会制度が次第に合理化され、諸般の文化領域が独自の発達を遂げるにおよんで、法もまた宗教の直接全面の支配から徐々に脱却するにいたった。しかし、法の最後の根拠をば超絶者の意志に求め、法の根本原則を以て神の摂理と做す思想は、今日にも決してその跡を絶っていない。それどころか、「第二十世紀の神話」などの唱えられている国では、合理的に高度の発達を遂げた近代法の体系が、新興政治勢力と合体した一種の宗教的非合理主義によって、根柢から揺り動かされて来ているのである。

かように、法や政治の上に及ぼされる宗教の影響力は絶大であるだけに、他方ではまた、一たび特定の宗教を基礎として確立された法制度は、信仰上の立場を異にする他の宗教に対して、極端な弾圧的態度を以て臨むことが少くない。異端邪教に対する法的制裁の中には、およそ法的制裁として考えられる最も苛酷なものも含まれ得たのである。法はかように、一方では宗教について敏感であり、自ら濃厚に宗教色によって彩られることがある反面、また、強く宗教と反撥することもある。宗教に対して最も寛容である筈の自由主義的な法秩序といえども、既存秩序を攪乱する虞れのある信教には取締りの手を加えることを躊躇せず、公安を害しない信教には法的の保護を惜しまないという意味で、やはり宗教上全く無色ではあり得ない。すなわち、法と宗教とは、法と政治のごとくに、互に中心を異にして相交わる二つの円のような関係に立ち、或る場合には相互に深く交錯し合うこともあるが、他の反面では、法によって排斥される宗教、宗教と没交渉な法、というような、互に縁なき衆生の領域をも持つものであることが知られる。

更に、焦点を法と経済との関係に移して見ても、ほぼ同じような結果が得られるであろう。

現代のように統制経済の広く行われている時代には、法と経済との緊密な結合は、何人の目にも疑う余地のない事実として映ずる。経済統制法という現代法の新らしい分野は、それ自体が法にして経済、経済にしてまた法なのである。しかしながら、これと顕著な対立を成している自由経済の組織といえども、決して法の規律と没交渉な訳ではない。勿論、発達した自由経済の下においては、物資の生産、商品の取引、価格の決定などは、概ね私経済主体の自由意志によって行われる。しかし、その場合にも、私経済主体が一定の生産資源——例えば土地——を利用して、一定の物資——例えば農産物——を生産、販売し得るためには、その生産資源や生産された物資を使用・収益・処分する権能が、法によって保障されておらなければならない。私所有権という法制度は、実に自由経済の根幹を成しているのである。また、物資の交換が円滑に行われ、売買や取引きの安全が確保されているためには、一方では、契約の自由を認めると同時に、他方では、不法の権利侵害による損害の救済をば公権力を以て保障する必要がある。契約の自由とは、決して法なき自由ではなく、むしろそれ自体が一つの法制度なのである。故に、自由経済の発達といえども、財産法や契約法の精密な組織化と、その厳正な運用とを根本の条件としなければならない。それが、自由経済より統制経済に移行するにつれて、私法自治の原則は著しく制限を受け、生産・配給・消費の関係について公法上の規制が加えられ、それに伴って私所有権の内容も大なり小なり変化して来る。経済の変化は法の変化なしには行われないのである。いいかえれば、経済の変化は法の変化を促すのである。

しかも、政治の動きが必ずしも法の動きと平行しないのと同様に、経済の変化もまた、必ずしも法の変化と歩調を一にするものではない。法の変化には法自身の法則があり、また、法の中には経済以外の色々な契機が力強く働いているために、経済の動きはそれによって大いに牽制を受ける。その牽制を振り切って、経済が或る方向に進み過ぎると、法と経済との間に隔絶が生ずる。その結果として、前進した経済が、経済の前進点にまで法の前進を促すこともあれば、逆に、法が経済の跛行的前進を阻止して、これを法の安定点にまで引き戻すこともある。故に、法は経済の「上層建築」であって、土台たる経済の動くままに法も動く、という唯物史観的な考え方は、法をば経済の一方的な制約者と見るシュタムラアのような見解と同様に、事態の一面観を以て全般を推すものである。(2) 法は経済と共に動きつつ、しかも、経済の動きによって直ちに左右され得ぬ独自の領域を劃する。したがって、両者は、互に深く重なり合うこともあれば、また、相互に反撥・矛盾し合うこともある。法と経済とは、互に深く相交わる二つの円であるが、しかも、法の領域は広く経済以外の場面にも及び、経済もまた常に必ずしも法の規制の下のみには立たず、したがって、両者の間にも同心円的な合致の関係は認められ難い。

それであるから、事実の底面に平行して、法の規範領域を横に断ち切り、その水平断面を作って眺めるならば、そこでは、法は道徳と相交わると同時に、政治とも結合し、宗教とも交錯し、経済とも牽聯しているのである。その他、法と技術、法と科学、法と芸術、等の関係もそれぞれ問題になる筈であるが、煩瑣を避ける意味で、ここでは省略する。かように、法が、道徳と交錯するばかりでなく、道徳以外の多様な諸契機とも同時に交錯しているということは、既にそれだけで、法と道徳との関係もまた、法と政治・法と宗教・法と経済の関係と同じように、決して同心円的な重なり合いの関係ではなく、近接する二つの円の交わり合いの関係であることを物語っている。いいかえると、法の中には道徳の契機も深く入り込んでいるが、それと共に、道徳に還元出来ぬ政治・宗教・経済、等の諸契機も法の内容を成していることを示している。法の世界は、かくのごとき異質多様の諸要素の、互に錯綜競合している場所に他ならないのである。

（1） 政治の概念の大略は、のちに法と政治の対立関係を論述するに当って、やや立ち入ってこれを明らかにするであろう。

（2） 唯物史観が法をば経済の「上層建築」と見做し、法の動きは経済の動きによって一方的に制約される、と説くのに対抗して、シュタムラアは、カント哲学における形式と素材の関係をこの問題に適用し、法は社会生活の形式であり、経済はその素材であるから、法は「論理的」に経済を制約する立場に在らねばならぬ、と主張する。しかし、法と経済との関係は、「論理」の関係ではなくて、「実在」の関係である。これを形而上学的な唯物弁証法によって説明しようとするのも謬りなれば、これを哲学上の先験論理によって解決して了おうとするのも、同様に的はずれの議論である。この点も、のちに法と経済の対立関係を考察するに当って再説するであろう。

二　法の領域の立体性と複合性

故に、これをもう一度総括して図形的にいい現して見ると、道徳や政治や経済や宗教は、それぞれ異なる中心を以て描き出されたいくつかの円である。それらの円は、その相互の間においても、既に複雑な交錯関係に置かれているであろう。すなわち、道徳は政治と交錯し、政治は経済と密接に相交わり、経済と宗教ともまた無関係ではなく、宗教はふたたび道徳と緊密に牽聯しているであろう。さように一環を成して連鎖状に描かれた数個の円の中央に、更に別に一つの大きな円を描き、その円周を以て、既に描かれているいくつかの円と深く相交わらしめるとするならば、その中央の円こそ法に他ならないのである。この、法の描く円と、これを取り巻く他の円との交錯面を取って見れば、それは、法であると同時に道徳であったり、また政治であったり、経済であったり、宗教であったりする。しかし、中央の円の中心から次第に遠ざかって、一たびその円周の外に出はずれて了うと、そこはもはや法的の意味を持たない道徳であり、政治であり、経済であり、宗教である。かくのごとくに、異種異質の諸領域が法を取り巻き、それが法の中に流れ込んでは法の内容となり、法に多種豊富な色彩を与えているというところに、法の生命があり、法の存立の根拠が存する。しかも、その反面また、それらの異質契機の各々が、法の外にもそれぞれ固有の領域を劃していて、法と矛盾し対立し反撥し合っており、歴史の起き伏しと共に、法を局部的に、または全面的に動かして行くところに、法の変動の淵源が発見されるのである。

それでは、法を取り巻く多様な異質契機は、いかなる条件を具えることによって同時に法たるの意味を発揮し、いかなる場合に法としての意味を喪失するのであろうか。法としての意味を有する道徳・政治・宗教・経済、等と、法としての意味を持たぬそれらの諸契機との限界線、いいかえれば、法の描く円の円周線は、何を標準として決定され得るのであろうか。

この問題は、既にさきに法と道徳との限界を定めるに当って考察したところであり、それがまた、道徳以外の諸契機と法との限界決定の場合にも、同様に当てはまるのである。すなわち、政治も宗教も経済も、単にそれだけでは法としての意味を持たぬけれども、政治上・宗教上・経済上の目的活動が一たび制裁手段と結びつき、強制権力を背景として遂行されることになると、そこに併せて法たるの意味が附加されるのである。政治や宗教や経済は、それぞれ特殊の目標を目指す人間の社会的目的活動である。既に目的活動である以上、政治も宗教も経済も、人間をばその目的に適う行為をなすように義務づけ、その目的を阻害するがごとき行為を行うことを禁ずる意味を持っておらねばならぬ。それによって、政治上・宗教上・経済上の行為規範が定立されて来るのである。それらの行為規範が、単なる行為規範として行われているに留まらず、それぞれこれと関聯する強制規範によってその効力の裏打ちをされ、外的強制を背景として人間の行態を拘束するにおよんで、そこに法たるの意味が生じて来る。政治上の権威者の支配に服することを要求する政治規範は、これに背く者を処罰する強制規範と結びつくことによって、自らに法となる。宗教上の教義や戒律は、異教背信を取締る制度が確立されるにいたって、宗教法となる。経済上の行為規範もまた、権利侵害による損害の賠償を強制し、経済上の統制に違反する者を取締る、等の規定と相呼応することによって、経済法たるの意味を発揮する。政治上・宗教上・経済上の行為規範が同時に法となるのは、それが直接または間接に何らかの強制規範と牽聯し、単層規範から重層規範に転化することによるのである(1)。逆に、それらの行為規範が、裁判・訴追・行刑・警察、等の制度から絶縁し、強制秩序との連絡を断たれることになれば、それは、もはや法たるの意味を喪失して、単なる政治・単なる宗教・単なる経済の領域に脱却して了うのである。そこに、法の世界と非法の世界とを劃する限界線が見出されるのである。

これによって、法の占める領域の立体性と複合性とは、大体として明らかに描き出され得たといってよいであろう。法は、垂直の断面では、規範の世界と事実の世界とに跨がって、その位置を占めている。また、水平の断面では、道徳・政治・宗教・経済、等と交錯した広い場面を占めている。その垂直断面についていえば、法は規範であると同時に事実である。それは、規範に準拠する事実であり、事実として実現されつつある規範である。更に、その水平断面について見れば、法は法であると同時に道徳であり、政治であり、宗教であり、また経済である。一層正確にいえば、法は、強制の手段によって保障された道徳であり、政治であり、宗教であり、経済である。法は、これら諸般の社会生活活動のいわば中央に位置している。法を取り巻く道徳・政治・宗教・経済、等の諸目的は、法的強制との聯関を持つことによって法の内容を形成し、法を共通の通路として現実の人間生活を動かして行く。その意味で、法は、さまざまな社会目的の水を落して事実生活のダイナモを廻す、大規模な発電装置にも譬えることが出来るであろう。

（1） 政治上・宗教上・経済上、等の行為規範が同時に法となるのは、それらが何処かで強制規範と構造上の聯関を持つことによるのである。その聯関がいかに遠く間接的に離れていても、あるいは、その聯関が明文の規定に現れておらないでも、それは問題にならない。一定の行為規範の効力が何らかの仕方で強制規範により保障されているということ、そのために裁判・訴追・行刑の制度が存在しているということ、それがその行為規範を法の内容たらしめているのである。行為規範は、強制規範と聯関することによって法の領域に取り入れられ、その聯関が断たれることによって法たるの意味を喪失する。その関係は、さきに法と道徳との関係について述べて置いた通りである。

第四節　法の純粋領域

一　法の領域における調和と秩序

いままで述べて来たところによって、既に大体明らかであるように、道徳や政治や宗教や経済が、それぞれに固有独自の特性を有しながら、それが殊更に法と結合して法の内容を成すにいたるのは、法的強制の保障を受けるということが、それらの諸目的を実現して行くために、きわめて有力な支柱となるからである。このことは、法と道徳との関係については、特に立ち入って指摘して置いた。すなわち、道徳が単に観念性の高みに留まって理想に憧憬するのみに満足せず、進んで事実の世界に自己を実現して行こうとする場合には、法的強制の力を藉りることが必要となって来るのである。それと同じく、政治もまた、自己を強化するために有利な、否むしろ不可欠の条件として法と結託し、法と提携し、法の中に内在化して来る。宗教にとっても、信仰の統一を計り、異教の介入を排斥するためには、法の強制力を用いるのが有効であり、経済といえども、例えば、生産・配給の関係を円滑ならしめ、取引きの安全を保障して行く上からいって、法の規制を欠くことを得ない。これらの諸契機は、かくのごとくに、いずれも法を通路として事実生活の上に働きかけて行こうとする。いいかえれば、法は、あたかも扇の要のようにこれらの諸契機の共通経路となり、以て理念と事実との接合を容易ならしめ、目的とその実現との媒介をなしているのである。

しかしながら、道徳や政治や宗教や経済が、法を共通の水路として事実の世界に注ぎ入って行こうとすれば、それらの諸契機は、法の内在面において当然に互に牽聯し、掣肘し合うこととならざるを得ないであろう。例えば、道徳がその純真なる要求を以て余りに強く法の隅々までを支配しようとすれば、現実の人間の欲望に立脚している経済の運転に支障を生ずる虞れがある。逆に、経済の必要に偏重して法の組織を定めようとすれば、道徳の立場から大なり小なり抗議が提出されることを避け難い。勿論、「論語と算盤」を完全に両立せしめることは、人間社会の理想であろう。しかし、理想は理想なるが故に、実際には容易に行われ難いのである。故に、道徳と経済とは、法において相互助成の関係に立つよりも、かえって相互掣肘の立場に置かれ易いといわなければならない。また、例えば、政治が法を利用して地上の支配目的を徹底せしめようとするときは、神の国への奉仕を以て生命とする宗教の立場と相容れ難い結果となる。反対に、宗教が万能の力となって法を風靡しようとすれば、政治の勢力が強くこれに向って反撥して来る。「祭政一致」が、理想であると同時に現実であるような国柄は全く別として、政治と宗教の衝突は、諸国家の歴史をしばしば流血を以て彩って来たのである。その他、道徳と政治との間にも険悪な葛藤が起り得るし、政治と経済との間にもまた、深刻な摩擦の生ずることがある。したがって、法の共通水路に流れ込んで来る諸契機は、そのいずれが法を独占しようとしても、他の契機と衝突するにいたることを免れ難いのである。

これに対して、法に課せられた最も重要な任務の一つは、競合反撥するそれらの諸契機を互に適当に譲歩せしめ、これを秩序正しく事実の世界に実現せしめて行くに在る。それは、一方からいえば、確かに妥協である。田中耕太郎教授のいわるるごとく、法の持つ顕著な特色は、その「妥協的性質」である[1]。しかしながら、他面からいえば、それは、法自らが現実の事態との間に取り結ぶ妥協であるといわんよりは、むしろ、法が社会の諸動力相互の間に取り結ばしめている妥協に他ならない。それによって社会生活が安定し、歴史の建設と発展とが可能ならしめられるのであるとするならば、その妥協の性質は消極的なものではなくして、きわめて積極的な意義を有する。互に競い争おうとする道徳・政治・宗教・経済、等をば、必要の限度において相互の妥協に導き、その間の調和と秩序とを維持して行くということは、法が法として行われるための、根本の存在理由であるといわねばならぬ。

故に、道徳や政治や宗教や経済が法を通じて自己を実現しようとするときは、そこに保障せられる自己実現には、最初から相当の制限が附せられていることを覚悟して置かなければならない。法を共通の水路として事実の海に注ごうとする以上、道徳は経済と妥協し、宗教は政治と妥協し、政治は道徳に対して、経済は更に政治に対して、それぞれ或る程度の譲歩をして行かなければならない。法の世界の住民たろうとする者に対して、第一に要求せられることは、さような意味での互譲の精神なのである。

それぱかりでなく、法超越的なこれらの諸目的が、法を通路として自己を実現しようとすることは、それ自体が既に一つの妥協を意味している。特に、道徳や宗教のように純粋に精神的な力にとっては、なるべくは法的強制などというものと結びつかない方が、なだらかに人間の心情に浸徹することが出来、したがって社会生活を深く教化救済し得ることとなるであろう。それが、殊更に法と結びつき、法の内容と化して現実を動かそうとするのは、或る意味で止むを得ぬ大きな妥協であるとも見らるべきである。これに反して、道徳・宗教に比して遥かに現実的な色彩の強い政治や経済にとっては、法的強制の保障を受けるということは、その本来の性質を不純化せしめるほどの妥協ではない。しかし、それにしても、法三章の政治をば政治の妙諦とし、協同連帯・相互奉仕の経済を以て経済の理想とするならば、強制秩序を以て鉄壁のように組み立てられた政治や経済には、やはり現実への譲歩が含まれていると考えられ得るであろう。それであるから、法を通じて実現されたものは、概して、妥協した道徳・政治・宗教・経済とならざるを得ない。法の門を潜ろうとする人間目的は、最初から、同じ門を潜る他の目的との間の互譲の精神を発揮する必要があるばかりでなく、法の門を潜ることそのことのためにも、常に自ら或る程度まで身を屈して進む覚悟がなければならない。

したがって、道徳や政治や宗教や経済は、時には、さような妥協・譲歩を厭い、法の門を潜ることを避けて、直接に人間生活の上に働きかけて行こうとすることがある。前に述べたように、法を取り巻く道徳や政治や宗教や経済が、広い場面において法の内容を成しながら、しかも、周辺の部分について見れば、法の色彩を持たない純粋道徳・純粋政治・純粋宗教・純粋経済の領域を残しているのは、正しくそれによるのである。この傾向は、純真を愛する道徳や宗教の場合に、特に顕著に観取され得るであろう。

けれども、道徳や宗教が法による妥協を嫌って、それぞれの純粋の理念に徹底しようとすれば、その反面、それだけ現実から遊離したものとなることを免れない。さればといって、純粋の道徳・純粋の宗教が、純真の姿のままに現実の力を発揮して、強く人間生活を支配して行こうとすれば、それはそれ自身一つの政治的の勢力と化し、その結果として、既存の政治勢力と激突するにいたる危険が生ずる。故に、現実からも遊離せず、既存の政治とも激突せず、徐々にその目的の実現を計ろうとする以上、道徳や宗教といえども、いきおい法によって保障された妥協の道を選ぶより他はなくなるのである。同じようなことは、政治や経済にも当てはまるのであって、短兵急の政治、一攫千金の経済は、結局において失敗することが多い。法の石橋を叩いて渡ることは、政治や経済にとっても、緩慢ではあるが、しかし安全にして効果の多い方法である。そこで、道徳・政治・宗教・経済のいずれもが、それぞれ法の周辺に大なり小なり非妥協的な純粋領域を残しながらも、その主流は、やはり法を通路とする著実な過程に集中して来ることになるのである。かようにして、社会生活上の諸契機・諸目的が、法の通路に集まり、相互に譲歩し、相互に調和し、強制規範の保障を受けつつ地道な自己実現を計って行くことによって、人間の繁栄・文化の建設に不可欠の「秩序」が確保される。それらの諸契機は、法において互に妥協し、或る程度まで不満足な状態に満足することによって、実は、きわめて高価な「秩序」を購い得ているのである。いいかえると、文化建設のために必要な「秩序」を購い求めようとする者は、必ず或る程度の「妥協」を代償として、法の市場に集まって来なければならないのである。

（1）「実定法は理念と現実との間に、精神と物質との間に、文化と自然との間に、而して理論と実用との間に不断に彷徨する。其れは種々の方面から作用する力の妥協点である。」田中耕太郎教授・法の妥協的性質に就て、牧野教授還暦祝賀・法理論集、一五三頁。「法は遠き理想に憧憬しつつも、人間の現実と絶縁せず、極めて忍耐強く、現実と妥協しながら而も徐々に人類の理想に向つて歩みを進めるのである。」前掲書、一五六頁。

二　純粋秩序の理念

そこで、ふたたび法そのものの立場に戻って考えて見ると、法は法を取り巻く各種の社会生活契機と交錯することによって、それらの諸契機を自らの内容に取り入れているのであるが、法の最も中核的な部分においては、そのいずれによっても色づけられていないところの、純粋に法的な領域を持っていることが知られる。法は、一面では、併せて道徳であり、政治であり、宗教であり、経済であるけれども、他面では、道徳でもなく、政治でもなく、宗教でもなく、経済でもない、純粋の法なのである。かように、法であって、しかも法以外の何ものでもない「法の純粋領域」は、すなわち「秩序そのもの」の領域として成立する。

法は、道徳の理想・政治の目的・宗教の信仰・経済の要求、等を摂取して、これを適宜に調節しつつ、その実現をば強制の手段によって保障しようとする。その場合に、法がこれらの諸契機の一つを過当に偏重するときは法にとって最も大切な秩序の混乱を許すことになり易い。何故ならば、道徳にせよ、政治にせよ、宗教にせよ、その理想とするところを完全、かつ排他的に実現しようとすれば、既存社会秩序の根本からの変革をも必要とするにいたるからである。しかるに、他方においては、秩序の維持ということは、人間の社会生活の存続発展にとって一日も欠くことを得ない。ここにおいて、法は道徳・政治・宗教・経済、等の提出する強い要求に対して、それぞれ充分な理解を有する場合でさえ、それに駆られて秩序攪乱の危険を冒すよりも、むしろ、そのいずれにも偏ることのない秩序それ自体の確保を以て、第一義の要務となさざるを得ないのである。否、よしんばその秩序が、道徳的に灰色であり、政治的に無意味であり、宗教上、経済上何等の積極価値をも持たないものであるように見えても、なおかつ秩序を秩序なるが故にのみ守り通そうとする強靭な態度は、実に法にのみ見出される特殊の性格の現れである。法は、道徳上の非難を浴びても、宗教に無頓著であっても、経済の発達を阻害しても、なお法であり得るが、秩序の立場を棄てては、もはや法ではないといわなければならない。強制規範の厳正的確な発動による強制秩序の維持は、法をして法たらしめる最小限度の本質である。法の周辺に一環を成して描き出された道徳・政治・宗教・経済、等の円は、いずれも深く法の描く円と交錯して、多彩なる法の内容を成しているのであるが、法の円の中心点の附近には、それらの周辺円のいずれとも交わっていない、無色の部分が残されている。それが、法の純粋領域としての強制秩序そのものの部分であり、そこに、法をして法たらしめる「純粋秩序」の理念が存する。

ケルゼンの純粋法学は、かように法の法たる特色を最も純粋に発揮している部分を取り出して、これのみが法であると做し、他の一切の異質契機には故意に目を蔽うて、法の法一元的考察に徹底しようと力めた。純粋法学によれば、法はすなわち強制規範である。実定法は、強制規範の統一態としての強制秩序である。勿論、強制規範は、単なる強制規範として全く独立に妥当している訳ではない。強制規範が成立し得るためには、これに先行する別個の規範があって、その先行規範に対する違反行為が、強制規範の発動を条件づけているのでなければならない。これは、既にこれまでに行為規範と強制規範との構造聯関として論述されたところであり、その点は、純粋法学も充分に認めているのである。ただ、純粋法学の立場からいわせると、これらの行為規範は、強制規範と結びつくことによって始めて法的に意味づけられ得る規範、法の見地から見ての「第二次規範」であるに過ぎない。これに対して、強制規範こそ、法的な意味での「第一次規範」、すなわち純粋の法規範である。故に、法を純粋に法として考察して行く上からは、第一次規範のみが当面の対象となるのであって、第二次規範はその直接の問題とはならない。純粋法学は、かく論ずることによって、法学上の「方法純粋性」の要求を貫徹せしめようと試みた。(1)

この純粋法学の主張は、一面において明らかな誤謬を含んでいるが、他面において、また疑うべからざる真理でもある。

純粋法学の主張が誤謬であるというのは、それが、法の中の純粋強制秩序の部分だけを取り出して、それのみが法であると做しているからである。強制規範のみを捉えて、それが法であると断定するのは、円の中心だけを指して、これが円である、というに等しい。法の描く円は、確かにその中心に近づくにつれて、純粋強制秩序としての無色性を明瞭に示している。しかし、中心からやや遠ざかった領域について見れば、そこには、道徳・政治・宗教・経済、等の意味内容が重畳して入り込んで来ており、それがそれぞれ特殊の行為規範を形成して強制規範と結合していること、これまでに繰りかえして述べたごとくである。それらの交錯面は、道徳であり、政治であり、宗教であり、あるいは経済でありながら、それと同時にまた、法の領域であることを決して失わない。否、法の豊富な内容、法の躍動する生命は、むしろこれらの周辺に近い領域において見出されるのである。これを切り棄てて法の純粋領域だけを法と見ることは、つまり、法をば内容のない形式、生命のない骨骼として眺めることに他ならない。殊に、法の歴史的発展の過程のごときは、法と錯綜交流する異質諸契機を度外視しては、到底理解され得ないのである。国家の重大問題が、しばしば国境線の近くに発生するように、法の重大問題もまた、法が隣接諸契機と交錯する周辺の領域に胚胎する。これを無視して法を論じようとする純粋法学の態度は、いわば、首都の栄華に酔うて国境の守りを忘れた為政者の態度にも比せらるべきであろう。

けれども、純粋法学の誤謬を指摘することは、他面、その中に含まれた真実を否定することとなってはならない。純粋法学の論旨が真実であるのは、それが法の法たる核心を的確に捉えている点においてである。なるほど、円が中心だけで成り立つ訳ではないのと同様に、法もまた核心だけで法として成立することは出来ない。しかし、さればといって、円には中心がなければならないのであり、法にもまた核心が存しなければならないのである。その、法の核心は、強制規範の発動による強制秩序の維持ということである。そこに、道徳でもなく、政治でもなく、宗教でもなく、経済でもないところの法そのものがあり、そこにまた、法でのみあって法以外の何ものでもないところの、純粋秩序の領域が見出される。法の多彩な内容の一つ一つに著目すれば、法は「最小限度の道徳」であるともいえるであろうし、法は「政治の子」であると考えることも出来ようし、法を以て「経済の上層建築」であると見ることも、必ずしも全くの謬りではないであろう。けれども、法が、道徳の立場から「悪法」として非難されつつも、法規の法規通りの適用を求めている場合、また、新興政治勢力が澎湃として擡頭しつつあるのに対して、既存制度の牙城を孤守し続けている場合、あるいは、経済の底流が法の堤防を決潰しようとしているにもかかわらず、極力これを阻止することに力めている場合、法は明らかに純粋秩序の領域を最後の拠点として、これを守り通そうとしているのである。秩序の首都を放棄して了えば、それはもはや内容上のみならず、形式上も法ではあり得ない。この中心点をクロオズ・アップしているという点では、純粋法学の真理性もまた充分に認められなければならないのである。

（1） Kelsen : Allgemeine Staatslehre, S. 51 ; derselbe : Reine Rechtslehre, S. 25 f.

第五節　法の立体構造と国家

一　法の支担者

法は、互に錯綜重畳する社会的諸目的・諸要求の中央に位置し、それらの諸目的に従って定立された行為規範の効力を強制規範によって保障しつつ、それらの諸要求を秩序正しく事実の世界に実現せしめて行くことを任務とする。故に、法は、併せて道徳・政治・宗教・経済、等の意味を有するのであるが、さればといって、単なる道徳・政治・宗教・経済が法である訳ではなく、それらの諸目的が強制の契機と結びつき、純粋秩序の理念を枢軸として、互に均衡調和を保ちながら社会生活の事実を動かしているところに、法の機能が存するのである。

ところで、法に課せられたかような任務が実際に行われ、法の営もうとするかくのごとき機能が現実に営まれ得るためには、別に法の任務を以て自己の任務とし、法の機能を自らの手によって実現して行く「者」がなければならない。法は規範である。しかし、ただ単に規範としてあるだけでは、法は実現され得ない。法は、規範の世界と事実の世界との両方に跨がって存する。したがって、実現されるということ、事実として行われるということは、法にとっての最も根本的な要求である。この根本の要求が充たされるためには、法を行う者、すなわち、法の「支担者」を必要とする。法の支担者は、個人であれ団体であれ、とも角も何らかの人間的な存在者である。法は人間の秩序であり、人間の秩序は人間によって実現されねばならぬ。ここに、法と、法を行う人間的存在者との間に、いままでの考察に洩れていた新らしい本質関係が存立しているのである。

法と、法を行う人間的存在者との関係は、法において結合している行為規範と強制規範とについて、別々に考察されなければならない。何となれば、行為規範と強制規範とは、色々な点で異なる性質を有する規範形態であるけれども、両者の間に存する最も重要な相違性の一つは、それぞれの規範と、その規範の実行を担当する者との関係について認められるからである。

法において結合する行為規範と強制規範とは、共に広い意味での人間の行態を規律しているという点では、全く同一の性質を有する。一方を行為規範といい、他方を強制規範と名づけたからといって、後者が人間の行為に関係がないという意味では勿論ない。強制規範も「強制」という特殊の行為を規律している意味では、やはり広義の行為規範なのである。ただ、これまでに述べて来たように、強制規範から区別された行為規範は、それ自体としては道徳上・政治上・宗教上・経済上、等の意味を持つところの規範である。「約束を守れ」という道徳規範、「選挙の公明を期すべし」という政治規範、「異教を信ずべからず」という宗教規範、「暴利を貪ることを禁ず」という経済規範は、それぞれが狭義の行為規範である。「道路の左側を通行すべし」という規則には、交通技術上の意味があり、「一人残らず種痘を受くべし」という命令には、社会衛生上の目的があり、引いて、それらの規則・命令を守ることに、交通道徳・社会道徳としての意味が随伴して来る。かように、狭義の行為規範の規律するところは、直接に道徳・政治・宗教

・経済・技術・衛生、等の意味を持つ行為なのである。これに反して、強制規範の規律の内容は、強制または制裁という、純粋に法的に分化した行為形態として成立する。これら両種の規範が結びつくことによって、行為規範も法的に意味づけられ、強制規範といえども道徳・政治・宗教・経済、等の色彩を佩びて来ること、これまた、これまでに繰りかえし論じたところであるが、両者を切り離して見れば、その間に意味内容上の大きな相違の存することは、明らかであるといわなければならない。(1)

しかしながら、それと並んで行為規範と強制規範との区別の重要な標準となるものは、それぞれの規範によって義務づけられている主体の相違である。前述の通り、行為規範や強制規範は、いずれも何らかの人間的存在者をば何らかの行態をなすべく義務づけている。かように、規範によって義務づけられている人間的存在者は、もとより「個人」のみにはかぎられない。人間の団体もまた、個人と同じように規範の規律を受ける者、すなわち「受範者」となるのである。また、規範がその受範者に命じているところの行態は、必ずしも積極的な行為――作為――であるとはかぎらない。消極的に或る行為をなさないでいるということ――不作為または態度――も、規範の規律の対象となり得る。(2)故に、これを厳密には、「行為」といわずして、特に「行態」と呼ぶのである。すなわち、規範はすべて、或る受範者を或る行態に義務づけている。ところで、行為規範の義務づけている行態は、強制の意味を含まない。したがって、行為規範は、強制という行為の特殊性によって、受範者の上に特別の限定を加える必要はない。これに反して、強制規範は、特に強制を行うことを任務とする特定の受範者を予想している。かような受範者の特殊化によって、更に強制規範の働く場所が、行為規範のそれとは異なって来るのである。

行為規範は、多くの場合、社会に生活する一般人をその受範者としている。「約束を守れ」という行為規範は、誰れ彼れの別なく履み行うべき社会生活上の原則である。「盗む勿れ」といえば、社会に生活する何人もが、これを遵守する義務を負うのである。もっとも、行為規範といえども、特定の職務を有する者に対しては、特別に厳格な義務を課することがある。例えば、廉恥を重んじ、貪汚の所為をなさないということは、一般社会人の等しく踏み行うべき道徳であるが、特に国家公共の事務を掌る者に対しては、その要求が厳格に適用される。官吏服務紀律第三条が明文を以てこれを規定しているがごときは、それである。また、一般的な行為規範が、当事者の意志に基づいて特殊の内容を有するものとして限定されるときには、特定の義務内容が特定の受範者に対して定立されたことになって来る。例えば、約諾を履行することは、何人にも共通した一般的な義務であるが、歌劇歌手が劇場経営者と上演の契約を取り結んだ場合には、その契約規範は、特にその歌劇歌手によって履み行わるべき義務の規定として、その特定人を拘束するのである。その他、医師法が医師の、出版法が出版業者の、特殊の業務上の責任を条定している等、特殊の行為規範が、その規範意味内容の特殊性の故に、特定の受範者に特定の義務を賦課することはあり得るけれども、一般的な行為規範が、既にその一般的本性において特定の受範者を選択するという必然性は、認められない。行為規範は、その本質上、一般社会生活の準則である。故に、用語としては、これを「社会規範」と呼ぶことも、また適当であるということが出来るであろう。

しかるに、それが強制規範となると、事情は大いに異なって来る。強制規範は、一定の行為規範に違反する行態がなされた場合に、これに対して一定の制裁を加え、それによって社会の秩序を維持するための規律である。そうして、この規律それ自体の性質からいって、不特定の一般人に規律内容遵守の責務を担当せしむることを許さないのである。例えば、他人の財物を窃取しないことは、一般社会人の義務であるが、他人の財物を窃取した者に対して刑罰を科することは、もはや一般社会人の義務ではあり得ない。何故ならば、もしもこれを一般社会人の手に委ねるとするならば、制裁手段の濫用、制裁行為の過剰・重複、制裁に事よせての私怨報復、等が頻々と行われて、秩序の維持はおろか、秩序の根本からの混乱をすら招来するであろうからである。故に、強制規範がその機能を発揮し得るためには、強制行為を担当するように分業的に定められた、特殊の受範者が設けられていなければならぬ。法制がいまだ高度の発達を遂げず、いわゆる私力救済が一般に行われていた時代にも、制裁行為の担当者は、違法行為による直接の被害者か、またはその近親にかぎられていた。例えば、復讐が公認されていた場合にも、加害者に復讐を加える義務は、決して不特定の受範者に課せられていた訳ではなく、復讐義務者の範囲やその順位、等は、慣習により、法令により、次第に明確に定められて来ている。[3] 更に、現代の発達した法制の下においては、強制規範に準拠して強制秩序の維持に任ずる者は、裁判官・警察官、その他の特定の公務員である。殊に、裁判官は、行為規範に違反する行態がなされた場合、または、行為規範上の責任の所在につき争訟が提起された場合に、事実を厳密に探究審理して、強制規範上の規定を的確に発動せしめる上からいって、最も重要な役割を演ずる。裁判制度は、強制規範の厳正的確な発動を保障するための組織であり、裁判官は、強制規範に準拠して行動すべき立場に在る最も典型的な受範者である。それ故に、強制規範は、別にまた、「裁判規範」または「裁決規範」とも名づけられ得るのである。

（1）ケルゼンなどは、行為規範と強制規範とを区別する標準として、両者の規範構造上の相違性を挙げている。すなわち、法たる強制規範は、例えば、「他人の財物を窃取したる者あるときは」、というような一定の条件が成立した場合に始めて、「これを十年以下の懲役に処すべし」と規定する当為命題であり、したがって、その性質上必ず「仮言的」(hypothetisch) である。その点が、「他人の財物を窃取すべからず」という無条件の行為規範――命令――と異なる、と説くのである。Kelsen : Hauptprobleme der Staatsrechtslehre, 2. Aufl., Vorrede, S. VI f. ; derselbe : Allgemeine Staatslehre, S. 54 f.

しかし、行為規範といえども、仮言命題の構造を備え得ないということは出来ない。例えば、「疫病流行地に旅行せんとするときは、必ず予防注射を受け、その証明書を携行すべし」、というような行為規範は、疫病流行地に旅行せんとするという一定の条件を前提として、これに、予防注射を受けてその証明書を携行する、という義務を賦課しているものであり、したがって、それもまた明らかに一つの仮言当為命題であるというべきであろう。

（2）この点についても疑問があり得る。それは、行為規範が多くの場合に不作為義務を定立していることは明らかであるが、強制規範は常に強制という特殊の作為義務を課しているのであって、不作為を内容とする強制規範は存在しないのではないか、ということである。しかし、強制規範といえども、反対解釈的に考えるならば、やはり不作為の内容を有すると考えられなければならぬ。例えば、「他人ノ財物ヲ窃取シタル者ハ窃盗ノ罪ト為シ十年以下ノ懲役ニ処ス」という強制規範は、窃盗罪に対する刑罰は、加重の必要ある場合を除き、十年の懲役を以て限度とし、それ以上の重き刑に問うてはならぬ、ましていわんや流刑・死刑、等に処してはならぬ、という不作為義務を含み、「死刑ハ監獄内ニ於テ絞首シテ之ヲ行フ」という規定は、斬首・磔・釜茹、等の極刑を排除する意味を兼ねている、と解せらるべきである。

(3) 穂積重遠教授は、復讐に対する制限の主要なるものとして、復讐程度の制限(反座法)・復讐者の範囲の制限・再復讐の禁、等を挙げ(法理学大綱、大正六年、一〇一頁以下)、穂積陳重博士は、復讐義務者に関する制限として、復讐義務者の範囲を定むること、復讐義務者の順位を定むること、の二つを数えておられる(復讐と法律、昭和六年、一一二頁以下)。

二　法と国家

さて、ここまで来ると、法と、法を運用する人間的存在者との関係について、新らしい視野を開くための手がかりが出来たことになる。それは、すなわち、法と国家との不可分の聯関である。国家は、法を通じて諸般の人間目的を達成するための、独自の複合組織を有する人間の共同体である。法は、国家によってその目的の達成を計るために、国家の複合機構を組成するところの組織原理である。この点を明らかにせずしては、法の立体構造の認識は中途半端な段階に留まることとならざるを得ない。

強制規範は、裁判官や警察官などのように、特殊の地位と資格とを有する人々の行動を規律し、これらの人々の行動を通じて、強制秩序維持の目的を達成しようとする。しかしながら、裁判官や警察官は、決して単なる個人として強制秩序の維持に当っているのではなく、「国家」の裁判官、「国家」の警察官として、強制規範を運用すべき立場に立っているのである。それであるから、強制規範上の受範者として直接に表面に現れて来るのは、裁判官たり、警察官たり、あるいはその他の公務員たる個人であるが、それらの個人をして強制規範上の要請を遂行せしめ、強制秩序維持の目的を実現せしめているものは、組織あり実力ある人間共同体としての「国家」であるといわなければならない。強制規範の規定するところは、強制の実行である。しかるに、およそ強制の実行にして、実力の発動を意味しないものはない。そうして、その実力は、最も主要・広汎な場合において、国家に内在する実力なのである。復讐者が復讐を遂げるために用うる実力といえども、国家がこれを公認し、または社会の輿論がこれを支持しているのでなければ、結局その効力を失うことになるであろう。復讐の行われる場所に竹矢来を廻らし、検視の役人が出張して晴れの仇討ちを行わしめ、親の仇を討とうとする孝子の背後には、藩の指南役が助太打として控えている、というような形になれば、復讐と刑罰とは、既に紙一重の差にまで接近しているのである。更に、これを刑罰について見れば、掏摸を逮捕し、強盗を捕縛して、行刑の第一著手を実行するのは、刑事の腕力であろう。しかし、刑事の腕力といえども、護民警察の組織の中に組み入れられることによって、国家に内在する公権力の一要素たるの意味を賦与されているのである。それが、刑を執行するために堅牢な監獄を設け、内乱を鎮圧するために軍隊の一部を出動せしめる、というがごとき場合になれば、公権力が発動しているという意味は、一層明瞭に現れて来る。民事上の強制執行を行うに当っても、執達吏は、威力または警察力を用いて抵抗を排除することが出来、必要に応じては、執行裁判所に申立てることによって、兵力を用うる場合があり得るのである。[1] かように、強制規範が行われ、強制秩序が維持せられるためには、国家に内在する公権力を背景とすることが、ほとんど絶対といってもよい位に必要である。その意味で、強制規範を支担して、秩序維持の任務に当る最高適格の人間的存在者は、国家でなければならない。

それと同時に、国家に内在する公権力の行使によって強制規範が適用され、有効なる強制秩序の維持が行われるということは、国家そのものの存立の条件ともいうべきほどに大切な事柄である。国家には強大な実力が内在している。しかしながら、国家に備わる実力は、決して単なる物理力ではない。物理力も必要であるが、それよりも遥かに必要なものは、物理力を活用する人間精神の力である。刑事の腕力が、上官に抵抗するために用いられることがなく、機械化部隊の鋒先きが、反転して「本能寺」をゆび指さない根拠は何処に在るか。その理由は複雑多岐であろうけれども、少くとも、国家の存在が人間の目的に適い、国家の活動が正しい軌道に従っている、と考えられることは、国民の精神力を統合して、これを一定の方向に有効に作用せしめて行くための、第一の条件でなければならない。法たる強制規範は、さような意味で、国家に内在する実力の発動を正しい軌道に拠らしむるための、最も重要な規準の一つである。法に準拠して実力が行使されている、ということは、そこに行使されている実力が、単なる個人の肆意や集団の暴力ではなく、正当な根拠を持つ公権力であることを立証する国家必携の身分証明書である。故に、法は国家に内在する実力によって遂行され得るのであるが、国家に内在する実力をして正当なる公権力たらしめるものは、翻ってまた法でなければならない。法と国家との間には、かくのごとき意味で、必須不可分の相互依存関係がある。法なき国家は盲目であり、国家なき法は空虚である。法を通じて強制秩序を維持して行くことは、国家に課せられた本質目的の一つであり、この目的を遂行することとそのことによって、国家存立の基礎が更に不断に踏み固められて行くのである。

ただし、強制規範とその支担者との関係を手がかりとして法と国家との聯関を明らかならしめ得たということは、決して、法と国家とが単にこの点においてのみ聯関している、という意味ではない。強制規範に準拠して強制秩序を維持に当ることは、疑いもなく、国家の担う最も重要な任務の一つである。けれども、それはもとより国家の唯一の任務ではない。国家は、更に広い場面に亘って、法の立体構造と全般的な牽聯関係を有している。それはいかなる意味においてであろうか。

前々から述べて来た通りに、法の中でも特に法としての特色を純粋に発揮しているのは、強制規範である。故に、法の側面から法と国家の関係を眺めるとき、それがまず以て強制規範と国家との聯関として考察されて来るのは、当然の順序なのである。しかし、強制規範は、単なる強制規範として行われている訳ではなく、必ず一定の行為規範を前提とし、その効力をば強制の手段によって保障しようとしている。したがって、国家が強制規範に準拠して強制秩序を維持して行くに当り、国家は常に同時に、行為規範に含まれた道徳・政治・宗教・経済、等の諸目的を追求し、これを実現せしめつつある筈でなければならぬ。否、国家は、一定の道徳に拠って立ち、特定の政治理念を指標となし、場合によっては、或る特殊の国教を採用・擁護し、更にまた、国民の経済生活の向上・発展を必要とすればこそ、それらの諸要求に適うがごとくに強制秩序の構成を按配し、それらの諸目的の秩序ある実現を計ろうとしているのである。全然無内容な強制規範というものが意味をなし得ないように、単に強制秩序の維持のみに任ずる国家というものも、一つの消極的な極限概念であるに過ぎない。立体的に把握された法が、多様多彩の理念を包含しているのと同様に、綜合的に考察された国家もまた、法を行うと同時に、単純な法に還元し得ぬ複雑多岐の目的を追求しつつある。法は、人間目的の規範化された複合態であり、国家は、規範化された人間目的の綜合的実現を計るところの人間共同体である。かくて、法は、その純粋に法的な強制規範の側面において国家と結びついているばかりでなく、その立体構造の全面に亙って国家を必要とし、国家の中に内在し、国家の活動を通じて作用しつつある。法が、さまざまな社会目的の水を落して事実生活のダイナモを動かす発電装置であるとするならば、国家はすなわち、この大規模な発電装置を運転して、共同生活の力と熱と光とを創造する人間の組織体である、ということが出来るであろう。

（1） 民事訴訟法第五百三十六条第二項。

三　行為規範・強制規範・組織規範

国家が、法を行って秩序を維持し、法を通じて法以上の目的を実現して行く過程は、大体として法の定立・適用・執行の三つの段階に分けて見ることが出来る。[1] そうしてこれらの過程は、ほとんどすべて国家の仕事として、国家の内部において行われるのである。

もっとも、法の一般原則の中には、国家の法定立行為を経ずして、既に客観的に妥当しているものもある。例えば、「約束を守れ」というような種類の行為規範は、特に国家において定立された規範ではなく、国家を離れても妥当し、国家もまた一般社会生活主体と等しくこれを遵守すべき天地の公道と考えられ得るであろう。しかし、かかる一般原則であっても、これに特殊の内容を与え、その効力を保障するための強制規範を定める、ということになって来ると、もはや国家の仕事に属するのである。国家が契約の方式を定め、その方式に適った契約の効果を強制的に保護するがごとき、または、公の秩序・善良の風俗に反するような内容を有する契約に対しては、逆にこれを無効として、法的保護の範囲外に拒斥するがごとき、それである。その他、行為規範の中には、最初から国家において定立されるものが、非常に多い。国民の負担すべき租税の率を決定し、兵役の義務・教育の義務を課し、言論・出版・集会・営業、等を取締り、結婚の最低年齢を定め、阿片の吸入・未成年者の喫煙を禁じ、医師や自動車の運転手について免許制度を設け、左側通行を以て掟とする、等々、無数の行為規範が、国家の必要・時代の要求に応じて、法として定立されて行くのである。更に、これらの行為規範と照応する強制規範にいたっては、そのすべてが国家において創設されるといってよい。ただし、この場合にも、不法行為による損害を強制的に賠償せしめ、犯罪に対して刑罰を科する、というような抽象的な原理は、国家の任意を超越する報償的正義の要求である、とも考えられ得るであろう。しかし、何を以て不法とするか、不法行為に原因する損害賠償義務の履行をいかに強制するか、殺人罪・窃盗罪に対する刑罰をいかに限定するか、死刑を認めるか、廃止するか、死刑をいかなる方法によって執行するか、――等々は、いずれも実定法の問題であり、国家の立法作用の範囲に属する。国家は、多数の行為規範と共に、また、これら多数の強制規範を定立し、これを適用・執行することによって、法の目的、ならびに道徳・政治・宗教・経済、等の諸目的を達成して行こうとするのである。

ところで、国家において、各種の目的に応じて多数の行為規範・強制規範が定立され、それが更に実際に適用・執行されて行くためには、国家の内部に、それぞれこれらの作用を担当・分掌すべき人間の組織が定められていなければならない。かくのごとき国家内部の組織は、特にそのために設けられた特殊の規範によって制度化されている。それは、法規範の定立・適用・執行に関する規範なるが故に、それ自体がまた「法規範」たるの形式と実質とを有する。しかも、それは、国家の組織を定める規範であって、国民一般の社会生活の準則ではないという意味で、行為規範ではなく、また、直接に強制の契機を含むものでないという意味において、強制規範でもない。それは、行為規範・強制規範の創設と運用とに関する規範ではあるが、それ自身としては行為規範とも強制規範とも異なるところの、第三種の法規範である。これを「組織規範」と名づけること、前に一言したごとくである。[2][3]

国家において法を定立・適用・執行する機能は、特定の個人によって行われる場合もあり、また、多数個人によって構成された組織体の手に委ねられることもある。組織規範が、これらの個人または組織体に、法規範の定立・適用・執行の権限を授けるという意味を持つ場合には、これを「授権規範」と呼ぶことが出来る。(4) しかし、組織規範の中には、法規範の創設または運用に関与すべき組織体の構成を規定するに留まり、直接には授権規範としての意味を持たぬものもある。帝国憲法についていうならば、例えば第三十七条の、「凡テ法律ハ帝国議会ノ協賛ヲ経ルヲ要ス」という規定は、帝国議会に、「法律」という特殊の形式を具うる法規範の定立に参与する権限を授ける規定であり、したがって、授権規範としての意味を持つ組織規範である。これに対して、第三十三条に、「帝国議会ハ貴族院衆議院ノ両院ヲ以テ成立ス」と規定しているのは、直接には、授権規範としての意味を持たぬ組織規範である。これらの組織規範は、国家の持つ道徳上の風格や、国家の荷う政治上の任務に応じて、それ自体、法規範たると同時に道徳的・政治的の意味を有するのであるが、いまはその点には立ち入らない。

これによって、法の立体構造と国家との関係は、ごく粗略ではあるが一通り概観され得たことになるであろう。法は、差し当り行為規範と強制規範との複合態であって、行為規範によって道徳・政治・宗教・経済、等の諸領域と交錯し、強制規範において法の法たる特色を純粋に発揮している。故に、法は一面もとより規範である。しかしながら、法は、他面また単なる規範ではなく、常に同時に、その規範内容が事実生活の中に実現されて行くことを必要とする。さように、法規範が事実として実現されて行くためには、国家が、その公権力の組織を通じて法の目的を達成する任務を担当せねばならぬ。更に、国家がその任務を遂行するためには、国家の内部に、法を定立・適用・執行する複雑な人間の組織が定まっておらねばならぬ。この組織は、法の第三の規範形態たる組織規範によって律せられているのである。故に、法は、行為規範・強制規範・組織規範の三重構造を有する立体的規範複合態であり、その三重構造の全般に亘って、法を創造し運用する最も主要な人間の組織体としての国家と結びついているのである。

（1） 法を実現して行く過程を、決の定立・適用・執行の三つに分け、これを立法・司法・行政の三作用と結びつけて、立法とは決を定立する作用、司法とは法を適用する作用、行政とは法を執行する作用である、という風に説くのは、普通行われる説明の仕方であるが、これは理論的にいって必ずしも精確でない。何となれば、立法は、確かに「法律」という特定の法規範を定立する作用であるが、それが「憲法」に従ってなされるという意味では、法の適用であり、司法は「法律」を適用する作用には相違ないが、「裁判判決」という具体的な規範を定立するという意味において、法の定立であり、行政のごときも、「法律」に基づきつつ、「命令」「処分」のような規範の定立行為を行う点で、やはり法の定立・適用の意味を持つからである。「結局、所謂立法、司法、行政の殆んど全部が、同時に定立、適用、執行の要素を有し、これらは何れもその本質を同じくする」（清宮四郎教授・法の定立、適用、執行、京城帝国大学法学会論集、第四冊、法政論纂、昭和六年、二九頁）のである。ただし、一定形式の法規範、例えば「法律」というようなものだけを取って見れば、それは、立法において定立され、司法において適用され、行政において執行される、といって差支えない。本文では、その意味で、法の定立・適用・執行の三段階を分ける一般見解に拠った。

（2） 法の重層構造を説く学者が、概ねこれを「二重構造」として説明していること、および、これに対して廣濱教授が、法をば組織規範・行為規範・裁決規範の「三重構造」を有するものとして考察せられたことは、前に註記した通りである。本文では、廣濱教授に倣って法の三重構造を論じたのであるが、この機会に、法の重層構造に関する諸学説の要旨のみを摘記して置くこととしたい。

法を二重規範として論究する場合、学者の著目するものは、概して「行為規範」と「強制規範」の聯関であるか、あるいは、「行為規範」と「組織規範」の聯関であるか、である。それぞれ、学者によって用語も違い、概念もそれと共に大なり小なり異なるのであるが、大別してこの二つの部類に属せしめることが出来る。

一 行為規範と強制規範の聯関

この関係を論じている学者は、相当に多い。我が国では、末弘教授が、国民社会生活の準則と、司法機関の行動の準則としての「裁判規範」とを区別し、裁判規範としての民法の本質を闡明せられたこと、これまた前に註記したところである。私も、これまでしばしば「社会規範」と「強制規範」の二重構造について述べて来た。拙著・法哲学、昭和十年、二〇八頁以下。国家構造論、昭和十一年、一七七頁以下。

外国では、デュギイが、これを「規範的法規」（règle de droit normative）と「構成的または技術的法規」（règle de droit constructive ou technique）との関係として詳論し、エエアリッヒは、これを、「社会団体の内面的秩序」（innere Ordnung der gesellschaftlichen Verbände）と、「判決規範」（Entscheidungsnormen）から発達したところの「法規」（Rechtssätze）との聯関として、発生論的に取扱っている（デュギイの学説については拙著・改訂法哲学、昭和十二年、一二七頁以下、エエアリッヒの見解については、同、一一三頁以下、参照）。なお、マックス・エルンスト・マイヤアが、「文化規範」（Kulturnormen）と「法規範」（Rechtsnormen）との区別および関係を明らかにしていることも、注目さるべきである。マイヤアによれば、文化規範は、一般の社会生活に即して行われる道徳的・宗教的・習俗的の規範であり、したがって一般社会人の行態を拘束するけれども、法規範は、特に国家の権力行使の規準として発達した規範に他ならず、それ故に、法規範の真正の受範者は国家の機関、中でも裁判官でなければならない。すなわち、「国民のために、裁判官に向けて」（Für das Volk, an den Richter!）というのが、法規範存立の根本義なのである。Max Ernst Mayer: Rehtsnormen und Kulturnormen, 1903, S. 14 ff., S. 35.

これらの諸説は、いずれも、成文法規が大体として強制規範（裁判規範）の性質を有することを認めると同時に、法の真の基礎は強制規範に在らずして、むしろ一般社会生活の中に行われている行為規範（社会規範）に存することを力説しようとしている。これに反して、ケルゼンが、同じく行為規範と強制規範の重層的構造を明らかにしながら、前者を「第二次規範」（sekundäre Norm）、後者を「第一次規範」（primäre Norm）と呼び、逆に強制規範に法の重心を置いているのは、その立場の特殊性より来た当然の帰結である。

二　行為規範と組織規範の聯関

行為規範と強制規範の重層構造を説いている学者は、相当に多いのに反して、更にこれと組織規範との関係に論及している者は、比較的に稀である。しかも、組織規範について論ぜられている場合には、行為規範と強制規範の区別関係が閑却されている憾みがある。それは、一つには、従来の法学が実定法の「解釈」にのみ主力を注いで、実定法秩序の全体に通ずる「理論」的研究を等閑に附していた結果ではあるまいか。その意味で、廣濱教授が、法を組織規範・行為規範・裁決規範の三重構造において理解すべきことを力説せられたのは、誠に卓見と称せらるべきである。

組織規範というとき、私共が直ちに想起するのは、田中耕太郎教授の著名な論文『組織法としての商法と行為法としての商法』（法学協会雑誌、第四十三巻、第七号、大正十四年）である。田中教授は、この論文によって、商法の中には、商取引の内容の迅速活潑を要求する自由主義と、商取引の形式を厳正的確ならしめようとする厳格主義とが、互に調和して存在していることを指摘され、それに応じて、商取引の内容を規定する「行為法」と、商取引の形式に関する「組織法」とが、顕著なる対立を成していることを明らかにせられた。例えば、商行為に関する規定は、大体として行為法であり、会社に関する規定のごときは、純然たる組織法なのである。

　この区別は、一通り、行為規範と組織規範との区別に当てはまるように見えるが、商取引の規定といえども、——末弘教授が裁判規範としての民法の特質を明らかにせられたような意味で、——やはり裁判の準則であると考えるならば、必ずしもそのままに行為規範と組織規範の重層関係に照応するとはいい難い。いずれにせよ、田中教授の規範構造の分析は、商法という特殊の法領域について行われたものであり、かつ、「組織法及び行為法の対立は商法全体を貫流する大きな流れ」であるばかりでなく、むしろ「此の対立は商法の一大特色である」（二八頁）とせられるのであるから、これを以て、直ちに法一般の規範構造にまで推し及ぼさるべき理論である、ということは出来ない。

　これに対して、中川善之助教授は、田中教授の組織法の概念は、「稍々狭小に過ぎるの嫌がある」とされ、一般に、一体的な人間結合の統制組織のための規範を「統体法」と名づけ、これを多数個体の対立関係に関する「個体法」と区別し、それによって「身分法」の統体法的性質を論述しておられる。身分法の基礎理論、昭和十四年、二〇頁以下、七二頁以下。

　中川教授が、統体法と個体法という対称概念にほぼ相当するものとして挙げておられるのは、ギェルケによる「社会法」（Sozialrecht）と「個人法」（Individualrecht）の区別である。ギェルケは、「団体としての人間的意志主体の諸関係を秩序づけているかぎりにおける法」を社会法、「個体としての人間的意志主体相互を関係づけているかぎりにおける法」を個体法と名づけたのである。中川教授・前掲書、二〇頁。Otto Gierke: Deutsches Privatrecht, 1. Bd., 1895, S. 26

　なお、近くは、ブルクハルトがその著『法の方法および体系』の中で、「組織法」（Verfassungsrecht）と「行為法」（Verhaltungsrecht）の区別・関係を詳論している。ブルクハルトによれば、「すべての法秩序は、行態の規律と並んで、一つの組織を持たねばならぬ。行為規範（normae agendi）と組織規範（normae constituendi）とがなければならぬ。第一の種類の規範は、各人がいかなる行態をなすべきか、を定める。第二の種類の規範は、いかにこれらの行態の規範が定立され、適用され、強制されるか、を規定する。組織は、それによって行態の規律が実現されるところの機構、すなわち国家を作り出すのである」――と。Walther Burckhardt : Methode und System des Rechts, 1936, S. 133.

（3） 本文の説明だけを見ると、組織規範は、行為規範と強制規範とのみについて、その定立・適用・執行の部署を定めるものである、と考えているように取られるかも知れない。しかし、行為規範・強制規範ばかりでなく、組織規範もまた国家において定立されるのであり、組織規範の定立に関する国家の組織は、更に高次の組織規範によって定められるのである。国家最高の組織規範は、純粋法学の用語に倣って「根本規範」と名づけられ得るものであり、これは、国家の成立と同時に確立される、と考えられなければならない。しかし、それ以下の組織規範は、直接または間接に根本規範の授権に基づき、国家の内部において定立されるのである。例えば裁判所構成法という組織規範は、直接には憲法の、したがって間接には根本規範の授権により、帝国議会の協賛を以て制定されたところの「法律」である。ただし、根本規範と、根本規範の授権の下に定立される他の組織規範との間には、その性質上重要な相違がある。故に、狭く組織規範という場合には、根本規範を除く意味に解せられねばならぬ。この点は、のちに改めて詳論する。

（4） 清宮四郎教授によれば、「授権規範は、広い意味で法上の能力を附与することを内容とするものであるが、その法的機能は、或る行為が法行為として通用すべき根拠を成す点に存する。およそ、一つの法規範が適法に存立し、通用するためには、それを定立すべき権限の所在（定立権者）、定立手続及び内容を定める法規範が別に、しかも、前以て存立し、通用していなければならない。法律といふ形式の法規範は、憲法に定められた法律制定権者が所定の手続、内容をもつて制定・発布することによつて、適法に存立し、通用する。一つの法規範の通用は、それに通用性を与へる他の法規範の通用を前提とし、根拠としてのみ可能である。この関係を逆に観て、一つの法規範が他の一つの法規範定立権者を定め、これに法規範定立の権能を附与し、それによつて法規範が定立せられるとき、そこに授権または委任関係が存するといふのである。」帝国憲法と皇室典範との関係、京城帝国大学法学会論集、第十一冊、法と政治の諸問題、昭和十五年、一六頁。

第二章　法の効力

第一節　法とその効力

一　実定法の本質

実定法とは、人間社会に現実に行われることを求めている法であり、また、現に人間社会に行われているところの法である。社会に現実に行われることを求めているというのは、法の規範性であり、現に社会に行われているというのは、法の事実性である。かように、社会に行われることを求め、また、現に社会に行われているという状態、すなわち、法の規範性と事実性との結合状態を法の「効力」(Geltung)と名づけるならば、実定法とは効力のある法であり、効力は実定法の実定法たる所以の本質である、といわねばならぬ。

かくのごとくに、法の効力を直ちに法の本質に結びつけて考察しようとするのは、最も困難な問題提出の方法である。何故ならば、法の効力という言葉の意味が既にきわめて不明確なばかりでなく、法の効力の根拠如何を探ねるにいたっては、ほとんど茫洋として行手を見定め得ぬほどの迷路に踏み入ることとなるからである。故に、一応、法とは何かという問いに答えて置こうとする場合には、法とその効力とを切り離して、効力の問題には触れずに直ちに法の本質を明らかにするのが、比較的に安易な理論構成であるということが出来る。加うるに、法の効力という言葉遣いは、効力の問題から離れて法の何たるかを決定することが可能でもあり、それがまた、考察の当然の順序でもあることを示しているように見える。法の効力という以上、法は効力を有する対象であり、効力は法という対象の属性であって、法とその効力とは別個の概念であるとも考えられ得よう。したがって、最初から強いて「効力ある法」を「法」として取扱うことなく、法をまず法としてその概念を定めて置いて、しかるのちに徐ろに法の効力に論及しても、一向に差支えないと思われるであろう。そうして、実際、法の理論の多くは、そういう風に形式上はすこぶる当然な順序を踏んで、第一には実在の地盤から遊離した法の抽象的な概念構成を試み、次に第二または第三の問題として、法の効力ならびに法の効力の根拠に考察の焦点を向ける、という行き方を選んでいるのである。法は「規範」であるといって、その類を定め、更に、法は「強制」の契機を含むところの規範であると做して、その種を明らかにするというような方法は、かかる形式的な法の概念構成の典型に他ならない。

こういう方法を用いると、法の概念は確かにきわめて截然と決定され得る。法は規範である。規範は当為の法則である。当為の法則であるから、法は、存在の法則からは明らかに区別されねばならぬ。「物体を熱すれば膨脹する」というのは、因果関係による存在法則であるが、「他人の所有物を借りた者は、これをその所有者に返還しなければならない」というのは、当為の要求に立脚する規範法則である。しかし、規範法則は、そのすべてが法である訳ではない。規範には、道徳の規律もあり、宗教の戒律もある。法規範と法規範ならざるそれらの規範形態との区別は、いかなる点に求められ得るか。それは、強制の契機との結びつきの有無によるのである。他人から物を借りたならば、それを持主に返還しなければならない。その品物を傷つけたり紛失したりした場合には、然るべき賠償を支払わなければならない。それは、それだけではまだ一つの日常的な社会道徳上の義務である。しかるに、この義務の履行が強制手段によって保障され、この義務の履行を期待し得る者の利益が訴訟・裁判の方法によって保護せられるに及んで、道徳の要請は化して法となる。一定の宗教を信ずる者が、その戒律を守って求道精進するのは、それだけではなお純然たる宗教生活の範囲に属するが、異端者を処罰し、戒律の遵守を強制する制度が存在するにいたれば、宗教上の戒律は同時に法規範としての性質を具備する。故に、法は、強制の契機を含むところの規範である。強制の有無は、法たる規範と法たらざる規範とを判別する規準である。そこで、法とは、直接間接に強制の契機と聯関するところの規範である、という法概念が確立され得たことになる。

ただし、こういう法概念の立て方に対しても、決して異論がない訳ではない。法は直接間接に強制の契機と聯関しているというが、法の中には全く強制との結びつきを持ち得ぬものがある。例えば、親族法上の夫婦の同居義務のごときは、法の規定する義務ではあるが、これに対して強制を加えることは出来ない。故に、強制を以て法の必須の要素と見るのは妥当でない。むしろ、法の特色は、その規律の外面性・社会性に求めらるべきである。規律の対象が外面に現れた行為であるということ、および、それが単なる個人生活ではなく、共同生活上の対人的行為であること、その二点に法規範の本質が見出される。これを主として問題となるところの道徳と法との区別についていうならば、道徳は内面の動機の純真性に重きを置き、君子はその独りを慎むの境地を以て範とするのに対して、法は外面に現れた行為、特に人間共同生活上の諸関係を捉えて、正当性の尺度によってこれに評価を下すのである。――こういう見解が、強制説に対する異論の中でも、最も有力であるということが出来よう[1]。

しかしながら、道徳は内面の動機を規律し、法は外面の行為を規制するといっても、それは道徳と法との大体の関心方向の相違を示しているだけであって、決して両者を截然と区別する標準とはならない。まして、法は対人関係・社会生活の規律であり、道徳は個人意欲・一身生活の規範であると考えるのは、大いなる謬りである。法が社会生活の規律であることはいうまでもないが、道徳といえども人間相互の真実の間柄を規定する原理であり、法と同じくやはり社会生活の規律でなければならぬ。人間相互の真実の間柄は、単なる動機のみの世界において実現されるものではない。互譲互助の社会生活を規律する道徳は、動機と共に当然に、純真な動機に適うた行為を問題としなければならない。逆にいって、法の規律の対象となるところの社会生活は、疑いもなく行為の世界であるけれども、それが人間の行為である以上、内面の心情を無視した機械的な動作に留まるものでないことは、いうを俟たない。故に、法もまた、行為する人間の動機と心情とに対して、その評価の尺度を当てはめる。道徳の規律が内面的であり、法の規律が外面的であるというのは、きわめて皮相な見解である。むしろ、内面・外面の相違は、規範的要求の実現を何によって保障するかの点について認めらるべきであろう。すなわち、純粋の道徳は、その要求するような生活態度の実現を、外面的な手段によって保障しようとはしない。道徳の実現の最後の根拠は、内面的な「良心」である。これに対して、法は、規範の実行を各人の良心のみに一任することを以て満足せず、外面的な手段を設けてこれを的確に保障しようとする。しかるに、法の用いる規範実現のための外面的な手段は、つまり「強制」に他ならない。それであるから、外面的・内面的という区別は、結局、強制の有無ということに帰著するのである。強制を背景として規範内容の実現を計るというのが、法の法たる根本の特質である。夫婦の同居義務のごときは強制し得ぬ法的規定であるというが、かかるものは、純粋の道徳上の規律がたまたま成文法規の中に混入しているに過ぎないと考えればよいのであって、これを強いて法として説明する必要は毛頭存在せぬ。かように反対説を駁論して行くならば、法の本質の問題は、形式上は比較的に容易に片づけることが出来るのである。

けれども、それは、法とは何かという問題に対する一応の形式的な答えであって、それを以て法という実在現象の本体を捉えたことにはならない。何故ならば、概念上は法たる「形式」を備えた——すなわち、強制の契機と直接または間接の関聯を有する——規範があったとしても、もしもそれが現に社会に行われていないものであるならば、もとよりこれを現存の法と認めることは出来ないからである。ロオマの十二表法は、ガリア人の掠奪に遭って滅失したけれども、その内容は後世の記録や学者の研究によって大体として今日にも伝えられており、その中には各種の裁判規範が含まれていて、それが嘗つて名実共に整った法として行われていたことはいうまでもない。しかし、よしんば十二表法の原典がそのままに今日まで保存されていたと仮定しても、十二表法がそれによって「法」として現存していることにはならない。また、ドイツ民法第一草案は、民事上の行為規範・裁判規範の複合体として、いままでに述べて来たかぎりでの概念上の法の要件は完備しているけれども、それは遂に施行されずに終ったが故に、「法」となるにはいたらなかったのである。前者は法としての生命を終って了った法であり、後者は法としての誕生を見ずに終った法である。それらは、共に法でありながら、しかも法ではないという奇妙な意味合いを持っている。それが法であるというのは、十二表法にせよ、ドイツ民法第一草案にせよ、形式上は法たるの本質を備えているからである。それにもかかわらず、それが法ではないというのは、十二表法は既に遠い過去において法たるの「実質」、すなわち法の効力を失って了ったし、ドイツ民法第一草案はゲルマニステンの反対によって修正された第二草案を以て置き換えられ、法たるの効力を発揮するにいたらずして終ったからである。そうなると、法の「効力」の問題を明らかにしないで法の本質を論じたのでは、いかに法の形式上の諸性質を説明しても、それによって法を法として把握したことにはならないといわざるを得ない。法の効力は、決して単なる法の一属性ではない。むしろ、法の効力において、法の法たる所以の実質が備わって来るのである。効力のある法、――それが法である。法の効力とは何か、――それが法の本質の問題である。その点に触れないで試みられている一切の法本質論は、悉く法の周辺を周る論議であって、法の中核に達した研究たることを得ない。

効力のある法は「実定法」である。嘗つて効力を有し、現在は石柱にまたは記録に残されているに過ぎぬ法は、過去の実定法である。法案として起草されながら、施行されずに終った法は、実定法たるにいたらなかった法である。故に、効力の問題を含めて法の本質を明らかにすることは、すなわち実定法の本質を明らかにすることである。ここに問題の焦点を置いて考察を進めようとすれば、結局、法とは実定法であり、実定法ならざる法は法ではない、という立場に立つこととなるであろう。正にそれが、真に科学的な意味での法研究の態度であり、一針以て直ちに法の実体を衝く所以でなければならない[2]。

実定法を以て法と做し、実定法ならざる法は法ではない、とするこの考え方は、当然に「自然法」の問題をば法理論の考察の範囲外に置くことになるように見えるであろう。

もしも自然法という言葉によって、実定法とは何らの関係もなく、現実の社会生活に対して何らの影響力も持たない、星の世界に描かれたような単なる理想秩序を意味せしめるとするならば、それは正にその通りである。そういう意味での自然法は、法学の対象としての法には数えられ得ないのである。しかしながら、実際問題としては、自然法の名を以て呼ばれているものは、必ずしもさような仮空な理想法ではない。むしろ、自然法とは、現存の実定法秩序を通じては充分に実現され難いような新興政治理念の別名であったり、または、実定法の基礎となって、人間社会生活の基本関係を規律している普遍的な道徳原理を指していたりする場合が多いのである。第一のような種類の政治的自然法ならば、政治の力によって既存の実定法を動かし、しかるのちに、自ら新たな法の原理となって実定法に内在するにいたることがあり得る。近世初期の個人主義の自然法理念が、歴史の変動と共に法の中に浸徹して、第十九世紀のヨオロッパの実定法体系の血となり肉となったごときは、それである。また、第二の場合、すなわち、実定法の基礎を成すような普遍的な道徳原理が、自然法の名を以て呼ばれている場合には、自然法はそのまま既に同時に実定法なのである。例えば、田中耕太郎教授のいわれるように、他人に対して善をなすべく、他人を害し欺くが如きことを避くべきであるというような、「素朴的道徳原理にして社会生活の基礎たるものが即ち自然法である」とするならば、(3)それはもとより一般に実定法の内容として行われているのである。かくのごとくに、実定化の可能性のある自然法ならば、それはやはり法の考察の大きな問題となるであろうし、ましていわんや、既に実定法として行われつつある自然法にいたっては、最初から当然に実定法理論の対象として取り上げらるべきであること、いうを俟たない。ただ、これを自然法というような紛らわしい名称で呼ぶよりも、その実際の内容を直截に捉えて、これを直ちに政治または道徳として取扱い、それと実定法との関係を論究するのが、科学的に見て厳正な方法であるというべきであろう。

さて、かようにして、実定法の現象を正面から取扱おうとすると、法の本質の問題は、俄然、非常に複雑かつ深刻となって来る。法の形式上の本質を見定めるというだけならば、さきに試みたような簡単な論述でも一通りその要を約し得たことになるのであるが、法とはすなわち実定法の謂いであるとして、実質上の法の本質を明らかにすることは、それとは全く比較にならぬほどの困難な仕事である。法とは効力ある法である。それでは、法の効力とは一体何を意味するか。法は何によってその効力を発揮するのか。——そこには、法の根本にまで遡って思索しようとする者の、必ず通過せねばならぬ深淵がある。法の本質の問題が法学のアルファでありオメガであるといわれるのも、法の本質を形式・実質の両側面から窮めるのが法学の窮極の課題だからである。既にこういう仕方で法の考察に立ち入ろうとする以上、正にそこから法学のアポリアが始まることを覚悟して置かねばならぬ。

（1）道徳と法とを区別するに当り、道徳の内面性・分立性に対する法の外面性・社会性を標準としようとする学説は、中でもシュタムラアによって代表される。シュタムラアによれば、道徳は「内的純真性」(innere Lauterkeit) を理念とする「分立意欲」(das getrennte Wollen) であり、分立せる単一体としての人間の意欲内容を規律する。これに反して、法は、多数の人間をば目的手段の関係によって結合する「結合意欲」(das verbindende Wollen) であり、社会生活の「外的規制」(äussere Regelung) の原理に他ならない。故にシュタムラアの法概念は、法にのみ社会性を認め、道徳の社会生活規律たる意味を認めない。そうして、法の外面性をその社会性と、したがって道徳の内面性とその分立性とを、きわめて単純に結びつけているのである。Rudolf Stammler: Lehrbuch der Rechtsphilosophie, 2. Aufl., 1923, S. 66 ff., S. 181 ff.; derselbe: Theorie der Rechtswissenschaft, 2. Aufl., 1923, S. 55 ff.

　しかしながら、よしんば道徳が内面の規律であるにしても、それ故にそれが単なる「分立意欲」であるということは出来ない。内面の心情においても、道徳は常に隣人への誠実を志向し、社会の共存共栄を思念している。したがって、道徳は、内心の規律である場合にも、やはり一種の「結合意欲」であり、分立せる個人生活の規範ではなく、対人関係を実現の場所とする社会規範であるといわなければならない。

　これに対して、ラアドブルッフは、同じく外面性・内面性の標準を以て法と道徳とを区別しながら、その区別の標準について更に精密な検討を加えている。すなわち、ラアドブルッフによれば、法の外面性・道徳の内面性といっても、これを両種規範の「適用領域」(Anwendungsgebiet) の意味に解するときは、これによって両者を明確に識別することは出来ない。何故ならば、法といえども、外面に現れた行為をば、その動機の如何によって種々の異なる仕方で評価するものであり、したがって、内心の徴標としての行為を通じて、行為者の心情や性格にも適用されるからである。しかし、法の外面性ということを以て、法の評価の「関心方向」(Interessenrichtung) の外面性を意味せしめるならば、そこに道徳と区別された法の明らかな特色がある。道徳は、外面に現れた行為を評価している場合にも、主たる関心方向をその内面の心情に向けている。しかるに、法は、内面の動機や性情を問題としている際にも、常にその行為者の内面性格が、いかなる将来の外的行為の淵源となるか、ということに主眼点を置いている、と。Radbruch: Einführung in die Rechtswissenschaft, 7. Aufl., S. 16 f.; derselbe: Rechtsphilosophie, 3. Aufl., 1932, S. 36 ff.

　ラアドブルッフのこの見解は、主として刑法の特質に著眼して述べられており、類説の中では最も傾聴に値する学説の一つであるが、関心方向の外面性・内面性といっても、結局は相対的な区別に過ぎない。何故ならば、刑法の目的といえども、例えばラアドブルッフ自らの主張する教育刑の理念などになれば、行為者の性格を改善陶冶することに窮極の目標を置くこととなり、したがってその主たる「関心方向」を内面の心情に向けることとなるであろうからである。

(2) 法学の対象を実定法のみに限定し、実定法のみが法であると做し、実定法以外の法——自然法——を絶対に否定しようとする学者の中でも、最も徹底した態度を表明した者は、ベルグボオムである。彼れによれば、「法は本質的に一つである。法の概念は単一の概念である。人々が二様の法があると考えたことによって、人々は法の概念を毀損した。人々は、学問上の永劫の罪を犯したのである。」Karl Bergbohm: Jurisprudenz und Rechtsphilosophie, 1. Bd., 1892, S. 109.

ベルグボオムが、実定法のみを法と認めたことは、本論の趣旨からいって正当であるといわなければならない。しかしながら、実定法のみが法であるということと、自然法の「名」を以て呼ばれているものをば、すべて法学の対象と認めない、ということとは、決して同一ではない。自然法と名づけられているものであっても、それが実定法を動かす力を有する場合、もしくは、それが実定法の部分内容となって現に社会に行われている場合には、それはもとより実定法学の重要な対象となるのである。そういう意味に解するならば、ベルグボオムのいう通り、「法としての機能を営むもの、それのみが法であり、それ以外の何ものも法ではない。そのすべてが、例外なしに法である。」A. a. O., S. 80.

ただし、本論の態度は、実定法のみを法と見る見方においては、いわゆる法実証主義と共通しているけれども、しからば、何が実定法の実定法として行われる根拠であるか、という問題になると、単に実証主義的な見解とは大いにその内容を異にして来る。それは、第三章以下の理論の展開と共に、次第に明らかとなるであろう。

(3) 田中耕太郎教授・法と道徳、岩波講座・哲学、昭和八年、五三頁以下。この点についてはのちに改めて論ずる。

二　法と力

法を直ちにその効力と結びつけて考察するというのは、実定法を法理論の当面の唯一の対象とするというのと同じことである。したがって、必ずしも実定法にかぎらず、広く法一般の本質を明らかにすることが先決問題であると考える非実証主義的な法哲学者は、前にいうような風に、効力の問題を切り離して、まず法そのものの抽象概念を決定して置こうとするのである。これに対して、法哲学を専門としない実定法学者、あるいは、飽くまでも実定法を法としてその本質を見窮めようとする実証主義的な法哲学者は、法の効力こそ法の本質であると考え、この問題に焦点を向けて法の正体を闡明することに努力する。後者の立場から見れば、前者のように、法の効力に触れずに法一般の形式的な概念構成を試みることは、最初から的はずれの観念の遊戯とも思われるであろう。実際また、それは、単にそれだけとして見れば一種の観念の遊戯に近く、稔り多き法学の探究とはおよそ縁の遠い迂路であるといわれても、致し方のないところがある。法哲学が実定法学から遊離して、無用の論議に浮身をやつしていると非難されるのは、そういう非実証的な態度に主たる責任があるといわなければならないであろう。

さて、そこで、法をば常にその効力と結びつけて、いいかえると、法をばすなわち実定法として考察しようとした場合、法の本体はいかなるものとして把握せられるであろうか。この問いに対するあらゆる見解の紛糾を一応考慮の外に置いて、経験主義的な法の概念を通覧して見ると、そこに一つの共通した考え方の現れていることが観取される。それは、法を「力」と見る見方である。あるいは、法の根柢を成すものは「力」であるという考え方である。

これは、法の効力に重きを置いて法の法たる所以を明らかにしようとする以上、当然な考え方であるということが出来よう。既に、「効力」という言葉は、法の中に或る種の力が働いていることを示している。ドイツ語でも、法が施行せられることを、「力の中に立ち入る」(in Kraft treten) という風に表現する。実定法は、力を以て行われる法である。力の中に立ち入ることがないならば、ドイツ民法第一草案のように、法としての形式は充分に具備していても、いまだ法ではないものがあり得る。また、力から切り離され、力の外に出て了えば、ロオマの十二表法のように、法の規範内容が現代にまで伝えられているものであっても、法としては現存していないのである。故に、法は力を持つことによって法となる。法は或る種の力の現れである。その力は、もとより単なる物理力ではないに相違ない。法は社会に行われ、社会を動かすものである。したがって、法たる力は、社会に内在する力、すなわち、一つの「社会力」であるといわなければならない。社会力が規範としての形態を備えて行われ、社会生活を有効に規律しているとき、そこに法がある。――かような経験主義的な法概念は、わが国では穂積陳重博士によって、最も典型的に表現された。いわく、＝「法は力である。法は社会力である。法は社会力が公権力状態に於て行為の規範と為るものである、」――と[1]。

この定義は、法をば二つの様相において示そうとしている。第一に、法の本質は、ここでは一つの力として、すなわち、社会力として理解されている。これは、法が現実に社会を動かし、社会に行われているものであることを示そうがためであって、効力ある法を法と見ようとした当然の帰結に他ならない。しかし法は、一方から見れば確かに力であるが、さればといって、これを他方から考察するならば、単なる社会力そのものが直ちに法と名づけられ得る訳ではない。社会力は、あるいは政治となって社会生活を統制し、あるいは世界観となって人間の思想を支配するであろう。法がそれらの社会力の発現形態と異なる点は、恐らくは同根の社会力が社会生活上の行為の規範として現れているところに在る。故に、この定義は、第二には、法をば規範であると做している。社会生活を動かす力が、中央集権的に統一されて「公権力」となり、それが行為の規範となって現れたものをば、法と見ているのである。第一の、力としての様相は、法の本質の実質面であり、第二の、規範としての様相は、法の本質の形式面であるということが出来ようか。いずれにせよ、かように、法の本体を力と考えながら、しかも単に力と法とを同一視しないで、力から発現した規範をば法と解するのは、経験主義的な法本質論の通型と見てよいであろう。ショムロオが、法をば、一定の社会生活圏における「最高の法実力」（die höchste Rechtsmacht）によって定立された規範と見、最高法実力の規範なるが故にその社会生活圏の内部で「通例的に遵守される」ということが、法の法たる特色であると説いているのも、その一例に数えることが出来よう(2)。

しかしながら、経験主義の法本質論の一致しているところは、法をば「力の規範化」または「力によって定立された規範」と做している点だけであって、さてしからば、法たる力の本体は何かということになると、忽ち諸説紛々としてその帰趨を知らざる有様となるのである。法は、確かに何らかの社会力が規範化したものと見らるべきであろう。けれども、さればといって、「法は力である」、「法は社会力である」、と定義しただけでは、法の何たるかはいまだ一歩も明らかにされたことにはならないのである。法は力であるというのは、法は「効力」を有するものであるということ、法は社会生活において「通例的」に行われるものであるということ、すなわち、そこで法として考察されるものは「実定法」であるということを、簡単にいい現しているに過ぎない。問題は、法たる社会力はいかなる力であるか、という点に存する。法学のアポリアはそこから始まる。迷路も紛糾も、紛糾解決のための悪戦苦闘も、正にそこを出発点として起って来るのである。

ところで、法を飽くまでも実定法として考察しようとするのは、経験主義的法学者の態度であるけれども、法の根柢に何らかの意味での「力」が作用していると考えるのは、必ずしも経験主義の特色であるということは出来ない。何故ならば、古来の形而上学的な法哲学者もまた、法をば例えば正義という「理念」の顕現と見、法が法として行われる根拠は、さような理念の「力」に在ると考えているからである。これに対して、経験主義の傾向に属する学者は、理念の力というがごときものを認める代りに、現実の人間の「意志」の力が法の基礎を成していると説く。しからば、法を基礎づけるところの意志は、果して何者の意志であろうか。或る者は、それは単一または少数の「支配者」の意志である、と答える。しかし、支配者の支配意志は、被支配者の服従意志によって支持されることなしには、有効に法を定立し、法を執行することを得ないであろう。そこで、他の者は、法が法として行われる根拠は、支配者の定立した法に服従しようとする「一般大衆」の意志力でなければならない、と主張する。かかる一般大衆の意志力を、「承認」というような受動的な働きとして説明するのも、一つの立場であり、また、これを「輿論」というがごとき積極的な作用と考えるのも、他の一つの有力な見解である。この同じ社会大衆の精神作用を「社会意識」という言葉を以て表現することも、一部の学者の間に行われているが、社会意識とは何かということを明らかにしないかぎり、この種の説明は、なお漠然として法の本体の周辺を迂曲彷徨しているものといわなければならない。この点を更に押し進めて、法を支持する精神力をば単なる個人心理の集積と見る見方を否定し、その根源に超個人的な「団体意志」または「全体意志」というようなものを認めるにいたれば、その態度は既に経験主義を離れて、ふたたび形而上学的な立場に復帰したものということが出来よう。しかも、錯綜するこれらの諸説の間には、単なる理論の分岐以外に、意識的無意識的に政治上の世界観の対立が織りまぜられており、ために問題が一層複雑難解を極めていることも、あらかじめ充分に承知して置かなければならない。

かように錯綜紛糾する問題領域に深く分け入って、実定法の本体を正しく摑み出すということは、法哲学に課せられた第一義的な課題である。実定法の本質を、実定法の生命たるその効力の根源と共に明らかにしないかぎり、法哲学は、いまだ決して法の本質を闡明し得たと称することは出来ないのである。否、それは単に法哲学のみに課せられた課題ではない。実定法の本質を窮めることは、もとより実定法学そのものにとっても、きわめて緊急切実な任務とされなければならない。いうまでもなく、実定法学は実定法の具体的な各分野の問題を論ずる。しかし、実定法学の対象とする実定法とは、そもそもいかなるものであろうか。成文法の発達している今日、適用さるべき実定法を発見する最も有力な手がかりとなるものは、成文の「法規」であろう。けれども、成文の法規といっても、単に紙の上に印刷された規定の文章が、現に社会に行わるべきところの法そのものではない。明文の規定の文字通りの意味が、必ずしも法となって行われる規範意味を現していないこともあり得る。また、逆に、明文の規定の欠けている場合にも、法を作る力の作用しているところには、既に潜在的に法が存立しているのであり、そこから次第に新たな法が顕現して来るのである。殊に、現代のような歴史の転換期には、昨日の法規をば、今日はもはや新たな観点から改鋳する必要も生じ得るし、反対に、法として作用する力から取り残された法規が、やがて実定法たるの実質を喪失した形骸として、歴史の過去に脱落して行くことも少くない。その流動変遷の過程の中に在って、真の実定法を捉えようがためには、法の研究についての根本に徹した方法と構想とが必要とされなければならぬ。何が法であるか。何が法を法として作用せしめているのであるか。何が新たに法を作る法源であるか。——それらの問題を解決して行く上において、法哲学と実定法学とが緊密な連繋協力を保つべきであること、正に現代のごとく切実なる時代はないということが出来るであろう。

（1） 穂積陳重博士・法律進化論、第一冊、大正十三年、一頁。

（2） Felix Somló : Juristische Grundlehre, S. 93 ff., S. 105 f. ショムロオの学説についても、のちに改めて詳述する機会があろう。

第二節　法の効力の多義性

一　法の効力範域

法の効力の拠って来る所以を見窮め、それによって実定法の実在相貌を明らかにするに先立ち、まず以て、法の効力という言葉の意味を確定して置く必要がある。法の効力とは、一体いかなる事柄を指していうのであろうか。法が効力を有するとは、そもそもいかなる状態を意味するのであろうか。

この問題に対して、多くの実定法学者は、法の効力そのものの意味を示す代りに、法の効力の「範域」を区劃し、それがあたかも法の効力の意味決定であるかのごとくに取扱うのを慣わしとしている。例えば、日本民法の効力についての民法学書の解説を見れば、そこでは、日本民法がいかなる状態に在ることを以て民法の効力というか、という問題には、全然触れられていないのが常である。その代りに、民法の効力はいつから発生したか、民法が施行せらるるにいたる以前の民事関係について、民法の規定はいかなる場合にその適用を見るか、民法が効力を有するのはいかなる場所においてであるか、民法はいかなる人に対して適用せられるか、というような事柄が記述されている。それは、民法の効力そのものを説かずして、民法の効力の及ぶ範囲を述べているのである。(1)かかる記述の仕方は、もとより問題の焦点を外れているのであって、それによって法哲学的に法の効力の意義が明らかにされたことにはならない。類人猿の棲息する地域上の分布を挙げただけでは、勿論、類人猿とはいかなる動物であるかは、毫も示され得たことにはならないのである。かように、実定法学者が、法の効力という標題を掲げながら、顧みて他をいうがごとくに、法の効力の範域を記述することを以て満足しているのは、実定法学が、法解釈学としての実際の必要に迫られて、法規適用の時間的および空間的限界を確定することに急であり、理論法学の中心問題を真剣に取り上げる余裕がなかったためであるといわざるを得ない。法の効力とは何か。その判断は漠然たる常識に委せて、直ちに形式的な法域決定の問題に移ろうとしているがために他ならない。

かくのごとくに、実定法学の考察は、法の「効力」(Geltung)の問題をば、法の「効力範域」(Geltungsbereich)の問題を以て置き換えているのである。しかし、法の効力範域の問題といえども、法の効力そのものの問題と密接な関係を有する。したがって、法の効力範域に関する実定法学の論述は、法の効力の意義を見定める上において、一つの示唆を与えている。この示唆を取り上げつつ、法の効力範域の問題をば法の効力の問題に転位せしめて行くことは、実定法の理論研究の第一著手とするに足りるであろう。

実定法学が、法の効力範域を示すことを以て法の効力の説明に代えていることから取り出される示唆とは、法の効力には時間的および空間的の限界があるということである。

もっとも、広く法の現象を見渡すと、その中には、時・処の差別を問わない普遍的の効力を有する法規範があるようにも思われるであろう。「偽るなかれ」、「他人の生命を尊重せよ」、というような行為規範は、例外的の場合——例えば、真実を告げることによって病勢を悪化せしめることを虞れる医師の場合、あるいは、死刑執行人や戦場において敵と戦う兵士の場合——を除き、時間的および空間的の制限なしに通用する。故に、一部の学者は、この種の行為規範を以て「自然法」であると做し、これを時間上・空間上、効力の限定を受けている一般の実定法と区別しようとするのである。しかしながら、これらの行為規範は、それだけを取り出して見るならば、素朴な道徳規範であって、いまだ法規範と認めることは出来ない。それが法規範となるのは、その違反行為に対する制裁の手段が設けられ、例えば、偽証の罪や殺人の罪を訴追する組織が確立されることによるのである。さような制裁の手段や訴追の組織は、国家の実定的な制度であり、したがって、当然に国法秩序の効力範域の枠の中にその位置を占める。したがって、厳密な法体系の中に取り入れられたものとしては、この種の行為規範の効力にも時と処との制限が附せられていると見るのが至当であろう。ただ、それらの行為規範は、時代により国家によってそれぞれに区劃された効力範域の中に在りながら、実際上いずれの国家においても共通の内容を有していると見らるべきであろう。それ以外の一般の実定法規範にいたっては、内容の点からいっても、時間的あるいは空間的に効力の制限を受けているのが常である。いいかえるならば、実定法の効力は、歴史的・社会的に制約されている。その点を明らかにしているという意味では、法の効力の範域を説いて、これを法の効力の説明に代えている実定法学者の取扱い方もまた、法の効力の本質の一面を照明しているといって差支えない。

法の効力の限界は、詳しくいえば、時と処と人の三点にかかわっている。すなわち、法には、「時間的効力範域」(zeitlicher Geltungsbereich) と「空間的効力範域」(räumlicher Geltungsbereich) とがあり、後者は更に「属地的」な効力範域と「属人的」な効力範域とに岐れているのである。これらの法の効力範域は、——特に成文法の効力範域は、——明文の規定によって示されている場合が多い。例えば、我が民法は、明治三十一年勅令第百二十三号を以て同年七月十六日より施行せられた。これは、法が明文の規定を以て法の時間的効力範域の「始期」を定めている場合である。時間的効力範域の始期が定まっている法は、その時期より以前に生じた事件については、原則として適用を見ない。法の「遡及効」が認められるのは、例外の場合に属し、そのためには更に別の明文の規定または解釈の原則が存在せねばならぬ。法の時間的効力範域の始期に対して、その「終期」もまた明文の規定を以て示されていることがある。例えば、明治三十一年六月二十一日法律第十号の法例は、その前文を以て、明治二十三年法律第九十七号の旧法例が、この法律発布の日より廃止される旨を明記している。しかし、法の終期が特に明示されていないでも、旧法に対して、新たに規定対象を同じくする別個の法が定立された場合には、「後法は前法を廃止す」(lex posterior derogat priori) の原則により、旧法の廃止を見るというのが普通の解釈である。(2) 成文の規定を持たぬ慣習法については、その効力の始期・終期は共に成文法のごとくに明らかではないが、慣習法といえども、例えば、始めて裁判所の判決の中に取り上げられ、権威ある前例として爾後の判決に対する影響力を持つにいたった時に、その厳密な意味での法としての効力が発生し、それが成文法によって置き換えられた時に慣習法としての効力の終止を見る、という風に、やはり始期・終期を有するものであることが知られる。

法の空間的効力範域もまた、明文の規定によって示されている場合が少くない。処についていうならば、例えば借地法・借家法のごときは、特定の大都市およびその隣接地区にのみ適用を見、(3) 人についていうならば、例えば陸軍刑法・海軍刑法は、原則として陸海軍軍人に対してのみ適用される。(4) かような「特別法」に対して、普通法としての民法や刑法には、特別法のごとき空間的効力範域の狭い限定は附せられていないけれども、それが特定の「国家」の法である以上、属地的には国家の領土の内部、属人的にはその国民に対して適用されるのが原則であり、その意味で、やはり空間的な効力範域を有するのである。また、普通法たる民法や刑法といえども、いわゆる「外地」には直接の適用を見ず、例えば朝鮮・台湾においては、朝鮮総督または台湾総督の発する命令が民事裁判・刑事裁判の直接の準則となり、民法や刑法の規定は形式上これらの命令を媒介として始めて、「外地」と称せられる特殊の法域に適用される。しかも、その規定の或るものは外地人に適用されず、外地人のための別個の規定が設けられ、あるいは、外地社会の慣習が法として行われている。(5)

かくのごとくに、法の空間的効力範域は「処」と「人」との二点に関するが、この二側面の限定は互に必ずしも一致しない。例えば、我が治安維持法が、同法施行区域外において罪を犯した者にも適用せらるべきことを規定しているがごときは、その顕著な場合である。(6) また、普通法としての民法は、日本国家の内部に行われると同時に、外国に在留する日本人にも適用されることを求める。逆に、外国の民法はその領土内に行われると同時に、日本に在住するその国の国民についても、その効力を及ぼそうとして来る。さような場合、外国法と自国法との矛盾・衝突を避けるため、あるいは外国人の民事関係をも自国法によって処理し——属地主義——、あるいは外国人についてその外国人の本国法を適用する旨を定め——属人主義——、以て法の空間的効力範域の交錯関係を調整するのは、国内法としての国際私法の任務である。(7)

法の効力は、かように時間・空間両方面に跨がる範域によって限界づけられている。そうして、一定の法が一定の手続きを経て制定・公布されるならば、——例えば、一つの法律が帝国議会の協賛を経て裁可され公布されるならば、——その法はその時間的・空間的の効力範域の中において、具体的な事実の上に適用され、裁判上の判決や行政上の処分として執行せらるべき状態に置かれる。正しく、それが法の効力なのである。故に、法は、いかに形式的に見て強制の契機と結びついた規範たるの性格を備えていようとも、この効力の範域内に置かれていない以上、効力なき法であり、したがって実定法ではない。ロオマの十二表法は、遠い過去において時間的効力範域の外に拒斥されて了ったが故に、その規定内容が現代にまで伝えられているにもかかわらず、今日ではもはや全く法たるの性質を喪失している。ドイツ民法第一草案は、他の点では法としての諸条件を充分に具備していたけれども、ただ一つ、それが施行せられて、時間上および空間上の効力範域の中に立ち入るというところにまではいたらなかったために、法としての誕生を見ずに終ったのである。さように、法の効力は歴史的社会的の枠の中において存立する。実定法学の取扱う法効力論は、この関係を明らかならしめているという点では、確かに法本質論のためにも重要な材料を提供しているということが出来るのである。

しかしながら、法は、それが単に歴史的社会的の効力の枠の中に置かれたというだけで、立ちどころに、かつ何らの問題もなく、完全に効力ある法として成立したことになるのであろうか。実定法学者は、恐らくそれが当然そうなるものと考えているのである。だからして、法の効力の枠を描きさえすれば、それによって法の効力そのものが説明され得たことになると信じているのである。けれども、厳密に考えるならば、枠は飽くまでも枠であって、枠の中に成立する効力そのものと同一視さるべきではない。現代の法治国家に在っては、法はその効力の枠の中に置かれたというだけで、既に実際上の効力を発揮するのが常であろう。しかし、それでも、有効に制定施行された筈の法が、該当要件の存する場合にも適用を見ずにいることがあり得るし、該当要件が存するにもかかわらず、その文字通りの規定とは大なり小なり喰い違った意味内容を以て適用されることもあり得る。殊に、歴史の変動に取り残された法や、最初から社会の実情に即応せぬ内容を盛って制定された法などにいたっては、効力を有している筈であって、実は効力を有していないものが少くないのである。そういう場合に、法の効力とは果して何を意味するのであろうか。一定の効力範域の内部において、何時でも適用さるべき状態に置かれているということが、法の効力なのであろうか。しかし、適用さるべきであるのに適用されぬ法について、なお効力ありということを得るであろうか。しからば、反対に、法が実際に適用されているという状態に在ることを以て、法の効力と見做すのが正しいのであろうか。けれども、そうなると、法の規範性は没却されて、現実に適用されているという事実が法の法たる所以となって了うのではあるまいか。——こういう問題は、法の効力の枠を描いただけでは、何ら解決されたことにはならないのである。しかも、そこにこそ法の効力の真の問題が存するのである。ここにおいて、実定法の理論は、実定法を最も詳しく手がけている専門の実定法学者の説明に見かぎりをつけて、法の効力そのものの意義を改めて見直し、見定めて行かざるを得なくなって来る。

（1）　鳩山秀夫博士・増訂改版日本民法総論、昭和七年、一一頁、＝「民法ノ効力トハ民法ノ適用範囲ヲ謂フ。時ニ関スル効力ト人及ビ場所ニ関スル効力トニ分チテ述ブ。」穂積重遠教授・改訂民法総論、昭和十二年、六五頁、＝「民法の効力とは民法典が支配する範囲を云ふ。……こゝには時と人と所とに関する民法の効力を説く、」等。
（2）　清宮四郎教授・違法の後法、美濃部教授還暦記念、公法学の諸問題、第二巻、昭和九年、一七四頁以下。
（3）　借地法及借家法ノ施行期日及施行地区ニ関スル件、大正十年五月十三日勅令第二百七号。
（4）　陸軍刑法第一条、海軍刑法第一条、例外として各第二条に陸海軍軍人以外の者に対して適用される場合が記載されている。
（5）　例えば、朝鮮民事令第十一条は、朝鮮人の親族相続については民法を適用せず、慣習による旨を規定している。
（6）　治安維持法第七条。

（7）我が法例は、この点につき、属人主義を主とし、これに属地主義を加味している。例えば、その第三条によれば、人の能力はその本国法によって定められるのであるが、外国人が日本において法律行為をなした場合、その外国人が本国法によれば無能力者たるべきときといえども、日本の法律によれば能力者たるべきであるならば、これを能力者として取扱うのである。

二　法の妥当性

法は規範である。法は規範であるから、現実に行われなければならぬという要求を持っている。行われても行われないでも差支えないというような規定は規範ではなく、したがってまた法ではない。法は、時および処の限定の下に、特定または不特定の人に対して、一定の行為をなすべきこと、あるいは一定の行為をなすべからざることを規定している。当該の人が法の命ずる行為をなし、または法の禁ずる行為をなさないことによって、その法の規範意味内容が事実の上に「実現」される。規範としての法は、常に必ずかような「実現への要求」を持っている。この、法の実現への要求を法の「妥当性」（Gültigkeit）と名づけるならば、法の妥当性は正に法の効力の一面を成しているのである。

法は規範であり、実現への要求を持つ、というきわめて簡明な事理に対して、私法の分野に数多く含まれているいわゆる「任意法」は、一つの例外を成しているかのごとくに見えるかも知れない。任意法は、その規定する法関係を以て必ずしも当事者の意志を拘束せず、当事者が別段の意志表示をなさない場合にのみその適用を見る法規であり、当事者の意志の如何にかかわらず適用されるところの「強行法」と対立する。例えば、我が民法第七百九十条の「夫婦ハ互ニ扶養ヲ為ス義務ヲ負フ」という規定は、あらかじめ互に扶養をなさない約束を以て結婚した夫婦をも拘束する強行法である。これに対して、財産上の契約の内容のごときは、公の秩序に反しない以上、当事者の意志によって定められることを原則とするが故に、これに関する民法そのものの規定の多くは、当事者がこれと異なる意志を表示しなかった場合にのみ適用を見るところの任意法に属する。(1) かくのごとくに、任意法は、当事者の意志の如何によって、これに拠ることもこれに拠らないことも自由であるような性質の規定である。したがって、法は一般に実現への要求を有するものであり、実現されても実現されないでも差支えない法は法ではない、という主張は、任意法には当てはまらないようにも考えられるであろう。

しかしながら、いわゆる任意法の規定が設けられているのは、当事者をして法律行為の内容をなるべく自律的に決定せしめようとする「私法自治」の原則の現れであり、当事者が別段の意志表示をしない場合にはその規定に拠るべく、当事者が別個の意志を示した場合にはその規定を強行してはならないという意味で、裁判官を拘束している。故に、任意法は、任意法であるというその性質において、実現への要求を有する。いいかえると、任意法が強行されてはならないというその規範意味は、決して、実現されても実現されないでもよいというような任意気随なるものではないのである。我が民法第九十一条が、「法律行為ノ当事者カ法令中ノ公ノ秩序ニ関セサル規定ニ異ナリタル意思ヲ表示シタルトキハ其意思ニ従フ」と規定しているのは、任意法の性質を一般的に示したものであるが、この規定は、契約自由の原則の線に沿う裁判の準則を確立しているのであって、司法作用の上にその規定の規定通りの実現を要求する裁判規範であること、いわゆる強行法と何ら異なるところはない。また、任意法をば、一般社会人の行動の準則たる行為規範として考察した場合にも、当事者がこれと異なる別段の意志表示をなさず、したがって、任意法の規定が適用さるべきものと確定した以上は、それによって当事者はその規定通りの行為をなすべく義務づけられること、強行法と全く同様である。故に、任意法と呼ばれる種類の法規が数多く存在するということは、法が「実現への要求」を持つものであるということ、一般に法が規範として「妥当性」を有するということに対して、毫も例外と考えられる必要はない。

法は妥当する。法が妥当するとは、法の規範内容が事実となって実現されることを要求しているという意味である。しかるに、法の実現する場所としての「事実」は、人間の行為である。あるいは、その法規範が禁令である場合には、法の禁ずる行為をなさないという態度である。これを併せて「行態」と呼ぶならば、法は、その規定するところの内容が規定通りの行態となって実現されることを要求するという意味で、妥当しているのである。しからば、法の妥当なる要求の対象となるものは、何人の行態であるか。法は、何人がいかなる行態をなすことを要求しているのであるか。――それは、法規範の性質および種類によって自らに異なる問題である。

前に述べたように、法理論の立場から分析すると、法は、(一)行為規範、(二)強制規範、(三)組織規範、という三つの規範形態に区別され得る。

行為規範というのは、道徳・宗教・政治・経済・技術、等の意味内容を有する社会生活規範であって、それ自体としては強制の契機を含まない。「欺くなかれ」という道徳規範、「異教を信ずべからず」という宗教規範、「選挙の公明を期すべし」という政治規範、「公定価格の範囲内において売買せよ」という経済規範、「左側を通行すべし」という交通技術規範、等がそれである。

これに対して、強制規範は、これらの行為規範に違反する行為がなされた場合、その違反行為者にいかなる制裁をいかにして加うるべきかに関する規定であって、当然その中に強制の契機を含んでいる。詐欺によって成立した契約の結果をいかに処理すべきか、詐欺によって他人に損害を蒙らしめた者の責任をいかにして追及すべきか、詐欺取財の行為に対していかなる刑罰を科すべきか、等の規定、異端者を処罰し、不公正の選挙を摘発処断し、闇取引きに制裁を加え、交通規則の違反行為を取締る、等の規範は、いずれも強制規範に属する。一切の行為規範は、かような強制規範と結びつくことによって、始めて法としての性格を具備し、実定法秩序の中に取り入れられて来るのである。

最後に、組織規範は、これらの行為規範・強制規範の定立・適用・執行を分掌すべき人間の組織を定め、それぞれその位置に置かれた人間に、法の定立・適用・執行に関する権限を賦与している規範である。行政行為をなす行政官庁、司法行為を掌る裁判所、法律の制定に参与する議会、等の組織および権限に関する法規は、その主要なるものに数えられる。組織規範に基づく人間の組織は、行為規範・強制規範の定立・適用・執行を分掌するのであるが、この同じ人間の組織が、更に組織規範そのものの定立に関与する場合がある。例えば、組織規範によって組織された議会が、更に裁判所の構成を定める法律の制定に参与するがごとき、それである。

これら三種類の規範形態の中で、第一の行為規範は、その規範内容が当然に特定人、または特定の身分・職業、等を有する人に向けられているものは別として、概ね不特定の多数人を特定の行態に向って義務づける。すなわち、「官吏ハ本属長官ノ許可ヲ得ルニ非サレハ営業会社ノ社長又ハ役員トナルコトヲ得ス」という規定は、特に官吏たる身分を有する者に向けられた行為規範であるが、「約束を守れ」、「盗むなかれ」、というような行為規範は、不特定一般人の作為義務あるいは不作為義務を規律している。ただし、行為規範は、不特定一般人の行態を規律するといっても、それが一定の国家の法秩序の中に包摂されている以上、国法規範としては原則的にその国家の国民を直接の受範者とするものと解せられなければならない。それは、前に考察した法の属人的な効力範域と一致するのである。

次に、第二の強制規範は、行為規範の違反行為の有無を検し、違反者に対して強制を加うるべき特殊の立場に在る者の行為を規律する。行政官の中にもさような立場に立つ者があるが、特に強制規範の実現につき明確に分化した職責を有する者は、裁判官である。故に、強制規範は主として裁判官の行う司法作用を規律する裁判規範であり、裁判という行為が強制規範の規定通りに行われることの要求において妥当し、裁判がその規定にしたがって的確に行われることを以て実現される。

最後に、第三の組織規範は、各種の法規範の定立・適用・執行を分掌すべき人間の組織を定める規範であるが、それはまた同時に、人間組織体の内部においてその事務を分掌すべき立場に在る者に、特定の法規範の定立・適用・執行を行う権限を授けている規範であり、それ故にその大部分が授権規範としての性質を有する。組織規範は、組織的な人間共同体——特に国家——がその規定通りに組織立てられ、法行為を分掌する人々が当該組織規範の授権に基づいて規範の定立・適用・執行に任ずると同時に、授権の根拠に基づかぬ行為、すなわち権限外の行為をなさないことを要求する。この要求の中に組織規範の妥当性があり、この要求が満たされるところに、組織規範の実現を見ることが出来る訳である。

法は、かように、それぞれその種別や性質にしたがって特定または不特定の人間の行態を規律し、これらの行態の中に実現されることを要求している。しかし、法規範の妥当性は、かような行態として実現されようとする「要求」であって、その要求が要求通りに現実の行態の上に実現されているという事態そのものとは異なる。法規範の妥当性の要求は、必ずしも常にその通りに実現されて行くとはかぎらない。「約束を守れ」という行為規範は、不特定の一般社会人のすべてが約束を約束通りに履行することを要求しているのであるが、万人が万人いかなる場合にも誠実に約束を履行して、これに寸分も違背しないというようなことは、実際にはあり得ない。しかも、いかに約束を破る者が多い世の中にも、「約束を守れ」という規範は、終始変らず万人に約束通りの行為をなすことを要求しているのである。

こうした行為規範と比較すると、組織規範や強制規範の場合には、その規範的要求は遥かに高度の確実性を以て事実行態として実現されるのが常である。官吏が権限外の行為をするということは比較的に稀であろうし、裁判官が法と背馳する裁判をなす場合は更に稀有であるに相違ない。しかし、国家機関の権限外の行為も、稀とはいいながら起り得ることであるし、裁判上の判決行為といえども、仔細に考察すれば、大なり小なり強制規範の規定通りの意味内容と喰い違っていることが少くない。さような事実行為との間の矛盾が生じても、規範に内在する実現への要求はお儼として存立しているのである。否、よしんば、規範と事実とが完全に一致している場合においても、事実上の行態となって実現されているということと、事実行態として実現されることに対する要求とは、概念上明らかに区別して考えらるべきであり、前者から区別された後者が、すなわち、法の「妥当性」であるとして理解されなければならない。

法は、その規範意味内容の実現が要求されているということにおいて妥当するのであるが、ここにいう実現への「要求」とは、もとより人間の主観的な欲求や期待を意味するものではない。人間の主観に立ち入って見るならば、規範が確実に実現されることを求めている場合も多いであろうが、逆に規範の実現されないことを希望することもまた、決して少いとはいえない。例えば、法の保護を求めようとする者は、法が規定通りに的確に適用されることを要求し、かつそれを期待しているであろう。これに反して、法網を潜る者は、よしんばその行為が発覚しても、願わくば規定の規定通りの発動が行われないようにと祈念するであろう。かように規範の実現に対する人間の主観意識の動きは、多様不統一であって、その中をいかに探り求めても、法の妥当性を発見することは出来ないのである。これに対して、法は、法規範の客観的な意味内容の中に、不断なる実現への要求を含んでいる。それは、規範意味それ自体の「客観的」な要求であるが故に、規範が行われるか行われないかについての、「主観的」な願望や期待によって左右されることはない。この恒常的な客観的規範意味の意味実現への要求の中に、法の妥当性が存する。ゲルハルト・フッサアルのいうがごとくに、「法は、その拘束に服するすべての法主体が夢をも見ずに熟睡しているときにも、なおかつ妥当する」のである。[2] 法の妥当性は法規範の客観的な「当為性」(Soll-Charakter) であり、したがって、規範内容の事実上の実現から区別されると同時に、規範を実現しようとする意図とか、規範の実現に対する希望とかいうような主観心理作用からも、また峻別されなければならぬ。

法の効力という言葉は、一面では、かくのごとき法規範の妥当性を意味する。法が一定の形式を備え、一定の手続きを経て定立された以上は、その法は特定の時間的・空間的効力範域の内部において妥当する。そこに法の効力がある。その意味での法の効力は、法規範の「実現への要求」であるから、時にそれがその要求通りに実現されないでも、その効力はそれによって抹殺されて了うということはない。例えば、不法行為による損害賠償義務を規定している民法の条項は、事実認定の困難その他の理由のために事件が有耶無耶に葬り去られることがあっても、依然として裁判を拘束する効力ある法規範として存立している。また、犯罪が現に行われていて、しかも犯人が逮捕されず、あるいは逮捕された真犯人が証拠不充分のために釈放せられる場合においても、当該犯罪に関する刑法の規定は、それにもかかわらず、有効な法規として妥当しているのである。

こうした意味に法の効力を解し、その意味での効力を有する法を法と認めることは、法の認識にとってもとより一般に必要であるが、特に、事実への実現の困難な法領域においては、事実の如何にかかわらざる法の妥当性を強調することによって、法の権威を確保しようとする努力がなされる。さきに述べたように、法規範の中でも、行為規範に違反する者が多いということは、いずれの法領域にも免れ難い現象であるが、法の法たる特色を最も鮮明に示している強制規範に関しては、少くとも国内法上は大体として規範と事実との一致が期待され得るのである。しかるに、あたかも、この強制規範の規定通りの実現がきわめて困難であるのが、今日の国際法の状態である。国際法は強制の契機を含む間国家的秩序体制であり、したがって、それが観念上法と認められ得ることは疑いないが、国際強制規範の実現がすこぶる不確実であるために、国際法の効力、引いてその実定法的性格が問題とされ勝ちなのである。これに対して、国際法の法灯を擁護しようとする学者は、国際法上の制裁をば「実在的な強制」とする見解を排斥し、これを飽くまでも「当為としての強制」と見るべきことを主張する。したがって、国際強制秩序の実現の保障はいかに薄弱であっても、それによって国際法の法としての性質は少しも損われない、と論ずるのである。[3] これは確かに理由のあることであって、法の規範面に考察の焦点を向けるならば、法の効力は、法規範の実現への要求、すなわちその妥当性の意味に解されなければならない。この意味での法の効力が存立している以上、実現への要求が要求通りの実現を見ないからといって、直ちにその法の法的性格を疑うのは、決して正当な態度ではないのである。

（1）ただし、今日では、民法上は任意法によって規定されているところの財産契約も、経済統制法の発達によって広く強行的に規制されるようになって来ている。

（2）Gerhart Husserl: Rechtskraft und Rechtsgeltung. Eine rechtsdogmatische Untersuchung, 1925, S. 7.

（3）この点を精細に論述しておられるのは、横田喜三郎教授である。曰く、＝「強制を実在的な意義に解するならば、それは必ずしも常に法に存しない。従つて、それを法の本質的な要素と見ることはできない。その限りで、法と強制の本質的な関係を否定する学説を正当なものと認めなくてはならぬ。しかし、法の強制は他の意義にも解され得る。それは当為的な意義である。この意義では、強制は常に法に存し、法であつてこれを欠くものはない。従つて、法と本質的な関係に立ち、その本質的な要素と見ることができる。のみならず、この強制は法に特殊的なもので、法と最も類似した道徳にも存しないところであり、道徳から法を区別すべき特殊的標徴として認められる（ママ）。そうしてみると、強制を法の本質的な要素と見る学説が結局においてやはり正当なものと認めらるべきであろう。強制を当為的な意義に解し、この意義で強制が法と本質的な関係に立つこと、この意義の強制が法の本質的な要素を構成すること、それがまさに法と強制との関係である。」法と強制、牧野教授還暦祝賀・法理論集、昭和十三年、四四頁以下。

さて、かように、「強制は実在的な意義に解されるほかに、当為的意義に解されうる。実在的な強制のほかに、当為的な強制があるわけである。法の本質的な要素と認められるのはこの当為的な強制である。実在的なそれではない。国際法に関しても、もとよりそう《（ママ）》であって、その法的性質に関して問題になるのは当為的な強制である。ところで、この強制が国際法にあるかどうかといふことになると、それはたしかに肯定されるべきである。国際法に強制がないといふ場合に、主として考へられてゐるのは実在的な強制であって、当為的なそれではない。実在的な強制も全くないことはないが、不充分であることは疑ひをいれない。しかし、当為的な強制は常にある。この点では、文明諸国の国内法に比較しても、べつに劣らない。かよう《（ママ）》なわけで、国際法は法の本質的な要素である強制——当為的な——を有するものであり、従つて法的性質を有し、法たるものにほかならぬ。」国際法の法的性質、国家学会雑誌、第五十三巻、第五号、昭和十四年、七二頁。

三　法の実効性

法の妥当性は、事実の如何にかかわらない規範意味の「実現への要求」である。規範面における法の効力とは、正しくこの意味での法の妥当性でなければならない。妥当性のない法は規範ではなく、規範でない法は法ではない。一定の時間的空間的効力範域の中で、いいかえると、一定の歴史的社会的制約の下で妥当するということは、法が「実定法」たるための第一の条件である。

しかしながら、法は単に規範であるばかりでなく、同時にまた事実を動かす力を持たなければならぬ。法の規範意味が事実となって実現され、社会生活を現実に秩序づけているというところに、法の生命が存するのである。法の立体構造を概観した際に考察して置いた通りに、法は規範として事実の底面の上にもり上っているのであるが、その法の規範性の頂点といえども、事実の地盤から遠く隔絶した高みに在ることは許されない。何故ならば、法規範層が事実面から遠く隔たっているときには、法は事実となって実現されるという実在的性格を喪失して了うからである。それが純粋の道徳であるならば、その規範内容がきわめて稀にしか事実となって現れず、規範と事実とが大いに矛盾した状態に置かれていようとも、道徳の道徳としての尊厳性は、それによって毫も傷つけられることはないであろう。事実として実現されることが困難であればあるほど、道徳は一層その尊厳性の輝きを増すことにもなるであろう。故に、道徳規範の効力についてであるならば、これを事実の如何にかかわらない妥当性の意味のみに解しても差支えないといい得るのである。これに反して、社会生活の事実を有効に動かすことを以て生命とする法については、それが単に規範として妥当するというだけでは、いまだ真に効力ある法と認めることは出来ない。すなわち、法の効力は、一面においては「実現への要求」としての妥当性であるが、他面においてはまた、「事実として実現されていること」を意味しなければならない。前者は法の規範的効力であり、後者は法の現実的効力である。後者をば前者から区別して法の「実効性」（Wirksamkeit）と呼ぶならば、妥当性が法の規範面における効力であるのに対して、実効性は法の事実面における効力であるということが出来よう。

　それであるから、特に法の事実面に著眼して法の効力の問題を考えようとすると、法の実効性がすなわち法の効力であるということになって来る。法が規範であるというのはよい。そうして、規範である以上、法はその規定内容が事実行態となって実現されることを要求しているに相違ない。しかしながら、その要求が単なる「要求」たるに留まって、少しも実際には実現されずにいるとするならば、それをしもなお法と認めることが出来ようか。法は規範ではあるが、現に行われている規範でなければならない。現に行われているということにおいて、始めて法の効力が認められるのである。この法の効力、すなわち法の実効性は、法が単に規範としてあるというだけでは、生れ出て来ない。法が実効的であり得るのは、規範としての法の要求が何らかの力によって遂行されるからである。法の効力は、力の背景によって保障される。故に、ブルクハルトのような規範論理主義の傾向に属する学者すら、「効力とは、法が力を以て実行されているという事実を意味する。力の支持を有するもの、それだけが効力を発揮する」と説くのである。[1]かような立場から見るならば、国際法のごとき間国家的の法は、その強制秩序の実効性を保障するための独自の「力」を持たぬために、それだけ効力の薄弱な法であることを免れない。そうして、実効的に行われることを以て法の法たる所以と見るかぎり、国際法は、いかに規範論理的の妥当性を有するとしても、実効性の稀薄な規範体系である点で、法よりもむしろ道徳に近いという理論も成り立って来るのである。法の効力という言葉が、かように全く対蹠的な二つの意味に用いられ得ることは、既に、多くの慧眼な学者によって指摘されている。

例えば、マックス・ウェバアによれば、法については、法学的な考察方法と社会学的な考察方法とを厳格に区別して置かなければならない。第一の考察方法は、何が法として「観念的」(ideell) に妥当するか、を問うものであり、第二の考察方法は、団体生活に関与する人々が一定の秩序を妥当的なるものと見做すことによって、何が「事実的」(faktisch) に生起するか、を問うものである。(2) しからば、これらの二つの異なる方法によって考察された二つの対象のいずれが、厳密な意味で「法」と名づけられ得るであろうか。ウェバアは、社会現象を社会的行為の複合態に還元して、これを綜合的に説明する大規模な社会学体系の建設を企て、法の研究についても主として社会学的考察方法を用いている。したがって、彼れは、法の規律の下にいかに現実の社会生活過程が成り立って行くか、という法の実効性に主眼点を置いているように見える。しかしながら、ウェバアの方法論の根柢に在る新カント哲学の二元主義を徹底せしめるならば、社会学の方法によって考察された法は厳密な意味での法ではなく、観念的な妥当性において把握された法こそ、真の法であるということになって来るであろう。

そういう方向に徹底した考え方は、ケルゼンの規範論理主義によって代表される。ケルゼンもまた、法の効力には二つの側面があることを指摘して、法の効力の根拠の問題はヤヌスの頭を持つといっている。すなわち、人はこれについて、実定法規が何故に法共同体の構成員によって事実上遵守され、もしくは適用されるかを問うことも出来るし、また、法規は何故に遵守され、もしくは適用さるべきであるか、と問うことも出来るのである。しかし、ケルゼンの純粋法学本来の立場にとっては、法が事実上遵守・適用されるということは、純然たる社会学または心理学の問題であって、法学の関知するところではない。故に、ケルゼンは、――少くともその初期の純粋な立場においては――法の効力の問題の両面性を一応は認めながらも、結局はその両面性を否定し、法は何故に遵守・適用さるべきであるか、という規範論理的な妥当性を、法学的に考察さるべき唯一の法の効力と見ているのである。(3)

かように、一方には、法の効力という言葉に二つの意味があることを認めながら、しかもその一つのみが真の効力であると倣す学説があると同時に、他方には、同じく法の効力の両面性を分析した上で、そのいずれか一つを以て法の効力の真義とする代りに、両者を綜合帰一せしめることによって、結局ただ一つの法の効力を認めようとする者もある。例えば、ラレンツがそれである。ラレンツもまた、法の効力には規範的効力と事実的効力の二つがあることを認める。前者は法規範の「拘束性」(Verbindlichkeit)であり、後者はその「規則的遵守の事実」(Tatsache der regelmässigen Befolgung)に他ならない。しかしながら、ラレンツによれば、法の規範的効力とその事実的効力とを二元的に対立させて置いただけでは、法の効力の問題は永遠の謎として残る他はないのである。そこで、彼れは、ヘエゲルの流れを汲む客観的観念論の立場から、両者の窮極の一元化を試みようとする。ヘエゲルにとっては、理念は実在であり、真に実在するものは、また誠の理念でなければならない。理念と実在とは、互に矛盾・対立するものであるかのごとくに見えて、実は一つのものの二つの現れである。両者をその弁証法的統一において見るならば、理念は理念にして実は実在であり、実在は実在にしてしかも理念である。この立場から法の効力の問題を考察するならば、法もまた実在する理念であるが故に、理念としての法の規範的効力と、実在としての法の事実的効力とは、互に対立する別個の性質と考えられてはならない。むしろ、対立する両者の弁証法的統一こそ、真の意味での法の効力でなければならない。かくて、ラレンツは、法の効力は実定法が理念と合致するところに生ずると考え、実定法の発揮する効力は、理念と背反する効力ではなく、理念と相即する効力であると論じて、法の妥当性と法の実効性の窮極の統合帰一を主張した。(4)

確かに、ラレンツのいうように、既に法の効力に観念上の妥当性と事実上の実効性とが含まれている以上、これらの二つのものを切り離して、その一方だけを法の効力と見、他方を無視または否定したのでは、問題は決して解決されたことにはなり得ない。法の効力はヤヌスの頭を持つといわれるが、ヤヌスのヤヌスたる所以は、相異なる二つの相貌を併せ有するところに在るのであって、その中の一方を棄て去って他の一面だけを残したのでは、ヤヌスの本質もまた失われて了うであろう。故に、法は規範として妥当するからこそ法である、とのみいうのも、法は事実として行われているかぎりにおいてのみ法である、と考えるのも、共に楯の半面を以て楯なりとするの謬りに陥ったものといわざるを得ない。

しかしながら、さればといって、ラレンツのごとくに、これら二つの法の性格が「弁証法的」に統一されたところに法の効力がある、と説くことによっても、問題は依然として解決され得ない。矛盾の統一ということは、確かに弁証法の持つ大きな魅力ではあるが、相異なる二つの法の性格は、いかなる形において弁証法的に統一されているといおうとするのであるか。もしもそれが、全く一つの性質に帰著するといおうとするのであるならば、それは明らかに法の実相と相反する。何故ならば、規範と事実とは、現実に合致することもあるし、合致しないこともあるからである。しかも、行わるべき筈の法が行われないでいる場合、行われない法を直ちに法でないと論断して了うのは、法の規範性を無視した態度である。公定価格違反の闇取引きがたまたま処罰されないことがあったからといって、闇取引きを罰則を以て禁ずる経済統制法規が法でないとはいい得ないのである。かように、法の規範的妥当性と法の現実的実効性とは、互に相異なる二つの性格である。そうして、相異なる二つのものは、いかに弁証法を口にして見たところで、それによって同じ一つのものに変化して了う訳には行かない。弁証法は、「永遠の謎」を解くための単なる呪文であってはならないのである。法の効力には、妥当性と実効性の両側面がある。これらの両側面が、互に矛盾しつつも互に密接に牽聯しているのが、真の法の姿である。それが実定法なのである。実定法の規範面における効力と事実面における効力とが、時として互に反撥しながらもしかも遊離せず、相互に結合しているところに、法の「実定性」(Positivität)がある。故に、妥当性と実効性との重層的な「結合」の関係を明らかにすることが、実定法の効力の意義を見窮めるための、残された唯一の鍵でなければならぬ。

（1） Burckhardt: Methode und System des Rechts, S. 21.
（2） Max Weber: Wirtschaft und Gesellschaft, 1922, S. 368 F.
（3） Kelsen: Hauptprobleme der Staatsrechtslehre, 2. Aufl, S. 351 f. ただし、ケルゼンは、のちには、規範と事実との「照応」ということを説いている。これについてものちに述べる。第三章、第二節、一、註一、参照。

（4）　Karl Larenz : Deutsche Rechtserneuerung und Rechtsphilosophie, 1934, S. 27 ff. ; derselbe : Das Problem der Rechtsgeltung, 1929, S. 9 ff., S. 22 ff.

第三節　法の実定性

一　妥当性と実効性の不合致

妥当性と実効性とは、実定法が具備せねばならぬ二つの根本性質である。妥当しない法、すなわち規範としての意味を持たぬ法も、法ではないのであるし、実効性のない法、すなわち事実として実現されない法も、やはり法ではない。妥当性と実効性とが、法の立体構造の中に重層的に結合されているところに実定法の本質がある。それでは、それらの相異なる二つの性質が実定法において「結合」されているというのは、一体いかなる事態を意味するのであろうか。

妥当性と実効性とは、法に備わる二つの相異なる性質である。相異なる二つの性質であるからして、両者が「結合」するといっても、それが一つのものに還元されて了うという意味でないことは、前にも述べた通りである。もしも、法の妥当性と実効性とが完全に一致しているとするならば、これら二つの概念を区別する意味も喪失するし、法が規範として存立する必要もなくなるであろう。「食え、または飲め、と命ずる法はない、」といった学者があるが、[1]栄養を必要とする病人は、食慾のないときにも与えられた食事を摂らなければならないし、口に苦い良薬も服用しなければならない。規範と事実との間に相対的な不合致の関係があるということそのことの中に、規範が規範として定立・適用さるべき意義が存するのである。勿論、多くの法規範は、常態においては現実に適用・遵守されている筈であり、その場合には、妥当性と実効性とは相対的に合致しているものと認められる。しかし、「相対的」に合致しているということは、その反面、同時に不合致の関係があり、相互反撥の状態も起り得ることを物語っているのである。法の妥当性と実効性の「結合」とは、規範と事実との相対的の合致の関係と考えられ得るのであるが、相対的の合致は相対的の不合致の関係の反面に他ならない。故に、両者の結合とは何を意味するかを明らかにして行くためには、まず両者の間の合致せぬ関係を考察して置く必要があるであろう。

ところで、法の妥当性と実効性との間の不合致については、更に二つの異なる様相が区別され得る。

その第一は、法における規範的要求と、規範違反の行態との間の不合致である。「約束を守れ」といっても、約束を破る者がある。命令は法律に準拠して定立せらるべきであるにもかかわらず、法律違反の命令の発せられることもある。さような規範と事実との間の反撥・矛盾が、法の妥当性と実効性との不合致の最も顕著な場合であることは、改めていうを俟たない。

しかし、規範と事実とが合致しないという関係が成立するのは、単に規範違反の行態がなされた場合のみにはかぎられない。特に法規範に違反する行為がなされないでも、法の妥当性は恒常的な状態であるのに対して、法の実効性は断続的な過程であるということからして、両者の間に第二の不合致が生ずる。

法の妥当性は、法的規範意味に内在する実現への要求である。それは、客観的な規範意味に内在する意味実現の要求であるから、人間の心理作用や人間の事実行為のように断続継起する性質のものではなく、恒常不断の状態として存続している。これに反して、法の実効性は、法的規範意味が人間の事実行態となって実現されることである。法の実効性の現れる場面は、人間の事実行態であるから、そこには中断もあり、間歇も介在する。この点は、法規範が積極的な行為、すなわち「作為」の規定を内容とする場合には、一目瞭然であろう。「約束を守れ」という作為義務を定立する行為規範は、人々が現実に約束を守るという行為をなすことによって実現される。しかし、この行為規範は、仮りに万人が万人約束を忠実に履行する理想境であったとしても、約束を守るという行為が現になされていない間、例えば、万人が熟睡しているような場合には、厳密に考えて実効性の中断状態に置かれているといわなければならないであろう。これに対して、「盗む勿れ」というような不作為義務を定立する行為規範は、一人も窃盗行為をなす者がない間は、「不断」に実現されつつあると考えられるかも知れない。けれども、他人の財物を窃取するという可能性が客観的に排除されている状態において、人が——最も見易い例を以ていえば、無人島に漂著している海賊が——他人の所有物を盗まないでいるということは、「盗む勿れ」という規範の履行でも遵守でもあり得ない。規範の規範としての実現は、違反の可能性がある場合に、なおかつこれに違反しないというところに在る。しかりとすれば、不作為義務を規律する規範といえども、作為義務に関する規範と同様に、断続的にしか事実行態の上への実現を見ることがないといわざるを得ないのである。かように、法規範の妥当性は恒常不断の状態であり、その実効性は断続継起する過程である以上、両者の間には当然に間隙が生ずる。「すべての法主体が夢も見ずに熟睡しているとき」にも、なおかつ妥当する規範性の要求と、すべての法主体が熟睡している間は中断状態に置かれているその実効的実現との間には、規範違反の有無にかかわらざる不合致の関係が存するのである。

法の妥当性と実効性との間に存在するこれら二様の不合致、すなわち、規範的要求と規範違反の行態との間の反撥関係、および、恒常的状態と断続的過程との間の断層関係は、更に互に交錯して、法の効力の二つの側面相互の聯関を一層複雑なものたらしめている。しかも、その聯関は、問題となる法規範が行為規範であるか、強制規範であるか、あるいは組織規範であるかによって、それぞれ大なり小なり趣を異にしていることが知られるであろう。

法規範の中で、概して最も広い実現の場所を持つものは、行為規範である。行為規範の中には、特定の受範者に対して特定の作為または不作為を命じているものも少くないけれども、その他の多くは、不特定の一般社会生活主体に向って、一定の行為をなすべきこと、または一定の行為をなすべからざることを規定している。これらの、不特定の一般社会生活主体を受範者とする行為規範は、実現の場所が広いだけに、大多数の人々がその規定内容と関係のない状態に置かれている場合にも、なおかつ何人かの行為の中にその実効性を発揮するという機会を容易に失うことがない。例えば、「左側を通行すべし」という行為規範は、風雪の夜、ほとんどすべての人が屋内に蟄居している間にも、急用に急ぐ唯一人の通行人が左側を通りつつあることによって、実効的に実現されているであろう。「盗む勿れ」という社会規範は、路傍に、店頭に、列車内に、人混みに、出来心に動かされず、渇しても盗泉の水を飲まざる多種多様の実践行為によって、繰りかえし繰りかえしその効力の実証を与えられているであろう。かように、何者かが何処かでその規律を遵守していることにより、次々に実効性の裏打ちを受けているのは、日常生活上の行為規範の一つの特色である。しかし、これを他の反面から見ると、この種の行為規範は、これに違反する者もまたすこぶる多いという事情のために、絶えず実効性の不純化を蒙ることを免れない。深夜なるが故に、車道の中央を漫歩する酔漢もあれば、人目の届かぬ暗黒を利用して、窃盗の目的を以て他人の住居に侵入する者もある。実現の機会と共に違反の機会も多いというのが、行為規範の効力の実情であるといわなければならない。

これに対して、主として裁判官の裁判行為を規律する強制規範は、一方から見れば、明らさまな違反の機会はほとんど絶無に近いといってよい。例えば、窃盗罪に対して十年以下の懲役刑を科するという強制規範は、少くとも現代の法治国家においては、その構成要件に該当する事件が裁判手続きに附せられた以上は、全く例外的な事情が伏在していないかぎり、規定通り厳正に――実効的に――適用される。窺盗罪の明らかな証拠が挙っているにもかかわらず、これに故なくして無罪の宣告を下すということもないであろうし、まして、過ってこれを死刑に処するというがごときことは、およそあり得べからざる場合に属するであろう。その意味で、行為規範の実効性が不純であるのに対して、強制規範のそれは、きわめて高い純粋度を有するといい得るのである。しかしながら、これを他面から考えて見ると、「盗む勿れ」という行為規範ならば、違反の機会が多いと同時に、遵守の機会も日常共同生活のいたるところに広く分布しているが、窃盗罪に対して特定の刑罰を科する強制規範にいたっては、さように常時頻繁に適用の機会がある訳ではない。いかに浜の真砂と共に盗人の数の絶えない世の中であっても、裁判所が休日を廃し、夜業を行ってまで、窃盗罪の審理のみを続けているというようなことはあるまい。ましていわんや、大逆罪や内乱罪のような稀有の犯罪に関する刑罰規定となると、秩序の安定している国家であればあるほど、その実効的の適用は永い間に亙って休止の状態に置かれているのである。すなわち、行為規範の事実への実現は、不純ではあるが、比較的に間断が少い。これに反して、強制規範の実効性は比較的に純粋ではあるが、間断の状態が多くかつ永いということが出来るのである。

しからば、法の第三の規範形態たる組織規範について見た場合、その関係はどうであろうか。組織規範は、法の定立・適用・執行に関して、主として国家の組織を定めている規範である。したがって、既に国家が組織規範に準拠して正しく組織立てられている以上、その組織規範は現実の国家組織の中に「不断」に実現されているとも考えられ得るであろう。しかし、国家の組織が組織規範の規定通りに「不断」に現存していると見えるのは、実は組織規範の「妥当性」によるのである。いいかえると、それは、いまだ以て組織規範の「実効性」が不断に存立しているということにはならないのである。法の実効性の現れる場所は行為の世界でなければならぬ。行為の世界は、そこに組織規範の実効性が現れている場合にも、飽くまでも断続的な経過の錯綜であって、恒常的なる状態ではあり得ない。一定の組織規範によって組織立てられた行政官署においては、多くの人々がそれぞれその権限に基づいて、あるいは命令を発し、あるいは処分を行い、出願を審査し、届出でを受理する、等の行為をなしているであろう。それがその組織規範の実効的なる実現に他ならない。けれども、退庁時間が来て人々が自宅に帰ったのち、または、休日で官署が閉鎖されている間は、組織規範の実効性といえどもやはり中断された状態に置かれているのである。それにもかかわらず、その間も行政官庁が消滅し去っている訳ではなく、今朝になってふたたび活動を開始した官庁が、昨日活動していた官庁と同一の行政機構であると考えられ得るのは、その前後を通じて組織規範の「妥当性」が客観的に恒存しているがために他ならない。それであるから、組織規範の場合にも、妥当性と実効性とが厳密な意味で常に相伴って現れているということはあり得ないのである。法の妥当性が恒常的な光源であるならば、法の実効性は点滅する灯火である。そこに、やはり恒常性と断続性との不合致がある。そればかりでなく、組織規範もまた、往々にして規範違反の行為のためにその実効性を歪曲せしめられることがある。組織規範の授権の範囲を逸脱する行政行為がなされる場合のごときがそれであって、その妥当性と実効性との間には、単に恒常性と断続性との不合致ばかりでなく、時として明らさまな矛盾反撥の関係が生起するのである。

かように、法の妥当性と実効性とは、法規範のいかなる形態を取って見ても、互に完全に合致することはない。少くとも、持続的な状態を通じて見れば、その間に、一方は存続し他方は中断されることによって生ずる不合致があり、更に、規範意味を裏切る事実行為がなされるために起る判然たる矛盾がある。しかも、それにもかかわらず両者が内面的に牽聯し、互に必然的に結合しているというところに、法の一義的なる効力、すなわち法の実定性が存するのである。しからば、互に相分離し、互に相反撥する法の妥当性と実効性とが、その分離・反撥にもかかわらず互に結合して、以て実定法としての効力を示現しているというのは、いかなる事態を意味するのであろうか。

（1） James George Frazer: Totemism and Exogamy. A Treatise on Certain Early Forms of Superstition and Society, vol. 4, 1910, p. 97.

二　妥当性と実効性の結合

互に完全には合致することのない法の妥当性と法の実効性とが、しかも互に必然に牽聯結合して、法の実定性を形成しているということの意味は、次のごとくに理解せらるべきである。

法規範は、特定または不特定の主体に対して、一定の行為をなすべきこと、または一定の行為をなすべからざることを命ずる。けれども、当該の主体は、法規範の命ずるところを不断に行っている訳ではないし、また、時には規範に違反する行動に出づる場合もある。しかしながら、人が法規範の命ずる行態を現に行っていない間といえども、その法規範の行わるべき条件が成立したときに、これに遵って行動するという「可能性」は、現にそれを行っていないからといって決して払拭されているのではない。更にまた、たまたま人が法規範に違反する行為をなしたからといって、それでその規範の実現されるという「可能性」が直ちに根絶されたことにはならない。常態においては、規範の妥当性が存立している以上、現実の規範遵守行為は中断していても、また、現実に例外的な規範違反行為がなされても、その実効的実現の可能性は依然としてそこに存在している。この可能性は、法の規範意味に準拠しているという点では、法の妥当性の現れであり、法が事実行態として実現される方向を指示しているという点では、法の実効性の潜在状態である。その意味で、法の妥当性と実効性とは、法の規範意味内容が事実行態として実現されるという「可能性」において、互に「結合」している。それが、真の意味での法の効力であり、すなわち法の実定性に他ならないのである。具体的な例を以ていうならば、――

（一）「約束を守れ」という行為規範は、社会に生活する何人もが、その約束を約束通りに履行することを要求する。この行為規範の妥当性は、現に人がその約束を履行することによって始めて実効的に実現される。しかし、既に一つの約束を果して、他に履行すべき別段の約束を持たない者も、新たに他人と契約を取り結べば、恐らくこれをも忠実に実行するであろう。あるいは、甲という不信の武士がその口約を裏切ったからといって、乙、丙、丁、等々は依然として「武士に二言なし」という信条に従おうとしているであろう。そこに、「約束を守れ」という行為規範の実現される可能性が存続している。そうして、そのかぎりにおいて、それは実定的な行為規範なのである。

（二）「人ヲ殺シタル者ハ死刑又ハ無期若クハ三年以上ノ懲役ニ処ス」という強制規範は、殺人罪を犯した者があった場合、裁判所がこれを審理して例えば死刑の判決を下したときに、厳密にいえば、その判決が執行されたときに、事実の上に実現されたことになる。しかし、殺人というような血腥い事件が一つも起らない平穏無事な日が永く続いている間でも、この法規の構成要件に該当する――有責違法の――行為がなされた場合には、この強制規範はいつ何時でも規定通りに的確に適用されるという可能性の下に置かれている。よしんば、審理の誤りや証拠の不充分のために殺人行為者が刑に処せられないことがあったとしても、それによってその一般的な可能性は決して排除されることはない。そこに、日本刑法第百九十九条という実定法規の効力が存する。

（三）休日に、官署に勤務する多数の官吏が思い思いに家庭に休養し、郊外に散歩し、ゴルフに興じていて、官衙には少数の宿直員や守衛しか残っていないときには、その官署の組織と機能とに関する組織規範は、現在のところ行為の世界に実現されてはいない。しかし、その実現休止の状態に在る間といえども、翌日の勤務時間になれば、人々がそれぞれ出勤して持場持場において事務を執るという可能性は、確実に存続している。翌日の事務が開始された場合、たまたまその行政官署の一部局が法令の根拠を欠く処分を行ったとしても、翌々日にはその過誤が訂正されるべき状態に在るならば、当該法令の規定通りの実現可能性は、かような行政行為の瑕疵によっても減殺されることはない。そこに、この組織規範の実定的効力が見出されるのである。

法の実定性というものをかくのごとくに解して行く場合、これに対して当然期待されなければならないのは、ここにいう規範意味実現の「可能性」とは、すなわち規範そのものに内在する「妥当性」に他ならないのではないか、しからば、この種の議論は、結局ふたたび法の妥当性を以て法の効力と見る立場に復帰して了っているのではないか、という反駁である。

確かに、一面から見れば、法が実現せられ得るという可能性は、法が行われなければならないという妥当性と一致する。法は行われなければならないものであり、法の受範者が法を遵守すべきものと意識すればこそ、法に従って行動するという可能性が生じて来るのである。その意味で、この反駁は正しい。

しかしながら、他面から考察するならば、規範意味実現の「可能性」は決して単なる規範の「妥当性」のみに尽きるものではないのである。法は行われなければならない。そうして、法が行われなければならないという妥当性は、法が現に行われていないでも、また、法に違反する行為がなされても、それによって消滅し去ることはない。それによって、法の実効性の中断や歪曲にかかわらざる規範意味実現の可能性が根拠づけられている。けれども、法規範に該当する要件が幾たび成立しても、少しも規定に従う処置が行われないような場合、あるいは、法規に違反する行為が繰りかえし公然と行われて、それが実際の通用力を発揮するようになって了った場合、そこになおかつ本来の規範意味実現の可能性が存続していると考えることが出来ようか。さような場合に立ちいたっても、法規は依然として「妥当」はしているであろう。しかし、その法規は、もはや規定通りに実現されるという「可能性」を喪失して了っているのである。法論理的にいって、北アメリカ合衆国の禁酒法は、それが撤廃されるにいたるまでは形式上の妥当性を保有していた。けれども、酩酊飲料の醸造・輸入・販売が公然の秘密としていたるところで行われ、これに対して何ら制裁規定の発動を見なくなって了った場合、それはもはや実現可能の法ではなく、したがって真正の意味での実定法とはいえなくなっていたのである。同様のことは、現代ドイツのワイマアル憲法の多くの条項についてもあてはまるであろう。かかる状態にまで立ちいたるならば、法の妥当性は法の実効性と全く遊離し、妥当なる法は、依然として行わるべき法でありながら、行われ得ぬ法となっているのである。そこでは、法の妥当性は法の実現の可能性とは明らかに一致しない。妥当であって、しかも実現が可能である法、それが歪曲されぬ効力を持つ実定法である。実定法とは、単に妥当であるばかりでなく、常に新たに実効性を発揮し得る状態に在る法でなければならぬ。だからして、法の「実定性」とは、法の妥当性と実効性との「結合」なのである。その意味で、法の実現可能性は、単なる妥当性に尽きるものではなく、併せて実効性の契機を潜在的に包蔵しておらなければならない。この潜在的実効性が、いつでも顕在的となり得るところに、法の「効力」がある。この点を看過しているという意味で、さきに述べた反駁は的はずれであるといわなければならない。

　法を実現する人間の行態は、法に内在する規範意味によって一定の経過を辿るように方向づけられている。法に内在する規範意味が、人間の行態をその規定内容を実現するように方向づけ得る力を有する場合に、その法は実定法である。何故ならば、現にその行態がなされていない間であっても、人々が規定通りの行態をなすという可能性は、規範意味そのものの中に客観的に含まれているからである。

　この、「意味」によって方向づけられた人間行為の「可能性」という概念は、マックス・ウエバアの社会学の一つの中心思想を成している[1]。ウエバアによれば、社会学は、「社会的行為」(soziales Handeln)をば「意味に結びつけて理解する」(sinnhaft verstehen)科学である。人間の行為そのものは、流動転変・中断更新される過程であるが、それらの行為を「方向づけている」(orientieren)意味が変化しないかぎり、現実の行為は常にこの「意味」(Sinn)の指し示す方向に向ってなされるという「可能性」(Chance)を失わない。例えば、日曜の朝、多数の信徒が教会に集まって神への礼拝を捧げるという社会的行為は、神に対する信仰という宗教上の「意味」によって方向を定められている。したがって、礼拝が済み、牧師の説教が終って、人々が家路に戻って行ったのちであっても、また、翌日から平常通りの週日が繰りかえされて、教会が無人の伽藍として静まりかえっているときにも、その同じ宗教上の「意味」が不動である以上、日曜の朝になれば教会の鐘が鳴り、人々が集まって定例通りの礼拝・祈禱が行われるという「可能性」

は、依然としてそこに存続している。この可能性は、よしんば信徒の中に数人の異端者が現れたとしても、一般的に見ては変化することがないであろうし、戦火が間近に迫って住民が逃避した場合といえども、信仰そのものが破壊されないかぎり、いまだ消滅し去ったことにはならぬであろう。ウエバアの社会学は、正にかくのごとくに、意味によって方向づけられた現実行為の「可能性」を主たる対象とするのである。この見方を法の考察に適用して、法的規範意味によって方向づけられた人間行態の「可能性」に、実定法の実定法たる特質を求めるということは、法の効力を中心とする至難な問題領域に科学的な解決の指標を樹立する所以となるであろう。(2)

法は、その規範意味が実効的に実現され得るという可能性を有することによって、効力ある法となる。逆に、さような可能性を失って了った場合に、効力のない法となり、非実定的な空文と化する。この可能性は、法の規範意味によって方向づけられているという点で、法の妥当性の反映であり、法に適った事実行態の行われる可能性であるという意味で、法の実効性の潜在態である。両者の結合が法の効力であり、法の実定性である。しからば、法の実効的実現の可能性は、そもそもいかなる根拠によって成立するのであろうか。——法の効力という言葉の意味は、これで漸く明らかになった。次に問わるべき最も根本の問題は、「法の効力の根拠」如何でなければならぬ。

（1） Max Weber: Wirtschaft und Gesellschaft, S. 13 ff.

（2） マックス・ウエバアは、社会的行為を方向づける「意味」は「主観的な意味」(subjektiver Sinn) または「主観的に思念された意味」(subjektiv gemeinter Sinn) であると考え、社会学の任務は、社会的行為をばかような主観的な意味に結びつけて理解するに在る、と做した。確かに、行為を直接に方向づけているものは、行為者によって「主観的に思念された意味」であるに相違ない。しかしながら、もしもその「意味」が最初から単に主観的な意味たるに留まるならば、それは各人の主観によってそれぞれ異なり、同じ人であっても時により場合によって変化するであろう。したがって、行為が単に主観的なる意味によって方向づけられているかぎり、客観的に予測し得るような行為の「可能性」は生れ出ては来ないであろう。故に、「主観的意味」は、更にその根柢に、恒存する「客観的意味」を持つことによって、始めて同じ行為が繰りかえされるという「可能性」を根拠づけることが出来るのである。法の規範意味は、正にさような行為の客観的可能性を根拠づける客観的意味でなければならぬ。すなわち、法規範の客観的規範意味が行為者によって認識理解され、それに従って行動せねばならぬという主観的義務意識を喚起し、この義務意識が行為者の行為を方向づけることによって、規範実現の「可能性」が現実化して来るのである。

第三章　法の効力の根拠

第一節　法の効力の根拠に関する諸学説

法の効力とは、法的規範意味が事実の世界に実現され得るという「可能性」である。この可能性は果して何から生じ、何によって根拠づけられているのであろうか。そこに、実定法の理論考察における最大の難問が横たわっている。法の「効力の根拠」（Geltungsgrund）の問題は、あたかも前人未到の氷雪の峻峯のごとくに、法の世界の科学的探究者の前にそそり立っているのである。

この問題は、今日でもなお前人未到の処女峯のごとくに法に関する諸問題の上に屹立しているけれども、これに対する登頂の試みは、これまでといえども決して閑却されていた訳ではない。否、これまでにも、多くの学者が周到な用意と、精密な探索と、果敢な科学的精神とを以て、しばしばこの峻峯に向って突撃を企て、それぞれ重要な成果を齎《もた》らして来たのである。ただ、そのいずれもが、いまだ以て真の頂点を窮め得たものとは考えられないのは、真の頂点の所在そのもの、すなわち窮明さるべき問題の意義が、必ずしも明確に把握されていなかったためであるといわざるを得ない。

ここに窮明さるべき問題は、法の効力である。法の効力が何から生れ出て来るか、である。しかるに、前章の考察によれば、法の効力には「妥当性」（Gültigkeit）と「実効性」（Wirksamkeit）の両側面がある。法の妥当性は、法の規範意味に内在する「実現への要求」であり、法の実効性は、法の規範意味が事実行態として「実現せられていること」である。これら二つの法の様態は、互に明らかに区別さるべき特色を有するにもかかわらず、しかも法の「効力」(Geltung)において相互に密接に結合している。法の効力とは、妥当なる法規範意味が実効的に実現され得るという可能性である。それが、法の「実定性」(Positivität)である。故に、法の効力または法の実定性とは、法の単なる妥当性でも単なる実効性でもなく、両者に跨がって両者を包摂する一つの綜合的な状態である。法の効力の根拠は、かような法の妥当性と実効性との結合が何によって可能となるかの問題として、いいかえれば、法の妥当性と実効性とを分離せしめずに、常に両者に跨がる綜合的の問題として、論究されなければならぬ。

これに対して、従来、法の効力の根拠を論じた学者は、概ね法の妥当性と実効性とを分岐対立せしめている。そうして、そのいずれか一つを以て法の効力と解し、その根拠を窮めようとしている。すなわち、一部の学者は、法に内在する規範論理的な「実現への要求」だけが法の真の効力である、と考えている。また、これに反対する多くの学者は、法が社会生活の中に「現に実現されている」という状態が、正しい意味での法の効力である、と見ている。したがって、これまでの法の効力の根拠に関する学説は、その多くが一面的である。一面的に突き進んで、それぞれ問題の頂点を窮めるための重要な前進基地を占拠してはいるけれども、一面的であるが故に、その反面の欠陥に禍されて、更に一歩の向上を実現し得なかったのである。法の効力の根拠の問題が、幾多先人の果敢な登頂の企図にもかかわらず、依然たる未到の峻峯として聳え立っている所以も、結局は選ばれた登頂計画の一面性に在ったといわなければならない。

法の妥当性を以て法の効力とする見解は、法の立体構造の垂直断面に現れた規範層を捉えて、そこに法の法たる所以を見出そうとしているのである。法は規範であり、規範は事実からの隔たりにおいて存立する。規範は、事実から隔たってこそ規範たるのであるから、法たる規範の効力は、法の内容が現に行われているという事実と同一視されてはならない。むしろ、事実がどうであろうとも、法は法として行われなければならないというのが、法の効力である。それは、法の「規範論理的」(normlogisch)な妥当性である。故に、法の効力は、規範論理的に根拠づけられなければならぬ。一つの法規範が妥当するというのは、その妥当性が上位の法規範によって根拠づけられているからである。上位の規範が効力を有するというのは、それが更に上位の法規範の効力によって制約されているからである。例えば、「判決」の効力は「法律」に準拠することによって根拠づけられる。「法律」が有効に行われるのは、それが「憲法」の効力によって制約されているがために他ならない。かように、規範論理主義の立場から法の効力を論じ、法秩序の段階構造を明らかにして、それによって法の効力の根拠の問題を解決しようとした学説は、ケルゼンの「純粋法学」(reine Rechtslehre) であり、ケルゼン、メルクルの「法段階説」(Stufentheorie des Rechts) である。

これに反して、他の多くの学者は、法が事実上の社会生活過程の中に実現されている様相に考察の焦点を注ぎ、法の効力をば専ら法の実効性の意味に解して、その根拠を追求しようとする。さような立場は、法の垂直断面における事実層にまで法の領域を掘り下げて、そこにいたって始めて法の法たる実相を捉え得るものとしているのである。この立場から眺めるならば、法は規範ではあるが、それが現実に行われていないかぎり、いかに規範としての形式を整備していても、これを法と見ることは出来ない。妥当すべき規範であっても、それが現に行われていない以上、その規範は法ではないのである。逆に、規範論理的な関係からは違法なるべき筈の行為が、往々にして有効に行われ、しかもそこから新たな法が成立して来ることがある。法律に違反している行政行為が、なおかつ法として行われ、憲法を破砕する実力が、かえって新たな憲法を創造する場合があり得る。妥当性を有しても、効力を喪失して了っている法があり、妥当性を持たぬ事実行為にして、やがて法と化するものもある。故に、法は、規範として妥当するが故に効力があると認められ得るのではなく、社会の事実を動かし、人間生活の中に現実化しつつあることによって法たるのである。法の効力とは、かかる「社会事実的」(sozial-faktisch) な実効性をこそ意味せねばならぬ。

それでは、社会事実的な実効性の意味での法の効力は、何によって根拠づけられるのであるか。前に述べたように、経験主義的な色彩の強い学者は、ここで一様に「力」という概念を援用する。法は現実の力によって成立し、現実の力を背景とすることによって実効的に行われ得るのである、と論ずる。しからば、法に現実の効力を賦与するところの「力」とは、何の力であろうか。この問題について、最も直截に、しかしながら実はきわめて漠然と、その力は

「事実」の力である、と答える立場がある。法は規範であるが、規範たる法は事実から化成する。事実の中には、自ら規範と化し、有効な法として現実生活を支配して行く力が内在している。事実上の慣行から慣習法が生成するのも、それである。国家機関の権限外の事実行為が法として行われるにいたるのも、またそれである。更に、法を破砕する事実力が新法秩序を創造するのは、その最も著しい場合である。法は事実を基礎として成立し、事実を地盤として存立する。故に法を作り、法を動かす力は、「事実の規範力」(normative Kraft des Faktischen) でなければならぬ。——かように論ずるのは、イェリネックの「事実の規範力説」であり、今日にいたるまで法哲学および実定法学の上に広くかつ深い影響を及ぼしている。

しかし、事実の規範化によって法が生成するといっても、事実という言葉の意味はすこぶる漠然としている。何が一体、法を作り出すところの事実なのであろうか。この点を明らかにしない以上、法の効力の源泉は依然として迷霧の中に隠されているといわなければならない。のみならず、イェリネックの事実の規範力説は、主たる関心を法の「成立」の過程に向けている。慣習法が事実上の慣行から化成し、新たな法秩序が秩序変革の実力行動から生れ出て来る所以を、事実の規範力によって説明している。かくのごとき法の生成変化が、実定法現象の重要な一面であることはいうを俟たないが、実定法の中には、他面また、既存の制度を堅持して濫りにその変革を許さない、という力も強く働いている。現存の法秩序を安定せしめると同時に、合法的な立法意志を以て漸進的に法の改正を行い、これを時代の要求に適合せしめようとする力が作用している。法の根柢に横たわるこの力をば、単に漠然と「事実」の力と解することは、適当な説明であるとは考えられ得ない。法を支持し、法を動かす力は、むしろ、特定の人格者の把握する「実力」である。一定の社会生活圏——特に国家——の内部において、主権的な実力を以て支配を行うところの人格者の命令が、すなわち法として行われるのである。反対勢力を克服して、有効に支配を行い得る者の定立する規範が、とりもなおさず法なのである。かように考えて行くことによって、経験主義的な法理論の他の一形態としての「実力説」(Machttheorie) が成立する。

実力説は、法の効力を根拠づけている力をば、支配者、すなわち「規範定立者」の意志に求めているのである。しかしながら、支配は単に一方的な作用ではなく、常に服従と相俟つところの双方的な作用でなければならぬ。支配とは服従を求め得ることであり、服従のないところには、支配もまた成り立ち得ない。故に、支配者の力といえども、服従者の支持を受けて、始めて有効に作用し得るのである。この点から考えて行くならば、法の効力は、単にそれが支配者によって定立されたということだけから生ずるのではなく、むしろ、「規範服従者」が支配者の定立した規範の効力を承認し、進んでこれを遵守するか、あるいは、少くともこれを遵守することを止むなしとするかによって、基礎づけられるものであるといわねばならぬ。かような構想の下に、法の効力の根拠は規範服従者たる一般民衆の「承認」(Anerkennung)に在る、という学説が展開される。それが、ビイアリングによって代表される「承認説」(Anerkennungstheorie)である。

実力説が、法の効力の根拠をば「上から作用する力」に求めようとするのに対して、承認説は、これをば「下から作用する力」によって説明しようとする。しかし、承認説のいわゆる承認は、それが法の規律に進んで服そうとする積極的の作用であるにせよ、また、それが専横な支配者の意志にも不承不承に従おうとする消極的な態度であるにせよ、要するに既存の法秩序を支持する力であり得るに過ぎない。したがって、承認説は、いかにして既存の法が変革され、歴史の進展と共に新たな法が定立されて行くか、を説明することが出来ない。もしも、さような新たな法の成立過程をば、法を定立しようとする支配者の意志に求めようとするならば、承認説は、その点で実力説と妥協するか、あるいは実力説に還元されて了うか、いずれかの一途を択ばざるを得ないのである。これに対して、承認説の著眼した「下から作用する力」に更に能動的な意義を賦与し、法は、既存の法を支持する「輿論」(öffentliche Meinung)の力によって有効に存立し、新たな立法を促す輿論の動向によって歴史的に進展・変化する、と見る学説がある。これを、「輿論説」と名づけることが出来るであろう。

輿論説は、法を作るものは輿論の力である、と主張する。けれども、輿論は、果していかなる場合にも、また、いかなる輿論であっても、法を作る力を有するであろうか。一口に輿論といっても、その中には群集心理と択ぶところのないような一時的の輿論もあろうし、少数の策謀家によって操られた疑似的の輿論もあり得るであろう。そういう輿論は、時に矯激な破壊力を発揮することはあっても、確乎たる法組織を建設したり、正常な法秩序の効力を持久的に擁護したりする力はない。輿論は、もともと単なる多数意見の集積ではない。輿論の根柢には、客観的な時代精神や、超個人的な全体の理念が働いている。さような客観的な理念の動きが輿論となって現れた場合にのみ、輿論は真の立法的輿論として法創造の原動力たることが出来るのである。故に、法の成立を促し、法の存立を支持するものは、単なる輿論ではなく、輿論として自己を顕現しているところの客観的な理念であり、超個人的な「団体意志」（Gemeinwille）でなければならぬ。ここにいたって、法の効力の根拠の問題は、ふたたび個人心理の事実性の領域を超越する。それが、ヘエゲルの流れを汲むラレンツによって説かれる「団体意志説」（Gemeinwillentheorie）の立場である。

法の効力の根拠に関する学説は、必ずしも以上の諸傾向に尽きる訳ではないが、これによってほぼその重要なるものを抽出列挙し得たことになるであろう。以下、いま概説した順序に従い、

イ　法段階説
ロ　事実の規範力説
ハ　実力説
ニ　承認説
ホ　輿論説
ヘ　団体意志説

を検討し、その分派や変奏をも考慮しつつ、逐次これに批判を加え、次第に問題の核心に迫って行くこととする。

第二節　法段階説

一　法の効力の段階性

純粋法学は、法の効力の問題を法の妥当性の問題にのみ限定する。純粋法学にとっては、法が効力を有するということは、法規範が妥当するということ以外の意味を持ち得ぬのである。もっとも、さきに述べた通り、ケルゼンは、法の効力という言葉が二様の意味に用いられることを認めている。法規が事実上適用され遵守される、というのが、その第一の意味であり、法規が観念上適用され遵守されねばならぬ、というのが、その第二の意味である。けれども、ケルゼンによれば、法学が純粋の規範科学であることを理解しないもののみが、第一の意味での法の効力を探索することによって、何らかの法学的に意義のある結果を導き出し得ると考えているに過ぎない。法学の対象とする法については、第二の意味での効力、すなわち、法は何故に適用され遵守されなければならぬか、ということだけが問題となり得るのである。

もっとも、ケルゼンは、純粋法学の理論を展開せしめている間に、次第にこの問題に対する態度を緩和し、のちには規範と事実との「照応」(Korrespondieren)ということを説くようになっている。彼れによれば、法はもとより規範である。しかし、他面から見ると、人間はその社会生活を営むに当り、多くの場合、法の規定に従って行動している。この、規範と事実との関係は、完全な合致でもなく、また、完全な不合致でもない。もしも両者が完全に一致して了えば、規範の存在意義は失われて了うし、両者が全然一致しない場合には、それをしも効力のある規範とは認め難い。故に、規範と事実との間の「照応」は、その「最大限」(Maximum)と「最小限」(Minimum)との中間に位している。そうして、規範は、事実との照応のこの上限と下限との間においてその実定性を発揮するのである、――と。[1] かように説くにいたって、ケルゼンもまた、法の実定性とは規範的妥当性と事実上の実効性との相対的な合致を意味する、という見解に帰着しているのである。

けれども、当為の世界と存在の世界とが互に「架橋すべからざる深淵」によって隔てられている、と見るケルゼンの絶対二元論の立場からいって、[2] かような規範と事実との「照応」とは一体何を意味し得るであろうか。規範には規範の法則があり、事実には事実の法則があって、その間に何らの聯関も作用・反作用もあり得ないとするならば、よしんば両者の間に何らかの「照応」が認められるとしても、それは、たかだか一種の神秘的な予定調和であるに過ぎぬであろう。故に、純粋法学の思想を「純粋」に展開せしめて行くならば、法の効力の根拠は、飽くまでも法の規範論理的な妥当性の根拠として、——いいかえるならば、法がいかにして事実と照応するか、ということとは全然没交渉に、——首尾一貫して論究されなければならない。そこで、問題は、ケルゼンの初期の立場に立ち戻って、次のような形で提出される。＝「法規範の効力——そうして正しくそこに法規範の規範的性格がある——は、それが遵守され、または適用されねばならぬ、ということにおいて成立する。」しからば、「法規は何故に遵守され、かつ適用されなければならないか」[3]。

それだけを取り出していえば、この問題は、実は最初から全く自明のことを問うているのである。法は規範である。規範は当為の法則である。当為の法則は遵守され、かつ適用されなければならない。故に、法は、規範なるが故に、遵守され適用されなければならないのである。それを重ねて、何故に法たる規範は遵守され適用されなければならないか、と問うのは、問いに答うるに問いを以てし、答えを掲げてふたたび問うているに等しい。法は遵守されなければならないが故に遵守されなければならない、というのは、純然たる同語反復に過ぎないのである。

しかしながら、純粋法学の掲げる問題は、勿論さような児戯に等しい同語反復ではない。純粋法学は、法を単一孤立の規範として、その効力の根拠を問うているのではないのである。純粋法学の考察しようとしているのは、実定法秩序である。実定法秩序の中には、多数の法規範が相互に体系的に「聯関」している。かかる多数法規範の聯関の中において、何故に一つの法規範が遵守され適用されなければならぬか、を問うにいたって、始めて問題は積極的な意味を佩びて来る。一つの法規範は、自己自身の中にその効力の根拠を有するのではない。法規範が効力を有するのは、それが妥当なる規範相互の聯関に基づいて、上位の法規範にその効力の根拠を仰いでいるからである。いいかえると、一つの法規範の効力は、その上位に在る他の法規範の制約の下にのみ存立するのであり、したがって、前者の効力の根拠を探ねようとする以上、必ず後者の効力に遡って行かなければならないのである。実定法秩序に属する法規範は、すべてかような効力の階層関係に排列されている。ケルゼンは、この点に著眼したメルクルの見解を展開させて、純粋法学の最も大きな特色を成す「法段階説」を組織立てた[4]。純粋法学にとっては、法の効力の根拠の問題は、すなわち法の妥当性の位階秩序の問題に他ならない。

実定法秩序の段階構造は、上位の法から下位の法へと下降して行く場合には、法の成立の過程を示し、法創設の「動態」を現している。すなわち、上位規範は下位規範の定立の条件となり、下位規範は上位規範の「委任」(Delegation) を受けて定立されるのである。例えば、憲法は法律制定の条件を定め、法律は憲法の委任の下に定立される。上位規範たる憲法は、下位規範たる法律を定立せしめると同時に、前者の規定は後者の規定の中に実現されて行くのである。同様に、法律は、あるいは命令・処分の定立される条件となり、あるいは裁判官の下す判決の中に実現される。上位の一般規範は下位の特殊規範の成立を根拠づけ、成立した下位規範の中に自己自身を具体化する。かように、水の低きに流れるように、法規は絶えず上の段階より下の段階へと自己実現・自己創設の過程を繰りかえして行くのである。

しかし、これをその反面から見て、下位の規範から上位の規範を眺めるならば、法の段階構造は、正に法の効力の関係を示している。何故ならば、既に定立されている一定段階の法規範は、それが上級規範の委任を受け、その定むる手続きに従って定立されたものであるということを根拠として、「妥当」するからである。裁判所の下す判決や行政官庁の行う処分は、法律または命令に準拠しており、それらの上級規範に矛盾しない内容を有することによって有効と認められる。命令は法律に違反せず、法律は憲法の規定に従って定立されているということを根拠として、妥当なる命令または法律として通用する。それは、法創設の動態ではなく、創設された法秩序の「静態」における効力関係を示している。この関係を更に上方に向って遡り、憲法の妥当性の根拠を探ねて行けば、最後に、国法秩序の最高段階としての「根本規範」(Grundnorm) に到達する。根本規範は憲法以上の憲法、実定法的意味の憲法に対する法論理的意味の憲法であって、一切の国法規範の創設の淵源を成すと同時に、一切の国法規範の妥当性を制約する規範、それ以上の他の規範によって妥当性の制約を受けることのない始源規範である。つまり、すべての法規範は、直接には直属上級規範の、最後には根本規範の委任を受け、その制約の下に存立していることを以て、その効力の唯一の根拠としているものと考えられなければならぬ。

法段階説は、かように上位規範の委任または制約ということを以て、法の効力の根拠とするのである。その場合、それが、飽くまでも法規範の妥当性の根拠づけであって、法が何故に事実上遵守され適用されているか、という実効性の問題とは何ら関係なく論ぜられているのは、純粋法学の立場としては当然な事柄である。すなわち、法が現実に行われているか否かとは全く没交渉に、上位規範の委任の下に定立された法は行わるべきであり、そこでは、上位規範の授権を受けず、あるいは上位規範に違反してなされた行為は、法として行わるべきではない、ということだけが示されているのである。

しかしながら、法の段階構造は、純粋法学のいうように、法の妥当性の聯関のみを示して、法の実効性とは何らの関係をも持たないものであろうか。法の実効性は、心理学や社会学の対象領域に属し、法が行わるべきであるという規範的当為性とは全然縁故のない、別世界の出来事なのであろうか。——それは、明らかにそうではないといわなければならない。

実際には、法の段階構造による妥当性の聯関は、原則として同時に、妥当的に定立された法規範の実効性をも根拠づけているのである。憲法に準拠して定立された法律は、憲法に準拠するが故に妥当的であり、妥当的であればこそ実効的に行政命令や裁判判決の上に適用せられる。法律によって行われた裁判は、法律に準拠しているが故に妥当し、かつ、妥当するが故にこそ、その判決内容を事実上の執行行為の上に実現せしめ得るのである。純粋法学は、上級の規範に基づいて下級の規範が定立される過程をば、規範からの規範の創設として説いているのであるが、規範から規範が生れるといっても、非人格の観念命題としての規範は、鶏が卵を生むように、そのままで下級規範を生み出す力を持つものではない。規範から規範が生み出されるためには、必ず一定の「人間の行為」を必要とする。権限ある行政官庁が、法律に準拠して命令を発し、裁判所が法律の授権に基づいて判決を下すがごとき、それである。その場合は、行政官たり裁判官たる「人」が、上級規範の妥当なる意味内容を検討して、かくあるべきところの命令を発し、判決を下すことによって、妥当なる上級規範は実効的に適用される。同様に、妥当なる内容を以て定立された命令を実施し、判決を判決通りに執行するのは、いずれも「人」の行為による妥当性と実効性との媒介を意味する。かくあるべきところの規範をば、かくあるべきが故にかくあるべきがごとくに実行するというのは、人の行為を通じての規範の事実化であり、法の妥当性より実効性への転化に他ならない。規範と事実とは、決してケルゼンのいうように「架橋すべからざる深淵」によって隔てられているものではない。法の妥当性と実効性とが互に「照応」するのは、決して神秘的な予定調和によるのではなく、妥当なる法を運用し遵守しようとする人間の思惟と意志とによって媒介されているがためなのである。それ故に、法の妥当性の段階は、単なる妥当性のみの段階にあらずして、同時に法の実効性を制約・保障しているのである。いいかえると、法が妥当するということの中に、妥当なる法が事実として実現されるという「可能性」が内在している。そこに、妥当性と実効性との「結合」がある。それが、妥当的にして実効的なる法の「効力」であり、法を実定法たらしめるところの「実定性」でなければならぬ。

法の妥当性の段階が、同時に規範が事実化する経路を示しているということは、きわめて明瞭な事理であるにもかかわらず、純粋法学が当為と存在の形式主義的な二元論に禍されて、規範と事実との聯関を強いて顧みまいとしているのは、誠に奇異な現象であるといわなければならない。ケルゼンによって説かれた法の段階的な自己創設は、その最低の個別規範の段階にいたって、正に事実の世界と密著しているのである。法段階説によれば、法規範の最低段階を成すものは、行政上の処分や裁判上の判決のように、個別的な要件に対して個別的な効果を帰属せしめる個別規範である。甲店の販売する不良清涼飲料水の廃棄を命ずる処分、毒薬を用いて乙を殺した丙を死刑に処するという判決、等がそれである。かような個別規範は、現実に甲店をして不良清涼飲料水を廃棄せしめ、丙を絞首して死刑に処するという「直接執行行為」(unmittelbarer Vollziehungsakt) によって「実現」される。そこでは、現に規範が事実となって行われているのである。法は、妥当性の段階に沿うて下降して行くことによって、単に規範として具体化されるばかりでなく、更に事実行態となって実現される。法段階説の取扱っている問題は、法段階説自らがいうような単なる法の妥当性の聯関ではなくして、法の妥当性と実効性との結合、すなわち真正の意味での法の効力の関係である。そこに、純粋法学の故意に認めまいとする純粋法学自身の理論価値がある。法の段階構造の理論は、この観点から改めて見直されねばならぬ。その成果もその欠陥も、形式上の方法論の問題としてではなく、理論そのものの実質的内容の問題として再検討せられなければならぬ。

（1）ケルゼンは、その最初の大著『国法学の主要問題』（Hauptprobleme der Staatsrechtslehre, 1911, 2. Aufl., 1923）の中では、事実の如何を考慮することなしに、法の純粋に規範論理的な妥当性を法の効力と解したのであるが、のちに『一般国家学』（Allgemeine Staatslehre, 1925）を著すに及んで、規範と事実との「照応」ということに、法の実定性の意義を見出そうとしているのである（S. 18 f.）。しかしながら、ケルゼンの理論の出発点と矛盾すまいとする以上、よしんば規範と事実との間に何らかの「照応」があったとしても、それは、互に全然縁故のない二つの秩序系列の間の、およそ科学的に説明すべからざる平行関係であるに過ぎない。さような縁なき衆生相互が、たまたま肩を並べて同じ道を歩んでいるような状態を指して、強いてそれが法の「実定性」であるといっただけでは、実定性概念に対して何らの釈明をも与えたことにはならないであろう。

また、ケルゼンは、規範と事実との照応の「最大限」と「最小限」との間に法の実定性がある、というけれども、両者の間にどの程度の照応があれば、それが実定法と認められるのであろうか。規範違反の事実が全く例外的にしか起らない場合に、始めてその法が実定性を有することになるのか。あるいは、僅か一二の事実が規範と合致しただけで、それは既に実定法と認められるのであろうか。

この点について、ケルゼンは、更に『純粋法学』（Reine Rechtslehre, 1934）の中では、規範と事実との対立関係に対する一層緩和した態度を示している。すなわち、彼れは、そこでは、実在が規範に適合する度合が或る限度以下に下って了えば、その規範秩序は実在に対してその効力を喪失することを認めている。したがって、法秩序の効力は、人間の現実の行態が法秩序に適合しているという事実に対して、一定の依存関係に置かれている、と倣している。そうなると、規範が或る最大限以上に事実と合致すれば、規範の規範性は失われて了うし、逆に、その合致が或る最小限以下に低下しても、規範たる効力がその規範から脱落して了うのである（S. 69）。しかし、規範と事実との適合の最大限・最小限といっても、それがどの程度のものであるかは少しも示されていないし、その適合が何によって生ずるかも毫も明らかにされておらない。これらはすべて、ケルゼンが、当為と存在の二元論に立ちながら、しかも、なおかつ規範と事実との「照応」ということに触れようとしたために、期せずして開かれた迷宮であるに過ぎないのである。

純粋法学の「純粋性」を尊重する意味からは、如かずケルゼンの初期の態度に重点を置いて、純粋法学の説かんとする法の効力とは、——したがって、法の実定性とは、——事実の如何を問わない規範の規範論理的妥当性のみを意味する、と解せらるべきであろう。

（2）「存在と当為の対立は、形式論理的な対立である。そうして、人が形式論理的な考察の限界内に立て籠っているかぎり、いかなる道を通っても、一方から他方に移ることは出来ない。二つの世界は、架橋すべからざる深淵に隔てられて、互に対立しているのである。」Kelsen : Ueber Grenzen zwischen juristischer und soziologischer Methode, 1911, S. 6.

（3）Kelsen : Hauptprobleme der Staatsrechtslehre, 2. Aufl., S. 352.

（4）法段階説については、拙著・改訂法哲学、昭和十二年、一九四頁以下。大澤章教授他四氏著・ケルゼンの純粋法学、昭和七年、八八頁以下。Kelsen : Hauptprobleme, 2. Aufl., Vorrede, S. XV f. ; derselbe : Das Problem der Souveränität und die Theorie des Völkerrechts. Beitrag zu einer reinen Rechtslehre, 1920, S. 111 ff. ; derselbe : Allgemeine Staatslehre, S. 231 ff. ; derselbe : Reine Rechtslehre, S. 62 ff. ; Adolf Merkl : Die Lehre von der Rechtskraft entwickelt aus dem Rechtsbegriff, 1923, S. 181 ff. 等参照。

二　法の段階構造の存在理由

純粋法学の意図は、単に法の妥当性の根拠のみを闡明するに在った。しかるに、そのために構想された法段階説は、実は同時に、法の事実化の過程をも明らかにすることとなっている。それは一体、何故であろうか。いかにして、妥当的なる法の段階構造が、併せて法の実効性をも根拠づけているのであろうか。——これは、純粋法学が最初から提出する必要を認めなかった問題であり、したがって、法段階説はもとよりこれについて何らの説明をも与えてはおらない。しかし、法の効力の根拠に関して真に問題とされなければならないのは、正しくこの点なのである。

法の段階構造が何故に法の実効的実現の根拠となっているか、という問題については、二つの理由を挙げることが出来る。その一つは、「論理上」の理由であり、他の一つは、「制度上」の理由である。

イ　論理上の理由　法段階説は、規範論理主義に立脚しているだけに、終始一貫、論理の整合ということを重要視する。ところで、論理的に整合であるということは、単に「学説」を満足せしめるばかりでなく、また同時に社会生活の中に生きて働いている「実際」の要求なのである。もとより、物事は、単に論理的に整合でありさえすればよいという訳ではない。しかし、他の実質上の要求を満たした上で、更に論理的にも整合であるということは、社会秩序の備うべき重要な条件である。その意味で、論理は決して単なる思惟の産物ではなく、むしろ、事物そのものの中に内在する一つの客観的な目的であると考えられなければならない。

殊に、法の世界は論理を尊重する。法規が相互に矛盾しないということ、類概念を含む規範が種概念を定めている規範を制約するということは、法にとって原則として動かすべからざる論理の要求である。法は、論理以外の各種の実際的な社会目的を満足せしめなければならないのであるが、さればといって、論理の要求を無視しては、法は成り立ち得ない。ブルクハルトのいうがごとく、「すべての法秩序は、論理の要求と実際の要求とに適うものでなければならない」のである[1]。これは、法そのものについてのみならず、法の解釈についても、同様にいわれ得る。法の解釈について、特に論理の要求を重んずるのは概念法学である。これに対して、論理よりも実際の要求を主眼とするのは自由法学である。しかし、いかに自由法学が実際の要求に主眼点を置くからといって、そのために論理の要求を無視し去ることは出来ない。自由法の思想は、概念法学が余りに論理の要求を偏重して、実際の要求を閑却するような傾向に走るのを匡正した点で、重要な役割を演じた。しかし、自由法学といえども、もとより没論理を主張しようとするのではない。また、没論理であって法学が成立する筈はない。法において論理が尊重されるのは、法にとっては確実な適用ということが必要であり、安定した秩序を保つことが大切だからである。一つの法規と他の法規とが矛盾しては、法の確実な運用を期待することは出来ない。法律に違反する判決、命令に背馳する処分がなされ得るのであっては、法秩序の安定性は保たれ得ない。法が論理の筋道を踏み違えないということは、法の安定性を維持する第一歩の条件である。法段階説が捉えたものは、正に法の備えているこの性格である。法が論理を尊重するということの性格は、秩序自体に内在する安定性の目的の一つの現れである。そこに、法の規範論理的な段階構造が、同時に法の実効的実現を根拠づけている理由が存する。

法段階説によれば、上位規範による下位規範の妥当性の制約は、一般的な規範が特殊的な規範の効力の根拠を成すという関係を意味する。いいかえると、上位段階の法規ほど外延性に富み、下位段階の法規ほど内包性が大きくなるのが原則である。したがって、前者が後者の効力を根拠づけるというのは、とりも直さず類概念による種概念の論理的制約に他ならない。例えば、帝国憲法に、「凡テ法律ハ帝国議会ノ協賛ヲ経ルヲ要ス」という一般規定があれば、治安維持法とか国家総動員法とかいう特殊の法律は、もとより帝国議会の協賛を経て制定される。法律は憲法の規定に従って制定されなければならないのであるし、実際にまた憲法の定むる手続きを経て制定されるのである。また、法律に、「故意又ハ過失ニ因リテ他人ノ権利ヲ侵害シタル者ハ之ニ因リテ生シタル損害ヲ賠償スル責ニ任ス」と一般的に規定してあれば、故意に乙の権利を侵害した甲は、その侵害行為の結果生じた損害を賠償しなければならない。裁判官は、さような判決を下さなければならないのであるし、また、実際さような判決を下すのである。それは、一見して全く形式的な三段論法に過ぎぬと見えるかも知れない。しかし、一般規定によって特殊規定が制約されるというのは、きわめて当然な「物の筋道」である。この「物の筋道」に反して、濫りに違憲の法律が定立されたり、法律と矛盾する判決が下されたりしたのであっては、秩序は維持され得ない。故に、法規範の段階性が法の効力を根拠づけている第一の理由は、法に内在する論理の要求であり、論理的整合性を通じて自己を実現しようとする「秩序の目的」に他ならぬのである。

ロ　制度上の理由　次に、実定法秩序が、法段階説の説くがごとくに、根本規範から憲法・法律・命令・判決または処分、というような多次的な階層を経て実現されて行くということは、一定の世界観的基礎の上に発達した特殊の制度なのである。純粋に規範論理的に見るならば、法の段階構造がかかる複雑な階層を成していなければならない、という必然性を発見することは出来ないであろう。否、論理的にいえば、更に一層複雑な多階層組織も可能であろうし、逆に、根本規範から直ちに個別命令に飛躍するような簡単な組織もあり得るであろう。現に、専政主義の法秩序などでは、専政君主の絶対権を表示する根本規範さえ確立していれば、他には何ら格別の形式上の手続きを必要とせず、君主が随時直接に個別の決定を与えて、これをただちに法として執行せしめるということも行われていたのである。また、今日の独裁主義の諸国家を見ても、近代国法秩序の特色を成す厳格な多次階層制は次第に崩れて、比較的に簡単な段階構造に整理されて行く傾向が看取される。これに対して、根本規範の次に憲法があり、憲法によって法律が制定され、命令・処分・判決は、いずれも法律の授権の下に、法律の劃する範囲内でのみ有効に定立され得るという仕組は、近代立憲主義の発達と共に整備された制度に他ならない。その根柢には、国家における権力の発動をば法律によって規制し、行政および司法の作用に対して厳正的確な法の軌道を与えようとする政治理念が伏在している。こういう政治理念によって構築された実在的な制度であればこそ、純粋法学の説くような法の段階構造は、その政治理念が動揺を来さないかぎり、単に観念的に妥当するばかりでなく、同時に実効的にも事実の上に実現され得るのである。

法が、多次階層の精密な段階に排列されているということは、成文法主義と不可分の関係を有する。法規範のいわゆる論理的な段階性は、成文法規の制度上の段階性と大体として一致しているのである。勿論、それは大体としての一致であって、両者の間には何らの区別もないという訳ではない。例えば、成文憲法と法律との間に形式上明らかな差別が設けられている場合にも、法律の中の或るもの——殊に議会の構成や機能に関する法律——をば、実質上は憲法の段階に属するものと見ることが出来るし、憲法と法律との間に形式上の差別のない、いわゆる不文憲法国の法制についても、形式上は法律として制定されている法規の或るものをば、通常の法律から区別して、これを憲法に数えることが出来る。かように、法秩序の規範論理的の段階構造と成文制度上の段階構造との間には、多少の喰い違いがあり得るが、法段階説の理論が、制度として発達して来た成文法規の段階構造を跡づけて構成されたものであることは、いずれにせよ疑いを容れない。しかるに、成文法規の段階構造が制度として発達して来たのは決して偶然ではなくして、明らかな目的を基礎としている。その目的とは、法の安定性の確保であり、法の運用における肆意の排除である。憲法によらずしては法律を制定し得ず、法律に基づかずしては行政も裁判もなし得ないということは、法を肆意の介入から護るための最も的確な手段である。成文法主義の骨幹を成すこの目的が生きて働いておればこそ、法秩序の段階構造は、単なる規範相互の妥当性の聯関を示すばかりでなく、同時に、法規範意味が妥当性の聯関を通じて実効的に実現されて行く筋道となり得るのである。

故に、法の段階構造が法の効力を根拠づけている根本の理由は、法に内在する「法的安定性」の目的に求めらるべきである。論理の整合性・秩序の安定性・肆意の排除、というような同根の諸目的が結合して、段階的な規範構造を制度として発達せしめ、かつこれを実効的に運転せしめているのである。

しかしながら、法の中に内在してその効力を基礎づけている目的は、単なる法的安定性のみに尽きるものではない。秩序を安定せしめるということ、肆意の介入を排除するということは、確かに法の最も重要な目的の一つには相違ないが、法の中には、それと共に、道徳を実現し、政治の動向に適合し、経済の運用を円滑ならしめる、といったようなさまざまな目的が作用している。これらの異質目的と法的安定性との間には、時として衝突の起ることがある。新興政治動向が、秩序の安定を破ってまでその目的の達成を計ろうとすることもある。論理の整合を或る点まで犠牲にしても、社会経済の実用を重んじなければならない場合もある。そういう場合には、法の規範意味の整然たる位階秩序が大なり小なり攪乱され、妥当なる法が実現されず、違法の行為が法となり、形式論理の約束と一致せぬ判決が下される、というような事態の生ずることを免れない。それは、規範論理主義という一筋道しか知らぬ法段階説を以てしては、到底説明することの出来ぬ実定法現象の綾である。これを全面的に明らかにするためには、純粋法学の立場を越えて、更に鳥瞰的な展望を可能ならしめるような高い拠点にまで前進して行かなければならぬ。

（1） Burckhardt: Methode und System des Rechts, S. 121.

三　法の段階構造の破綻

法段階説の最大の難関として一般に学者から指摘され、純粋法学自身もその打開策に大いに腐心した問題は、法の妥当性と実効性との明らかさまな衝突である。いままで考察して来たように、法の段階構造は、論理上および制度上の理由によって、原則としては法の妥当性と法の実効性とを併せて根拠づけているのである。しかし、それは原則であって、決して例外のないことではない。法の規範論理的な授権関係からいえば、法律は憲法に準拠することによって妥当し、命令や判決は法律に違反しないことによって有効と認められる。しかるに、実際には、憲法違反の法律がその違憲性にもかかわらず法として行われるにいたることがないとはいえない。また、法律に抵触する命令が発せられ、命令と矛盾する処分が行われて、しかもそれが有効に法的効果を生じて了う場合もあり得ないことではない。かような「違法の法」(rechtswidriges Recht)の極端な場合としては、革命やクウ・デタアによって憲法を変革するというような、「法の破砕」(Rechtsbruch)の行われることもあり得る。さような場合には、法の妥当なる授権関係は全くその実効性を喪失し、妥当性の根拠を持たぬ事実行為が、逆に実効的に法の定立の根拠を与えて了うのである。法段階説は、かくのごとくに妥当性と実効性とが矛盾・衝突する場合をば、一体いかに取扱おうとするのであろうか。

　純粋法学の法効力論を「純粋」に貫いて行くとすれば、法の段階構造は純然たる妥当性の聯関を示しているのであるから、それが実効的に実現されているかどうかは、最初から問題とならないのである。事実として行われていないでも、法は立派に妥当しているのであり、妥当性の根拠を持たずに定立された法は、よしんば法と呼ばれているとしても、誠の法ではない筈なのである。それ故に、ケルゼンは、妥当性の委任聯関と矛盾する法の作用は、規範論理上不可能であると做し、上級規範の授権を受けずしてなされた法行為は、単に法的に「無効」(nichtig)であるばかりでなく、法の世界に籍を置くことを許されぬという意味で、「不存在」(nicht gegeben)であると主張した。[1]

　この主張は、規範論理的にはきわめて徹底した議論である。法が事実となって行われているか否かを問うことなく、純粋に妥当するということのみを以て法の効力であるとする以上、妥当なる法の世界に妥当ならぬ法の混入する余地はないと断定し去るのは、論理としては誠に首尾一貫している。しかしながら、実際には、妥当ならぬ法が法として行われることもあり、妥当なる法が法としては行われぬこともある。純粋法学は、「実定法の理論」たることを標榜している。しかるに、革命によって旧法秩序が顚覆し、実力行動によって新法秩序が成立した場合、純粋法学は、依然として顚覆し去った旧法秩序を実定法として妥当するものと見、新たに成立した法秩序をば法の世界に存在せぬものとして、黙殺しようとするのであろうか。(2) 小は行政事務上の過誤から、大はかような根本の法変革にいたるまで、違法の法が違法なるが故に否定されることなしに、法として有効に行われて了う場合は、決して少くない。規範が、妥当なる授権関係の軌道に沿うて実現されて行くのも、実定法の現象なれば、妥当なる授権関係を逸脱する行為から法が生れ出て来るのも、実定法の現象である。しかるに、のちの場合をば、規範論理的に「無効」であり「不存在」であるとして否定して了うという態度は、いかに論理的に首尾一貫しているとしても、実際上は純粋法学の「実定法の理論」としての不適格性を暴露するものといわざるを得ない。

そこで、ケルゼンと並んで法段階説の理論構成に力めたメルクルは、この難点を救うために、実定法には違法なる法定立をも適法と認めしめるところの特殊の原理が内在している、と説き、これを「瑕疵予測」(Fehlerkalkül) と名づけた。実定法上、法律違反の命令が発せられたり、国家機関が権限外の行為をなしたりすることは、往々にして免れ難い事柄である。それらの違法の行為は、違法なるが故に無効とされる場合もあるけれども、時にはまた、その違法性にもかかわらず、有効な法行為として効果の発生を見ることもある。形式的な規範論理の一本槍を以て進むならば、違法は飽くまでも違法であって、違法の行為が法と化することはあり得ない筈でなければならぬ。しかし、法の定立が常に人間の行為を通じてなされる以上、神ならぬ人間業を以てしては、その間に暇疵があり過失の生ずることを避け難い。それであるから、実定法は、法の定立過程の中に時として瑕疵の生ずる場合があることを、始めから予測しているのである。或る程度の暇疵をも計算に入れて、法の創設過程の全体としての円滑を計っているのである。したがって、瑕疵の予測ということを全然度外視すれば、違法であり、無効であり、不存在であるとされねばならぬ行為も、瑕疵予測の原理を含めた包括的な実定法の立場からいえば、法としての効果を発揮する場合のあることが認められ得る。かくのごとくに、メルクルは、適法の軌道から逸脱した行為をば、「瑕疵予測」という弾力的な転轍器を用いて、ふたたび適法性の軌道の上に引き戻し、法の妥当性と実効性との矛盾をばそれによって調和せしめようと試みたのである。(3)

なるほど、法の作用が人間の行為を媒介として行われる以上、これについて神業のような完璧を期することは、最初から不可能であるといわねばならぬ。さればこそ、法は法の運用について謬りのあることを自ら予想しているのであり、さような過誤を救済するために各種の制度をも設けている。司法裁判上の審級制度や行政裁判の制度がそれであって、これらはいずれも、法の運用に関する「瑕疵予測」の原理に立脚しているということが出来よう。しかしながら、審級制度による司法作用上の過誤の是正も、行政裁判による行政作用上の瑕疵の救済も、結局は人の行為によってなされるのであるから、そこにも重ねて過誤の機会が残されている。しかも、最終審によって確定力のある判決が与えられて了えば、よしんばそこになお瑕疵があっても、それはそのままに法として行われるのである。それであるから、実定法の中には、全体として「瑕疵予測」の原理が内在しているというメルクルの見解は、確かに理由のあることであり、したがって、違法の作用や瑕疵ある行為が、格別の制度的救済手段を経ることなしに、有効の法行為のごとくに行われて了う場合をも、この同じ原理を以て認証しようとする試みもまた、一応首肯せられて然るべきであろう。

けれども、単なる「瑕疵」による違法の決定が法となる場合はとも角として、明らかな計画的の意図を以て法の段階機構が変革されるような場合、殊に、実力行動によって根本的な法の破砕の行われる場合にいたっては、それをしも「瑕疵予測」の原理を以て認証することは、もとより到底許さるべきかぎりではない。法の妥当的要求と実効的実現との背馳決裂のこのはなはだしきに及んでは、もはや法段階説のいかなる論理を以てしても、これを弥縫する方法はないのである。ここにおいて、人は法の効力の根柢に、規範の世界を越えた何らかの契機の伏在することを認めざるを得なくなって来る。規範は、原則として規範から生れる。規範を生む規範は、更に別の規範から生れる。しかし、そういう規範生成の過程を次第に源流に向って遡って行くと、人は、いつしか規範の領域を脱け出して、規範としての意味を持たぬ「事実」(das Faktische) の世界に分け入るの他はないように思われて来る。規範を創造する窮極の契機は、規範にあらずして事実であり、実力であるのではないか。──そういう疑惑が、次第に否定を許さぬ確信となって、法学者の思想を支配するにいたるのである。この思惟の転換は、更に慣習法の生成過程を計算に入れることによって、一層拍車をかけられるに相違ない。故に、ラアドブルッフのような批判主義的傾向の強い法哲学者すら、法の効力の問題は結局において「事実の規範性」の問題である、と認めている。(4) メツガアは、法の効力には二つの淵源があると做し、法は法に内在する価値によって効力を発揮すると同時に、「事実の規範力」もまた法源として有効に法を創造する作用を営む、と説いている。(5) ケルゼンの純粋法学は、嘗つてイェリネックの「事実の規範力説」を克服する意図を以て提唱せられた。しかるに、純粋法学を掘り下げて行って見ると、法段階説を以てしては説明し得ぬ実定法現象の秘奥を開く鍵は、やはり「事実の規範力説」の手に握られているがごとくに考えられて来るのである。

(1) 「下位段階の体系に属する規範が、その淵源を成す高次の秩序と矛盾する場合には、それはいずれも最初から無効である。すなわち、それは全然妥当ならざる規範であり、存在せぬものとして考えられなければならない。」Kelsen: Das Problem der Souveränität, S. 113 f.

(2) のちに述べるように、ケルゼンは、かような場合には根本規範そのものの改廃が行われるのである、と見ている。しからば、根本規範を改廃するものは何か。それがもはや規範ではあり得ぬ以上、根本規範を改廃するものは、「事実」であると考える他はない。かくて、ケルゼンも、最後には純粋法学の立場を棄てて、いつしか事実の規範力説に移ることを余儀なくされているのである。

(3) Merkl: Die Lehre von der Rechtskraft, S. 292 ff.

(4) Radbruch: Rechtsphilosophie, S. 76.

(5) Edmund Mezger: Der Begriff der Rechtsquelle. Archiv für die civilistische Praxis, Bd. 133. Festgabe für Philipp Heck u. s. w., 1931, S. 32 ff.

四　法段階説より事実の規範力説へ

法段階説が越えんとして越えることの出来ない問題限界は、法の法超越的な動きである。勿論、法段階説といえども、法の動きを問題としていない訳ではない。法が、憲法の下に法律、法律の下に命令、命令の下に処分、という風に段階的に定立され、絶えず新らしい規範が創設されて行くのは、確かに法の変化であり、法の「動態」である。しかし、法段階説の説いている法の動態は、法の法内在的な動きであって、法秩序の全体構成はそれによって少しも動いてはおらないのである。法律によっていかに日に新たな判決が下されて行っても、それが法律の劃する規範意味範域の内部で行われているかぎり、法律そのものに変化が生じたことにはならない、憲法の下にいかに多くの新法律が制定されても、それによって憲法自体が動かされるということはない。故に、法段階説の説明する法の動きは、一定の枠の中での法の動き――法内在的な法の動態――であって、枠そのものの動きではないのである。実定法の枠それ自体が変形・歪曲・推進するということは、純粋法学から見れば規範論理的にあり得ぬ事柄であり、したがって、その本来の立場からいえば、これを論述する必要がないのである。しかし、それでは、実定法現象の一面が明らかにされたに留まり、その全面が理解されたことにはならない。

法が、憲法や法律のような上級規範の劃する枠の中で、正確な論理の筋道を通って作用しているというのは、実定法秩序の安定性を示すのである。故に、秩序の安定ということを中心理念として構築された実定法体系を見るならば、――少くともさような実定法体系の現に安定している状態のみを眺めるならば、――法の動きとは法の内在的動きのみを意味して、法が超越的に動く場合を問題にする必要はないように思われる、法段階説の捉えたものは、正に法のそういう安定性の面なのである。けれども、法の安定性といっても自らに限度があるのであって、いかに安定しているように見える法秩序といえども、永い間には秩序安定の要求以外の色々な力が働いて、いつの間にか最初に予期したところとは違う方向に動かされて行くことを免れない。まして、歴史の転換期には、法の根本からの変動が、しかもきわめて急激に行われることもあり得る。そこで、法をかように法超越的に動かす作用要因は何かということが、実定法理論上の切実な問題となって来なければならぬ。

法の法超越的変化は、一体いかなる形で行われるか。

法段階説の理論構成を借りていうならば、法が法超越的に——法自体の予期するところとは違った方向に——変化して行く過程は、上級規範の論理上の意味内容を変革するような下級規範の定立行為となって現れる。例えば、法律によって裁判を行う場合、判決の内容が法律の規範意味内容の忠実な論理的展開であるならば、そのために法律が動かされるということにはならない。これに反して、法律の予期していないような判決が下され、それが判例となって爾後の判決を方向づけて行くことになれば、それによって法律の変容が生ずるのである。成文法の意味が判例によって動かされて行くのは、目立たない代りに、永い経過を通観すれば著しい結果をも示すところの法の法超越的な変化である。また、例えば、憲法の規定通りに法律が定立されているかぎり、いかに多くの新立法が行われても、憲法それ自体の動きにはならぬけれども、憲法の全く予期せぬ仕方で、憲法の内容を変革するほどの法律が定立されれば、それによって憲法に法超越的の変化が生ずる。ドイツの議会が一九三三年三月二十四日に「授権法」を制定し、通常の法律制定権のみならず、若干の例外を除き憲法改正の意味を有する法律の制定権をまで行政部に移管せしめたのは、法律という下位規範による憲法という上位規範の変革に他ならない。故に、法の法超越的変化は、下級規範による上級規範の変革として行われるのである。

これに対して、上級規範に基づいて下級規範が改廃された場合には、法の法内在的変化が生ずるに過ぎない。憲法によって法律の改廃が行われるような場合が、それである。また、憲法改正の手続きによって憲法そのものが改正されるのも、法の法内在的な変化である。何故ならば、憲法改正に関する規定は、同じ憲法典の中に含まれていても、他の憲法の条項よりも上位に在る授権規範と解せられるからである[1]。更に、既存の法律が、新たに定立された他の法律によって改廃される場合も、法の法超越的変化にはならない。何となれば、実定法秩序には、さきに述べた「後法は前法を廃止す」という原則が内在していて、一定段階の規範を同位段階の後法によって改廃することを適法として

認証しているからである。(2)

かくのごとくに、法は、上級規範を変改する下級規範の定立行為によって、法超越的な変化を遂げる。しかし、一たび上級規範の意味内容を変化せしめるような下級規範が定立されても、それが間もなく上級規範の妥当なる授権に基づく規範定立行為によって排除されるならば、それは一時の異常現象として葬り去られて了うであろう。従来の解釈を覆すような判決が下されても、次に成立した同様の事件については、伝統の解釈に立脚する裁判がなされ、伝統判例の優位が動かないことになれば、法律意味の変化という問題は起らないであろう。また、たとい憲法を変革するような法律が制定されても、間もなく事情が変ってその法律が撤廃されたとするならば、一たび揺らいだ法秩序も、ふたたびその安定性を取り戻したことになるであろう。故に、法の法超越的変化が決定的に行われたことになるためには、単に下級規範によって上級規範が改変されるというだけでなく、新たに定立された下級規範が、上級規範の在来通りの意味実現の可能性を阻止して、自らこれに代って有効に事実化するにいたることが必要である。法の効力を決定するものは、その意味において「事実」である。規範の形式上の妥当性を阻却し、法の安定性の要求を大なり小なり犠牲にして、法の法超越的変化を成就せしめるものは、実に「事実の動き」である。規範の当為性が事実に対して優勝すれば、法は変化しない。これに反して、事実が規範の当為性に優勝すれば、法はそれによって変化する。両者共に実定法の現象であるが、法段階説の原理は、第一の場合のみに適用されて、第二の場合を説明し得ない。そこで、第二の場合を重要視し、これを学問的に説明しようと試みれば、いきおい「事実」という契機が大きく前景に浮び上って来る。したがって、法の安定面から法の変動面に考察の焦点を向けようとすれば、どうしても法段階説を離れ、あるいは法段階説を修正して、事実に法源たるの意味を認めざるを得ないように考えられて来るのである。(3)

しかも、法の根柢に事実が横たわっているという思想は、単に法の法超越的変化に著眼することによって、有力な論拠を見出すばかりではない。法が安定し、規範が事実に優勝している場合といえども、法の創設の淵源を窮極点にまで突きつめて行くと、もはや規範としては説明し難いもの、規範といわんよりも、むしろ事実と見らるべきように考えられるものに衝き当るのである。さように、法の基礎を成すものは事実であると見る見方は、純粋法学に反対する立場から提唱されているのみでなく、実は純粋法学そのものの中に、かかる見解への転換を示唆する重大な契機が包蔵されている。それは、法の段階構造の最頂点を扼する「根本規範」の問題に他ならない。

法段階説によれば、法の妥当性の根拠を探ねて次第に上位段階の規範に遡って行くと、遂には実定法上の憲法の段階をも越えて、実定法の最高法源たる根本規範に到達する。すべての実定法規範は、根本規範をば妥当性の最後の根拠とし、根本規範の直接間接の委任を受けて始めてその効力を発揮する。それであるから、法の段階構造が法規範の妥当性を根拠づけているといっても、人がなお中間的の上級規範の段階に停頓している間は、いまだ窮極の効力根拠を明らかにし得たことにはならない。憲法が法律の効力の根拠である、という説明を与えた者は、更に、憲法の効力の根拠は何処に在るか、という問いに答えなければならない。そこで、問題は是非とも、憲法以上の憲法たる根本規範にまで遡源するのである。それでは、根本規範とは一体何であるか。

実定法理論のこの最後の問題に関するケルゼンの見解は、全体として見ると、すこぶる捕捉し難い。彼れは、根本規範とは、法創設作用の権威を定立する命題であるといい、「君主、国民総会、議会、等ノ法的権威ノ命ズルガ如ク行動スベシ」というような形でこれを例示している。[4] しかし、根本規範にかような具体的の内容を与えると、人は更に、根本規範そのものの成立の根拠を探ねざるを得なくなって来る。何故に君主の命令は絶対であるのか。あるいは、何故に国民総会は法定立の最高権威であるのか。嘗つて、人はこれらの問題を提出して、あるいは「君権神授」の説によって君位の絶対性を論証しようとし、あるいはまた、「国家契約」の理念を掲げて国民主権の根拠たらしめようと試みた。けれども、純粋法学の立場からいえば、これらの試みはすべて自然法の思想に属するが故に、実定法の理論考察からは断然排斥されなければならない。根本規範の内容に触れようとすれば、そこにどうしても倫理的・政治的の世界への扉が開かれて了う。これを極度に嫌うケルゼンとしては、むしろ根本規範をば、実定法学の進んで論究することの出来ぬ「前提」であると做し、[5] 実定法を実定法として認識せしめるところの認識論上の「仮説」である、といわざるを得ないことになったのである。[6] 根本規範の問題は、純粋法学によっては、触るれば理論の根柢を爆破される虞れのある、危険きわまるタブウに他ならないのである。

けれども、理論の世界にタブウを残すということは、もとより科学の精神と相反する。科学の科学性に忠実ならんとしたケルゼンが、純粋法学の根本問題をば、かかるタブウによって掩蔽せざるを得なくなったことは、彼れにとって恐らく最も不本意なことであったに相違ない。といって、強いてこのタブウを犯して、根本規範の正体を見窮めようとすれば、その理論はもはや純粋の法の領域の中に留まることが出来なくなって来る。それは、法の世界と超法の世界との接触面であり、倫理的・政治的の領域に逃避するの止むなきにいたるか、あるいは、あえて社会学的な事実の問題に立ち入るか、二者いずれかを択ぶの他はない宿命的な分岐点である。第一の道を択ぶことは、ケルゼンにとっては、純粋法学の自然法論への屈服を意味する。これは、彼れの到底堪え忍ぶ能わざる屈辱である。故に、ケルゼンの思想は、次第に第二の道に接近して来ているように見える。現に彼れは、一方では、根本規範を認識論上の仮説であるといいながら、他方では、根本規範の内容は特殊の歴史的な「事実」(Faktum) であると認め、この事実が根本規範を通じて法創設の始源要件となることを肯定して、根本規範は「力より法への転化」(Transformation der Macht zu Recht) を意味する、と説いているのである。[7] しかしながら、事実上の力が根本規範を通じて法創設の根源となると説くのは、事実の規範化を認めながら、しかもこれを規範論理的に粉飾しようとする最後の果敢ない努力であるに過ぎない。その粉飾を洗い落して見れば、ただちに赤裸々な事実の地金が露出する。かくて、法段階説もまた、結局は全面的に事実の規範力説の上に立っているということにならざるを得ないのである。[8]

（1） 清宮四郎教授は、一定段階の法規の改正手続きに関する規定は、それによって改正せらるべき諸規定よりも上位の段階に位置する、と主張し、その趣旨を次のごとくに説いておられる。＝「一般に法の創設変更は上位段階の規範の授権に基いてなさるべきもので、法律は憲法に、命令は憲法・法律又は上級命令にその創設改廃手続の根拠を有すべきものである。或る法の変更手続を規定する法規は性質上、右の規範より上位の規範中に包含さるべきで、逆に、他の規範の創設条件を規定する規範は、前者より上位の規範と看做されねばならない。憲法についても同様のことがいはれ得る。憲法中に存在する憲法改正に関する規定は、同一憲法に於ける他の条項より上位のものと見るべきであ

る。」清宮教授・違法の後法、美濃部教授還暦記念・公法学の諸問題、第二巻、昭和九年、一八六頁以下。

（2）この問題についても、清宮教授の説明を典拠としたい。＝「元来、違法の法といふ場合は、下位段階の法規範が上位段階の法規範に違反する場合、下位段階の法規範の上位段階の法規範の規定する法創設規定に違反して創設される場合、例へば、憲法違反の法律、法律違反の命令の如きをいひ、同位段階の規範相互間、例へば、旧法律と新法律との間には後法は前法を改廃するの原理に基き、後の法律は前の法律を廃止変更し得るが故に、違法の後法の問題は起り得ない。」前掲書、一八五頁以下。

（3）清宮教授は、「違法の法」という法学の重大問題を捉え、法段階説と事実の規範力説との接合によって、この難問を解こうと試みられた。

清宮教授によれば、法は、単に「適法」（rechtsmässig）または「合法」（legitim）に成立したというだけで、ただちに法となるのではない。ラッソンは、「法は只適法な、即ち、既存の法によって規定された仕方に於てのみ作成せられ得る」といっているが（Adolf Lasson : System der Rechtsphilosophie, 1882, S. 417）、適法な法にして法として行われぬものもあり、違法の法にして法となるものもある。違法の法という概念は、決して contradictio in adjecto ではないのである。しからば、違法の法は、いかなる場合に法として存在し得るか。それは、それが実定法としての存立要件を満たすことによってである。実定法としての存立要件には二つある。その一つは、法が人間の行為によって定立され、時間的存在の中に入って来るということ、すなわち、法の「被定立性」（Gesetztheit, Gegebenheit）である。他の一つは、法が事実として行われる可能性を有すること、すなわち、法の「通用性」または「実効性」（Wirksamkeit）である。これら二つの要件を備えている以上、適法の手続きによらずして成立した法といえども、実定法と認められ得る。故に、実効性は、法の存続の要件であると同時に、その成立の要件である。ここに、法と事実との密接不離の関係が見出される。法は事実を制約するが、事実もまた法を制約する。「否、見方によっては事実が法の運命を左右する。」革命によって新憲法が成立し、反復された事実上の慣行が法となるがごとき、それである。「法と事実との闘ひに於ては、法は少くとも一応は事実に屈服せねばならない。」故に、「事実は法の創成・存続の基礎である。」――そこで、清宮教授は、イェリネックの学説を援用し、メツガアに倣って、「事実の規範力」に「法源」たるの意味を認められるのである。前掲書、一九一頁以下。

けれども、清宮教授の企図は、それによって法段階説から事実の規範力説に乗り換えるに在るのではなく、むしろ、これら二つの原理をば、根本規範の概念を通じて綜合しようとするに在る。すなわち、法段階説の基礎を成しているところの規範と事実との絶対二元性の立場と、事実が転化して規範となるという思想とは、そのままでは決して互に相容れ得ない。しかし、法の段階的創設過程の根源を成す「根本規範」に、事実の規範化を認めるという意味を持たしめるならば、いいかえれば、根本規範そのものが「事実の規範力を認むべし」という内容を有するとするならば、いかに事実から規範が生れても、それは、最初から根本規範の認証するところであるが故に、なおかつ「規範論理的」であり得るであろう。すなわち、事実の規範力によって法が創成される淵源は何か。この問いに答えて、清宮教授は提言される。＝「それは率直にいへば『事実の規範力を認むべし』といふ原理である。これこそ『根本規範』である。『事実の規範力』は事実が法に変り、事実から法が生れることそのことではなくて、事実によつて『底礎』され、事実に基いて創設される法を法として認むべしとの根本原理によつて基礎づけられることによつて、新しい意味を以て再生する。」――と。前掲書、一九七頁以下、特に一九九頁。

かように、清宮教授は、法段階説の不備な点を一応明らかにされつつ、しかも、「事実の規範力を認むべし」という命題に根本規範たるの意味を賦与することによって、結局、法段階説の再編成を計ろうとされたのである。その意味で、教授の企図は、本文に述べるケルゼンの後期の傾向、すなわち、根本規範を中間宿主として事実の規範化を規範論理的に認証しようとする傾向と、大体の方向を一にしているということが出来よう。それと同時に、ケルゼンの後期の見解に対して加えられる批判、否、事実の規範力説全体に対して加えられる批判は、清宮説の上にも当てはめられなければならないことになるであろう。

（4）Kelsen : Allgemeine Staatslehre, S. 99.

（5）A. a. O., S. 104.

（6）Kelsen : Die philosophischen Grundlagen der Naturrechtslehre und des Rechtspositivismus, S. 21 f., S. 25 f. ; derselbe : Das Problem der Souveränität, S. 97 f., Anm. 1.

（7）Kelsen : Die philosophischen Grundlagen der Naturrechtslehre, S. 65.

ケルゼンは、別の場所で、根本規範を通じて力が法に転化する有様を、次のように説明している。

「今まで君主政であつた国家において、暴力的革命の方法によつて、一群の人々が正当政府に代り、今までの君主政の政府を共和政の政府によつて置き代えようと試みたとする。このことが成功したならば、即ち、旧秩序が停止して新秩序が実効的になりはじめる——人々の実際の行動（それに対して秩序が妥当することを要求するところの）がもはや旧秩序に適合しないで大体に新秩序に適合することによつて——ならば、この新秩序が法律秩序として用いら《ママ》れることになる。即ち、その執行のためになされる行為は法行為として、それを侵害する事実は不法行為として解釈されることになる。そこに、新しい根本規範が前提される。それはもはや君主を法定立の権威（Autorität）として指定する根本規範ではなくて、革命政府を指定するそれである。革命政府によつて立てられた新秩序が実効的となるに至らず、規範の向けられた者の実際の行動がそれに適合しないことによつて、右の革命の試みが失敗に終つたならば、革命政府によつてなされた行為は憲法定立ではなくて、反逆罪であり、法定立ではなくて、法侵害であると解釈されるべきであろう《ママ》。しかも、それは旧秩序に基いてである。即ち、君主を法定立の権威として指定する根本規範を前提とし、その下に妥当する旧秩序に基いてである。」Kelsen: Reine Rechtslehre, S. 67 f. 横田喜三郎教授訳・ケルゼン著・純粋法学、昭和十年、一〇九頁以下。

（8） Vgl. Gustav Adolf Walz: Völkerrecht und staatliches Recht Untersuchungen über die Einwirkungen des Völkerrechts auf das innerstaatliche Recht, 1933, S. 95 ff., S. 102 f.

第三節　事実の規範力説

一　事実の規範化

実定法現象の常態を見れば、法は法から作り出される。憲法によって法律が制定され、法律によって裁判がなされるのである。しかし、時によると、法を超越する何ものかの作用が及んで、法からは法が作られず、法以外の事態から法の化成することがある。それればかりでなく、法から法が作られる場合にも、法を作る法の更に根源に遡って行けば、遂には法と法を超越する世界との聯関を認めざるを得なくなって来る。故に、法の考察は、結局、法の世界のみでの安住を許さない。法の真相を明らかにするためには、法を法として考察すると同時に、法以外の領域から法の中に働きかけて来る力を問題としなければならない。

法以外の領域から法の世界に働きかけて来る力は、時には明らさまな「不法」(Unrecht)としての意味を持つことがある。憲法を破砕する実力行動が、法を覆してしかるのちに新たな法を創造する場合のごときが、それである。しかし、法以外の領域から作用して来る力は、法の立場から見て、もとより常に「不法」という形で現れる訳ではない。不法とまではいわれないでも、例えば官庁事務の手違いなどによって法規違反の処置がなされ、それが結局、法であるかのように行われて了うことがある。これも、本来法ならざるものから法が化成する一つの場合である。かかる場合をも含めた概念としては、不法という語よりも「違法」(Rechtswidrigkeit)という言葉の方が、意味も広く、響きも穏かで、適当であろう。更にこれを一層広く考えて見ると、不法でもなく、また違法でもなく、単に法的に無意味な事柄が、やがて法となって行われることもあり得る。最初は法としての意味を持たなかった事実上の慣行が、永い間にいつの間にか法としての意味を佩びて来るような場合が、それである。これに関しては、違法という言葉ももはや当てはまらない。故に、これよりも一段と意味を拡めて「非法」(Nichtrecht)という言葉を用いるならば、非法は不法をも違法をも含むと同時に、不法でも違法でもない単に法的に無意味な事態をも併せ包摂することになるであろう。すなわち、問題は、非法なるものがいかにして法となるかである。そこで、イェリネックは、国法学の根本問題として、「いかにして非法が法となるか」(Wie wird Nichtrecht zu Recht?)を問い[1]、これに答えるに「事実の規範力」(normative Kraft des Faktischen)の原理を以てしたのである。

もっとも、イェリネックは、「事実の規範力」を以て、非法が法となる過程のすべてを説明しようとした訳ではない。事実が化して法となるのは、非法が法となる一つの重要な場合であるが、その他になお、単なる事実とは異なるところの、法変革への意識的な努力が作用して、非法の世界から法を作ることもある。例えば、近世自然法の理念が専政主義の既存法体系を崩壊させて、自由主義の法秩序を構築する原動力となった場合のごときは、事実の規範力では説明出来ない。それは、事実以上の目的活動が法の変革を指導した一つの顕著なる実例である。故に、イェリネックは、まず第一に、単なる事実とは見做し得ないような意識的な目的活動によって法が変革される場合と、単なる事実から法が創造される場合とを区別し、後者のみを「事実の規範力」によって説明しようとするのである。(2) しかし、この区別が果して彼れの考えるように明確に立てられ得るものであるか否かは、これから検討するところによって自らに判明して来るであろう。

いずれにせよ、イェリネックは、非法の世界から擡頭して来る目的活動によって法の変革・創造が行われる場合と、純然たる事実が化して法となる場合とを区別した上で、更に第二に、後者の中に重ねて二つの異なる過程が含まれていることを指摘する。その一つは、事実上の「慣行」から法が作り出される過程であり、他の一つは、赤裸々な「実力」が法を破って、しかるのちに新たに法を作る過程である。

事実から法が化成する一つの場合においては、事実上の「慣行」が、知らず識らずの中に一般人の心理に、その慣行に従うべきであるとする表象を生起せしめ、此の表象を基礎として彼の慣行が規範となって行くのである。イェリネックによれば、人は一般に、或る一つの事実を絶えず知覚し、または、或る一つの行為を絶えず行っている間に、いつしかこれを単純な事実とは考えなくなり、これを以て事実に対する評価の尺度とするようになって来る。流行や習俗がやがて規範としての意味を佩び、流行に遅れ、習俗に反した行為が、この規範から見て滑稽な、もしくは不当な行為として非難・擯斥されるにいたるのは、かような心理学的な傾向によるのである。事実からかくのごとくにして規範が生れ出て来る過程は、法の成立の場合にも明らかに認められるのであって、民族生活の中に行われている法は、その始源に遡って見れば、いずれも事実上の慣行に帰着しないものはない。すなわち、最初は単なる事実として繰りかえされていた行為が、やがて一般生活の則るべき規範として表象され、かかる規範が更に共同体の権威ある命令として行わるるにいたって、それが法規範となるのである。故に、慣習法と称せられるものは、いわゆる民族精神とか民族全体の確信とかいうようなものから生じたのではなく、また、民族の暗黙の意志決定によって成立したのでもなく、結局は、反復実行された事実を規範と見るところの社会心理上の固有性の産物に他ならない。[3]

慣習法の成立は、きわめて徐々に行われる事実の規範化である。これに対して、イェリネックが、同じく「事実の規範力」によって説明しようとする他の一つの場合は、法の認証を受け得ない実力の行使によって、一挙にして法のない世界から法が作り出される過程である。例えば、一つの国家が新たに形成されようとしている場合、その国家成立の過程そのものは、いまだ「法現象」とは見做され得ない。しかるに、国家が出来上って了えば、もとよりそれと共にそこに一つの法秩序が成立する。すなわち、新たな国家を作り出すものは、いまだ法たるの性格を持たぬ一つの事実力であるが、しかも、事実力の動きによって国家が存立するにいたれば、それと同時にその国家の法秩序も樹立される。そういう場合には、一つの事実力によって非法の世界から法が化成して来るのである。また、例えば、既存の国家の内部に革命やクゥ・デタアが勃発し、それが成功して新たな実力の中心が確立するにいたれば、在来の憲法の一条一句もいまだ変更されないでも、既に旧法秩序に代る新たな法関係がそこに発生しているのである。かように、最初は純粋の事実として作用していた力が、やがて法的の権力に転化するのは、何によるのであろうか。イェリネックにしたがえば、それもまた、人間の精神を支配する心理的表象の働きに他ならない。つまり、与えられた事実を規範的性質を有するものと見る表象、事実あるがままの事態をかくあるべき事態と倣す人間心理の作用が、事実力による法の破砕をすら、事後において法的に認証するのである。法を変革するかような事実力の作用に対して、法そのものがいかに無力であったかは、歴史の実証する通りである、——と。[4]

以上がイェリネックの「事実の規範力」説の概要である。非法の世界から法の化成する場合があること、それは正にイェリネックのいうがごとくである。しかし、それは、イェリネックの考えたように「事実」の力によるものであろうか。事実そのものに、果して規範化の力が具わっていると考えらるべきであろうか。これを批判するために、便宜いま述べた順序を逆にして、まず、「実力」によって法が生成すると称せられる場合を吟味し、しかるのちに、事実上の「慣行」が法となるといわれる場合を検討して行くこととしよう。

（1） Georg Jellinek : Allgemeine Staatslehre, 3. Aufl. 1914, S. 350.
（2） A. a. O., S. 344 ff.
（3） A. a. O., S. 337 ff.
（4） A. a. O., S. 342 ff.

二　実力による法の生成

イェリネックによれば、非法の世界から法が生成する過程はまず二つに岐れる。
イ　明確な目的活動によって法が成立する場合……（1）
ロ　事実の規範力によって法が生成する場合
がそれである。
後者は更に二つの場合に区別される。
a　事実上の慣行から徐々に法が化成する場合……（2）
b　実力によって一挙に法の廃絶・更生が行われる場合……（3）
がそれである。
これら三つの場合の中で、第一に問題となるのは、明確な目的活動による法創成――（1）――と、実力による法の廃絶・更生――（3）――との間に、イェリネックの認めるような截然たる区別があるか否か、である。
この区別を、イェリネックは次のように説いている。すなわち、単なる事実力の作用によって法が変革されるのは、規範に適合しない実力状態から法が発生するのである。これに対して、例えば、近世初期の自然法思想のような進歩的な革新動向が作用して、新たな法秩序が構成される場合には、既に最初から既存実定法に対する合理的な批判が根柢に横たわっており、むしろ法を変革することに真の規範性・誠の正当性があるとされているのである。そこに、両者――(3)の場合と(1)の場合――の根本の差別が認められなければならない。つまり、「彼の、いまだ規範適合的とは感ぜられない諸状態と、追求さるべき目標を規準とする実定法上の諸関係に対する批判とは、厳密に区別されなければならない。」――と[1]。

しかしながら、この区別は、実際上決してさように厳密に立てられ得るものではなく、また、理論上の問題としても、きわめて根拠が薄弱である。イェリネックは、近世自然法の理念を指導原理としてなされた法の革新は、「追求さるべき目標を規準とする実定法上の諸関係に対する批判」を基礎とするが故に、単なる実力状態からの法の化成と同一視さるべきではない、というけれども、自然法の理念や新興の正義観に立脚する法革新の運動といえども、それが矯激な実力行動となって現れて来れば、既存法秩序の立場から見て明らかに一種の不法状態であり、「いまだ規範適合的とは感ぜられない諸状態」であるといわなければならない。現存実定法の安定性を価値尺度として考えるならば、新たな世界観の確立を目指す新秩序建設の動きも、いまだ法上の認証を受けない単なる事実力と見られるのである。逆にまた、歴史上、単なる事実力が既存の法秩序を破砕したと見える多くの場合にも、よく考察すれば、既存の政治機構や法秩序の中に宿弊が山積していたからこそ、――したがって、現状の打破を待望する要求が人心を次第に強く支配し、かえって実力の行使に新たな正当性の根拠が認められていたからこそ、――さような変革が成就され得ているのである。およそ、社会を動かし歴史を作る「実力」には、全く無意味無目的の力というものはあり得ない。歴史を進展せしめる力は、窮極において精神の力である。精神の力は、一定の理念によって指導され、一定の客観目的を追求する場合において始めて、統一的持久的な作業能力を発揮する。しからざる場合には、現状の打開を求める大衆の社会心理的な動きといえども、法の岩壁を打ち砕くだけの威力を発揮するにはいたらないのである。イェリネックは、「法を変革する歴史上の諸勢力に対しては、法そのものは常に無力さを暴露している」というけれども、法は、法を変革しようとする力に対して、決してしかく無力なるものではない。法の中に伝統の理念が確存しており、法的安定性の基礎が揺らいでおらないかぎり、実定法秩序は矯激不穏な実力行動を有効に抑圧して、既存社会機構の存立を保持して行くことが出来るのである。この既存秩序の防壁をも乗り越えて、法の破砕・再建を成し就げ得るほどの力は、必ず既存理念に優勝する新たな社会目的に立脚しておらなければならぬ。簒奪者の行使する実力といえども、既存の支配機構の根柢が脆弱化している機会に乗ずるのでなければ、到底所期の変革力を発揮することは出来ず、また、実力行使者の英雄性や神性に対する崇敬がいつとはなしに民心を収攬して、新たな実力状態を固定硬化せしめるのに役立って行かないかぎり、決して永きに亙りその地歩を守り通すことを得ないであろう。すなわち、そこには、いわゆる「天命」による実力の認証が行われるのである。故に、それは決して、単純に「いまだ規範適合的とは感ぜられない諸状態」であるということは出来ない。かく考えるならば、「単なる事実力」と、「目標を追求する力」との間には、決してイェリネックの説くような明白な区別は認められ得ないのである。

しかし、仮りに極端な場合を想定して、ここに一つの実力状態が発生し、それがいかなる意味からも正当性の根拠を持たないにもかかわらず、なおかつそこから新たに実効的な秩序が成立して来る、というようなことがあり得たとして見よう。一つの国家が敵国の侵略を受け、ために旧政府は倒壊し、国法上何らの根拠を持たず、国民の意志にも全く相反するような敵国の傀儡政府が出来て、それが秩序の恢復に当っているというがごとき場合には、被侵略国の立場から見れば、いかなる点からいっても認証すべからざる実力状態を基礎として、しかもそこから新たな秩序が成立して来るようにも考えられるであろう。けれども、そういう場合ですら、これを以て単なる事実状態から法が化成するのであると考えるのは、きわめて皮相な見解である。なるほど、さような場合には、正当なる法秩序は実力の背景を失い、国法秩序を破壊した敵性実力が働いて、秩序支担の新たな中心を作り出しているのである。しかも、それにもかかわらず、その過程は決して法の見地から全然無意味な現象ではなく、よく見れば、そこにもやはり実定法上の或る客観的な目的が作用して、法成立の基礎を成していることが発見されるであろう。

一体、法を通じて実現さるべき目的の中で、最も重要なものの一つは、「秩序」である。しかるに、秩序は、いかなる場合にも実力と相伴わずしては維持され得ない。したがって、実力を喪失した正当性は、いかに正当であっても、もはや秩序の支持者とはならない。そうして、秩序の支持者たり得ぬ法には、既に法としての資格が欠如しているのである。これに反して、――よしんば敵国の制圧下に立ってはいても、――とも角も有効に自己の立場を維持し得る実力状態は、正当性の観点からいかに非難を浴びようとも、以て秩序を維持するに足りるという一点だけで、なお法の基礎たるべき適格性を有している。故に、既に正当な秩序体制が実力を失って顛落して了った以上、過去の正当性に恋々として徒らに死児の齢を数えている代りに、むしろ既成の実力状態に秩序維持の任務を委ねることは、決して法的に無意味な態度ではなく、そこに一つの大きな法の目的が働いているのである。いいかえると、いわゆる「既成状態」(fait accompli) の中から新らしい法が生れて来るのは、法の根も葉も枯れ果てて、法的に全く無意味となった事実性の焦土から、無より有を生ずるがごとくに法が化成するのではなく、法の葉や幹は枯れても、なおそこに残存している「秩序」という目的の根が僅かの水分を吸収して、灰塵の中から法の新たな芽を萌え出でしめているのである。このことは、前に述べた実力による法変革の場合にも当てはめられ得るであろう。すなわち、新らしい政治動向によって法が破砕され、その混乱の中から更に新たな法が生成して来るのは、新興政治理念の作用であると同時に、是非善悪の問題は別として、何はともあれ秩序を安定せしめなければならないという目的が、新法秩序の確立を促しているためであると解されなければならぬ。

それであるから、実力による法の生成という現象は、法的に無意味な事実そのものの中に、自ら化して法となる力が内在しているために生ずるのではないのである。実力は、大多数の場合において、道徳の理念を実現し、政治の目的を達成しようとする精神力たることを本体とする。さような理念や目的が実力行動の根柢に横たわっておればこそ、法を否定する実力といえども、単に法を否定する面のみを持つものではなく、更に新たな法を創造する契機たり得るのである。また、よしんば道徳的にも政治的にも全く無意味な実力状態があり得たとしても、その中からすら法が生れ出て来ることがあるのは、この実力状態を素材として、これに秩序の目的の立場から法たる「意味」が「賦与」せられた結果に他ならない。事実は、確かに法創造のための不可欠の「素材」である。しかし、単なる建築材料のみから建築が出来上るのではなく、その根本に、資材を排列構成する設計がなければならないのと同じように、事実の素材を法に構成する「目的」がなくては、いかなる場合にも法秩序の建設されることはあり得ないのである。イェリネックの「事実の規範力」説は、この重大な目的の契機を度外視している点において、法理論上許すべからざる誤謬に陥っているといわなければならぬ。

（1） Jellinek: Allgemeine Staatslehre, S. 344.

三　事実に対する規範意味の賦与

同じようなことは、イェリネックが「事実の規範力」によって説明しようとする第一の場合――さきに分析した、非法の世界から法の生成する(2)の場合――、すなわち慣習法の成立過程についてもいわれ得るであろう。

イェリネックは、人間が一つの事を永く慣行していると、次第にその慣行をば規範適合の行為として表象するようになり、この心理作用によって事実が規範に化して来る、と説くのである。ところで、それについてまず検討されなければならないのは、何故に人間が同一の事柄を永く慣行するようになるかということ、そのことである。イェリネックは、人間が一つの行為を慣行するということを、単なる「事実」と見ているのであるけれども、それは多くの場合において正当でない。人間の社会生活の中に一定の慣行が生ずるというのは、それが全く無意味な生理現象ででもないかぎり、少くともその起源に遡れば、何らかの理由に基づき、何らかの目的に出でていないものはないといってよい。よしんばその理由が、未開社会に広く流布している呪禁信仰から来ていて、現代人の全く理解し得ぬようなものであっても、あるいはまた、その目的がきわめて不自然・不合理であって、徒らに社会の発達を阻害するに過ぎぬのであっても、いやしくもそこに「理由」があり「目的」が存した以上、これを単に「事実」として簡単に片づけて了うことは許されない。伝統や習俗は、最初から規範たるべき意味を有し、何らかの目的を志向していたからこそ、生活の規律として永きに亙って慣行されて来ているのである。今日、欧米人が握手を以て挨拶の形式とするのは、最初は、右手に武器を持っていないことを互に示し合うため、すなわち平和の意図を表明するためであったといわれる。[1] イェリネックは、始めに事実があって、それが規範適合性の表象を生んだのであるというけれども、実は、最初にあったものは、事実を継起せしめる力を持ったところの「意味」であり、「目的」であると解さるべきである。それは、単なる事実力によって法の変革が行われたと見える場合にも、その根柢には、時代を転換せしめる力を持ったところの「理念」があり、「価値観」が存するのと同様であるといわなければならぬ。

かように、後世から眺めれば無意味な事実と考えられる慣行も、その成立の当初に遡って見るならば、その中にそれ相応の意味があり、目的が潜んでいたことが知られるのである。しかしながら、いかに最初はそれ相応な意味を有していた事実といえども、後世から見てそれが無意味の事実と思われるというのは、その慣行の意味が現在では全く失われて了っていることを物語るものといわなければならない。故に、発生論上の問題を別とするならば、社会には種々の無意味な事実慣行というものがあり得る。否、単に無意味な事実があるばかりではない。社会進歩の見地からいって、有害無益な慣行が存在することも、決して稀ではないのである。しかも、さように無意味・有害の事実と化した慣行といえども、必ずしも法の世界と没交渉ではない。すなわち、実質上は何らの意味もないような事実から法的効果が発生することもある。また、社会の進歩を阻害する不合理な慣行が、不合理な陋習なるが故に法によって排除せられる代りに、それが或る種の規範性を以て社会生活の中に行われており、したがってこれについて法効果が認められることもあり得る。かかる現象は、結局は事実の規範化として説明されるより他はないのではあるまいか。有意味な事実の意味が失われて、無意味となった事実の中から、重ねて新たな規範性が発生して来るのは、やはり事実の規範力の作用によるものと解せらるべきではなかろうか。

この疑問は、一応は事実の規範力説の弁護に役立つように見える。しかし、これに対しても、答えは否定的にしか与えられ得ない。すなわち、既に現在無意味な事実と化している慣行は、決してそのままでは法規範に転化する力を持たない。それが法規範となる場合があるのは、無意味な事実をも法として取扱うことに何らかの法的意味があるからである。

何故に、「無意味」な事実を法として取扱うことに「意味」があり得るか。それは、いかに無意味ではあっても、現在事実上の慣行として社会生活の中に踏襲されている事柄を俄かに否定・排除しようとすることは、秩序の安定性の上に好ましからぬ影響を及ぼす虞れがあるからである。事実上の慣行は、客観的に見て無意味である場合にも、あるいは批判的な見地から有害な陋習である場合にも、これを慣行しつつある一般民衆の主観にとっては、父祖代々の仕来りであるという一事だけで、既に伝統としての「意味」を有するのが常である。それによって、慣行そのものに一種の規範性が附著して来る。この点に関するかぎり、事実の規範力説のいうところにも、一面の真理がある。しかしながら、慣行が慣行なるが故に有する規範性は、専ら「行為規範」としての規範性であって、それだけでは慣行は「法」とはならない。慣行が法となるためには、これらの行為規範が強制装備と結びつき、強制規範の保障を受けて的確な効果を発生し得るようにならなければならぬ。その場合に、法は、社会に行われる幾多の行為規範に対して取捨選択を加え、無意味有害な慣行を法的保障の外に排除し、あるいはこれを禁圧・剪除することも、もとより可能なのである。しかも、それにもかかわらず法が無意味・有害な慣行をも濫りに否定せず、これに法的の効果を認めることがあるのは、民度の向上がいまだその域に達しないかぎり、旧来の陋習に早急の改訂を加えることは、徒らに民心を動揺せしめ、社会不安の感情を醸成する所以となるからである。故に、事実上の慣行は、飽くまでも法の「素材」であって、それ自身の中に法に化成する力を有しているものではない。この素材を法的に否定するのは、社会進歩の目的である。この素材を法の世界に摂取するのは、秩序安定の目的である。のちの場合には、秩序安定の目的が、素材たる事実に法としての「意味」を賦与して行くのである。事実上の慣行を「慣習法」にまで高めるものは、実にかくのごとき「規範意味賦与」の作用でなければならない。

秩序安定の目的によって、不法な実力状態に法たるの意味が賦与されることもある。有害無益の事実慣行に法的効果が認められることもある。いずれの場合にも、事実が事実そのものの力によって法に転化するのではなく、法に内在する目的が、非法の素材を法に化成せしめているのである。それが、イェリネックが事実の規範力によって説明しようとしたところの、「非法が法となる」過程の真相である。

この同じ原理は、更に、整備した実定法秩序の中でも往々にして免れ難いところの、局部的な違法行為の法化現象をも説明し得るであろう。

例えば、国家の行政機関たるの権限を有する者が、謬って権限外の行為をなしたような場合には、その行為は違法である。違法なる行為は、法規範意味の妥当性の聯関からいえば、法作用たるの意味を持たぬ事実行為として無効とされ、あるいは行政裁判による救済を受けなければならぬ、しかるに、実際の問題としては、違法の行為が、その違法性にもかかわらず、あたかも適法の行政行為であるかのごとくに取扱われ、現実の法効果を生み出して了う場合がある。これは、表面から見れば、正に事実の規範化であり、非法が法に化成したものであるように見えるであろう。しかし、仔細に考えて見ると、そこにもまた、法に内在する秩序安定の目的が働いていて、その目的が非法の素材に法たるの意味を賦与していることが知られるのである。法は秩序の安定を求める。国法秩序の作用において、法の定立・適用・執行を分掌する立場に在る者が、謬って違法の行為をなすことは、それ自体としては秩序の安定と矛盾する現象である。故に、これに対して司法裁判の審級制度や行政裁判のごとき救済の手段が設けられている。しかしながら、複雑な行政作用の実際に当っては、法規の解釈や事情の判断の如何によって、容易に適法と違法との限界を定め難いものが少くない。しかるに、これについて徒らに非違を争って決定を遷延するときは、かえって安定した秩序を混乱せしめる虞れがある。そこで、国家機関の手によって既に一つの決定が与えられた以上、その決定の適法性に大なり小なり疑義が残されている場合にも、これを一たび与えられた決定として尊重して行くのが、むしろ秩序確保の目的に適うことがあり得る。これを、メルクルのように「瑕疵予測」の原理によって説明するのも、確かに一つの方法であるが、瑕疵予測といっても、つまりは、実際に発生した瑕疵ある行為に法としての意味を賦与することに他ならない。いずれにせよ、違法の行為がそれ自身の力によって法に転化すると見るのは、皮相の解釈である。この場合にも、違法なる事実行為から法としての効果が生じて来るのは、その事実を素材として、これに秩序安定の目的による「規範意味」が賦与されるためと解せらるべきである。

それであるから、事実の規範力説が説明しようとする法の異常現象、すなわち、事実の世界から法が生成するという現象は、実は、事実を素材とする規範意味賦与の作用によって行われるのである。この規範意味賦与の作用の根柢を成すものは、法の目的である。秩序安定の目的が、法破砕の実力状態にも秩序建設の任務を授け、無意味の慣行にも法たるの効果を認め、更に、違法の行為にも法としての実効性を与えるのである。しかるに、法を通じて作用する目的は、もとより秩序の目的のみにはかぎられない。秩序の目的と相並んで、道徳・政治・宗教・経済、等の諸目的が、あるいは法を作り、あるいは法を維持し、あるいは法を動かしているのである。故に、法の成立の源泉ともなり、法の効力の根拠ともなるものは、法において競合する諸般の人間目的の綜合力であるといわなければならない。この関係は、単に法の「異常現象」の説明についてばかりでなく、広く実定法秩序の平常・異常の全相貌を通じて闡明されなければならぬ。が、しかし、ここでは、問題の組織的展開に移る準備として、なおしばらく法の効力の根拠に関する他の諸学説を検討・批判して行く必要がある。

（1） Wilhelm Wundt: Ethik. Eine Untersuchung der Tatsachen und Gesetze des sittlichen Lebens, 1. Bd., 4. Aufl., 1912, S. 184 f.

第四節　実力説

一　法の効力の根拠としての実力

事実の規範力説は、主として非法の世界から法が化成する過程を対象としている。したがって、その直接に取扱っている問題は、既に存立している法秩序の「効力」の根拠であるといわんよりも、むしろ、既存の法秩序の「変革」や新法秩序の「成立」の根源であったといわなければならない。しかし、事実によって変革されたと称せられる法、または、事実から化成したと説かれる法は、その変革・生成の基礎となったところの事実が変化しないかぎり、法とじて存立することが出来、法たるの効力を発揮して行き得る筈である。その意味では、事実の規範力説は、単に法の生成変革の過程を説明しようとしたばかりでなく、少くとも間接には、併せて法の存立の根拠、いいかえれば、法の「効力の根拠」の問題に答えようとしたものと解して差支えあるまい。

ところで、イェリネックは、法の生成・存立の基礎となる「事実」をば、第一には事実上の慣行と見、第二には法変革の実力と考えたのであるが、時代と共に急角度に転換する法の動態に重きを置くならば、イェリネックの第二に掲げた法変革の実力が、かえって法の成立する第一の基礎を成すものとなって来るであろう。そこで、事実の規範化と称せられる現象を、まず「実力」による法の変革・生成の側面から眺め、かつ、法を変革・創造する実力は、更にそこに変革・創造された法の存立の根拠となる、という風に考えて行くと、「事実の規範力説」は変型して「実力説」に転化する。非法の世界から法を作り得るものは何か。非法の世界から作り出された法を支持して、これを実定法として有効に存立せしめて行くものは何か。それは「実力」(Macht)である。法の淵源は実力であり、法の存立の基礎もまた実力である。法は実力を背景とすることによって効力を発揮する。したがって、実力の背景を失った法は効力の外に顚落し、その代りに、新たに擡頭した実力を基礎として新たな法が成立する。——これが「実力説」(Macht-theorie)の根本命題である。

実力説は、法の自主性を否定する。実力の所在の動くがままに法も動くものと考え、肆意もまた時を得れば法となることを認める。それ故に、理想主義の法哲学は古来常に実力説を非難排撃して来たのである。

しかしながら、いかに法の理想の立場から非難攻撃されても、いつの時代にも実力説が理想主義の対蹠の立場として繰りかえし主張されて来ているのは、その主張の含む一面の真理性が、経験によって実証されているからである。歴史の変遷、国家の興亡の跡を探ねて見ると、実力の伴わない法は死滅し、法の死滅した廃墟からは、やがて新たな実力を根柢として新たな法秩序が成立して来る。それは、歴史の鉄則である。故に、イエリングはいう、＝「実力のない法は、何らの現実性をも持たぬ空虚な名前である。何となれば、法の諸規範を実現するところの実力があって始めて、法は法として在ることが出来、法として在るべきところのものとなることが出来るからである。もしも、実力が法のために基礎工事を行って置かなかったならば、鉄のごとき拳を以て反抗する意志を打破し、人間を紀律と服従とに習慣づけて置かなかったならば、法はいかにしてその王国を築くことが出来たであろうか。よしんばこれを築き得たとしても、その王国は流砂の上に築かれたものであるに過ぎないであろう」――と。(1) 法の基礎には実力が横たわっておらなければならぬ。いかに自然法論や批判哲学が法の独自の権威を説いても、現実の問題としては、実力から遮断された法は、もはやその権威を保ち得ないのである。逆に、超現実的なるものとして説かれる自然法の理念といえども、それが「空虚な名前」として掲げられているに留まらず、歴史を動かす「実力」となった場合には、既存の法を動かし、新たな法秩序を構築する指導原理ともなることが出来るのである。実力は、法が実定法として存立する基礎である。この関係を直視せずしては、実定法の認識は成立しない。

けれども、かように法における実力の契機を重要視するに当って、特に注意して置くべき二つの点がある。

第一に、実力を法の成立および存立の基礎と見るということは、もとより、実力そのものが法であるという意味ではない。しかるに、極端なる実力説は、法に対する実力の支配を強調するの余り、法は実力によって基礎づけられているということから飛躍して、法は実力以外の何ものでもないと結論する。古来の「実力即法」(Macht ist Recht) の思想がそれである。世に法として行われるものは、最強者の掌握する実力である。故に、法は「強者の権利」である、と論ずるのである。かような思想は、古くはソフィストによって説かれ、近くは、ラッサアレ、グムプロウィッチなどによって代表される。(2) けれども、実力と法とを同一視し、法は最強者の実力以外の何ものでもないというのは、法の本質を説明しているのでもなく、また、法の効力の根拠を明らかにしているのでもなく、実は法を否定しているに過ぎない。もしも法が剰すところなく実力に還元されて了うならば、法について語ることそのことが、最初から無意味であるべき筈である。極端な実力主義者が「実力即法」であると主張しているとき、その言葉は、既に実力と区別された法の概念を認めているのである。いいかえると、実力の発現する「形式」として、または実力の発動する「筋道」として、法と称せられるものが存在することを前提としているのである。ラッサアレは、真の憲法とは、書かれた憲法典にあらずして、その背後に在る実力関係である、と論ずる。(3) しからば、実力関係は、何故に単なる実力関係として支配の機能を営むことなく、「書かれた憲法典」を前面に押し立てて、その背後に隠れ潜む必要があるのであろうか。それは、いかなる実力関係の発現といえども、法の形式によって自己を認証せずしては、恒存持久の確実性を保ち得ないがために他ならない。人間の歴史は暴力跳梁の舞台ではない。いかに実力が秩序を破砕することがあっても、その跡には決して単なる赤裸々の実力関係だけが残る訳ではなく、必ずそこから新たな秩序の成立を見るというのは、極端な実力主義者といえども認めざるを得ぬ歴史の実相である。その歴史の実相に即して法と実力との関係を窮めるのが、実定法理論の任務である。これを「実力即法」という言葉で表現するのは極端な誇張であり、誇張を生命とする標語であって、科学的な命題ではない。故に、科学としての実力説は、実力に還元し尽し得ぬ法の存在を認めつつ、その根拠を実力に求める見解、すなわち、法の「効力の根拠」に関する実力説としてのみ存立し得るのである。

第二に、これより更に遥かに重要な問題は、法の存立を根拠づける実力の本体はそもそも何か、という点に存する。法が有効に行われるためには、法の根柢に何らかの意味での「力」が伏在していなければならないということは、恐らく万人の認めるところである。その意味で、法の効力の根拠に関する学説は、すべてが広義の実力説に属するといって差支えないであろう。ただ、その「力」とは何の力であるかが問題の所在であり、正に見解の分岐点となって来る。最も卑近な意味で実力というときには、人はまず「武力」を聯想するであろう。確かに、武力は、法の効力を支持する力の中の、一つの重要な契機であるに相違ない。暴動を鎮圧し、内乱を未前に防いで、国内法秩序を確保し、あるいは、外国の不当な権益侵害に対抗して、自国または第三国の国際法上の正当な立場を擁護するために、武力が必要であることはいうを俟たないのである。しかし、武力は、それ自身としては「方向」を持たない力である。武力または警察力に「方向」を与え、これを一定目的の実現のために発動せしめるものは、人間の意志でなければならぬ。この意志をば「支配者」の意志と見、法は実力ある支配者の命令なるが故に、実効的に行われると考えるとき、そこに、広義の実力説に対する狭義の実力説が成立する。狭義の実力説は、支配者命令説である。支配者命令説は、支配者の実力を以て法の効力の根拠であるとする。それは、実力説の最も素朴な形態である。実力説は、この素朴な形態から出発して、やがてこの素朴な形態を通り抜け、逆に「被支配者」の意志の中に法の根柢を求めようとする承認説および輿論説へと転換する。まず、出発点から考察を始めて、実力説のこの転換の必然性とその帰結とを検討して行くこととしよう。

（1） Rudolf Jhering: Der Zweck im Recht, 1. Bd., 5. Aufl., 1916, S. 196.

（2） ソフィストの中でも、最も徹底して「強者の権利」を説いた一人として、カリクレスを挙げることが出来る。彼れによれば、強き者が弱き者を支配し、弱き者よりも多くを所有するということは、自然の掟である。この法則は動物界に行われているばかりでなく、人間の世界、したがって国家や民族についても同様に当てはまるのである。Adolf Menzel: Kallikles. Eine Studie zur Geschichte der Lehre vom Rechte des Stärkeren, Zeitschrift für öffentliches Recht, Bd. III, 1922, S. 20.

ラッサアレによれば、一国の憲法は、その国の中に存立しているところの事実上の実力関係に他ならない。「人は、この事実上の実力関係をば一枚の紙の上に書き記し、これに文字上の表現を与える。そうして、事実上の実力関係が文字を以て書き現されると、それはもはや単なる事実上の実力関係ではなくなって、既に同時に法となり、法的な制度となったのである。そうして、これに違背する者があれば、その者は処罰されるのである！」Ferdinand Lassalle: Über Verfassungswesen, 1862. Gesammelte Reden und Schriften, 2. Bd., S. 38.

グムプロウィッチによれば、国家は集団闘争の産物であり、法は勝利者がその地位を擁護するために設けた支配の限界である。かように解するのが、「社会学的国家観念」である。「故に、社会学的国家観念は、法を個人の精神から導き出そうともせず、また、擬制的な全体意志から導き出そうともしない。社会学的国家観念にしたがえば、法は、国家を構成する社会的諸部分の間の闘争から生れ出でたのである。すなわち、一つの構成部分と他の構成部分とが闘って、その都度、実力行使の限界が確立されると、その実力行使の限界がこの国家の法となるのである。」「すべての経済的および社会的実力は法的支配を獲得しようと力める。そうして、法的支配は、経済的および社会的実力の表現またはその形式以外の何ものでもないのである。」Ludwif Gumplowicz: Die sociologische Staatsidee, 2. Aufl., 1902, S. 52.

（3） Lassalle: a. a. O., S. 52.

二　主権者命令説

狭義の実力説によれば、法は支配者の命令を背景とすることによって実効的に行われる。故に、法が実定法として存立するということと、その法を通じて支配が有効に行われるということとの間には、不可分の関係がなければならぬ。法は、支配者の命令である。実力を有する支配者が服従者に対して命令を発し、これを実力によって強行するとき、その命令がすなわち法となるのである。ただし、支配者といっても、その中には上級の支配者もあり、下級の支配者もある。下級の支配者といえども、法を有効に定立・適用する力を有するには相違ないが、その力は、もともと上級支配者から委任された力であって、下級支配者の固有の実力ではない。したがって、法を法として通用せしめる力は、一定の独立した社会生活範域——政治社会——の内部での、最高支配者の実力でなければならない。しかるに、独立した政治社会における最高支配者は、「主権者」(a sovereign person, or a sovereign body of persons) である。故に、法は主権者の命令である。——かくて、狭義の実力説は、オウスティンの「主権者命令説」として成立する。[1]

オウスティンは、法学の対象をば厳密な意味での実定法のみに限定する。いいかえれば、法学の研究対象の中から自然法の要素を排除すると同時に、法と道徳とを明確に区別して、法を純粋に法としてその諸概念を分析しようとする。そのかぎりにおいて、彼れの分析法学は、ケルゼンの純粋法学と一脈相通ずるところがある。しかし、純粋法学が、法を飽くまでも規範として把握し、規範の上に規範を重ねて、実定法秩序の体系を説明しようとしているのに対して、分析法学は、法の本質をば「命令」(commands) として理解し、命令が法として行われる根拠をば、主権的な力に求めている。その点では、純粋法学の立場と分析法学の態度とは、もとより互に相容れない。

オウスティンにしたがえば、固有の意味での法は命令でなければならぬ。[2] 命令ならざる法は、法の名を以て呼ばれていても、真正の法ではない。命令は欲求の表示である、しかし、単なる欲求の表示が命令である訳ではない。命令とは、命令を発する者が、これを拒む者に対して制裁を加えることによって、これを確実に実現せしめて行こうとするところの欲求の表示である。[3] 故に、命令は、力を背景とし、制裁を手段として強行される。かような制裁手段による強行性を持たぬ規律は、現に社会に行われている法則であっても、厳密な意味での法ではない。法的制裁の欠如している規則は、道徳であって法ではないのである。[4] 更に、法は命令であるから、最初から、命令を発する者と命令に服する者との立場の相違を予想している。いいかえると、社会的の上位者が下位者に対して欲求を表示し、その欲求を拒む者があった場合には、これに対して有効な制裁を加え得るとき、その欲求の表示が命令となり、法となるのである。かかる命令者と受令者との関係は、現実の人と人との関係であって、神と人との関係ではない。神によって定立された命令は、法ではあり得ても、実定法ではない。[5] 実定法は、社会生活上の最上位者たる個人、または多数人の集団によって発せられた命令である。その命令者が「特定」(determinate) の単一人または多数人であり、かつ、社会の構成員がその命令に「習慣的」(habitual) に服従するとき、命令を発する個人または多数人の地位は、「主権的」(sovereign) であるといわれる。主権的なる命令の行われる社会は、「独立の政治社会」(an independent political society) を形成する。[6] 故に、実定法は、独立の政治社会の構成員に対して、その社会において最上位に在る主権的な個人または集団が、直接あるいは間接に発した命令に他ならない。[7]

オウスティンの分析法学は、全体を通じてきわめて精細周密な論理分析を以て終始し、堅牢宏壮な大建築物のごとき体系に築き上げられているが、その法の本質に関する部分を簡単に要約するならば、ほぼ右のような趣旨に帰著する。しかるに、これとは全く対蹠的な単純直截な態度を以てして、しかもこれと相似た狭義の実力説を展開せしめた者に、ザイデルがある。

ザイデルによれば、法は、国家を構成する多数人の共同生活を秩序づけるために、支配意志によって定立された諸規定の総体である。故に、法は国家を前提とする。法は国家に先立って在るものではなく、国家の中において始めて在り得るのである。[8] それでは、国家とは何か。国家は、地球表面の一部分を占めている一定多数の人間が、一つの最高意志の下に結合されたものである。[9] したがって、一つの最高意志によって支配されている土地および人民が国家であり、支配意志は国家の上に立って、国家たる土地・人民を支配する。[10] 国家は支配者による支配の客体であり、支配者は国家に対して行われる支配の主体である。この関係は、一つの「事実関係」である。国家たる土地・人民は「事実」であるが、土地・人民を国家たらしめている支配もまた、それと同様に「事実」である。法はこの基本事実の上に存立する。支配とは、国家の上に実力が行使されているという事実であり、この事実に立脚して法が生み出される[11]。支配の事実から生れ出でた法は、人民の利益とか道徳感情とかいうようなものと対立・矛盾することを以て目的としている訳ではない。しかし、よしんば法がそれらのものと対立・矛盾していたとしても、それによって法の法たる所以が失われる訳ではない。何故ならば、法は支配を基礎とし、支配は実力を地盤とする。この基本事実が動揺しないかぎり、人民の利益や道徳感情に反する法といえども、法として有効に行われ得るからである[12]。

法は、オウスティンによれば主権者の命令であり、ザイデルによれば支配者の意志である。両者の間には重点の置きどころに多少の相違があり、論理の精粗、視野の広狭にもかなりの差等がある。しかし、両者は共に、法の成立の基礎および効力の根拠をば支配者の実力に帰著せしめている点で、全く同系の思想に属するということが出来るであろう。

ところで、この種の狭義の実力説は、いずれも法を基礎づけている「実力」の表面を捉えて、その真の根源に徹していない。何故ならば、それは、支配者の実力をば一つの自明の前提として取扱い、何故に支配者の実力が有効に行われるかの理由を問おうとしないからである。この弊は、ザイデルのような単純な議論においては、特に著しく現れている。法は何故に行われるか。ザイデルによれば、法は支配者の意志によって定立され、支配者の実力によって根拠づけられているが故に、現実に行われ得るのである。それでは、支配者の実力は、何故に有効な力として法を基礎づけ得るのであるか。――この問いに対して、支配者の実力は支配者の実力なるが故に強大であり、最高であり、有効である、と答えたのでは、問題は少しも前進しない。ザイデルは、支配者の支配は一つの事実である、という。しかしながら、いかなる支配者といえども、天の時・人の和を失うときは、革命によって亡ぼされ、簒奪者によってその地位を奪われるということも、また歴史上珍しからぬ事実である。故に、支配者が支配者としての地位と実力とを確保しているということは、単に支配者が支配者であるという「事実」からだけでは説明され得ない。法は支配者の命令であるにしても、法を有効に存立せしめている支配者の実力が、更に何によって根拠づけられているかを明らかにしないかぎり、法の効力の源泉はいまだ探究され得たことにはならない。ここに、狭義の実力説の最大の難点が横たわっている。

実力説は、支配者の実力をば一つの公理のごとくに前提している。支配者の実力は支配者の実力なるが故に、有効に服従者の行動を規制することが出来、主権者の命令は主権者の命令なるが故に、制裁を背景とする法として行われ得る、と見ている。けれども、実力説が公理として掲げる支配者の実力なるものは、説明を要しない公理にはあらずして、正に説明を必要とする問題なのである。一体、人間の社会において、何故に一人または少数の支配者が多数の被支配者を支配することが出来るのであろうか。支配の関係は、社会生活の最も普遍的な現象の一つであり、多くの人はその根拠を探ねようともしないほどに自明の事柄と考えられているにもかかわらず、実はその中にきわめて複雑な問題を包蔵している。ウイザアのいうがごとくに、「少数の法則（das Gesetz der kleinen Zahl）は、歴史がわれわれに対して解決せよと示しているところの最も不思議な問題である。この問題は、すべての大問題がそうであるように、永い間、問題とさえされていなかったという運命を担うて来たのである」[13]。ここに伏在している問題に触れることなしに、法の効力の根拠をただちに支配者の実力に帰しているのは、実力説の学説としての無批判性を物語るものといわなければならない。

政治上の支配は、武力と結びつき、武力を基礎としているのが原則であろう。直接には武力の支持なしに行われているように見える文治主義の支配といえども、事あるときには結局頼るべき武力を持たなければならぬし、武力の反抗を受けては、いかに伝統の権威を誇る支配秩序も、崩壊の他なきに立ちいたるであろう。正にそのことは、さきにもいう通り、武力がそれ自身としては方向を持たぬ力であることを物語っている。武力が「本能寺」をゆび指さずして、支配関係のための忠実な楯となるという理由は、単なる武力の分析からだけでは出て来ないのである。武力は一つの「外的実力」（äussere Macht）である。さような外的実力が支配の手段となり得るためには、それは常に、精神的な「内的実力」（innere Macht）によって裏打ちされていなければならない。ふたたびウイザアの言葉を藉りていうならば、「国王が武器を以て支配している場合、彼れは、武器を持つ人々に対して有する内的実力によって、その武器を支配しているのである。この内的実力こそ、彼れの外的実力への路を開く鍵実力（Schlüsselmacht）である」[14]。内面の精神的態度に対する支配力を失うならば、いかに強大な軍備を有する独裁王といえども、一朝にしてその地位を喪失しなければならない。無上の権力を以て君臨したナポレオン一世は、ロシア遠征が失敗に終ったのちに述懐して、「この世において私を最も驚嘆せしめたものは何か。それは、武力の無力さである。世の中には、ただ二つのものしかない。剣および精神がそれである。しかし、永い経過を通じて見るならば、精神は常に剣に対して勝利を占める、」と語ったという[15]。かような精神力は、支配者の蒔く種子によって育つのであるが、これを育てるための不可欠の温床となるものは、支配に服従しようとする一般民衆の心意である。この点を見窮めて行くと、実力説にいわゆる実力の本体は、支配者の立場よりもむしろ被支配者の側に在るという認識に到達する[16]。いいかえると、法の効力を支持する実力は、「上からの力」ではなく、かえって「下からの力」であるという理論が成立して来る。ここに、狭義の実力説より「承認説」へ転換すべき契機がある。すなわち、ラアドブルッフのいうがごとく、「すべての力は、その力に服従する者による唯々諾々の、または不承不承の承認を基礎とする」のであり[17]、その意味で、ケルゼンの説く通り、「命令説は、その必然的の補正をば承認説に見出す」のである[18]。

（1）オウスティンによれば、法学は飽くまでも実定法の学であり、したがって、何が法であるかの問題を論ずべくして、法はいかにあるべきかの問題にまで立ち入るべきでない。オウスティンは、この立場からして、実定法の諸概念をきわめて精細に論理的に分析した。故に、その学説は「分析法学」（analytical jurisprudence）と呼ばれる。
（2）John Austin : Lectures on Jrrisprudence or the Philosophy of Positive Law, vol. 1, 5th ed., 1885, p. 88.
（3）Ibid, p. 89.
（4）Ibid, p. 84, p. 195.
（5）Ibid, pp. 220-222.
（6）Ibid, pp. 220-222.

（7） Ibid, p. 330.
（8） Max Seydel : Grundzüge einer allgemeinen Staatslehre, 1873, S. 13.
（9） A. a. O., S. 1.
（10） A. a. O., S. 4.
（11） A. a. O., S. 13.
（12） A. a. O., S. 12.
（13） Friedrich Wieser : Das Gesetz der Macht, 1926, S. 1.
（14） A. a. O., S. 2.
（15） Radbruch : Rechtsphilosophie, S. 79, Anm. 1.
（16） オウスティンも、政治的支配は、被支配者の側からの「同意」（consent）を基礎として存続するものであることを認めている。曰く、＝「政府は、人民の服従によって存続するものであるから、そうして、人民の服従は自発的であり、または自由であるから、すべての政府は人民もしくは政治社会の大多数の同意によって存続するのである。」 Austin : ibid., p. 296.
（17） Radbruch : a. a. O., S. 79.
（18） Kelsen : Hauptprobleme, S. 350.

三　法実力説

狭義の実力説たる主権者命令説から、これと対蹠的な地位を占める承認説、およびその系統の諸学説へ考察の焦点を移すに先立って、なお一応の検討を加えて置くべき実力説の一形態がある。それは、ショムロオの「法実力説」（Rechtsmachttheorie）である。ショムロオの法哲学は、その経験主義の立場においてオウスティンの分析法学と共通しているばかりでなく、法の淵源たる実力の契機を最も重要視する点で、実力説を代表する有力な理論ということが出来る。しかし、ショムロオのいう「実力」は、決して単なる支配者の意志というような単純なものではなく、その中に複雑な精神的・社会心理的な要素が含まれている。故に、彼れの唱える実力——法実力——の概念の分析は、実力説の中の最も慎重周到な形態を検討する所以となると同時に、狭義の実力説から他の学説への転換の必然性を明らかにする一助ともなるであろう。

いまいう通り、ショムロオは、法における実力の要素を重要視する点では、終始きわめて徹底した態度を示している。しかし、さればといって、彼れは決して実力そのものが法であると考えている訳ではない。ショムロオによれば、法は飽くまでも「規範」である。法は生起すべきものであって、規則的な生起そのものではない。その意味で、法は当為の概念に属する。法の上位概念は規範でなければならぬのである。けれども、法は規範であるとはいっても、それは哲学上の絶対規範、何ものからも導き出され得ず、何ものにも還元出来ぬような、普遍妥当的な規範ではない。さような「絶対規範」に対して、法は「経験規範」の範疇に属する。絶対規範は、他の何ものにも依存しない規範である。これに反して、経験規範は実存する意志に淵源する規範である。したがって、それは「意志規範」である。絶対規範は純粋の当為として存在から峻別されるが、経験規範または意志規範は、実存する意志に淵源する規範であるから、存在の世界と架橋すべからざる対立を成すものではなく、むしろ、規範でありながらしかも存在の世界に属している。規範にこれらの二種別のあることを認めず、法をばあたかも絶対規範のごとくに取扱い、これをあらゆる意味で存在と対立せしめようとしたところに、ケルゼンの純粋法学の方法論的誤謬が存した。これに対してショムロオは、法の規範性を認めながらも、これを経験規範または意志規範と見做し、存在の世界においてその本質を見窮めて行こうとしたのである。(1)

それでは、法はいかなる経験規範であるか。

ショムロオはこの点について詳細な分析を進めて行くのであるが、その結論をまず取り出していうならば、法の法たる特色は、法として定立された規範が、一定の社会生活範域の中で「通例的」(gewöhnlich) に遵守されるという点に在る。法は規範であって、規範と相関的に生起する事実行為そのものではない。したがって、時に法に違反する事実行為がなされたからといって、それによって法が法でなくなる訳ではない。けれども、法は経験規範であって絶対規範ではない。絶対規範ならば、たとい事実がどうであろうとも、また、すべての事実が規範と相反していようとも、規範の規範として有する妥当性に影響するところはないと考えられ得るであろう。これに反して、経験規範の場合には、規範と事実とが蓋然的に合致しているということが必要である。すなわち、「例外的」にこれに違反する者があっても、それが「通例的」に遵守されるというところに、経験規範としての法の本質が見出される。[2]それであるから、法は、単に「適法」(legitim)に定立されたというだけでは、いまだ必ずしも法とはならない。適法の手続きを経て定立された規範であっても、それが通例的に遵守されないならば、その規範は法ではない。逆に、「非適法」(illegitim)に定立された規範といえども、現実の社会生活過程の中に通例的に遵守されて行くときは、その規範は既に法なのである。故に、ショムロオによれば、違法に成立した規範といえども法規範であり得るという点、いいかえれば、適法なる成立ということは法が法と認められるための必須の条件ではないという点に、法の最も顕著な特色が見出されるのである。[3]

かように、ショムロオは、法の法たる所以は、それが通例的に遵守されること、つまり、法たる規範が原則として実効的に行われることに在る、と見たのである。それでは、法を法として特質づけるところの「通例的の遵守」という現象は、何によって生じ、何によって保障されるのであろうか。

ショムロオによれば、法規範を通例的に遵守せしめるものは、「力」である。法は、法規範を通例的に遵守・履行せしむべき「実力」を背景としておらなければならぬ。通例的な遵守を要求し、通例的に自己を貫徹し得るだけの実力によって定立された規範にして、始めて法規範たることが出来るのである。これに反して、適法の法も、それが法たる所以の実力を喪失すれば、もはや法としての性格、すなわち通例的に遵守されるという条件を満たし得ない。故に、法は実力そのものではないが、実力は法の淵源であり、法の基礎である。法は、法を作り、法を支持する力、すなわち「法実力」(Rechtsmacht)の規範である。[4]ところで、一定の法実力がその定立した諸規範を有効に遵守せしめて行くためには、それは、一定の人間社会生活圏の内部において、他の諸実力に優越する「最高性」を具備しておらなければならぬ。[5] 一定の規範定立者が、一定の社会生活範域の内部で、自己の定立する諸規範を通例的に遵守せしめ得るだけの「包括的・恒常的な最高実力」を具えているとき、その定立する規範は正しく法規範たるの諸条件に適っている。故に、ショムロオは法を定義して、「法とは、通例的に遵守される、包括的にしてかつ恒常的な最高実力の諸規範を意味する。」という。[6]

そこで、窮極の問題は、法を定立し、定立した法を有効に通用せしめているところの法実力とは、そもそもいかなる力か、という点に集中して来る。

ところで、この問題についてのショムロオの見解は、これを素朴に「支配者」の力と見る狭義の実力説からは著しく遠ざかり、実力の淵源を多元複雑なるものと解している。ショムロオによれば、法実力の内容の中には、もとより物理的強制力や刑罰の威嚇というようなものも含まれている。しかし、物理的強制力は、法実力の一つの側面であるに過ぎない。法規範は、かかる物理的強制力によらずして遵守せられる場合も、少くないのである。すなわち、宗教上の信仰、倫理上の根拠、漠然たる慣行、あらゆる種類の利益に対する期待、等が、あるいは単独に、あるいはさまざまな結合状態において法規範の遵守の動機となり、引いては、規範定立者の実力の基礎を成している。[7] その中でも、ショムロオの特に重要視するものは、規範服従者の倫理的確信である。「法実力を成立せしめる各種の原因の中で、服従者の倫理的確信および倫理的感情は、非常に重要な役割を演じている。それは、形式的に、その実力に淵源する諸規範を遵守するという事実を是認する確信および感情である場合もあり、また、内容上、特定の準則そのものを正当とする確信および感情である場合もある。」かくて、「服従者の側からの法規範に対する倫理的認証は、形式上および内容上、それらの諸規範への服従を促すきわめて有効な動機たるのが常である」[8]。ショムロオの法実力説は、法の基礎を成す実力の本体をば、主として、法によって規律せられている一般民衆が法の拘束力に対して与える精神的の支持に求めているのである。そうなって来ると、それは既にいわゆる実力説の範囲を脱却して、承認説、またはこれと類縁関係の深い文化規範説・輿論説などと同じ範疇に属しているものであるといわなければならない。

(1) Somló : Juristische Grundlehre, 2. Aufl., S. 55 ff., S. 58 ff., S. 107 ff.
(2) A. a. O., S. 105 ff.
(3) A. a. O., S. 116 ff.
(4) A. a. O., S. 93 ff.
(5) A. a. O., S. 96 ff.
(6) A. a. O., S. 105.
(7) A. a. O., S. 108 ff.
(8) A. a. O., S. 115.

第五節　承　認　説

一　法の効力の根拠としての承認

以下に考察しようとする二つの学説、すなわち、法の効力の根拠をば承認に求める「承認説」と、これを輿論に求める「輿論説」——更に細かく分ければ、これに承認説の一変奏たる「文化規範説」を加えた三学説——は、いずれも、法の拘束力をば、法の拘束を受ける一般民衆が法に対して与える認諾を基礎として説明しようとするものであり、その点で大体として同一の理論系統に属する。つまり、法は、実力説のいうように上からの支配力によって行われるのではなく、逆に、下からの支持によって法として形成され、法として存立すると見ている点に、それら諸学説の共通性が認められるのである。

しかしながら、承認説は、法に対して与えられる「承認」をば、必ずしも積極的な認諾のみにかぎらず、きわめて消極的な不承不承の承認や、暗黙の承認、否、無意識の承認ですらもが法の効力の根拠たり得る、と考えている。これに対して、輿論説は、公衆の積極的な「輿論」、すなわち、明確にして公然たる社会的目的意識の表現をば、特に法の法として成立する基礎と認めるのである。したがって、承認説が既存の法秩序の存立の基礎に主眼点を置いて論じているのに対して、輿論説は、既存実定法秩序の存続よりも、むしろ実定法の改革発展の過程を説明することに論述の重心を置いている。勿論、承認説といえども、承認によって新たな法規範の成立を説明し得ないという訳ではなく、輿論説といえども、輿論を以て既に成立した法の存続の根拠とも見ているのであるが、大体の傾向からいえば、承認説は主として法の「静態」に、輿論説は主として法の「動態」に、考察の焦点を向けているものということが出来る。これらの異同を念頭に置きながら、承認説より文化規範説、文化規範説より輿論説へと、順次検討の目標を移し、次第に法の効力の根拠の問題の核心に向って考察を進めて行くこととしよう。

周知の通り、承認説は、ビイアリングによって組織的に展開されたところの特色のある実定法理論である。ビイアリングは、すべての経験主義的な法学者と同様に、法をば徹頭徹尾「実定法」の意味に解している。故に、彼れが法の本質という場合には、それはただちに実定法の本質を意味する。実定法の本質なるが故に、それは当然に単なる法の形式を問題とするばかりでなく、ただちに進んで、法の実質たる実定的効力の根拠を問題としているのである。そうして、「承認」(Anerkennung)という概念こそ、ビイアリングがこの問題を解決するために、自信を以て考案し提供したところの鍵に他ならない。

しかし、ビイアリングといえども、決して「承認」そのものを以て法の本質と解している訳ではない。彼れの場合にも、ショムロオの法実力説の説くところと同じく、法はまず第一には「規範」として理解されているのである。規範の概念は、法を包摂する上位概念でなければならないのである。ただ、法が一種の規範であるということは、既に衆説の一致を見ている点であるから、これを特に説明する必要はない、根本の問題となるのは、一定の規範は何によって「法規範」となるかである。そうして、ビイアリングによれば、規範服従者の規範に対して与える「承認」こそ、その規範を法規範たらしめる本質契機でなければならない。すなわち、法規範とは、「一定範域の人間共同生活の規則として、その生活範域に属する人々によって絶えず承認されている」ところの規範を意味する。[1] 法は一定範域の人間共同生活の規則であるが、共同生活の規則が法として「存立する」（bestehen）するためには、その規則が「効力を有する」（gelten）ことが必要であり、法が効力を有するのは、法規範が行われている生活範域に属する人々によって、共同生活の規則として「承認されている」（anerkannt werden）がためである。[2] 故に、承認それ自体が法なのではないが、法たる規範の実定法としての本質には、承認ということが不可欠の契機として含まれていなければならない。

法の拘束力は、法によって拘束されている当の社会構成員が、その法の拘束を承認することによって生ずる。――これが承認説の根本命題なのである。ところで、この根本命題を見ると、承認説の主張は、古くから唱えられている「契約説」の論旨と、非常に類似しているもののように見えるであろう。何故ならば、契約説もまた、本来自由なるべき筈の個人が現実には国家の法によって拘束されている理由をば、多数個人相互の間の自発的な合意に求めているからである。しかし、ビイアリングは、この推量の不当である所以を力説し、契約と承認との相違性を強調することによって、承認説の真意を闡明しようとしている。[3]

ビイアリングによれば、「承認」と「契約」との間には、主として次の四点において根本の相違がある。

第一に、契約の場合には、締結さるべき契約の内容が当事者によって明らかに意識され、当事者がこれについて自由な意志決定をなす、ということが予想されている。これに反して、法の存立の基礎たる承認は、必ずしも意識的・自発的な承認であることを必要としない。強制された承認も承認なれば、無意識の承認さえも、また承認たることを失わないのである。

第二に、契約によって成立するものは、原則として主観的な法関係、すなわち権利義務の関係であって、客観的な法規の構成が契約の目的となることはない。しかるに、承認説のいう承認の対象となるものは、最初から法規、すなわち客観的な意味における法である。

第三に、契約は当事者双方の合致した意志の瞬間的な表現であるが、承認はさような瞬間的な作用ではなく、承認さるべき法の諸原則に対する継続的・慣行的な態度である。さればこそ、法は承認を基礎として継続的にその効力を発揮することが出来るのである。勿論、契約といえども、単に締結された瞬間だけでなく、その以後にも亙って継続的に当事者を拘束する。しかし、契約の持つこの継続的な拘束力は、契約そのものによって根拠づけられるのではなく、契約は遵守されなければならぬ、という原則が一般に継続的に承認されているからこそ、契約が継続的な効力を発揮するのである。故に、契約は承認を基礎としているものと考えられなければならない。

第四に、契約は双方的な行為である。契約においては、少くとも両当事者があって、その両当事者が異なる仕方——例えば、売買の申込みとその受諾——によって各自の意志を表示することが必要である。これに対して、承認は全く一方的にも行われ得るのであり、かつ、その承認が表示されるということも、必ずしも承認を承認たらしめる要件ではない。つまり、表示されない内面の態度としても、法に対する承認という作用が成り立ち得るのである。

契約と承認とは、かように重要な諸点に亙って根本の性質を異にする。故に、承認説は契約説と同一視されてはならない[4]。勿論、契約が法関係を成立せしめる重要な形式の一つであることはいうを俟たないが、契約によって法関係が成立するのは、実定法が契約に法関係成立の素因たる意味を与えているからである。そうして、実定法が契約に法関係成立の素因たる意味を与えており、それによって契約が有効に権利義務の関係を創造し得るのは、その根柢に、かような意味賦与についての当事者の「承認」が横たわっているからである。それであるから、承認は、契約とその性質を異にしているというだけではなく、契約の更に根本に在る法存立の第一要因であり、実に法の成立の唯一の要素と見做されなければならぬ[5]。

ビイアリングは、かくのごとくに承認と契約とを対比し、承認の根本的な重要性を力説しつつ、承認の本質をば次のように要約する、=

「私の解する承認とは、一定の対象、特に一定の原則についての恒常不断の慣習的尊敬 (ein stetiges, ununterbrochenes, habituelles Respektieren) であり、自らこれによって拘束され、またはこれによって支配されているという感情 (sich gebunden oder unterworfen Fühlen) である。そうして、特に法的な承認または法としての承認とは、一定の範域の内部

・共同生活を営みつつある一定多数人の間において、若干の原則をばこの共同生活の規範および規則として継続的に承認することである。」[6]――と。

(1) Ernst Rudolf Bierling: Zur Kritik der juristischen Grundbegriffe, 1877-1883, 1. Teil, S. 2 f.
(2) A. a. O., S. 7.
(3) A. a. O., S. 6 ff.
(4) A. a. O., S. 75.
(5) A. a. O., S. 74.
(6) A. a. O., S. 8.

二　擬制としての承認

ビイアリングの承認説は、これまでも種々の立場から批判を受け、かつその批判の多くを甘受すべき欠陥を含んでいるのであるが、それにもかかわらず、少くとも一つの点で法の効力の根拠の問題に関する真理に接近しているということが出来る。それは、法が規範として単に観念的に妥当するだけでなく、同時に現実の社会生活の上に実効性を発揮して行くためには、法の規律を受ける一般社会生活主体の側から、これに対して何らかの形での精神的支持が与えられておらなければならぬ、ということを明らかにした点である。法の効力を根拠づける力は、一方から見れば、上からの支配と結びついて現れるけれども、上からの支配が有効に行われるためには、他方それは、必ず下からもり上る一般民衆の精神力と相呼応しなければならぬ。ヒュウムは、力の所在をば支配を受ける者の立場に求めて、「力は常に被支配者の側に在るから、支配者の地位を支持するものは、被支配者の意見（opinion）以外には存在しない。」といった。[1] この言葉は、誇張を含むとはいえ、確かに社会力の本質の一面を穿っているということが出来る。この側面に著眼して、そこに法の実定的効力の基礎を発見しようと試みたことは、とも角も承認説の功績とされなければならぬ。

しかしながら、更に進んで、承認説が「承認」と名づけたところの作用の実体を検討して見ると、その内容はきわめて漠然として捕捉し難い。

承認説は、承認を以て実定法の効力の源泉であると見る。そうして、既に承認が実定法の効力の源泉である以上、それは、よしんば法の規律をば積極的に肯定是認する作用のみにはかぎられないとしても、少くとも、法の拘束を受けることもまたやむを得ないとするほどの能動性を含む精神作用でなければならないであろう。承認の作用がその程度の能動性をすら示さないならば、それを基礎として積極的に法の効力が基礎づけられるということは、考えられ得ないであろう。ところが、ビイアリングは、共同生活の規則が法として有効に行われ得るためには、その共同生活圏に属するすべての人が、これを承認する必要があると考えた[2]。しかし、共同生活を営んでいる多数の人々の中には、法の何たるかを弁えぬ無知の者もあり、女子や児童なども含まれている。それらの人々の「すべて」が法規範の効力に対して能動的な承認を与えている訳ではないことは、いわずして明らかである。そこで、ビイアリングは、彼れのいわゆる承認とは、必ずしも「意識的な意欲」(bewusstes Wollen) や「確信」(Ueberzeugung) にはかぎられないと述べ、その点を緩和しようと試みた。そうして、「不随意の承認」(unfreiwillige Anerkennung) も承認であることを失わないといって、承認の範囲を拡大し、不随意の承認には、「強制された承認」(abgenötigte, erzwungene Anerkennung) ばかりでなく、「無意識の承認」(unbewusste Anerkennung) も含まれている、と做して、承認の作用の主体をば、強いて一定の社会生活圏に属する「すべて」の人にまで押し拡めようとしたのである[3]。

けれども、強制された承認もなおかつ承認たることを失わない、というのはまず差支えないとしても、無意識の承認もまた承認であるというにいたっては、明らかに許すべからざる語義の拡大である。一体、人が無意識に法を承認しているとは、いかなることを意味するのであろうか。人が或る対象を「承認」し得るためには、まずその対象を「認識」していることが必要であろう。対象の存在を認識することなしに、その対象を承認するということは、考えられ得ない。しかるに、社会に生活する人々の中には、法の存在を認識さえし得ぬ者が多数含まれている。白痴や幼児は、その顕著な例である。これらの人々をも含めて、社会構成員の「すべて」が法を承認しているということを以て法の効力の根拠たらしめんとするならば、いきおい、法を認識せずしてこれを承認するということ、すなわち「無意識の承認」ということを、いわゆる承認の中に数えざるを得なくなって来るであろう。しかし、そういう虚無に等しい承認からして、法の積極的な効力が生れ出て来るという説は、無から有を生ずると倣すがごとき奇怪至極の主張といわざるを得ない。ケルゼンのいう通り、承認説の説く承認は、ここにいたって全く一つの擬制と化し去っているのである。(4)

これに対して、承認説を弁護しようとする者は、次のごとくにいうであろう。社会に生活する人々の「すべて」が法を承認しているというのは、白痴や幼児をもその中に含ましめようとする意味ではない。法に対して承認を与えている者は、現に法によって拘束されている人々のすべてでありさえすればよいのである。白痴や幼児は、その行為に対して法的の責任を持たない。白痴や幼児が犯罪の構成要件に該当する行為をなしても、彼れらは責任能力を持たないが故に、その行為は処罰せられない。すなわち、彼らは法の拘束の外に立っているのである。法は、これらの人々の上にはその拘束力を及ぼさない。したがって、法が効力を有するためには、法の存在をすら認識し得ぬ者の、法に対する承認というがごときものを考慮に入れる必要はない。ビイアリングのいう「無意識の承認」とは、法の拘束を受ける能力のある者が、法を潜在意識的に承認していることを意味するものと解せらるべきである、——と。

けれども、この弁護もまた、二つの理由からして排斥されなければならない。

第一に、責任能力のない者は法の拘束の外に置かれているというけれども、それは特に刑罰法規のごとき一部分の法についてのみいい得る事柄であるに過ぎない。精神病者や生れたばかりの嬰児といえども、民事法上はすべて一個の権利能力者であり、法の規範意味はこれらの無意識・無自覚の法主体の上にも、立派に通用しているのである。また、国民たるの資格や義務についての憲法上の規定は、彼れらの上にも適用されるのであって、精神病者といえども所得税を支払い、嬰児といえども相続税を納入する義務を有すること、毫も一般の法主体と異なるところはない。更に、刑事法について見ても、白痴や幼児は責任能力を持たないとはいえ、保安処分によって監護所や教護院に留置されるというような場合が起り得る。これらを綜合して見るならば、法の拘束力は責任能力なき者の上にも及んでいるといわなければならない。故に、法は法の拘束を承認する者の上にその効力を発揮する、といわんとするならば、当然に白痴や幼児もまた法を承認しているものと考えざるを得ないことになるであろう。

次に第二に、一通りの常識を備え、一応の教養を授けられている法主体といえども、その社会に行われている法のすべてを弁えている訳では決してない。複雑多岐の発達を遂げている近代国法秩序においては、法の規範意味を正しく理解するためには、高度に専門化した知識を必要とするのである。故に、社会に生活する大多数の人々は、法のごく一部分を認識しているだけであって、多くの法規については何らの知識をも持たぬのが常であるといわねばならぬ。しかも、特定の法規は、その法規の存在することを知らぬ者をも拘束する。「法はその不知を許さない」(ignorantia legis non excusat) のである。かような法の効力は、何を根拠として生ずるか。法の存在することを知らぬ者といえども、なおかつその法をば「無意識」に承認しているのであり、法は、この「無意識の承認」を基礎として、法を知らぬ法主体をも拘束する、と説明するのは、余りにも現実を無視した仮空の理論であるといわなければならない。そこで、ビイアリングは、この点に関する理論構成には更に工夫を加え、承認の対象となるところのものは個々の法規である必要はなく、「国家における或る人々の発する命令は国民に対して拘束力を有する」というような根本命題であって差支えない、と論ずる。すなわち、人々が民法や刑法の具体的規定を知らないでいても、いま述べたようなただ一つの根本命題さえ承認していれば、爾余の国法規範はそれと共に併せて承認されたことになる、と見ているのである。(5) しかしながら、国家そのものを否定しようとし、したがって、国家の法を根本から認めまいとする矯激なる無政府主義者といえども、その陰謀が発覚して裁判に附せられた暁には、自己の絶対に承認せぬ国法によって、「有効」に処罰せられるのである。故に、国民の「すべて」が国法を承認することによって、国法は法たるの効力を発揮するという承認説の主張は、いかなる論理の技巧を駆使して見ても、遅かれ早かれ破綻に陥ることを免れないのである。

最後に、承認説の当面しているきわめて重大な問題は、法の実定的効力の「持続性」である。法が効力を有するということは、瞬間的に断続経過する過程ではなくして、恒存持久する一つの状態である。承認説は、かような持続的の状態としての法の効力をば「承認」という心理作用によって説明しようと試みたのであるが、この試みは果して成功しているであろうか。

さきに述べたように、ビイアリングは承認説が契約説と同一視されることを嫌い、契約は瞬間的な意志の合致の表現に過ぎないのに反して、承認は、一定の法原則に対する「継続的慣行的の態度」(ein dauerndes, habituelles Verhalten)であるといっている。[6] しかし、契約が瞬間的な合意の表現であるというのは、契約の本質を不当に歪曲するものである。契約締結の際の意志の表示は、表示の事実行為としては瞬間的なものであるけれども、表示された合意の意味内容は、客観的な自律規範として表意者を「継続的」に拘束する。さような客観的な規範意味の創設作用たる点に契約の本質が存する以上、これを「瞬間的」な事実行為と見做すのは、はなはだしく不当であるといわざるを得ない。これに対して、ビイアリングは、契約が継続的に当事者を拘束するのは、契約そのものの作用によるのではなく、契約は遵守されねばならぬという法規範が、一般に継続的に「承認」されている結果であると主張する。かくのごとくに、彼れが承認の作用の継続性を主張するのは、契約が外面に現れた「行為」であるのに反して、承認は内面的な「態度」であり、法規範に対する尊敬、または法規範に拘束されているという感情を意味するがために他ならない。しかし、行為は瞬間的であるが、尊敬または感情は「継続的」な態度であるというのは、事実に反する。尊敬にせよ、その他の感情にせよ、それが現実の心理過程を意味するかぎり、断続常なきものであって、決して厳密な意味での継続性・恒常性を持たない。机上の事務に没頭し、屋内の競技に熱中しているとき、誰か左側通行の規則に拘束されているという「感情」を不断に持ち続けている者があるであろうか。万人が熟睡しているとき、なおかつ人が法規範の拘束力を恒常的に「尊敬」していると考えることが出来ようか。一定の感情、一定の尊敬が、繰りかえして人間の精神を支配しているというのは、主観的な感情そのものに持続性があるためではなく、客観的な対象の中に、常に同じ尊敬の念を湧起せしめるほどの「意味」があり、「価値」があるが故でなければならない。法の場合にも、法の中に客観的な価値があり、目的が内在しているからこそ、人はこれを常に同じ態度で承認し、尊敬し、法の拘束には服すべきであるという感情を抱くのである。法の効力の恒常性は、法規範意味の中に存するのであって、法規範の拘束力を承認する現実人の現実感情によってこれを説明することは、到底不可能であるといわなければならない。

この関係は、承認の対象をば個々の法規範から「国家の法には服従すべし」というような一般命題に移して見ても、結局は同じことである。一般に、国民が国法遵守の義務を承認するということは、個々の法規範に対する承認の作用に比すれば、恒存持続する状態たるに近いとも見えるであろう。けれども、国法一般の拘束力に対する服従感情といえども、現実意識に上る現実感情としては、流動する過程であって、不断持久の状態ではあり得ない。すべての国民が、常住坐臥の間、継続的慣行的に法の一般原則を承認しているというならば、その承認は、無意識の承認もまた承認であるという主張におけると同様に、厳密には一つの擬制であるとされなければならないのである。しかも、それにもかかわらず、法に対する承認が継続的に与えられているかのごとくに見えるのは、国法自体の中に、国民の尊敬に値する尊厳なる意味があり、共同生活の安寧秩序を維持する不断の目的が存するためである。法には客観的な意味があり、価値があり、目的がある。その客観的な法目的こそ、法を法として不断に効力あらしめている根本の契機であって、これに対する現実意識的な承認の作用や尊敬の感情は、法の客観目的が社会心理の鏡面に投じた映像に他ならない。承認説は、法の効力のこの根源を窮めず、恒存不断の法の効力の「反映」をば擬制化して捉えているに過ぎない点で、いまだ問題の外廓を徘徊しているものと見らるべきであろう。

（1） David Hume: Of the First Principles of Government. Essays, edited by T. H. Green and T. H. Grose, 1875, vol. 1, p. 110.
（2） Bierling: Zur Kritik der juristischen Grundbegriffe, S. 121, S. 134, S. 138.
（3） A. a. O., S. 81 f.; derselbe: Juristische Prinzipienlehre, 1. Bd., 1894, S. 45 ff.
（4） Kelsen: Hauptprobleme, S. 357 f.

（5）Bierling: Kritik, S. 135 f.
（6）A. a. O., S. 82.

三　文化規範説

承認説は、法規範の拘束の下に立つ主体がその規範を承認しているということを以て、法の効力の根拠と見做すのである。けれども、社会に生活する一般人は、決して社会に行われている法のすべてを知悉して、その効力を承認している訳ではない。法のすべては愚か、民法とか刑法とかいうような重要な部分法領域についての精確な知識を有することすら、法曹家または法学者のごとき専門家にして始めてなし能うところであるというのが、実際の事情である。したがって、多くの法規は、国民がその内容を知ると知らざるとに関係なく、有効に国民生活を規律している。それにもかかわらず、法の効力の根拠をば、一般社会生活主体が法に対して与えている承認に求めるということは、承認説の理論構成上の難点であるといわなければならない。ビイアリングは、この難点を避けるために、承認の対象をば法の一般原則のみに限定しようとしたのであるが、この問題に関聯して、更に法規範の構造に関する立ち入った分析を試み、別の角度から、これに説明を加えようとした学説がある。マックス・エルンスト・マイヤアの「文化規範説」(Kulturnormentheorie) が、すなわちそれである。

マイヤアの見解も、広い意味では承認説に属する。しかし、ビイアリングの承認説は、法を一律に規範と見て、その効力の根拠を漠然と承認に求めている。これに対して、マイヤアは、まず法の重層構造に著目する。すなわち、彼れによれば、一般に法と呼ばれているものの中には、二つの異なる規範形態が含まれている。その一つは「法規範」(Rechtsnormen) であり、他の一つは「文化規範」(Kulturnormen) である。そのうち、法規範は、一般の社会生活主体を拘束する規範ではなく、したがって、社会に生活する一般人がこれを承認すると否とにかかわらず、有効に行われる。法規範の効力の根拠は、法の基礎を成すところの文化規範に存する。そうして、文化規範の効力こそ、正に一般社会生活主体が、これを守るべきことを知り、これを守るべきものとして承認していることによって根拠づけられるのである。かかる規範構造の分析に立脚している点で、文化規範論は素朴な承認説に比して、学問的に確かに数歩の前進を示したものということが出来よう。[1]

マイヤアによって特に「法規範」と名づけられているものは、特殊の機能を有する規範であり、特殊の受範者の行態を規律する。普通には、法規範は、社会に生活する一般人の行為を規律するもののように考えられているけれども、それは文化規範と法規範とを混同している結果である。例えば、「盗む勿れ」というのは文化規範であって、もとより社会に生活する一般人の行為準則であるが、窃盗犯人に対していかなる刑罰を科すべきかの規定——法規範——は、専ら国家機関の行為、特に裁判の作用を規律する。故に、法規範は一般社会人に向けられた規範ではなく、その典型的な受範者は裁判官である。法規範は、主として裁判の作用を厳正に規律することによって、一般国民の各種の法益を保全し、これを権力濫用の危険から擁護する。故に、法規範の機能は、「国民のために、裁判官に向けて」という標語によって表示することが出来る。[2] かように、法規範は一般国民を拘束するものではないのであるから、法規範が効力を有するための根拠として、一般国民がその内容を認識理解し、これを承認しているということは、少しも必要でない。法規範は、一般人の知ると知らざるとにかかわらず、有効に行われ得るのである。

しかし、この点について問題となるのは、法規範の「公布」ということである。一般に、成文の法規範は、公布されて始めて効力を生ずる。公布は、法規の効力発生の要件である。それでは、公布の目的は何であるか。これを、公布は法令の内容を一般国民に周知せしめることを目的としてなされる、と解するならば、法規範の性質に関するマイヤアの見解と、法令は公布を俟って始めて効力を生ずるということとの間に、矛盾が生ずる。何故ならば、一般国民に周知せしめるために法令を公布するのであるならば、法が有効に行われるということと、国民が法の内容を認識理解しているということとの間には、やはり密接な関係があると考えられねばならなくなって来るからである。けれども、マイヤアによれば、法令の公布は、それによって新法令の内容を一般人に知らしむることを目的としてなされるのではない。新法令が一定の形式で公布せられるのは、むしろ、これを以て各条項の確定的内容の典拠たらしめんがためである。いいかえれば、法規の適用に当り、法令の字句に疑義が生じた場合、公布された正文に照らしてその内容を確定せしめ得るというのが、法令公布の主要な目的である。(3) 故に、法規範の効力は、一般国民がその内容を認識理解しているということと、何ら必然の関係を持たない。そうして、既に法規範が、一般国民のこれを「認識」すると否とにかかわらず効力を有するものである以上、法規範の効力の根拠をば、国民がこれを「承認」していることに求めようとした承認説の主張は、少くともその点に関するかぎり、的はずれの議論であるといわなければならない。

それでは、法規範は、一体何を根拠として有効に行われるのであろうか。

マイヤアにしたがえば、法規範は、それ自身の中にその効力の根拠を有しているのではない。法規範を効力あらしめているのは、これに先行するところの「文化規範」である。「他人の財物を窃取した者は、十年以下の懲役に処せられる。」という法規範は、「他人の財物を窃取すべからず。」という文化規範を根拠とするが故に、有効なのである。「契約に違反して他人に損害を及ぼした者は、その損害を賠償する責任がある。」という法規範は、「契約に違反すべからず。」という文化規範を前提として、始めて妥当な規範たることが出来る。社会生活の中には、その他、道徳上・宗教上・習俗上、等の意味を有するさまざまな文化規範が行われていて、それがそれぞれ、これと照応する法規範の効力を根拠づけているのである。(4) ところで、法規範は、主として裁判の作用を規律する規範であって、一般社会人の生活に関する準則ではない。これに対して、文化規範は、直接に一般国民の社会生活そのものを規律している。文化規範の受範者こそ、正に一般社会生活主体なのである。社会に生活する人々が、互に他人の利益を尊重し、宗教・道徳の戒律を守り、伝統の権威を維持して行くことは、文化規範に則る社会人各個の責務である。しかるに、法規範は、文化規範に違反する行為がなされ、それによって社会全体の治安や特定個人の利益が侵害された場合に、攪乱された秩序を恢復し、毀損された法益を救済するために制定されている。故に、法規範は常に文化規範を前提とする。法規範の効力の根拠は、それが文化規範と合致しているという点に存するのである。(5)

それでは、法規範の効力を根拠づけているところの文化規範は、いかにして有効に社会生活を規律しているのであろうか。文化規範そのものの効力の根拠は、いかなる点に求めらるべきであろうか。

マイヤアは、ここにいたって始めて、「承認」という概念を援用するのである。すなわち、法規範は文化規範をその効力の根拠とするが、文化規範は一般社会人の与える承認にその効力の根拠を有する。文化規範は、法規範と違って、特に複雑な組織や難解な意味内容を持つものではなく、通常の教養と常識とを備える一般社会人が、広くこれを理解し、汎くこれを踏襲している規範である。したがって、文化規範が人々の踏み行うべき社会生活の準則であるということも、彼ら自らによって自明の事柄として承認されているのである。窃盗罪に対して何年の懲役刑が科せられるか、特定の契約に違反した場合に、いかなる責任が発生するか、を知らない者も、盗むなかれ、約束を守れ、というがごとき規律は、幼児以来、家庭において学校において、繰りかえして教えられ、充分に納得している筈なのである。そこに、一般社会人の文化規範に対する「承認」がある。文化規範は、この承認を基礎とするが故に、その受範者たる一般社会人の行動を有効に拘束しているのである。すなわち、法規範の効力は文化規範によって基礎づけられ、文化規範の効力は、更にこれに対する一般社会人の承認によって基礎づけられている。[6]——これが、法の効力の根拠に関するマイヤアの文化規範説の要旨である。

(1) マイヤアのいわゆる法規範は、前に述べた意味での強制規範に当り、その文化規範と名づけるものは、われわれの用語における行為規範と一致する。
(2) Max Ernst Mayer: Rechtsnormen und Kulturnormen, 1903, S. 35.
(3) A. a. O., S. 10 ff.
(4) A. a. O., S. 14 ff.
(5) A. a. O., S. 16.
(6) A. a. O., S. 17 ff.

承認説が、法をば一律に規範と見て、その効力の根拠を承認に求めたのに対して、文化規範説は法を法規範と文化規範とに区分し、両者の関係を検討しつつ、法が法として行われる所以を明らかならしめようと試みた。かかる理論分析から出発して、実定法秩序の考察に新たな科学光を導入した点は、文化規範説の功績として高く評価さるべきであろう。

四　法と文化

文化規範説の特色は、行為規範と強制規範の重層構造をば、「文化」と「法」との関係として説いているところに在る。[1] 文化の建設は人間社会の大きな目的である。したがって、文化を保育し、文化を促進するという意識的・無意識的の目的に基づいて、人間共同生活の則るべき幾多の行動の規準が発達して来ている。それが文化規範である。しかしながら、文化は人間の目的であり、人間の共同生活を基礎として発達して行くものであると同時に、人間生活の中には種々の反文化的な契機が働いて、文化の発達を阻害し、または建設された文化を破壊することがある。道徳に違反し、良俗を蹂躙し、信仰を冒瀆するがごとき行為は、いずれも文化の見地から見ての反価値である。故に、文化に対しては何らかの確実な庇護が与えられなければならない。文化を庇護するための主要な機構は、国家である。国家が文化を庇護するために用うる主要な手段は、法である。国家は、社会に行われている文化規範を素材として、各種の法規範を制定する。それによって、文化規範上の価値に「法益」たる意味を与え、法規範の的確な運用を通じて法益の保護に任ずる。その場合に、国家は、社会に行われている文化規範を無差別に取り上げて、これを法を以て保護しようとする訳ではない。国家は、まず一定の見地に立って文化素材を選択し、庇護・育成に値する文化のみを取り出して、これを法益として保護する。故に、法は、国家によって選択された文化に対する保護の機能を営むのである。[2]

かように、法が文化を保護するという関係は、一面から見れば、文化にとって法が必要であることを意味すると同時に、他面から考えれば、法が文化に依存していることを物語っている。すなわち、文化あっての法であって、法あっての文化ではないのである。故に、いかなる法が制定され、いかなる法が通用しなければならないかは、法それ自体の固有価値によって定まるのではなく、文化価値の立場から決定される。法は文化の目的に適ったものでなければならない。法が法としての存在意義を有するのは、それが文化を保護し促進するという役割を演じているがためでなければならない。文化は法の方向を定める。法の内容を規定する。マイヤアが、法規範の効力の根拠を文化規範に求めた理由は、正にここに在る。法規範は、単なる法規範として効力を有するものではない。法規範の効力の前提となるものは、文化規範である。文化は法によって保護され、法は、文化を保護するという機能によって認証される。法と文化のこの相互依存の関係を明らかにした点は、文化規範説の卓見であるといわなければならない。

しかしながら、文化規範説は、法規範の効力を根拠づけている文化規範のそのまた効力の根拠をば、承認説と同様に、一般社会生活主体が文化規範に対して与えるところの「承認」に求めている。その点に関するかぎり、文化規範説は承認説と同系の思想に属しているのである。したがってまた、その点に関するかぎり、承認説に対して加えられた批判は文化規範説にも当てはまることとならざるを得ない[3]。

すなわち、「承認」という作用が主観的な心理過程を意味する以上、それは飽くまでも断続的な経過を辿るものと解されなければならぬ。しかし、文化規範の効力は、大きな時代の動きによる変化は別として、一つの恒存持久する状態を意味する。故に、よしんば一定の社会生活範域に属するすべての人々が、その社会に行われている文化規範を一様に承認しているとしても、断続的な承認の作用の中から恒常不断の文化規範の効力は生れ出ては来ないのである。そもそも、人間が文化規範を承認するのは、文化規範そのものの中に、一般人が承認せざるを得ないような価値があり、目的が内在しているためでなければならぬ。文化規範は、道徳・宗教・経済、等の具体的な文化目的が、客観化されて規範の形態を具うるにいたったものに他ならない。これらの規範化された客観的な文化目的が、一般社会人の主観精神を動かす力を有するところに、文化規範の真の効力の根拠がある。これについての個人主観における承認の作用は、客観的な文化目的から主観精神の面の上に投ぜられた「反映」である。さような映像を捉えて、これを法の拘束力の窮極の根拠と見るのは、結局やはり本末顚倒の誹りを免れ難いであろう。

そればかりでなく、文化規範に内在する各種の文化目的は、決して一様不変ではなく、歴史と共に変化もするし、また、同じ時代においても互に矛盾する多様の対立契機を含んでいる。ケルゼンのいう通り、およそ文化の世界ほど深い対立の関係を包蔵する領域はないとも考えられ得るのである。[4] かように文化の世界に矛盾が生じて来れば、それに伴って文化規範に対する承認の方向も、互に分裂し、交錯し、衝突するにいたるであろう。例えば、一方に伝統的な道徳思想の行われている社会に、時代の動きと共に新たな道徳観念が擡頭して来たとする。その場合に、多くの人々は依然として旧時代の道徳を信奉しているであろう。しかし、一部の人々は新たな道徳観念に従って行動しようとするに相違ない。それによって、文化規範に対する一般民衆の「承認」が二つに分裂して了ったとするならば、いずれの文化規範がその社会において有効に行われることになるのであろうか。もしもその場合、互に矛盾する二つの文化規範が、それぞれ社会の部分層の承認を受けて、相並んで有効に行われているのであるとするならば、法規範は、そのいずれと結びつき、そのいずれを前提とすることによって、法たるの効力を発揮することが出来るのであろうか。マイヤアは、法規範は文化規範と合致することによって、効力ある法として行われるというけれども、相対立する二つの文化規範に同時に順応することを得ない法規範としては、いきおいそのいずれか一つを根拠として、他の文化規範に立脚する行動をば抑圧しなければならないこととなるに相違ない。そこでは、むしろ法規範が逆に文化規範の上に選択を加え、自らの選択した文化規範の効力を強制的な手段によって保障しているのである。そうなると、文化規範が法規範の効力を根拠づけるのではなく、かえって法規範が文化規範の効力を保障する、という関係になって来る。[5] 法と文化との関係は、かくのごとくに複雑である。故に、法の効力は、決して文化規範説のいうように、簡単に文化のみに一方的に依存しているとは考えられ得ないのである。

文化規範説が、法の効力を文化規範によって根拠づけようとしていることは、確かに正しい著眼である。しかし、それは正しい著眼ではあるけれども、一面的である。なるほど、法は文化に依存する。道徳・政治・宗教・経済、等の文化目的は、法を法として成立せしめ、法に法たるの効力を賦与する一方の根本契機である。その意味では、文化を離れて法はないといわなければならぬ。けれども、いま考察した通りに、文化の中には、矛盾があり、対立がある。殊に、政治上の目的動向の中などに激しい相剋の関係が生じて来ると、社会生活はそのために収拾すべからざる混乱に陥る危険がある。そういう際には、法規範は、よしんば文化の理念と相容れないでも、よしんば新道徳からは悪法とそしられ、新政治からは頑迷と罵られても、とも角も既成の社会秩序や共同生活の安定を主眼として、法独自の立場を固執しなければならないこともあり得る。そうして、かかる秩序そのものの安定を計ろうとする要求が、法を革新しようとする動向を制圧して、文化の動きに対する法の優位を実証する場合も、決して稀ではないのである。すなわち、一面から見れば、法は法超越的な文化目的によって制約されているが、他面から眺めれば、法には法内在的な固有目的がある。その、法の固有目的とは、「秩序」もしくは「法的安定性」の目的に他ならない。したがって、常態においては文化規範に従順に依存しているように見える法規範も、社会の変動期には、動揺する文化規範に拮抗対峙して、ひたすらに秩序の安定を旨とすることがある。さような際には、法は文化による認証から離れて、自己固有の効力を堅持しようとしているのである。故に、法の効力の根拠を法超越的の「文化」に求める文化規範説は、真理ではあるが、一面の真理である。これを法内在的な目的面から補正して、進展する文化の流れをば、安定する秩序の堤防の中に置いて眺めるとき、始めて実定法の存立根拠の全貌が明らかにされ得たことになるであろう。

（1）　マイヤアは、「文化」の概念を説明して、次のようにいっている、＝

「Cultura という言葉は、培養・育成を意味する。最狭義においてこの育成の対象となるものは、土地である。しかし、既にラテン語の colere という言葉すら、かような狭い意味からは離れている。われわれの普通に用いる広義の言葉の意味からいえば、文化的培養の対象は、人間活動の全領域である。正にそれ故に、文化という表現は、多様なるものを総括するのにきわめて適している。経済的とか芸術的とかいうような言葉をつけ加えることによって始めて、一定の文化の領域がはっきりと浮び上らしめられ得るのである。

「文化という言葉は、対象については全く漠然としているが、培養の仕方に関しては、或る特殊の意味をいい現している。何故ならば、育成または養成ということは、進歩が既になされており、更に今後の進歩が期待される場合において、始めて行われ得るからである。文化とは、完成に向いつつある状態である。培養されていないということは、土地にとってそうであるのと同様に、人間にとっても、または民族にとっても、一つの欠陥を意味する。そこで、文化は一つの価値概念になって来る。価値概念にとっては、進歩という思想、および理想への接近という思想は本質的な意義を有する。進歩の目標点については争いがあり、考え方の極度の相違性のために、あるいは彼処にあるとされ、あるいは此処に存するとされるにしても、出発点は一義的に定まっている。すなわち、文化は人間の仕事であり、自然と対立しているのである。自然力を克服すること、自然の本能を浄化すること、生来の欲求を醇化すること、それが文化である。したがって、そういう目標を達成しようとするすべての活動は、正に固有の意味での文化因素である。科学と芸術、道徳と宗教、経済と法、そういうものは自然状態を克服し、人生を高貴ならしめるために、共に作用している。それらは文化の創造者である。」M. E. Mayer : Der allgemeine Teil des deutschen Strafrechts, 2. Aufl., 1923, S. 38 f.

更に、マイヤアは、別の場所では、文化の概念を定義して、「文化とは共同の利益の培養であり、それによって創造された価値高き状態である、」といい、また、文化は価値と実在との統一であることを説いて、「文化とは価値あるものとなったところの実在であり、したがってまた、実在となったところの価値である、」と述べている。Mayer : Rechtsphilosophie, 2. Aufl., 1926, S. 33, S. 34.

（2） Mayer : Strafrecht, S. 44 ff. ; derselbe : Rechtsphilosophie, S. 36 ff.

（3） マイヤアは、その著『法規範と文化規範』（一九〇三年）では、法の拘束力をば文化規範に依存せしめ、文化規範の拘束力をば「個人」が文化規範を知り、かつこれを承認していることに依存せしめている。すなわち、一般国民に向けられていないところの法律が、しかもなお拘束力を有するためには、（一）個人が文化規範を知り、かつ承認しているということ、（二）法規範が文化規範と合致しているということ、の二条件が備わっておらなければならない、と説くのである。Rechtsnormen und Kulturnormen, S. 17.

しかるに、のちに『法哲学』（一九二二年）の中で法の効力を論じている場合には、マイヤアは、文化規範の承認をば、むしろ「国家」による承認と解している。つまり、国家という組織的な社会が、一般社会に行われている文化規範の中から共同の利益のために保護さるべきものを選択し、これを法の形態に形成し、かつ、これに強制手段による保障を与える。それが、国家による文化規範の承認であり、それが、国家の立法過程の中核なのである。Rechtsphilosophie, S. 58.

それでは、かようにして成立した法は、何故に社会に有効に行われるか。この、法の効力の根拠の問題についても、マイヤアの説明は、初期の所論とはかなり著しく趣を異にして来ている。すなわち、彼れは、最初は、法規範の効力を文化規範に依存せしめ、文化規範の効力を人々がこれを承認していることに依存せしめたのである。しかし、のちには、一般に法が効力を有することの根拠として、(1)法が「強制されるということ」(Erzwingbarkeit)、(2)法が「存在しているということ」(Dasain)、(3)法が「理性に適っているということ」(Vernünftigkeit)の三つを挙げている。すなわち、法は、第一には、強制を背景としていることによって有効に行われる。第二には、法が単に法として存在しているというだけの理由によって、有効に行われる。何故ならば、人は、多くの場合、法が何故に行われなければならないかを問うことなしに、ただ単に法が行動の規準を示しているという理由のみによって、これを遵守しているからである。更に、第三には、法の中に合理的な理由が内在していることによって、法の効力が根拠づけられている。この第三の理由は、いいかえれば、法が文化規範と合致している、ということに帰着するのである。A. a. O., S. 58 f.

そうなって来ると、法の効力の根拠に関するマイヤアの見解は、相当に複雑な内容を有するものといわざるを得ない。文化規範が国家によって承認され、強制の手段によって保障されている、というところに法の効力の根拠を求めている点では、むしろ最初とは順序が逆になって、文化規範の効力が法規範に依存するような形になっている。また、法が法として存在しているという理由のみによって、既に人々はこれを遵守しようとする、と説いている点では、法規範は単に国家の機関を拘束するばかりでなく、一般社会人の行動準則たるの意味をも有するものとなって来ている(vgl. a. a. O., S. 56)。更に、法は文化規範に合致することによって「理性に適った」内容を有するのであり、それが法の効力の第三の根拠を成している、と做すにいたっては、マイヤアの説は承認説の範疇から全く脱却して、法そのものに内在する価値または目的こそ、法を法として効力あらしめる真の根拠である、と見る立場に近づいているのである。これらは、すべてマイヤアの学説の発展であり、発展なるが故に、次第に真理の実相に接近していることを物語っていると同時に、発展なるが故に、彼れの最初の見解の誤謬をも明らかに示しているものといわなければならない。本論では、いうまでもなく、マイヤアの初期の見解を取り上げて、これを批判の対象となした。

(4) Kelsen: Hauptproblem, S. 371.

(5) 後期のマイヤア説が自らこれを認めていることは、註3に述べた通りである。

第六節 輿論説

一 法と輿論

承認説が、承認の概念を一つの空疎な擬制に化石せしめ、ために、法の効力の根拠というアポリアの前に徒らに佇立するの止むなきに立ちいたっているのに対し、この問題に向って更に積極的な前進陣地を構築したものは、「輿論説」である。

輿論説は、承認説と同じように、法の規律を受けている人々が法に対して与える精神的支持の中に、法の効力の根源を求めようとする。ただ、承認説の掲げる承認の概念は、「強制された承認」や「不承不承の承認」、否、「無意識の承認」をも含むものであり、著しく受動的の性格を佩びている。いいかえると、承認の作用は、既存の法秩序の拘束を甘受することに傾いて、あえてその変革更新を企図するという積極性に乏しい。これに対して、「輿論」は、概して高度の文化水準に達した自覚的な民意の表現を意味するが故に、単に既存の法秩序を是認し、その効力を支持するという方向に向って作用するばかりでなく、必要に応じては、むしろ既存の法を改革して新法秩序の発達を促す場合が多いのである。したがって、承認を法の基礎と見る承認説は、主として法の「静態」を説明することとなり、輿論を以て法の根柢と做す輿論説は、法の静態よりも法の「動態」を明らかにするに適している。しかも、輿論説は、決して承認説を排斥するのではなく、一方に承認説の説くような法の静態現象を認めながら、更に承認の概念を以ては説明し難い法の進歩性をば、輿論の作用として理解して行こうとするのである。それ故に、輿論説は、承認説の基礎の上に立ちつつ、そこから更に高き問題の拠点へ向って登攀を試みたものと見ることが出来よう。

法と輿論との関係を説いて最も周密であり、正に輿論説の代表文献と見做さるべきものは、ダイシイの『第十九世紀のイギリスにおける法と輿論の関係についての講義』である。(1) いうまでもなく、イギリスは民主主義立法の最も高度の発達を遂げた国家の一つであり、輿論による法形成の作用も、したがって最も際立って定型化されている。輿論説は、かような法現象の現実態を素材として、これを理論化したものであるが、その理論は、理論としては既に現実の素材を離れて、広く実定法の生成発展の一説明原理として役立つ筈でなければならぬ。

ダイシイは、この書の冒頭に当って、「これらの講義の目的は、第十九世紀のイギリスにおいて、立法が、否、立法の欠如すらもが、転変する輿論の流れに緊密に依存していることを示すに在る、」と述べている。(2) この短い言葉は、単にダイシイの論述の意図を示しているばかりでなく、その中に輿論説の特色が、簡単ではあるが明瞭に要約されているのである。すなわち、ダイシイは、第一には、輿論が「立法」——いいかえると、新たな法の成立——の根拠となっていることを明らかにしようとしている。しかし、輿論の作用は、必ずしも常に新立法を促進するとのみはかぎらない。反対に、輿論が既存秩序の状態に満足して、新たな立法を阻止している場合もあり得る。そこで、彼れは第二に、輿論が「立法の欠如」の根拠として、換言すれば、既存の法秩序そのままの「効力の根拠」として作用することを認めているのである。ところで、輿論の営むこれら二つの作用は、決して時代と社会事情とにかかわらずに観取され得るような遍在的の現象ではない。ダイシイは、きわめて意識的にこの関係を、「第十九世紀のイギリス」に限定して考察しようとしているのである。詳しくいうと、彼れは、第三に、第十九世紀のイギリスに見られるような特殊の文化的地盤と立法機構とが備わっている場合に、始めて輿論が法の生成あるいは存立を有効に基礎づけ得るものであることを主張しようとするのである。この第三の点において、特に輿論説と承認説との間の著しい隔たりが見出される。

ダイシイによれば、いかなる社会制度も、結局はその制度の行われている社会の一般的な信念や感情に依存して存立し、または変化する。故に、これらの信念や感情を広く「意見」(opinion) と名づけるならば、意見が制度の基礎を成すという関係は、常にかついたるところに認められ得るのである。したがって、この関係をば、特に「第十九世紀」の「イギリス」にのみ限定して考察すべき理由は全く存在しない。かような広い意味での「意見」が法の存立の根拠となっているのは、決して自由主義的な社会のみにかぎられた現象ではない。極端に専政主義的な社会、極度の階級的圧迫の行われている社会について見ても、支配機構の存立の真の根拠は被支配者の「意見」に在る。例えば、アメリカ南部諸州の植民者が奴隷の上にふるっていた権力といえども、詮じつめれば、彼れらが意のままに鞭打ったり殺したりしていたところの黒人たちの「意見」の上に築かれていたのである。多数の黒人の腕力を結束して起てば、奴隷使用者個人の力はもとより物の数ではなく、少数の白人がその救援に赴いても防ぎ切れるものではないにもかかわらず、そこに奴隷制度が存立し得ていたというのは、主人に反抗すれば結局は自ら最悪の結果を招くことになるという「意見」が、黒人たちの間に行われていたがために他ならない。この「意見」の上には、更に白人の卓越した智能や勇気に対する讃美であるとか、その親切に対する感謝であるとかいうような、単なる恐怖心に還元し得ぬ複雑な感情が加わり、それらが結合して一種の有力な道徳的雰囲気を作り出し、それによって奴隷使用者と奴隷との間の支配関係を確立せしめていたに相違ない。そういう意味では、法の規律は常に必ず何らかの形での「意見」を基礎としているのである。(3)

かような広い意味でダイシイが「意見」と呼ぶところのものは、明らかに承認説のいう「承認」と相似た内容を有する。否、ビイアリングのいわゆる無意識の承認というがごとき擬制を除き去って、強制された承認や不承不承の承認などをも含む規律遵守の広汎な認諾意識を承認と名づけるならば、ダイシイの意味する「意見」は正に「承認」と一致する。そのかぎりにおいて、ダイシイもまた承認説を認めるものといわなければならない。

しかし、ダイシイは、かような「意見」(opinion)による法の効力の普遍的な根拠づけとは明らかに区別して、「輿論」(public opinion)と法との関係を考えているのである。その場合にいう輿論とは、一定の社会において有益な法の存続または有害な法の改廃を必要とする、指導的な「信念」(belief)あるいは「確信」(conviction)を指すのである。(4)したがって、輿論は、法の利害得失を比較検討し得るだけの発達した知性と価値判断とを含むばかりでなく、有害な法が存在する場合には、徒らにこれに「不承不承の承認」を捧げる代りに、進んでこれを廃止・改革して行こうとする点で、「意見」よりも遥かに積極的な意志活動に立脚するものでなければならない。ダイシイによれば、かかる意味での輿論が法を法として存続せしめ、または新たな法の成立の原動力となるということは、歴史上むしろ特殊の場合に属する。例えば、多数の東洋諸国においては、伝統的あるいは本能的な感情ともいうべき「意見」が、永い時代に亙って伝来の慣習を存続せしめて来た。しかし、それは決して「輿論」による法の基礎づけとはいい得ぬのである。また、西洋の諸国家について見ても、或る国家における輿論が、その国の法の発達を指導して来たと見らるべき場合は、むしろ稀である。例えば、ピイタア大帝やフレデリック大王は、それぞれその統治する国家の制度を大いに刷新したけれども、これらの君主の成し就げた法革新は、自国民の輿論によるよりも、むしろ他の進歩的な国家の輿論を採用することによって行われ得たのである。更にまた、既に輿論が高度に発達している国家でも、その輿論をして立法過程を指導せしめるための適当な機構が存立していないときには、法に対する輿論の勢力は不自然に阻止せられざるを得ない。近代フランス国民の理知的な輿論を代表すべき適当な立法機関が欠けていたことは、フランスにおける宿弊堆積の一つの大きな原因であり、それがまたフランス革命の誘因となったのである。かように考えて見ると、輿論が立法過程を適正に指導し得るためには、第一に、進歩した文化を有する国家が存在していることが必要であり、第二に、国民の輿論を常に制度の運用の上に反映せしめるような機構の整備されていることが要件とならねばならぬ。[5]その意味で、イギリスにおける輿論と立法との緊密直接の関係は、非常に特殊な、かつ顕著な現象であり、イギリスでもこれを特に第十九世紀にかぎって考察すべき充分な理由がある。[6]ダイシイはかかる事情を説いて、法と輿論の関係の論究を「第十九世紀」の「イギリス」に限定することの理論上の根拠となしたのである。

さて、しからば、第十九世紀におけるイギリスの輿論は、いかなる形で立法過程を指導して来たか。

前に述べた通り、ダイシイは、輿論が法の基礎として作用する場合を二つに区別して考えている。その一つは、輿論が新たな法の成立を促進・指導する場合であり、他の一つは、輿論が既存の法をそのままに肯定し、したがってその改革を阻止する場合である。前者は厳密な意味での「立法的輿論」であり、後者は狭い意味での「法の効力の根拠としての輿論」であるということが出来るであろう。しかし、立法的輿論といえども、その企図する新立法が行われたのちには、そこに成立した法の効力の根拠として働くであろうし、法の効力の根拠たる輿論といえども、嘗っては現存の法制度の成立を指導する立法的輿論であったと考えられ得るであろう。故に、全体として見れば、輿論は法の新たな定立の根拠となると同時に、法の実定的効力の根拠たる役割を演ずるのである。ただ、ダイシイは、輿論が法に対して営むこれら二様の機能のうち、法の新たな定立を指導する作用を主たる考察の対象として取扱い、輿論をば多くの場合、特に「立法的輿論」(legislative public opinion)と呼んでいる。[7] 具体的にいえば、第十九世紀のイギリスの最初の約三十年間(一八〇〇―一八三〇)は、輿論が逆に法の革新を阻止していた時代、すなわち「立法休止」(legislative quiescence)の時代であった。これに反して次の約四十年間(一八二五―一八七〇)は、ベンサムの学説によって代表される功利主義的個人主義の立法が盛んに行われた時代であり、終りの約三十年間(一八六五―一九〇〇)は、輿論が個人主義から団体主義または社会主義に向って動き、それと共に種々の社会立法や労働立法が活潑に行われた時代である。[8] これによって見ても、輿論は同じイギリスにおいても、時代の進むにつれてますます活潑な立法機能を営み、それだけまた、いわゆる「意見」や「承認」に比して、いよいよ法に対する積極的指導力を発揮して来ていることが知られるであろう。

以上の考察を要約するならば、

一　ダイシイは、輿論と意見とを区別し、民衆の「意見」が広く法の存立の根拠を成していることを認める。その点では、彼れの見解はほぼ承認説と一致している。

二　しかし、ダイシイは、高次の意見ともいうべき「輿論」が特に立法の作用を指導し得るためには、公衆の文化水準の向上と、輿論を暢達に発現せしむべき立法機関の存在とが必要であると考え、それ故に、輿論によって法が規定されるのは、社会的にも時代的にも特殊の場合に属する、と説く。その点では、ダイシイの輿論説は、承認説と明らかに区別された特殊の対象領域を取扱っているのである。

三　最後に、彼れは、輿論が新立法の根拠となる場合と、輿論が既存の法の守旧性を擁護する場合とを区別し、論究の主眼点を第一の場合に置いている。けれども、立法的輿論といえども、一たび所期の立法に成功すれば、時代の要求が更に変化するにいたらないかぎり、そこに定立された法の効力を支持して行くに相違ない。その意味では、ダイシイの輿論説もまた、法の「効力の根拠」に関する有力な一学説たることを失わない。

（1） Albert Venn Dicey: Lectures on the Relation between Law and Public Opinion in England during the Nineteenth Century, 1905, 2. ed., 1914.
（2） Ibid., 2. ed., p. 1.
（3） Ibid., pp. 2-3.
（4） Ibid., p. 3.
（5） Ibid., pp. 4-9.
（6） ダイシイが、特に「第十九世紀」のイギリスの輿論を問題にしているのは、もとより、決して「第二十世紀」を別問題とするという意味ではなく、ダイシイのこの講演の行われた時期が、いまだ第二十世紀への展望の材料を持たなかったがために過ぎない。彼れは、この著書の第二版には改めて長大な序文を附加して、第二十世紀のイギリスにおける法と輿論との関係を叙述している。
（7） Ibid., Lectures II, X, XII.
（8） Ibid., pp. 62-65.

二　真正の輿論と疑似の輿論

法を支持し、あるいは法を動かすものは輿論である、という思想は、確かに法の根柢に迫る一つの突き進んだ見解である。ダイシイは、この関係を特に第十九世紀のイギリスに局限して説明し、さような限定を附することについての理論上の理由を掲げているのであるが、しかし、いやしくも立憲制度を採用し、議会を通じて立法の過程に民意を反映せしめている国家において、輿論が法の生成・存立の上に重要な役割を演じていることは、疑いを容れない。その意味で、ダイシイの与えた限定は、もとより余りに狭きに失するのである。[1] のみならず、これを更に広く考えて行くならば、現代の独裁主義的な国家の立法といえども、単なる独裁者の一方的な意志のみによって行われていると見ることは出来ない。民意の動向を明察して、これを的確に指導して行くことは、独裁政治の妙諦である。そこでは、輿論は、「指導」を裏打ちする「信従」という形で、法の形成・運用の不可欠の基礎を成しているのである。指導者の指導を謳歌讃仰する社会心意の動きを、専政制度の下における「強制された承認」や「不承不承の承認」と同一視するのは、現代独裁政治の本質を正しく理解したものとはいい得ない。故に、輿論の発現形式としては、必ずしも議会中心の立法過程によることを必要としないのであって、単一の指導的人格を中核とする国民精神の結束もまた、一種の輿論であり、「日々に繰りかえされる国民投票」であるとも見ることが出来る。かく解するならば、輿論は、民主主義たると立憲主義たると独裁主義たるとを問わず、広く進歩した社会の実定法秩序の基礎を成しているといって差支えないであろう。

しかしながら、輿論説に対して提起しなければならないところの根本の疑問は、輿論は果していかなる輿論であっても、法の生成・存立の基礎たり得るか、あるいは、輿論には種々の差別があって、その中の特殊の輿論だけが法の効力の根拠としての役割を演ずるのであるか、ということである。

ダイシイは、特に第十九世紀のイギリスの輿論が立法過程の強い推進力となった次第を説述したのであるが、第十九世紀の輿論といえども、決して常に一定の方向のみに向って立法を指導して行ったという訳ではない。ダイシイによれば、第十九世紀の初頭に当っては、輿論はむしろ既存制度をそのままに支持して、法の変革を阻止していたのに反して、その中葉においては、個人主義の立場からの新立法が盛んに行われ、更にその末葉にいたっては、団体主義の輿論が立法を指導するようになったのである。それは、輿論の中に動きがあり、変遷があることを明らかに示しているのである。そうして、既に輿論に変遷があれば、同一時代に行われる輿論の中にも、異なる動向があり、異なる輿論動向の間に対立や矛盾の生ずるのも、また当然でなければならない。ダイシイも、第十九世紀の第一期から第二期への過渡期には、旧制度を支持する輿論と新立法を要望する輿論とが対立し、第二期から第三期に移る一八六〇年―一七〇年の頃には、個人主義と団体主義との間に新旧の衝突が行われたことを認めている。(2) そういう場合には、対立する輿論の一方が勢力を占めて他方の輿論を圧倒し、それが議会の多数を獲得して、あるいは、法をその所期の目的通りに安定せしめ、あるいは、法をその要望する方向に改革して行ったのである。その他、立法過程の上に決定的な影響力を示すにいたらずして終ったような、一時的な輿論動向をも考慮の中に入れるならば、輿論といっても、その中に、或る一定の社会および時代の諸条件の下において、法の効力の根拠または法の成立の基礎としての適格性を有するものと、しからざるものとの差別の存することが知られる。いいかえると、輿論には、最初から法を根拠づける資格のないものもあり、また、既に法を支持する力を喪失して了っているものもあり得るのである。したがって、輿論は輿論なるが故に、法を作り法を支持する力を有する、という主張は、そのままでは到底貫かれ得ないといわなければならない。

かように、輿論は、単質にあらずして多様である。不動にあらずして可変可動である。その間に在って、いずれの輿論が優勝して法の存続または変化を決定するかは、単に法を基礎づけるものは輿論であるといっただけでは、もとより解決出来ない問題である。

これに対して、人は、対立する輿論の間の優劣・勝敗を決するものは、結局は「数」であるというかも知れない。なるほど、議会では、数が法律案の可否を決定する。しかしながら、議会における多数決は、必ずしも国民の輿論の多数動向と一致しているとはかぎらない。一部階層の輿論が一般大衆の輿論を抑えて、議会の採決を支配する場合もあり得るのである。更に、よしんば国民の輿論の多数動向が常に立法を左右していると仮定しても、法が歴史的に変化して行く場合には、既存の法を支持する伝統の輿論に対して、新たな立法を必要なりとする新興の輿論が次第に勢力を占めて来なければならないであろう。かような新興輿論は、それが議会の多数を制して、新法律案を通過せしめるにいたった暁には、既に伝統の輿論を数において凌駕しているであろうけれども、その漸く崛起擡頭し始めた初期の状態を見るならば、きわめて少数の輿論であったに相違ない。その少数輿論が次第に多数輿論を蚕食して、逆に国民全体の思想動向を指導するにいたるという現象は、単なる「数」を以てしては説明出来ぬ問題なのである。故に、輿論が真の立法輿論たり得る根拠は、数以外の点に存するのでなければならない。

その他、一時的に多数を占めた輿論であっても、それが時代の要求と合致せず、策動や流行や群集心理によって動かされたものであった場合には、立法輿論たるの役割を演ずるにいたらずして、国民の健全な常識の覚醒につれて衰退消滅して了うであろう。さればこそ、ダイシイは、輿論が法の根拠として作用し得るためには、文化程度の向上と、合理的な立法機構の整備とが必要であるというのであるが、文化程度の向上した輿論にして始めて法の発達を指導し得るという議論は、既にその中に、法を作るに足りる輿論としからざる輿論との差別を予想しているものというべきであろう。いいかえるならば、輿論が法を基礎づけるという主張がなされている場合には、既にそれに先立って、少くとも無意識的に、真の立法輿論のみを取り出してこれこそ輿論であるとする、一種の輿論鑑別が行われているのであると見らるべきであろう。

故に、広く輿論という場合には、その中にいわば「真正の輿論」と「疑似の輿論」とが併せ含まれているのである。表面かつ一時は国民の多数を支配した輿論であっても、それが疑似の輿論である場合には、法を基礎づける力を発揮せずして衰退する。逆に、時代の必然性を担う真正の輿論であるならば、よしんば最初はきわめて少数の先覚者のみによって唱えられていても、やがては広く国民精神を指導風靡して、法を革新する立法輿論となって行くのである。それでは、何が少数の新興輿論をば真正の立法輿論の立場にまで高めて行くのであろうか。何故に、多数の輿論が、表面のみ多数を支配しているかのごとき外観を呈しながら、時代の動きと共に次第に内実のない空洞と化して、自然の脱皮作用によるもののように新たな輿論によって置き換えられて了うのであろうか。要するに、輿論は輿論なるが故に無条件に法の効力の根拠となるのではなく、真正の輿論のみが有効に法を基礎づけ得るのであるとするならば、何を以て「真正」の輿論を疑似の輿論から鑑別する規準となすべきであろうか。——それが、輿論説の是非とも通過せねばならぬ関門である。それが、輿論説の霞の奥に潜む法学のアポリアの真の姿である。

（1）デュギイは、ダイシイの説いたような法と輿論との関係は、単にイギリスにおいてのみでなく、あらゆる国家において、また、単に第十九世紀ばかりでなく、あらゆる時代を通じての真理であると主張する。ただし、デュギイによれば、輿論が立法の本質的な素因として作用するためには、一定の規則が社会的制裁の下に強行されていることを認め得る状態にまで達していなければならない。いいかえると、公衆の輿論は、輿論を構成する人々の意識が法的な内容を有するにいたって、始めて立法過程の素因となることが出来るのである。Léon Duguit : Les transformations du droit public, 1925, p. 78.

（2）Dicey : Law and Public Opinion, pp. 115-125, pp. 238-258.

三　輿論の真贋の鑑別

或る一定の社会において、輿論が分岐し、対立し、交替・変遷する場合、その中のいずれの輿論が法の効力の根拠となり、あるいは法の革新の原動力となるか。これを結果論的に見て、有効に法革新を成就し得た輿論は真正の立法輿論であり、既存法体制の牙城を動かし得なかった輿論は疑似の輿論であるといって了えば、問題は簡単に片づくけれども、それでは輿論と法との関係を科学的に解明し得たことにはならない。輿論は、いかなる性質を有し、いかなる資格を備えている場合に、法の存立の基礎となり、法の変動の素因となるのであろうか。立法輿論としての輿論の真贋は、何を標準として鑑別せられ得るのであろうか。

我が杉山直治郎博士は、嘗って法と輿論との関係を詳細に論究し、輿論を法の根拠と見る場合、「真正輿論」と「偽似輿論」とを明確に判別して行くことが根本の問題である所以を明らかにせられた。[1] 杉山博士の考察は、主として立法政策および法解釈学の観点に立って試みられ、したがって、その態度は理論的であるよりも実践的な方面に重心が置かれているが、これを法の効力の根拠の理論として見ても、その中に多くの重要な示唆が含まれている。

杉山博士によれば、輿論を重要視する傾向は近代思潮の通有性であるが、特に法と輿論との関係については三つの思想を区別することが出来る、第一の思想は、輿論が法の上に事実上大きな影響を及ぼすことを認めながらも、輿論には「誤謬に陥るの虞れある盲動力」が含まれているが故に、謬れる輿論に対しては、立法上も解釈上も断乎として反抗せねばならぬ、と考える。すなわち、輿論閑却の態度である。(2) 第二の思想は、これとは全く反対に、輿論は単に法の形成や変更の原動力であるばかりでなく、むしろ輿論そのものが法なのであると説く。すなわち、輿論即法の思想である。(3) 第三は、これら両者の中間に位するものであって、輿論の疎外に走らず、輿論至上主義に流れず、その中庸を探ろうとする。すなわち、輿論の相対的尊重の思想である。(4) 杉山博士は、これらについて、まず第一の輿論閑却の思想を批判し、法に対する輿論の勢力を無視することは、現代の進歩した社会においては単に事実上不可能であるばかりでなく、当為の見地・理想の立場から見ても決して妥当でない、と説かれる。何故ならば、輿論は法の新たな形成の不可欠の一要素であると同時に、法が法として行われる所以の原動力とも密接な関係を有し、その中に社会正義を表現している場合も決して稀ではないからである。(5) かように、輿論をば「法の形成要件及び法の存続要件」に数えておられる点では、杉山博士の見解もまた、法の効力の根拠に関する輿論説に属するといってよいであろう。

しかしながら、杉山博士にしたがえば、輿論には社会正義を表現する「光明方面」があると同時に、その反面にはまた、重大な「陰影方面」が存することを忘れてはならない。輿論を尊重する態度が、時に「衆愚主義」または「素人主義」と呼ばれ、これを排斥して「哲人主義」や「専門家主義」を採る必要が説かれるのは、輿論の陰影方面に関するかぎり大いに理由のあることである。一国における輿論は、純理的に厳格にいえば、「国民全員一致の意見、感想又は要求」を意味すべきであろうが、実際には、社会が進めば進むほど全員一致の輿論の成立はますます不可能となり、単なる「多数意見」が輿論として行われるようになる。しかも、外見上は多数の意見として行われているものが、実は、誇張された言語や巧妙な瞞著手段によって輿論のごとくに見せかけられた少数意見、または、きわめて一部の野心家の意見に過ぎないことも稀ではない。例えば、野心家や名聞家が公衆や群集の窮迫状態・利己心・近視眼性などの弱点を巧みに捉え、人気取り的放言・欺瞞的約束・煽動的宣伝などによってこれを悪導し、以て自己に有利な輿論を形成するような場合には、輿論濫用の危険はすこぶる大である。すなわち、そのような場合には、「真正輿論」の代りに「偽似輿論」が行われているのである。その他、都市の輿論が不当に地方の輿論に優勝したり、一時的の輿論や衰退輿論が現在の指導的輿論であるかのごとくに見謬られたりすることも少くない。輿論には、かような陰影や錯誤が伴うが故に、無条件に輿論を尊重し、輿論の帰着するところがすなわち法である、という風に考える第二説もまた、極端に走った議論であるといわなければならない[6]。

杉山博士は、かくのごとくに、第一の輿論閑却の思想も、第二の輿論絶対尊重の思想も、共にそのままでは採用すべからざる所以を明らかにし、第三の相対的輿論尊重主義に賛成せられる。すなわち、善い意味での「輿論主義」を出来るだけ発揮せしめることは必要であるが、輿論主義には欠陥があり限度がある故に、これに「哲人主義」を加味し、輿論の善導と調節とを計らなければならない、と論ぜられる[7]。殊に、「法律的輿論」については、法に関する論議が高度に専門化した知識を前提とする結果として、一般の輿論に対する場合よりも、専門家の意見による哲人主義的の調整を加える必要が一層大きいのである[8]。

これを要するに、杉山博士の場合にも、輿論は法の形成および存立の根拠として重要な役割を演ずることが認められている。しかし、輿論には真正の輿論があると同時に、疑似の輿論もある。持続的な輿論があると共に、一時的な輿論もある。真正の、持続的の輿論は、法を動かす有力な素因であるが、疑似の、一時的の輿論に対しては、法はむしろ逆に、これによって社会制度が軽々しく動かされることを防ぐ防塞となり、牙城となるのである。それでは、輿論の中に混在しているところの真実と虚妄・持続的なるものと一時的なるものとの鑑別は、何を標準としてなされ得るのであろうか。

この点に関しては、杉山博士もまた、輿論の真贋の識別が決して容易な問題でないことを認められる[9]。けれども、輿論の内容が社会正義に根ざし、社会の深い信念や利益を基礎としている場合には、その輿論は真正の輿論として持続的に行われ得る筈でなければならぬ。例えば、「法の内容が正義と社会要求とに適合するものであると言ふことが国民の心の鏡に映つること」が、輿論をして法を支持せしめるのである[10]。あるいは、「輿論が持続的である場合には、よくよくの深き社会的根蔕がなくてはならぬ。即ち其社会の根本利益や大信念に根ざすものたるを思はしめる理由がある」のである。(1) 故に、法の成立を促し、法の効力を根拠づけるところの輿論は、単なる輿論ではなくして、社会の正義・社会の目的に適うような輿論でなければならぬ。いいかえれば、輿論が輿論として法を基礎づけている根柢には、更に深いところに社会の正義・社会の目的というような客観的な契機が潜んでいなければならぬ。輿論説は、単なる輿論説としては、法の最後の根拠を見窮めることは出来ない。法は輿論によって基礎づけられているが、輿論をして法を基礎づけしめているものは、主観的な社会心意の動きを超越する客観的な目的であり、理念である。輿論説は、かような法存立の最後の根拠を探ねて行くことによって、輿論を通過して輿論の彼岸に進むべき運命を荷うているのである。

つまり、これまで順次に考察して来たところの承認説と輿論説とは、法の下に生活する一般民衆が法に対して与える精神的支持の中に法の効力の根拠を求めている点で、難攻不落の法学のアポリアを克服するために共同の攻撃路を選んでいるのである。しかし、承認説が問題解決の鍵として提供する「承認」の概念は、分析して見ると、擬制に等しい空疎な内容をしか持っていない。したがって、承認説の陣営から発射された砲弾は、ほぼ正しい照準点に到達しているにもかかわらず、徒らに不発に終った観がある。これに対して輿論説は、法の形成および法の存立の上に及ぼされる「輿論」の作用を深く吟味することによって、確かに敵の防壁の一つを撃破し得たものということが出来る。けれども、輿論説が打開し得た防壁も、実は問題の外側防禦線に過ぎないのであって、いまだ法学のアポリアの最後の拠点そのものではなかった。何故ならば、輿論は単なる輿論として法を基礎づけているのではなく、輿論の背後には、更に輿論をば法構成の素因たらしめている客観的な契機の潜んでいることが、打開された破孔を通して窺われ得るからである。故に、輿論説を一つの前進陣地として利用しつつ、そこから改めて法の効力の根拠の奥底に達すべき突撃路を開拓することに、これからの論述の焦点を向けて行かなければならない。

(1) 杉山博士・輿論と法律、法学志林、第二十一・第二十二巻、大正八・九年。杉山博士の言葉を引用する場合には、原文の片仮名を平仮名にしてある。
(2) 杉山博士によれば、第一の輿論閑却の思想を代表する者は、ジェニイである。法学志林、第二十一巻、第十号、六頁以下。
(3) 杉山博士によれば、第二の輿論即法の思想の代表者は、デュギイ、カントロウィッチ、等である。同右、八頁以下。
(4) 杉山博士によれば、第三の輿論の相対的尊重の傾向に属する者は、ファン・カルカア、サレイユ、等である。同右、二〇頁以下。
(5) 法学志林、第二十二巻、第二号、一八頁以下。
(6) 同右、第三号、三頁以下。
(7) 同右、第七号、六四頁以下。
(8) 同右、第十号、七九頁以下、八八頁以下。
(9) 同右、第三号、八頁。
(10) 同右、第二号、二〇頁。
(11) 同右。

第七節　団体意志説

一　輿論と普遍意志

輿論は、単に輿論であるというだけで、法の存立を支持し、または法の発展を指導し得るものではない。輿論の中に、個人の肆意や主観を超越する客観的の目的が内在し、時代の要求に適うた具体的の理念が脈動しているときにおいて、輿論は始めて真に法の効力を根拠づけ、あるいは有効な立法輿論として作用することが出来るのである。かように、輿論の根柢に在る客観的な理念の働きは、これが実現を目指すところの精神動向の側面から見るならば、一つの「意志」の力であるということが出来よう。しかも、その意志は、意志の目指す目的が個人の主観目的ではなく、歴史の理念を具現する客観目的である以上、それ自身また単なる個人意志ではなく、超個人的な「団体意志」（Gemeinwille）であり、超主観的な「客観精神」（objektiver Geist）であると考えられなければならないであろう。すなわち、輿論は、単なる個人意志の集積に過ぎぬかぎり、「疑似」の輿論であり、輿論の「仮象」であって、法創造の原動力とはなり得ない。これに反して、輿論が団体意志を代表し、客観精神を表現している場合には、それは、正に法を作り法を動かすところの「真正」の輿論であり、輿論の「本質」なのである。法を支持し、法を動かすものは、輿論を通じて顕現する普遍意志であり、団体意志である。――そういう「団体意志説」（Gemeinwillentheorie）の立場は、ヘエゲルによって基礎づけられ、ヘエゲルの流れを汲む学者によって、現代にも継承されて来ている。

ヘエゲルは、その不朽の名著たる『法哲学綱要』の中で輿論の問題に論及し、輿論について「本質」（Wesen）と「仮象」（Schein）とを区別した上で、輿論の本質をば国家の「普遍意志」（allgemeiner Wille）の表現たる点に求めた。

ヘエゲルの法哲学の根本思想は、法をば「自由なる意志」の弁証法的な自己実現の過程と見るところに在る。[1] ヘエゲルにとっては、意志は本来自由なるものであり、自由のない意志は実存する意志とは認められ得ない。しかるに、自由とは、自己自身の中に純粋の無規定性の契機を含んでいるということを意味する。それは、自己自身によってのみ規定され、自己以外の何ものによっても限界づけられない、という状態である。故に、自由なる意志は、局限された小我の殻を破って、普遍の世界に自己を拡大する可能性を有する。そこに、意志の本質たる「普遍性」（Allgemeinheit）がある。いいかえると、自由なる意志は、すなわち普遍意志でなければならぬ。普遍意志が自由に自己を実現して行く過程において、法が生成し、法が発展して行くのである。

しかし、普遍意志の自己実現の過程は、決して平坦一路の前進ではなくして、常にその中に弁証法的な否定面を伴うのである。私は、私の思うがままにいかなることをも意志することが出来る。自己の思想を以て人類全体を動かそ

う と意志することも出来、普遍の世界を「われ」と観ずることも意のままである。そこに、意志の、純粋に抽象的な可能性または普遍性が現れて来る。けれども、かような抽象的の普遍性は、いまだ即自の自由・即自の普遍であって、実現された意志の自由ではない。私は、何ごとをもなそうとしてなし得ぬことはない、と考える。しかし、それを現実に試みて見て、実は、何ごとをもなし得ぬことを知るとき、私は、私自身の弱小・無力・不自由を痛感しなければならない。私の計画は、外界の障碍に遭って挫折する。私の意志は、他人の意志によって阻止される。その場合の意志は、私という小さな個別者の立場に限定された意志であり、したがって、自由という本質を喪失した状態に在る。すなわち、そこに、意志の否定面としての個別性・特殊性・絶対被規定性の契機が現れて来る。

故に、自由が「実現」され得るがためには、かような自由意志の否定面が更に否定されることによって、意志本来の普遍性が恢復されなければならない。換言すれば、意志は、個別意志の段階から、ふたたび普遍意志の立場に復帰して行かなければならない。私が弱小・無力・不自由であるのは、私が私という「個別者」(das Einzelne)の立場に跼蹐しているからである。もしも、私がかかる個別者の立場への執著を棄てて、個我を超越しつつしかも個我を包摂する「普遍者」(das Allgemeine)の立場に合体するならば、私はそこに、小我の否定を通じての大我の自由を発見するであろう。真の自由を実現し、歴史を動かして、しかも自ら歴史を建設し得るものは、独りただかかる具体的普遍者の普遍意志である。実現された自由意志とは、普遍者の意志、すなわち超個人的な人間団体または共同体の意志である。ヘエゲルは、かような自由意志を実現する人間共同体をば、「道義態」(Sittlichkeit)と名づけた。

故に、道義態の段階に達した普遍意志は、抽象的な普遍性をも、同じく抽象的な個別性をも、共に止揚している。しかも、その中に、普遍性の契機と共に個別性の契機を併せ含んでいるのである。したがって、道義態の普遍性は、人類全体・世界全体というような無限界の普遍性ではなく、特殊・個別の立場からの限定を受けた具体的の普遍性である。或る特定の道義態、いいかえると、歴史的に制約された特殊の人間共同体の普遍意志にして始めて、法を作り、法を支持し、法を動かして行くことが出来るのである。かように、道義態の普遍意志は、普遍性の契機と個別性の契機とを併せ含むものであるからして、それら両契機の内在的比重の関係によって、更に道義態それ自身の弁証法的発展が行われる。すなわち、個別性の契機に対して普遍性の契機が一方的に優越している道義態の段階は、「家族」である。これに反して、普遍者の蔭に隠れていた個別者が一斉に前面に進出し、普遍性の契機を圧して個我跳梁の場面を現出せしめている段階は、「市民社会」である。共に、道義態としてはいまだ十全具足の境地に達したものではない。道義態は、普遍性の中に個別性を包容し、普遍意志が個別意志を圧倒する代りに、個別意志の自覚を通じて自己自身を実現する段階にいたって、始めて最高度の実在性を発揮する。それが、即自向自に自由なる最高の道義態としての「国家」である。自由なる意志は、国家において完全に実現される。個別意志は、国家の普遍意志と合体することによって、誠の自由を享受する。したがって、自由なる意志たることを本質とする法もまた、国家の普遍意志の現れとなることによって、実在する法となる。(2) 法は、国家の普遍意志の現れなるが故に、法たるの効力を発揮する。それであるから、ヘエゲルの法哲学にとっては、法の効力の真の根拠は、法が国家の普遍意志の顕現である点に、そうして独りただその点にのみ求められ得るのである。

法は、国家の普遍意志の現れである。しかし、ヘエゲルの確信するところにしたがえば、国家の普遍意志は必ず「個別意志の自覚」を通じて実現される。そこが、同じ道義態であっても、国家と家族——家族においては、家族員の個別意志は家族全体の普遍意志の蔭に埋没して、無自覚の状態に停頓している——との大きな相違点である。国家の国家たる所以は、個人の明確な自覚を促し、各人の判断と意欲とによって普遍者の発展に参画・寄与せしめるところに在る。(3) そこに国家における個別性の契機が生きて働いているのであり、国家によって止揚された市民社会の要素が、新たな意味を佩びて国家の中に再現せしめられているのである。ただ、国家における個別性の契機は、市民社会におけるがごとき対立の状態に置かれてはならない。個人がそれぞれ特殊の利害関係に拘泥して、国家の普遍的な立場を忘れて了うならば、それは単なる市民社会への復帰であるに過ぎない。そこで、国家の中には、互に対立・反撥し勝ちな特殊の立場を相互に媒介し、個人意志の特殊性をば国家意志の普遍性にまで高める制度が設けられる必要がある。ヘエゲルは、かように市民社会に固有な個別性の対立を媒介し、個人意志の特殊性をば国家意志の普遍性に高める制度を、「等族代表」(Ständevertretung)の議会に求めた。(4) 貴族・僧侶・庶民という三つの等族の代表者たちが議会に参集し、それぞれ異なる立場から普遍的な国事をば共に認識し、共に審議し、共に決定して行くことによって、特殊の利害関係に跼蹐していた国民の眼が、国家の大事に向って見開かれ得るようになる。いいかえると、等族会議を修道場とすることによって、国民の特殊個別の精神が普遍性の立場にまで教化・昂揚せられ、国家の本質を洞察し、理性によって国家の問題を判断し得るだけの「輿論」(öffentliche Meinung)が形作られる。[5]さような輿論が議会を通じて国家の立場に参与するということは、正に、普遍性と個別性とを綜合する国家的普遍意志の顕現であるといわなければならぬ。

故に、輿論は、国家の普遍意志の動向をその中に表現している場合には、法の基礎であり、またそれ自体が法なのである。それが、輿論の本質的根柢である。しかし、輿論の中には、決して常に国家の普遍意志が顕現しているとはかぎらない。輿論は、その反面また、依然として市民社会的な特殊性の立場に囚われた、多数個人の主観的臆見の集積に過ぎぬ場合もある。それは輿論の仮象に他ならない。すなわち、輿論は真理を含むと同時に、真理の仮象をも含むのである。本質性と同時に、非本質性をも併せ有するのである。健全な人間悟性の道義的基礎に立脚しつつ、偏見の殻を破って正義の諸原理を洞察し、国家の組織や法の内容を正しく把握するのも、輿論である。けれども、個々の立場の特殊性に執著し、真理の名の下に偶然の臆断を粉飾し、偏見を以て真実の認識を掩蔽して了うものも、また輿論である。[6]「それ故に、輿論は尊敬せらるべきであると共に、侮蔑せらるべきである。侮蔑せらるべきは輿論の具体的意識および表現であり、尊敬に値するものは輿論の本質的根柢である」[7]。輿論には、かように真実と虚構とが混在しているが、輿論それ自体にはこれら両者を識別する力はない。そこで、輿論における真実を発見する職務は、「偉人」の手に委ねられることになる。輿論を通じて歴史の動向を洞察し、これを実現して行く者は、その時代の偉人である。これに反して、ここに語られ、かしこに聞える区々たる輿論を侮蔑し得ない者は、偉人たるの資格を持たない。[8]

(1) 以下、Hegel: Grundlinien der Philosophie des Rechts, 1821 によって、ヘエゲルの法哲学の根本思想を要約して見た。しかし、これは、私の咀嚼し得たかぎりにおいてのヘエゲルであって、引例・解説、共にヘエゲルの論述の忠実な描写ではない。したがって、厳密なヘエゲル解釈の立場からいえば、当を得ない点があるであろうことを虞れる。

（2）ヘエゲルによれば、普遍意志は、「道義態」（Sittlichkeit）の段階に達する前に、なお、「抽象的法」（abstraktes Recht）および「道徳」（Moralität）の二つの過程を経る。抽象的法は、意志が、或る法的人格者の意志として外界の物を支配することによって成立する。それは、「物」（Sache）を支配することを以て自由なりとする思想に立脚するのであり、したがって、所有権は抽象的法の典型である。これを「法」と訳さずして「権利」といった方が、この状態に在る意志の特質を一層よく表現し得るであろう。抽象的なる権利、殊に所有権を以て自由の基礎であると考えたのは、啓蒙的自然法の自由思想に他ならない。しかし、「物」を支配し得るという自由は、いまだ真の自由ではない。自由とは、自己自らの意志を以て自己自身を規律することである。外界の事物に向けられていた意志が、転じて自己自身の立場に還り、自律の自由を以て自由となすにいたった状態が、すなわち道徳である。カントは、啓蒙的自然法の自由主義を脱却して、かような道徳的自己規律の意味での新たな自由を説いた。けれども、カントの説く自由は、存在の法則と対立する単なる当為としての自由である。故に、それもまた、いまだ「実現された」自由ではない。意志の自由の実現は、抽象的の権利をも、カントのいうような当為としての道徳をも、共に乗り越えたところの「道義態」にいたって、始めて可能となる。すなわち、ヘエゲルにしたがえば、実在する法は、道義態の世界にのみ存在するのである。いいかえると、抽象的法の段階は、「法」とはいいながら、なお抽象的の権利であって、実在する法ではないのである。

（3）Hegel: Grundlinien der Philosophie des Rechts, herausgegeben von Georg Lasson, 2. Aufl., 1921, S. 195 ff.

（4）「等族の本来の概念規定は、それ故に次の点に求められなければならない。すなわち、一般的自由という主観的契機が、いいかえると、私のこの論述に当って市民社会と呼ばれた領域に特有の考え方や特有の意志が、等族において、国家と関係づけられつつ実存するにいたる、という点に求められなければならない。」A. a. O., S. 247.

（5）A. a. O., S. 255 f. Vgl. Zusätze aus Hegels Vorlesungen, zusammengestellt von Eduard Gans, a. a. O., S. 367 f., Zusätze zu § 315, § 316.

（6）A. a. O., S. 256 f.

（7）A. a. O., S. 257 f.

(8) A. a. O., S. 368, Zusatz zu § 318.

二　団体意志と法

ヘエゲルによれば、輿論は輿論なるが故に法を創造する力を有するのではない。法の形成の原動力たる輿論は、輿論の本質的根柢であって、仮象としての輿論ではない。しかるに、輿論の本質的根柢は、輿論が国家の普遍意志と動向を同じくしているところに存する。[1]故に、この見解を突きつめて行けば、普遍意志と法との間に輿論という媒介者を置くことは、むしろ不必要な迂路とも考えられて来るであろう。法は普遍意志の現れであり、普遍意志の現れ以外の何ものでもないのである。それが、輿論という形を取って現れて来るというのは、法形成の本質から見て、別段に必然的な意味を持つ事柄ではない。ヘエゲルは、立憲主義の国家形態を国家本然の姿と見たが故に、議会制度を通じての輿論の作用を比較的に重要視したに過ぎない。これを更に徹底させて、輿論となって現れると現れないとを問わず、法は普遍意志の動向たることによって法となるものと考えるならば、そうして、普遍意志を特に国家の普遍意志と見る国家本位の立場をば、国家の根柢に在る「民族共同体」(Volksgemeinschaft) を中心とする民族本位の立場によって置き換えるならば、法は民族共同体の「団体意志」であるという結論に到達するであろう。

ビンダアと共に現代のドイツ法哲学界における「新ヘエゲル学派」を代表するラレンツは、正にかような方向に向ってヘエゲルの精神を祖述し、法の効力の根拠の問題をば、「団体意志」の理念によって解決しようと試みたのである。[2]

前に述べたように、ラレンツは、法の効力について規範的効力と事実的効力とを区別している。その点で、彼れもまた、法の観念的な「妥当性」と法の事実上の「実効性」とが、少くとも問題としては一応別々に取り上げられ得ることを認めているのである。しかしながら、ラレンツの拠って立つところの「客観的観念論」(objektiver Idealismus) の立場からいうならば、理念は同時に実在であり、真の実在は客観的な理念以外の何ものでもあり得ない。故に、法もまた、理念なるが故に実在するのであり、実在する理念なるが故に現実に行われているのである。それであるから、法が理念として持つ「実現への要求」は、事実上の実現ということから離れた非現実的な妥当性ではなく、常に事実の上に働きかけて、事実をその要求に合致せしめて行く実効的な力を意味しなければならない。法における当為と存在とは、決して根本の対立を成すものではなくして、対立しつつ統一する法の弁証法的存在性格でなければならない。そこで、ラレンツは、法の効力の問題を一応は「妥当性」と「実効性」とに、区別しながらも、結局これを法のただ一つの実在様式として綜合し、法に内在する理念の力が現れて、法を法として現実に行わしめるのである、という風に考えようとした(3)。

ラレンツによれば、法の妥当性、すなわち、事実の如何にかかわらない法の絶対の効力を法の本質属性と見るのは、「自然法」の立場である。自然法は時間と場所とを超越して妥当する。しかし、それは実定法のように実在する法ではない。これに対して、時間的空間的の世界において現実に行われているもののみが法である、と見るのは、「実証主義」の態度である。実証主義の見地からいえば、実定法のみが法である。したがって、時間と場所とを超越する自然法は、法ではあり得ない。実証主義にとっては、法が理念によって動くというようなことは、問題にされる余地はない。実証主義の立場は、理念というような超経験的な契機とは没交渉に、ただ現実に行われている法を取り上げて、これを考察して行くのである。けれども、かように対立する二つの立場のいずれを以てしても、法の効力の問題を解決することは出来ない。

法は歴史的の存在である。故に、法は常に必ず実定法として現れる。法の効力とは、ひとりただ実定法の効力を意味せねばならぬ。それ故に、法が歴史を超越する不易の効力を有すると做す自然法の主張は、排斥されなければならぬ。けれども、実定法が発揮する効力は、決して実証主義の考えるように、「理念」と無関係な効力ではない。法は客観的な理念であり、したがって、法は理念と合致するところにのみ効力を発揮する。法の効力とは、理念そのものの力なのである。しかも、その理念は、単なる永遠絶対の抽象者ではなく、歴史的に実在する具体者でなければならぬ。かように歴史的に実在する理念が法を創造し、法の効力の中に自己を実現して行くのである。故に、法の効力は超時間的でもなく、時間的でもない。単なる妥当性でもなく、また単なる実効性でもない。それは、超時間的なる客観理念の時間的実在化であり、妥当的なるが故に実効的なる法の唯一の存在性格を意味する。かように考えることによって、自然法と実証主義とは共に克服され、法の効力は歴史的具体者としての理念の力に帰一還元される。それがヘエゲルの客観精神の哲学であり、ヘエゲルに従って理念の実在を認める「客観的観念論」の立場である。[4]

さて、それでは、法となって自己を顕現し、法を実定法として効力あらしめているところの理念とは、一体いかなるものであろうか。

ラレンツは、この問題について、ドイツにおける民族社会主義の発展、ならびにその帰結たる「指導者国家」の確立と共に、ビンダアと並んで現実政治の動きと歩調を合せ、旗幟鮮明な民族主義の団体意志説を唱うるにいたった。ラレンツによれば、歴史的に自己を顕現する理念は、個人を超越する「民族」によって運載され、「民族共同体」の意志となって作用するのである。故に、法は、実在する民族共同体の生存形式であり、法団体たる民族の生きた意志に他ならない。[5] 法は、実在する民族共同体の意志であるから、それ自身また明らかなる実在である。実在なるが故に、法は現実に行われているのである。したがって、法をば単なる「規範」として実在と対立せしめるのは、法の本質に対する根本の誤解であるといわねばならぬ。[6] しかし、さればといって、法には規範たるの意味が全然ないという訳ではない。法は、「団体意志」の理念が現実化したものである。それであるから、これを団体意志の立場から見るならば、法は飽くまでも「実在」である。けれども、もしも「個人意志」が団体意志の動向から逸脱して、勝手な方向に作用しようとする場合には、法はその個人意志の動きに対しては、「規範」たるの意味を発揮する。[7] 法は、個人意志の則るべき当為であり、個人意志の動きの如何にかかわらず妥当するのである。ただし、この当為性は、個体意志が実在する団体意志から逸脱しようとするところに生ずるのであるから、それは決して実在と対立する当為ではなく、正に実在に根ざした当為でなければならない。さればこそ法は、よしんば若干の個人が法に違反することがあっても、これに対して有効に制裁を加え、刑罰を科し、以て民族共同体の生存形式を確保して行く力を有するのである。「それ故に、規範の観念的効力と、それが遵守されるという意味での現実的効力とは、同一の基礎の上に立っている。一層正確にいうならば、それら二つの効力は、単一の実在たる団体意志の二つの現象形態に他ならぬ[8]」。――これを以て、ラレンツは、団体意志の理念に立脚する法の効力根拠の問題への最後の断案とするのである。

（1）ヘエゲルは、本質的なる輿論と仮象としての輿論とを区別する。この区別の尺度となっているものは、普遍意志の理念である。すなわち、輿論は公衆の意見であるが、公衆の意見がそのままに普遍意志を表現している場合には、それは尊敬さるべき輿論の本質であり、輿論が公衆の特殊意志の集積された表現に過ぎぬ場合には、それは侮蔑さるべき輿論の仮象に他ならない。つまり、そこでは、普遍と特殊、全体と個体の差別が輿論の真贋鑑別の標準となっている訳である。

　これと同じ方法による輿論の類別は、ヘエゲルの社会哲学の亜流ともいうべきテンニイスの『輿論の批判』の中にも見出される。テンニイスによれば、輿論の考察に当って特に必要であるのは、互に矛盾し合っている多様の見解や願望や意図の集積としての輿論と、単一の「動力」（Potenz）・「共同意志」（gemeinsamer Wille）の表現としての輿論とを区別することである。前者は単なる「公然の意見」（öffentliche Meinung）であって、それが社会的な統一体――例えば国家――の構成員の意見である場合には、その中に自らに一つの統一性を示しているように見えるけれども、その実その内容は雑多であって、互に矛盾もしているし、互に激しく相争っていることもある。それは、あたかも単一の容器の中に雑多な内容が混合されているようなものである。しかるに、後者は「真実の輿論」（d i e öffentliche Meinung）であって、輿論の誠の統一性は後者についてのみ認めることが出来る。何故ならば、「真実の輿論」は本質的に――特に政治的に――結合された全体の統一的な意志であり、一つの意志として活動する力を意味するからである、と。すなわち、テンニイスの場合にも、輿論を真実の輿論たらしめるものは、社会的な普遍意志に他ならないのである。Ferdinand Tönnies: Kritik der öffentlichen Meinung, 1922, Vorwort VI, S. 129 ff.

（2）ビンダアは、最初は新カント主義から出発して、シュタムラアの法哲学を批判し（Julius Binder: Rechtsbegriff und Rechtsidee, 1915）、次いで、その主著『法哲学』（Philosophie des Rechts, 1925）では相当にヘエゲル哲学への接近を示し、更に近時にいたって、民族社会主義の政治理念を正面から掲げると同時に、純然たるヘエゲルの使徒と化した

(Grundlegung zur Rechtsphilosophie, 1935; System der Rechtsphilosophie, 1937)。その最近の著書は、小野清一郎教授の評せられるように、全く「ヘーゲル法律哲学の現代版」とも称せらるべきものとなっている(法学評論、下・昭和十四年、七〇頁)。ビンダアのヘエゲル主義的法哲学の要旨、およびこれに対する批判については、拙稿・ヘエゲル法哲学と指導者国家、佐々木博士還暦記念・国家及法律の理論、昭和十三年、七一頁以下参照。

(3) 前出、第二章、第二節、三、参照。

(4) Larenz: Das Problem der Rechtsgeltung, S. 26 f.

(5) Larenz: Deutsche Rechtserneuerung und Rechtsphilosophie, S. 26.

(6) A. a. O., S. 19 ff.

(7) A. a. O., S. 20.

(8) A. a. O., S. 30.

三　団体意志と法の目的

ヘエゲルより出でてラレンツにいたる客観的観念論の法哲学は、法の効力をば歴史的に自己を実現して行く客観理念の作用として説明している点で、確かに問題の核心に迫っているということが出来る。法の中には理念が内在している。しかも、それは、単に「正義」という一語を以て表現し尽くし得るような、普遍絶対の抽象理念ではなく、時代によって内容も変化し、社会によって特色を異にするところの、複雑多様な具体理念である。法が或る社会・或る時代の指導理念にしたがって組織立てられており、道徳・政治・宗教・経済・技術、等の諸目的に適うた内容を有する場合には、その法は、単に規範として妥当するばかりでなく、同時に事実の中に実現され得るという可能性——実定性——を発揮する。これに反して、時代の指導理念が動き、諸般の社会目的の相互関係に変化が生じて来れば、従来の法秩序の体制はそれによって動かされ、新たな法の定立が盛んに行われるようになる。故に、法を作り、法を支え、法を動かすものは、歴史と共に発展する法の具体理念であり、法を通じて実現を求めている人間共同生活の客観目的に他ならないのである。

この関係は、これまでに、法の効力の根拠に関する諸学説を順次検討することによって、次第に考察の前景に浮び上って来たところの必然的な結論であるといってよいであろう。

すなわち、法が一定の理念の下に整序され、法に内在する目的の聯関が秩序ある調和を保っている間は、法体系そのものの中に矛盾や対立の生ずる虞れは、比較的に少い。その法体系に属するすべての法規が、上下の段階を成して排列されている場合には、法はその段階に従って、上位の規範は下位の規範の効力を制約し、下位の規範は上位規範の規範意味を忠実に実現し、その間に妥当性と実効性の調和を確保して行くことが出来る。それは、法の「安定性」の理念に最もよく適った実定法秩序の体制なのである。かように、法の安定性の理念を中心として、各種の法目的が相互に諧調を保ちながら、法規範の位階秩序に沿うて実現されて行く秩序体制は、ほぼ法段階説によって説かれたような相貌を呈するであろう。

しかしながら、法の目的は歴史と共に変化する。法の目的が変化すれば、法体系がいかに安定の状態を保って行こうとしても、往々にして法規範段階の妥当性の聯関を裏切るような法の動きの生ずることを免れ難い。そこに、いわゆる非法の世界からの法の成立という問題が起って来る。事実の規範力説は、この問題に答えようとして登場したのである。事実の規範力説は、非法が化して法となるのは、事実そのものの中に規範に化成する力が内在しているためである、と論ずる。けれども、これは明らかな謬りであって、事実が事実のままに放置されているかぎり、いつまで経ってもその中から規範が生れ出て来る筈はない。事実が化して法となるように見えるのは、何らかの目的に基づいて、事実に対する「規範意味賦与」の作用が営まれるためである。ただ、その作用が明確な自覚と意図とを伴う法定立行為として行われないために、あたかも事実それ自身の力によって法が成立するかのごとき外観を呈しているに過ぎない。

その他、実力説にせよ、承認説にせよ、輿論説にせよ、それぞれ異なる視角から法の生成を論じ、法の効力の根拠を窮めようとしているのであるが、これらの学説の論拠を詮じつめて行けば、結局やはり、歴史の理念・社会の目的が、法を支持し、あるいは法を発展せしめる原動力であることが知られる。いかに強大な権力者の支配といえども、天の時・人の和を失うときは、世の習いたる栄枯盛衰の過程を経て、遂には脆くも崩壊し去るであろう。天の時とは、時代の指導理念であり、人の和とは、支配を支持する人心の統合協和である。これを、被支配者の側から見て、あるいは承認と呼び、あるいは輿論と名づけても、結局やはり、理念を離れて社会を動かす力はなく、目的のないところには承認も輿論も存し得ぬことが明らかにされる。法たる力は、理念により目的によって基礎づけられる。社会目的の相互調和は安定した法秩序存立の根柢であり、理念の歴史的発展は法の生成変化の根本動因である。かくのごとくに、歴史的に発展する理念に問題の核心を求め、そこに考察の焦点を向けたということは、そのかぎりにおいて、客観的観念論の大きな卓見と認められなければならない。

けれども、ヘエゲルにせよラレンツにせよ、法を作り、法を支え、法を動かす力は理念の力であると主張しながら、その理念そのものの具体的内容を検討する代りに、直ちにこれを「普遍意志」または「団体意志」の概念によって置き換えている。それでは、法の本体はふたたび形而上学の煙幕の中に隠れ去って、これを科学的に窮明することを妨げて了うのである。殊に、団体意志説は、法をば無条件に国家の普遍意志または民族の団体意志の現れと見ることによって、国家あるいは民族の行動を絶対化し、法がこれらの行動に対して有する規制原理としての意味を否定している。ここにいたって、その主張は、忽ちにして科学的理論性を喪失し、露骨な政治上の実践動向としての正体を暴露せざるを得ない。国家には理念があり、民族にもその目的があろう。しかし、その理念・その目的を基礎として法が発達した場合、法は、全体の目的に適うように個人の行動を規律すると共に、それがまた同時に国家の活動の軌条となり、民族生活の規準を定めることとなって来るのである。理念に適い、目的に沿うということは、超個人的な全体にとっても、単なる事実ではなくして、事実に対する当為としての意味を有する。故に、法は、個体に対しての規範であるに留まらず、団体に対してもまた規範たるの性格を備えておらなければならぬ。しかるに、団体意志説のように、法を絶対に、かつ一方的に、実在する団体意志の動向のみに依存せしめて了うならば、団体の行うところ、団体の行わんとするところ、その内容の如何を問わず法ならざるはなし、ということとなり、結局、団体の「無法」をも「法」と認むるの他なき結果に立ちいたるであろう。法の根拠を団体意志に求めることは、かような「無法の法」を認めることに帰著してはならぬのである。[1]

法は人間の意志活動によって実現される。それ故に、法の効力の根拠として人間の意志、殊に超個人的な団体意志というがごときものを掲げることは、確かに一応理由のあることである。けれども、「意志」とは一定の「目標」に向けられた人間精神の作用を意味する。目標を離れた意志は、もはやその目標を実現する力とはなり得ない。否、反対に、その目標を破壊する力ともなり兼ねないのである。しかも、それにもかかわらず、人間の意志が常に一定の目標を志向し、その目標の達成に向って作用して行くというのは、目標そのものの中に達成せらるべき意義があり、意志を牽引指導するに足りる価値が内在しているためである。すなわち、意志あるが故に目標が存するのではなく、目標あるが故にこそ意志が一定方向に向って作用するのである。故に、法を実現するものは「意志」の力であるというのは、問題の最後の断案にはならない。最後の問題は、法の中にいかなる「目的」があって、それが人間意志の作用を牽引指導する力を有するか、という点に存する。意志あっての目的ではなく、目的あっての意志である。個人意志にせよ、団体意志にせよ、意志を以て法の窮極の根拠たらしめようとする説は、実はなおかつ問題の窮極点には到達しておらないといわなければならない。

のみならず、法の目的は単一ではなく複雑である。恒常にあらずして変化する。複雑であれば対立を生じ、変化があれば矛盾が起る。その間に在って、矛盾を孕んでしかもこれを決裂の破局に立ちいたらしめることなく、複雑な諸目的相互の対立を調和せしめて行くことは、法に課せられた最も大きな綜合目的である。しかるに、団体意志説は、法を動かす或る一つの政治目的のみに依拠して、その立場から法の全般を推そうとする。団体主義あるいは全体主義の理念が昂揚されて、個人精神を統合規制するという政治面のみから、法の現象を理解しようとする。そういう面から見れば、法は実在する団体意志の現れであり、活動する全体にとっては規範としての意味を持たず、単に団体意志の方向から逸脱しようとする個人に対してのみ、規範たるの役割を演ずる、とも考えられるであろう。しかし、個人主義が優位を占めていた時代には、法もまたその特殊の政治目的に順応して、主として国家の奔放な実力行動を羈束する規範体系として発達して来たのである。しからば、ラレンツは、全体主義の法のみが真の法であって、個人主義・自由主義の政治目的の下に発達した法は、法ではないといわんとするのであろうか。さような議論は、全体主義の政治動向に迎合し、これを一図に神学化しようとする実践運動としてはとも角、客観的な実定法の理論としては、はなはだしい一面観であるといわざるを得ない。問題は、団体意志にあらずして、法の目的に在る。全体主義の目的が優越すれば、法は専ら個人意志を規律統制する規範として作用する。個人主義の目的が強化されれば、法もまた逆に、いわゆる「団体意志」を拘束する規範としての効力を発揮する。その意味で、法に各種の形態を与え、法の形成と存立とを基礎づけているものは、法の目的である。故に、これを捉え、これを吟味し、多様複雑な法目的相互の対立・葛藤・調和・安定の関係を窮めて行くことこそ、法の効力の根拠の峻峯に達する唯一の残された登攀路といわなければならないのである。

（1） ヘエゲルによれば、意志は、国家という最高の道義態の立場において、始めて完全に自由を実現する。しかし、国家において自由が完全に実現されるというのは、いいかえるならば、国家のなすところ、国家のなさんとするところ、自由ならざるはなしという意味になるであろう。したがって、自由なる一つの国家の行動と、同様に自由なる他の一つの国家の行動とが互に衝突する場合には、さような国際紛争を解決する道は、実力による勝敗以外には存在しないということになるであろう。故に、ヘエゲルは、国家と国家との間の争いを決定するものは、結局において戦争である、と説くのである（Hegel: Grundlinien der Philosophie des Rechts, § 334）。これは、事実上、露骨な強者の権利の主張であり、国際法否定の思想とされなければならない。

第四章　法の目的の対立と調和

第一節　法の効力の根拠としての法の目的

一　法とその目的

法が法として行われるのは、法の中に社会の諸要求の結晶ともいうべき種々の目的が内在しており、それらの目的が法を通じて実現を求めているからである。その中には、「正義」と呼ばれるような崇高な理念も含まれているであろうし、経済生活の「利益」とか「実用」とかいうがごとき卑近の目的も存するであろう。政治上の支配も法の目的の一つであるし、道徳上の醇風美俗を維持し、宗教上の信仰を保護するのも、重要な法の任務であろう。更にまた、社会生活の安定を保つという「秩序そのもの」の目的にいたっては、法の存立の根柢を成す最も固有な使命であろう。それらの諸目的が法を通じて調和して実現されているかぎり、法は変化すべき事情もなく、革新さるべき必要も生ぜず、安定した状態のままに有効に人間共同生活を規律して行くことが出来る。これに反して、時代の推移と共に法に内在する諸目的相互の均衡が破れ、新たな歴史的の理念に立脚する新たな目的の実現が必要になって来ると、秩序安定の目的を大なり小なり犠牲にしてまで、法の内容を更新変革せざるを得ないことになって来る。故に、目的は、法を支持する力でもあり、また法を変革する力でもある。法は目的に適うことによって効力を発揮し、目的から遊離することによって効力を喪失する。すなわち、目的こそ、あらゆる場合を通じての法の「効力の根拠」でなければならぬ。

法の目的は法の効力の根拠である。しかるに、目的は実現されることを求めているものであると同時に、多くの場合、現に実現されつつあるものである。故に、目的の第一の様態は、実現されねばならぬという要請であり、その第二の様態は、実現されつつあるという現実である。法の目的の第一の様態から見るならば、法は現に実現されておらないでも、実現されねばならぬという要求たることを失わない。そこに法の「妥当性」がある。これに対して、法の目的の第二の様態に著目するならば、法は単に実現さるべきであるという要求を有するだけではなく、現に実現されつつある事実現象に他ならない。そこに、法の「実効性」がある。それであるから、法の妥当性と実効性とは、法の目的の二つの様態であるということによって、互に結合しているのである。法の目的は、それがいま現に実現されていないでも、実現さるべき事態が生ずれば、人間の意志を牽引し、人間の行為を規制して、その意志行動の中に実現され得るという可能性を有する。この可能性が、すなわち法の「実定性」に他ならない。この可能性を根拠づけているものは、法の目的である。故に、法の目的こそ法の実定性の基礎である。実定法は、実現さるべき法の目的が、実現さるべきであるが故に「規範」として定立されたものである。しかも、その規範は、実現さるべきであるが故に実現され得る可能性を含んでいる点で、「事実」と緊密に連なっている。実定法が、規範層と事実層とに跨がる立体領域を劃している所以も、また、法の目的の当為性と存在性との結合に在るといわなければならない。

法の実定性は、法の目的によって定まる。故に、法の目的は、法をして実定法たらしめるところの本質なのである。故にまた、法の目的を問題の外に置いているかぎり、いつまで経っても実定法の本質を明らかにすることは出来ない。前に述べたように、法をその形式の方面から捉えて、法とは強制の契機と聯関するところの人間共同生活の規範である、という風に定義しただけでは、実定法の実定法たる所以はいまだ毫も明らかにされ得たことにはならない。これに対して、この形式の中にいかなる目的が盛られているか、ということを吟味するのは、実定法の本質の中核に迫るところの設問である。何故ならば、法の目的こそ、法を実定法として効力あらしめている根本の根拠だからである。

およそ、法にかぎらず、人間の生活に関係のある対象は、いずれもその目的を以てその本質としている。例えば、「家」を説明するために、家の形式を語ることは、家の本質と無関係ではない。家はいかなる形態を有し、いかなる材料を用い、いかに区劃されているか、というような点を問うことも、決して不必要である訳ではない。しかし、その場合に、人々は家の最も根本の本質をば自明の事柄として前提しているのである。その、家の家たる真の本質は、「人が住む」という目的によって決定されるのである。家の形をしていても、それが倉庫に用いられ、または工場として設計されたものであるならば、それは十全の意味での家ではない。これに反して、現在は人の住んでいない「空家」であっても、人が住むために建てられ、人が住む「可能性」がそこに存すれば、それは依然として家たることを失わない。これは、ごく卑近な例であるが、しかし、宗教にしても学問にしても、人間の生活や活動に関係のある対象の本質は、すべてその目的によって規定されている。宗教の本質は、礼拝の形式や祭祀の外観に存するのではなく、神の信仰を中心として現世を超越しようとする目的によって規定される。学問の本質は、いかにこれを学び、いかに学び得たものを表現するかの仕方に在るのではなく、真理を探究しようという目的を以てその第一義とする。同様に、法の本質もまた、法の目的を離れては遂にこれを理解することは出来ない。その意味で、法の目的を窮めるのは、法という既知数に附随する単なる未知数的の「属性」を明らかにすることではなく、実は、法という未知数そのものを検討する所以であると考えられなければならない。

二　法の絶対目的と法の主観目的

それでは、法の効力の根拠ともなり、また、法そのものの本質をも成しているところの法の「目的」とは、そもそも何を意味するのであろうか。この問題に答えるためには、法の目的の内容を考察するに先立って、まず、法の目的という言葉がいかなる意味合いを以て用いらるべきかを明らかにして置く必要がある。

法の本質は法の目的によって定まるという場合、この命題の意味に関してまず二つの対蹠的な解釈が成立し得るであろう。その一つは、法の根柢には時代と場所とを超越する「絶対目的」が横たわっていて、それが法を法たらしめる本質を成している、という解釈である。他の一つは、法を法として基礎づけているものは、一定の法共同体に属する多数個人が法について抱く「主観目的」である、という考え方である。しかし、それらは、共に実定法の存立の根拠を明らかにするには不適当であり、また不充分であるといわなければならない。

第一に、法について絶対的の目的を掲げ、この目的に適い、この目標を目指すことを以て法の法たる所以とする見解は、結局において自然法の思想に帰着する。古来の自然法論は、天理自然に基づく絶対不易の人間共同生活の理念を前提とし、この理念を実現するための自然法をば、可変可動の人間秩序たる実定法と対立せしめた。しかし、かように、実定法と対立するものとして掲げられている自然法の理念は、それが実定法と対立せしめられているということだけで、既に実定法の存立の基礎としての不適格性を示している。自然法は、永遠の理想を実現するための法秩序であるといわれる。けれども、永遠の理想は実現さるべきものであって、現に実現されてはおらないからこそ、これを「理想」として現実の実定法秩序と対立せしめる必要が生ずるのである。したがって、自然法は実定法に対する評価の尺度とはなるけれども、必ずしも実定法を認証する根拠とはならない。否、むしろ、自然法は実定法を根本から否定する論拠となる場合すらある。そういう場合には、自然法の側から見れば、実定法は実効性を有するけれども妥当性を持たぬ法である。逆に、実定法の立場から見れば、自然法は空虚な妥当性を主張するのみで実効性の欠如している法である。かように、妥当性と実効性とが遊離した関係に置かれているかぎり、自然法の絶対目的を以て実定法の効力の根拠となし得ないことは、いうを俟たない。

それればかりでなく、法の絶対目的といっても、それがいかなる内容を有する理念であるかという点になると、自然法を論ずる人により、自然法の論ぜられる時代によって、決して同一ではない。古来の自然法論が、それぞれ法の理想を求めてこれを絶対不易の真理として主張したにもかかわらず、実はいずれもその時代の世界観によって制約され、したがって時代の変遷と共に盛衰交替の運命を免れなかったことは、法哲学の歴史の示すがごとくである。中世のスコラ哲学の系統をひく現代の新自然法論にいうような、「素朴的道徳原理にして社会生活の基礎たるもの」は暫く別として、[1] およそ政治的な意味を以て唱えられて来たすべての自然法は、シュタムラアのいう通り、「可変の内容」を有する。[2] 自然法の内容が可変であるというのは、自然法の名の下に掲げられている法の絶対目的が実は決して「絶対目的」ではなく、時代により社会によって変化する「相対目的」であるということに他ならない。例えば、ロオマの法学者以来多くの法哲学者は、法の最高理念たる正義をば、「各人に彼れのものを」(suum cuique) という標語によっていい現した。しかし、各人に彼れのものを与えるとは、いかなることを意味するのであろうか。のちにも論ずるように、この標語は、標語そのものとしては終始一貫して変らぬ形で表現されているけれども、それは形だけの話しであって、表現された言葉の意味内容には、多様の解釈が結びつき得るのである。[3] すなわち、問題は、何が各人に与えらるべき「彼れのもの」であるか、という点に在る。人間が平等に等しきものを享受するのが正義なのであるか。あるいは、人間の価値の差等によって異なる配分を受けるのが法の理念なのであろうか。もしも、価値の差等によって各人の取扱いを異にすべきであるとするならば、その「価値」は何によって計量され、価値の差等による配分の大小はいかに測算さるべきであるのか。——そういう点になると、正義の内容は、世界観的立場の如何によっていかようにも変化し得る。既得権をば、自由経済上の各人の実力によって得られた彼れのものである、と見る立場もあれば、既得権の不公正を論難して、新たな標準により各人の彼れのものを決定すべきである、と主張する立場もある。「言葉」としては永遠絶対である正義の理念も、理念の「内容」から見れば、歴史の制約を受けて相対的に変化するのである。

しかも、自然法にしても正義にしても、絶対の目的・不易の理想として標榜されているにもかかわらず、実は歴史の制約を受けた相対的な理念であればこそ、実定法を動かす力を有し、あるいは自ら実定法の内容を成す可能性を備えているのである。もしも、自然法が真に絶対不易の理想であるならば、それは可変可動の実在社会制度とは遂に歩調を一にすることがなく、したがって永遠の当為たるに留まって、現実を動かす力を発揮することは出来ないであろう。しかるに歴史上の自然法の諸形態——特に政治的な意味を有する自然法——は、実際には、或る社会における或る新たな時代精神の現れであった。そうして、正しくそれ故にこそ、それらの自然法の理念は、行動を伴わない単なる思想たるに留まらずして、社会制度を変革し、新たな法秩序を創造する原動力ともなり得たのである。例えば、西洋近世初期の個人主義的自然法の思想のごときは、当時は普遍絶対の人間性に立脚する自明の真理として提唱された。今日から見て、それが一つの過ぎ去り行く時代思潮に過ぎなかったことは、何人の目にも明らかであるが、正にそれが今日から見て過ぎ去り行く時代思潮であったからこそ、嘗ては一つの新たな時の勢いとして澎湃として擡頭することが出来たのであり、専政主義の法制度を打倒して、第十九世紀の宏壮な個人主義実定法体系を基礎づけることに成功したのである。およそ、理念が歴史を動かし得るためには、理念自身が歴史的の形態を取って現れて来なければならぬ。逆にいうと、歴史的に実定法を作り、実定法を支え、更に実定法を動かすものは、それ自身が歴史的に変化発展する法の具体目的でなければならぬ。更にいいかえると、自然法が法を基礎づけ、法を動かし、自ら実定法の内容となる場合があるとするならば、その自然法は、名は自然法と呼ばれていても、実は歴史性を有する法の相対理念でなければならないのである。

それでは、第二に、これを逆の方面から考えて、法を基礎づける目的というのは、超歴史的な絶対目的でないことはもとより、歴史と共に変化しつつ、しかも個人の主観を超越して動く客観理念でもなく、結局は、現実の多数個人が法について現実に抱いている「主観目的」の集積である、と見らるべきであろうか。法は、多数の法団体員が法の中にそれぞれ何らかの目的を見出し、法の規律をば意義あるものと意識しているが故に、法としての効力を発揮し得るのではなかろうか。これに反して、法団体員の主観的な目的意識が時代と共に変化して行くときには、次第に既存の法に対する不満の感情が醸成され、それがつもりつもって、遂には実定法の改革を促す原動力となるのではあるまいか。

この第二の見解は、法の存立の基礎をば、社会に生活する多数個人が法について有する目的感情に求めるものであり、その意味で、結局、法の効力の根拠に関する承認説や輿論説と同じ立場に帰着することになる。したがって、それは、承認説や輿論説の中に真理性が認められ得たと同じ程度において真理である。しかしながら、それは、承認説や輿論説がなお問題の窮極点を明らかにしておらないと同じ意味において、誤謬とされなければならないのである。

確かに、或る実定法秩序の中に生活している人々——その中には一般民衆もあり、政治家もあり、法学者もあり、裁判官や弁護士もあり、原告や被告もある、——が、法の全般につき、または法の個々の規定について、主観的に抱いている目的意識や法感情は、法の効力を支持し、あるいは法の改革を促す直接・表面の力であるということが出来よう。殊に、実定法が時代の動きと共に変化して行く場合には、法の定立に参与する議会の構成員、法の運用を司る裁判官、または優れた洞察力を有する法解釈学者などの意見が、法の刷新を指導して行く上に大きな役割を演ずるであろう。しかしながら、その反面また、法は、多数の人々が法の改革を熱望しているにもかかわらず、依然として旧態のままに社会生活を有効に規律し続けていることもあり、逆に、一般民衆が現状の維持を欲し、制度の改革に不安を感じている場合にも、新たな方向に向って容赦なく変革されて行くこともあり得る。さように、人々の主観目的が分裂・対立している際に、法があるいは現状を維持し、あるいは新たな形態に変化して行くのは、必ずしも主観目的の「数」によって決定される問題ではない。浅薄皮相の目的意識は、いかに群集心理となって多数を制しても、容易に既存法制度を動かすだけの力とはならない。これに対して、制度そのものに内在する安定力や守旧力が強く抵抗して、既存制度を維持するからである。何故ならば、また、大多数の民衆は旧制度の殻の中に閉じ籠ろうとしていても、少数の指導的な識者の意見がよく大勢を支配して、法の刷新を成就することもある。何故ならば、少数の意見といえども、それが客観的な理念の動きを代表している場合には、多数層に沈澱する現状維持感情を以てしても、これを遮り留めることが出来ないからである。そこに、単なる主観目的によって左右され得ない法の客観的存立の根拠があり、多数個人の主観意識を超越する法の客観目的の固有法則性が認められなければならない。

あたかも、法を輿論の現れと見る輿論説が、真正の輿論と疑似の輿論との鑑別の問題に衝き当って、遂に主観を越えた客観的の契機に解決を求めなければならなかったのと同様に、ここでもまた、法の主観目的によって法の存立の基礎を説明しようとする試みは、やがて個人の主観意識や主観感情の層を突き抜けて、その底に横たわる法の客観目的・客観理念の段階に到達せざるを得ないのである。

(1) のちに述べるように、現代の新トマス主義の自然法論は、「欺くなかれ」、「各人の義務を誠実に遂行すべし」、というような、素朴な道徳原理をば自然法であると見ている。かような自然法であれば、それと実定法との間には、本文にいうような互に隔絶した対立関係は生じない。その代り、この種の道徳的自然法は、実質上既に実定法の内容の中に融け入り、したがって、自然法の自然法たる所以の超実定法性を失っているのである。本章、第三節・三。

(2) シュタムラアは、法における普遍妥当的なるものは、法の純粋形式でなければならぬと考えた。したがって、法の中に何らかの内容が与えられて来れば、その法はもはや普遍妥当的ではなく、歴史と共に変化する運命を荷うのである。その意味で、シュタムラアは、内容のある自然法が、内容を持ちながらしかも絶対に妥当すると考えたところの、古来の自然法論に反対したのである。故に、シュタムラアによれば、自然法が認められるとするならば、それは「内容可変の自然法」(Naturrecht mit wechselndem Inhalte) でなければならぬ。いいかえると、時と場合とによって適当に具体的な事情に順応し得る法こそ、誠の普遍的な意味での「正法」(das richtige Recht) でなければならぬのである。Stammler: Wirtschaft und Recht nach der materialistischen Geschichtsauffassung, 4. Aufl., 1921, S. 159 ff., insb., S. 174; derselbe: Die Lehre von dem richtigen Rechte, 1902, S. 116 ff.

(3) 本章、第三節、二。

三　法の客観目的

法の成立の淵源となり、法の存立の根拠となるものは、永遠不易の絶対目的でもなく、無限に多様な主観目的でもなく、歴史と共に変化しつつも、しかも流動転変する主観意識や主観感情に対しては、多様の統一としての意味を有するところの法の「客観目的」である。

目的は実現さるべき「価値」であり、価値は個人の肆意によって動かされ得ぬ「理念」である。その意味では、法の生成・存立の根拠となるものは、客観的な法価値であり、法理念であるといっても、もとより差支えない。むしろ、法の根柢に横たわっているものが、単なる個人的な主観目的や主観感情ではない、という点を明らかにするためには、目的という言葉の代りに価値または理念という語を用いた方が、紛れがなくてよいとも考えられ得よう[1]。

しかしながら、価値という言葉は、既にその中に一つの倫理的な態度を含んでいるように取られ易い。しかるに、法を動かす力は、必ずしも倫理的に認証さるべきものであるとはかぎらない。悪法も往々にして法として行われるのが、実定法の現象なのである。また、理念という言葉は、いかにも哲学的、殊に先験哲学的な響きを伴い易い。したがって、法の理念というと、直ちに歴史を超越する絶対理念を聯想せしめる虞れがある。これらの不必要な陪音を除去するためには、なるべくは価値または理念という言葉を用うることを避けて、法の目的、特に厳密には法の客観目的という概念を用うる方が、やはり適当と考えられるのである。

法の客観目的は、現実人の現実意識に現れる主観目的ではない。しかし、法の客観目的といえども、それが現実に法を動かし、または現行の法を支持してこれに実効性を与えて行くためには、社会に生活する一般人によって自覚され、人間の主観意識を通じて作用しなければならない。そこに、法の客観目的と、これに関する主観的な目的意識との間の緊密な聯関が存することは、もとより認めなければならないのである、むしろ、法の客観的目的は、現実人の主観的目的意識を通じて晶出する精神的な結晶体である。これを生み出すものも、これを理解し、これを活用するのも、現実人の現実意欲の作用に他ならないのである。しかしながら、その目的が既に客観精神の世界に晶化されて了えば、それは主観意識の明滅転変を超越した存在となって、逆に主観意識を規律指導する力を発揮する。あたかも、学問上の真理が、学者の主観的思索を通じて発見されながら、既に客観的な学説として発表された以上は、これを理解し、あるいはこれを誤解する多数人の主観心理を離れて後世に伝えられるがごとく、また、芸術上の作品が、芸術家の労作によって創造されながら、既に制作された作品そのものとしては、これを鑑賞し、これを褒貶する、主観意識の変化を超越した客観価値として歴史に残るがごとく、法の客観目的も、主観的な意欲や直観を通じて晶出するものではあるけれども、既に客観化された精神的結晶体となった以上は、主観を以て左右し得ぬ固有法則性にしたがって盛衰変化するにいたるのである。法の客観目的と、主観的な法意識・法感情との間には、密接な関係があると同時に、かような判然たる区別が存する。この区別を明らかにして置かないかぎり、法の効力の根本を探究する企ては、ふたたび承認説や輿論説に逆戻りして、遂に問題解決の急所を見失って了うこととならざるを得ないであろう。

法の根本理論について思索した数多い学者の中でも、特に「目的」という契機を取り上げて、これを法現象の生成変化の原動力と見た者としては、いうまでもなく、まず指をイエリングに屈せねばならぬ。しかるに、イエリングもまた、表面上は、法の根柢を成す目的をば個人的な主観目的と見ているのである。しかしながら、仔細に点検して見ると、イエリングが主観目的を基礎として法創造の過程を説明しようとしたのは、主として彼れの「方法論」が不備であり、粗雑であったためであることが知られる。表面の言葉や概念に捉われることなく、イエリングが該博な法史学の造詣を縦横に駆使して開拓した問題領域そのものを見窮めて行くならば、そこに、個人の現実意識を通じて晶出する法の客観目的こそ、法を作り、法を支え、法を動かす力であることが、鮮かに論述されているのを見るであろう。

イエリングの主著『法における目的』の根本思想は、「目的こそすべての法の創造者であるということ、何らかの目的、すなわち、何らかの実際上の動機に淵源しない法規は、一つとして存在しないということ」を明らかにするに在る。(2) この根本思想を展開するために、彼れはまず目的法則の本性と作用とを論述し、利己の目的と利他の目的の区別から出発して、社会生活を動かす各種の目的因素を分析し、それに基づいて法の成立過程とその社会機能とを詳しく吟味しようと試みた。ところが、イエリングの理論の哲学上の基礎を成す部分は、不幸にして平凡な心理主義によって一貫され、著者の意図は、あたかも個人心理上の意欲や願望を綴り合せて、法の生成変化のすべてを説明しようとするに在ったかのごとき外観を呈している。

すなわち、イエリングによれば、人間の意志の現象は自然の現象と同じく「因果法則」によって支配されている。ただ自然を動かすものは「原因」であるのに対して、意志を動かすものは「目的」である点に、両者の相違性があるに過ぎない。石が落下するのは、落ちようがために落ちるのではなく、落ちねばならぬ事態が発生したが故に、例えば、石を支えていた物体が取り除かれたが故に落ちるのである。これに反して、人が行為するのは、さような機械的な原因によるのではなく、何らかの目的を実現しようが為めに行為するのである。前者を動かすものは機械的な因果法則であるが、後者を動かすものは心理的な因果法則である。[3] イエリングが目的法則と呼ぶものは、かような心理的因果法則に他ならない。故に、そのいわゆる目的とは、明らかに個人心理を動かす主観目的である。イエリングは、かかる主観目的を以て法の創造者と做し、実定法の生成変化をばこれによって説明しようとしたのである。少くとも、その基礎理論の用語や論旨のみからいえば、そう解するより他はないのである。

しかしながら、イエリングは、理論構成の順序としてまずかくのごとき基本概念の分析から始めているとはいえ、さような考察がもともと彼れの専門外に属することを、充分に自覚していた跡が窺われる。彼れは、『法における目的』の中でも、特に目的の概念を論述している最初の部分は、彼れ自身がディレッタントであるところの問題領域に属することを認め、「私が嘗ってこれまでに、私の修学時代があたかも哲学の信用の失墜していた時期であることを遺憾とせざるを得なかったとするならば、それは正しく本書においてである、」と告白しているのである。[4] 実際、イエリングのこの名著のうち、哲学的基礎理論の部分と法理論的本論の部分とは、あたかも木に竹を継いだごとく、前者は全体として萎縮してしかも冗漫であり、むしろ、なくてもがなの感じさえあるのに反し、後者は闊達として天馬空を征くような筆勢を以て説き進められている。したがって、人が今日これを読む場合にも、その素朴な基礎理論の心理主義を切り離して、法の多様なる客観目的が実定法の成立と機能と変遷の根柢を成している有様を、著者の躍動する論述と陸離たる描写の中から汲み取って行くのが、むしろイエリングの学説の真意を正しく理解する所以であると思われる。イエリングは、この書の序文の終りに、「法感情が法を作ったのではなく、法が法感情を作ったのである。――法の淵源はただ一つしかない。それは、目的という実際的の淵源である、」といっている。[5] この言葉のごときも、見方によっては、彼れ自らの心理主義を裏切って、客観的な目的から法が生れ、法によって主観的な法感情が生じて来るという関係を、いいかえるならば、主観が客観を規定するのではなく、客観が主観を規定するのであるということを示しているものと解せられ得るであろう。

イエリングの最初の大著『ロオマ法の精神』[6] と、その法哲学上の主著たる『法における目的』とは、問題の取扱い方や考察の態度において必ずしも同一であるとはいえないけれども、一方は、実定法の発展過程を跡づけることによってその根柢に横たわる「精神」を明らかにし、他方は、実定法の形成と存立の根拠を探ねてこれを「目的」に求めている点に、両者を通ずる一貫した思想が認められる。何故ならば、歴史に残る巨大な実定法体系を特質づけている「精神」とは、嘗ってはその実定法の発達を指導したところの「目的」であり、将来の立法過程を方向づけている「目的」は、やがてそこに成立する法秩序の「精神」として、遠い後世の歴史家によっても理解され得べき客観性を有するにいたるからである。すなわち、それは共に、個人の主観精神と共に跡方もなく消え去って行く主観目的ではなく、客観精神の世界において法を作り、法を維持し、法に法たるの生命を与えているところの客観目的であると解せられねばならぬ、ディルタイは、彼れの独創的な精神科学の理論を基礎づけるにあたって、この科学の取扱う「精神」という言葉の意味は、「モンテスキュウが法律の精神について語り、ヘエゲルが客観的精神について、また、イエリングがロオマ法の精神について語っている、その意味と同じである、」といい、イエリングの論じたような「ロオマ法の精神」を「理解」するというのは、決して単なる心理学的認識ではない、と断っている。(7) ディルタイの活眼は、イエリングのいう「法の精神」が心理学的な主観精神ではなくして、正に法そのものに内在している客観精神であることを明らかに洞察したのである。それと同じ意味で、イエリングのいわゆる「法の目的」も、個人の心理作用と共に明滅する主観的な目的意識ではなく、法を通じて実現さるべき人間社会の客観目的であったといわねばならぬ。歴史と共に発展変化し、個人精神を指導規制する法の客観目的こそ、実定法をして実定法たらしめる誠の効力の根拠に他ならぬのである。

(1) 法の本質を法理念または法価値から導き出そうとする見解は、ラアドブルッフによって代表せしめることが出来る。彼れによれば、「法の概念は一つの文化概念である。すなわち、価値に関係づけられた実在の概念である。更にいいかえるならば、或る価値のために役立つという意味を有するところの実在の概念である。法とは、法価値または法理念に役立つという意味を有するところの実在である。故に、法概念は法理念によって規定されている。」Radbruch: Rechtsphilosophie, S. 29.

ビンダアもまた、嘗つて、シュタムラアが法の概念と法の理念とを別々に論述したのを批判して、法の概念は法の理念に立脚して始めて樹立され得ると主張した。すなわち、「法とは、その中に法の先天的規範——または法の理念——が機能を現すところのすべてのものである。」Julius Binder: Rechtsbegriff und Rechtsidee. Bemerkungen zur Rechtsphilosophie Rudolf Stammlers, 1915, S. 60.

（2）Jhering: Der Zweck im Recht, 1877-1880, 1. Bd., 5. Aufl., 1916, Vorrede V.

（3）A. a. O., S. 1 f.

（4）A. a. O., Vorrede VI.

（5）A. a. O., Vorrede X.

（6）Jhering: Geist des römischen Rechts auf den verschiedenen Stufen seiner Entwicklung, 1852-1865.

（7）Wilhelm Dilthey: Der Aufbau der geschichtlichen Welt in den Geisteswissenschaften. Gesammelte Schriften, Bd. VII, 1927, S. 86, S. 85.

第二節　法の目的の対立

一　法の目的の多様性

法の客観目的は、法について多数の個人が抱く主観的な目的意識や目的感情に比しては、遥かに高度の統一性と恒存性とを有する。現存する法秩序の全般に対して、または既存の特定の法規について、各個人の下す評価は、きわめて雑多であるであろう。或る者は、これをば地上に実現された神の摂理であると信じて、その栄光を讃美するであろうし、他の者は、同じ法秩序をば、特権階級が一般庶民を圧迫するために設けた搾取の機構であるとして、その変革を熱望することもあるであろう。一方には、既存の法制度の存続が自己の地位と利益とを安定せしめるために必要であると考えて、その改革に反対する者があるかと思えば、他方には、同一の法制度が一局部層の利益のみを偏重して国民全体の福祉を阻害するものと見做し、これを排斥しようとする者もあるであろう。しかし、個人がいかに法に対して多様な意見や感情を抱いても、法の存立を支持する客観的な根拠が他の作用要因に優越して作用しているかぎり、その法秩序は依然として実定的な効力を以て社会に行われる。否、よしんば或る法規が、その内容上あらゆる角度からの非難に値するようなものであったとしても、法は法として尊重されなければならないという全く形式的な目的が、法規の改廃や空文化を阻止することもあり得る。そこに、法の主観目的の多様性に対する法の客観目的の統一性があり、法感情や法意識の流動性に対する実定法秩序の恒常性が保障されるのである。

かように、法の客観目的は、法についての主観的な意欲や願望や評価に対しては多様の統一であり、変化の中の恒存であり得るけれども、それは決してその純粋の単一性や絶対の不動性を意味するものではない。法の客観目的は実定法の存立の基礎であり、したがって実定法に内在する目的である。よしんば、現在のところいまだ実定法の目的として内在化するにいたらず、例えば自然法の理念として実定法の目的と対立せしめられていても、時を得ればやがて実定化されるであろうという可能性を有するところの目的である。したがって、それは、形而上学的な絶対理念ではなく、民族の具体性・国家の歴史性によって制約された相対目的である。したがって、それはまた、永遠の彼岸に憧憬せられるような超絶目的ではなく、現在のところではなお実現されるにいたっておらないでも、やがては実現さるべき機会を有する発展的の目的である。あるいは、既に実現せられていても、いつかは過去に取り残されることもあり得る歴史的の目的である。法の客観目的は、相対的なるが故に多様である。歴史的なるが故に可動である。多様なる法目的が互に調和を保って法制度の中に実現されている間は、実定法秩序は安定して動かない。しかし、法目的相互の間の調和が破れ、新興目的が衰退理念を圧倒するにいたれば、それによって実定法の変革・刷新が行われる。道徳の理念が変化し、政治の目的が発展し、経済の要求が動揺すれば、法の形式上の妥当性を固執することは困難となり、実定法の改廃が必要となる。その意味で、法の客観目的は、法の持久性の根拠を成すと同時に、また、法の進展性・歴史性の基礎ともなるものでなければならない。
故に、実定法秩序は多様の目的の対立競合する場所である。法目的の多様性は、実定法に多彩な生内容を与えると同様に、安定した秩序に動揺を生ぜしめ、これを破綻に陥れる原因ともなる。殊に、政治・経済、等の現実的な諸目的の対立が極度に激化するときには、そのために遂には実定法秩序の全面的な崩壊を招くことすらないとはいえないのである。

しかしながら、さればといって、全く単純一如の目的のみに奉仕して、対立を知らず、変化を厭うところの法は、破綻の危険はない代りに、決して発展する社会秩序としての役割を演ずることも出来ない。イエリングのいう通り、「法においてもまた、冬だけが単色の粧いをする。これに反して、他の季節はきわめて多彩な衣を纏うのである[1]」。社会の春に咲く花、文化の夏に繁る樹々、歴史の秋を彩る紅葉は、分化発展する人間生活の象徴である。そこに諸般の目的が分岐し、多様なる目的相互の対立や矛盾が発生するのは、免れ難い勢いであると同時に、互に対立・矛盾する諸般の目的の間に、それぞれその行わるべき限度と範囲とを示すことによって、対立を緩和し、矛盾を調節し、以て社会生活の複合機能を円滑に営ましめて行くこと、そのことが、実定法秩序に課せられた最も重要な職分でなければならない。法の目的が分化し、その間に対立の生ずることは、消極的な安全感の見地からは出来るだけ回避さるべき危険状態を意味するであろう。しかし、生命の躍動は、危険の単なる回避によってではなく、危険の円滑な克服によって始めて可能ならしめられ得る。故に、法秩序が、その中に多様な目的動向を包摂しながら、しかもそれによって決裂に陥ることがないだけの強い弾力性を有すれば有するほど、それはそれだけ進歩した法であるということが出来るのである。

（1） Jhering: Geist des römischen Rechts, 1. Teil, 7. u. 8. Aufl., 1924, S. 65.

二　多様目的相互の対立

法の目的が多様化し、その間に種々の対立関係が生ずるのは、まず以て、法が一般に文化の領域の中で占める特殊の地位に由来するのである。既に法の立体構造に関して考察した通りに、法は複雑な文化現象・社会現象のいわば中央に位している。それ故に、法を取り巻く諸般の文化目的や社会動向が法の中に内在化して、法の内在面において互に接触・反撥するにいたるのである。

もっとも、法が文化現象・社会現象の中央に位するといっても、それは、法が一切の文化活動や社会作用の中心を成しているというような意味での、法中心の文化観・社会観を提唱しようとしているのではない。ましていわんや、法を以てすべての文化価値の根源であると見るがごとき、法至上主義を説こうとするのではない。さような価値の序列とは全く没交渉に、法は、道徳とも、政治とも、宗教とも、経済とも、その他百般の人間目的活動とも、等しく密接な交渉を有するという意味で、いわばそれらの多様な文化契機の中央に在るような位置関係を保っているのである。何故ならば、道徳にせよ、政治にせよ、宗教にせよ、経済にせよ、技術にせよ、それぞれ独自の内容を有する人間活動の領域ではあるが、それらの領域の目的活動が的確に実現されて行くためには、必ず法と結びつき、法の内容と化し、法的強制の裏打ちをされる必要があるからである。そこで、これらの各種の異質文化契機は、法を取り巻くいくつかの円周のごとくに相集まり、法の描く円周とそれぞれ深く交錯したような形を成している。その結果として、法の内容の中には、道徳や政治はもとよりのこと、宗教も、経済も、技術も、教育も、更に衛生も、風致も、およそあらゆる社会目的が取り入れられることとなり、それらが法目的を多様複雑ならしめ、多様複雑な法目的の間に各種の対立関係を生起せしめるのである。

かくして生ずる法目的の対立関係は、概略三つの種類に区別され得るであろう。

その第一は、法に内在する異質の目的相互の対立である。例えば、法の内在面において道徳の目的と政治の目的とが対立し、宗教の理念と経済の要求とが反撥する、というがごとき場合がそれである。細かい具体的な場合としては、風致の見地から名勝を保存しようとする目的と、資源開発の必要上、名勝をも犠牲として鉱区を設定しようとする要求とが対立する、というような関係もこれに属するであろう。

その第二は、法に内在する同質の目的そのものの中に生ずる対立である。法を通じて実現されて行く各種の文化契機は、それぞれ歴史的に発展する目的動向である。したがって、同じく道徳といい、宗教といい、政治といい、経済といっても、その内容は決して一律不動ではなく、その中に変化も生ずるし、反撥も惹起される。特に、対立する動向の一方は既に法の内容となって安定し、他の動向は法の外部に在ってこれと拮抗するというような場合には、その関係は、第一の、異質文化契機相互の対立よりも更に一層尖鋭化することが少くない。例えば、合法的に認証されている政治組織と、非法の世界に崛起した政治理念との間、あるいは、制度として安定している経済機構と、これと相容れ難い新たな経済動向との間には、道徳と経済・宗教と政治、等の間の対立よりも遥かに激しい相剋関係が生じ得る。

更に、その第三は、法に内在していても、もともとは法超越的な意味を有する目的と、法に固有の安定性の目的との間に生起する対立である。道徳や宗教や政治や経済は、それ自身としては法ではない。しかし、それが既に法と結びつき、法的強制を背景として行われるようになって了えば、本来は法でないものが、同時に法の内容を成すにいたっているのである。かように、いわば法以外の領域を故郷とする各種の目的契機は、法の王国の住民と化してのちも、それぞれその出身地特有の性格というものを備えている。それが、純粋の法的性格と必ずしも相容れ得ぬ場合が生ずるのである。特に、法は秩序の安定ということを生命とするのであるが、法に内在する本来の法超越的契機は、往々にして、秩序の安定性を大なり小なり犠牲にしてまでも、固有の目的の達成を求めて動こうとする。中でも、動く政治や経済と、留まる法秩序そのものとの間に生ずる隔張関係は、時にきわめて深刻な相貌を呈することを免れない。此の第三種の対立と、彼の第二種の対立——すなわち、例えば、法超越的に動こうとする政治と、法内在的に安定しようとする政治との対立——とは、実際上は一つの対立となって現れるのが常であるが、原理上、両者は一応、区別して考えらるべきものであろう。

次に、法の目的を多様化せしめ、その間に対立を発生せしめる別個の事情として考慮されなければならないのは、法と事実との間の特殊の関係である。

これも法の立体構造について分析して置いた通りに、法はもろもろの文化契機の中央に位しているばかりでなく、更にまた規範と事実との中間に位置しているのである。すなわち、法は、一方からいえば規範である。規範なるが故に、法は事実から必ず或る距たりを保った位置に置かれている。事実と寸分の隙もなく合致して了った法は、もはや法としての意味を喪失するであろう。しかしながら、その反面においては、法はいかなる場合にも事実と全く没交渉であることは出来ない。事実と全く没交渉な法は、現実性の伴わない空虚な法である。故に、法は絶えず事実の上に働きかけ、事実に順応し、事実を尊重して、実定的な効力を維持して行こうとする。それであるからして、事実の如何にかかわらず行われることを求めるのも、法の一様相であり、事実と提携合体して実効性を発揮して行こうとするのも、法の一相貌である。そこに、実定法の存在性格の両面性がある。そこから、実定法現象に特有の矛盾が生ずる。

法に規範性と事実性の両面があって、その間に対立が起り矛盾が生ずるということは、法を法たらしめているものが「目的」であるということの、当然の帰結に他ならない。法の目的は、目的なるが故に実現を求めているというのは、目的がいまだ実現されていないからである。そこに、事実と一致しない法の規範性があり、事実から離隔する法の当為性が存する。それと同時に、法の目的は、実現されようとする要求であり、事実性への強い執著である。道徳や宗教や政治や経済が、特に強制の契機と結びついて法の領域に内在化して来るのは、それが最も確実に事実への接触を計り得る所以だからである。したがって、法としてもまた、法の内容に包摂されている道徳や宗教や政治や経済のために、絶えず的確な事実化の道を開いて行かなければならないのである。故に、単なる事実に満足しないのも法の特色であるが、常に事実の平面と合致しようとするのも法の性格である。目的の高きに走ろうとすれば、法は事実と隔絶して実効性を失わねばならぬ。さればといって、事実と合致し易い卑近、妥協の道を選ぼうとすれば、法の合目的性をそれだけ犠牲に供することを免れない。この二つの相反する動向を適当に調節して行くことは、法に課せられた微妙な課題であり、これを解決して行くところに、法の定立および適用の不断の苦心が存する。それは決して、絶対の当為と純粋の存在との間に考えられるような哲学的な二律背反ではなく、実定法の運用の如何によって調和せしめ得べきところの現実の矛盾である。しかし、それは現実の矛盾なるが故に、実定法が常に現実に闘って行かなければならぬところのさし迫った問題である。この困難を不断に克服しつつ、理念と現実との間の媒介者たる役割を演じて来た永い歴史が、実定法に強靱な弾力性を与え、その精巧無比の技術性を発達せしめるにいたったのである。

法は、水平面から見れば、各種の文化現象の中央に位し、垂直面から見ても、やはり規範の世界と事実の世界との中央に位置している、したがって、法の中には左右・前後・上下から各種各様の要求が入り込んで、法を生かし、法を動かし、法を複雑化せしめているのである。その結果として、法の目的が多様に分岐し、多様に分岐した法目的の間に多角的な対立関係が生じて来るのは、実定法の荷う宿命であると同時に、互に分岐対立する多様の目的を互に調和せしめ、社会秩序の決裂を防止しつつ、歴史の健全な発展を保障して行くことこそ、法に課せられた最も重大な綜合使命でなければならぬ。

法を通じて実現を求めている「個々の目的」は、道徳にせよ、宗教にせよ、政治にせよ、経済にせよ、いずれも歴史と共に変化する客観目的であって、歴史を超越する絶対目的ではない。これは、前に述べた通りである。しかしながら、法の中にはただ一つ、いかなる社会においても、いかなる時代について見ても、必ず内在していなければならないところの普遍・不易の目的がある。それは、多様の個別目的を内に包蔵して、しかもその間に決裂を生ぜしめることなく、多彩複雑な人間共同生活の目的活動を綜合調和して実現せしめるという、法の「綜合目的」である。法の個々の目的は、時代と共に変化する。しかし、法の個別目的が盛衰変化しても、それによって法の法たる存立根拠の失われるということはない。何故ならば、一つの目的が衰退した跡には、必ずこれに代る新たな目的が発達して来て、新たな形の法を建設して行くからである。これに反して、多様の目的の間の綜合調和を実現し、秩序ある共同生活の基礎を確立して行くという根本目的を離れては、法はもはや法としての存在理由を喪失して了わなければならない。

故に、法に内在する諸目的の間の対立を調和し、人間生活の全体秩序を築き上げて行くという綜合目的は、いかなる実定法にとっても不可欠の意味を有する法の本質なのである。この目的をどの程度まで実現せしめ得るかは、実定法秩序の構成の如何によって同日に談ずることは出来ないけれども、いやしくも「法目的の調和の目的」を離れては、実定法の実定法たる所以は見失われて了わざるを得ないであろう。その意味で、「法目的の調和の目的」こそ、体系化された実定法秩序全体の実定性の根拠に他ならないのである。

以下の考察は、法の目的の対立と調和の関係をば、その主要な場面について検討し、目的の側面から実定法の本質を明らかにすることを任務とする。そのために、まず選び出される主題は、

イ　法と道徳の対立

ロ　法と政治の対立

ハ　法と経済の対立

である。そこでは、主として法と法超越的な目的契機との対立関係が論ぜられるであろうが、法といっても、既にその中に道徳があり、政治があり、経済が含まれている以上、法と道徳の対立・法と政治の対立・法と経済の対立は、単なる法の固有目的と法の法超越的目的との対立を意味するに留まらず、併せて法に内在する異質目的相互の対立や、法を通じて実現を求める同質目的相互の対立をも含むことになるであろう。これらの考察に続いて、

ニ　法と事実の対立

を論じ、最後に、法の純粋内在面から見て、法の中に錯綜競合する正当性・実用性・安定性の三目的相互の関係を明らかにしつつ、

ホ　法の目的の調和

の原理を考察することとする。

第三節　法と道徳の対立

一　法と道徳の結合

単なる形式論のみの立場からいうならば、法と道徳との区別は、強制の契機を含むか否かによって決定される。すなわち、法は、強制の手段に訴えて人間共同生活の秩序を維持して行こうとするものであるのに対して、道徳は、強制によらずして人間関係の真実と平和とを実現しようとする規範複合体である。この点については種々の異論があるにしても、少くとも、強制の契機の有無ということが法と道徳とを最も紛れのない仕方で識別し得る標準であることだけは、断言して差支えあるまい。

ところで、もしも法と道徳とが、社会生活の中に単に異質のものとして混在しているに過ぎないならば、強制の有無という標準を以て両者を明確に識別して行くことにより、科学の任務は一応達成され得たことになるであろう。けれども、実際においては、法と道徳とは、別個のものが単に混在しているという形で社会に行われているのではなく、むしろ互に緊密に結著し、交流し、化合しているのである。したがって、これをただ截然と区別して了ったのでは、法も道徳も実在のままの姿を失い、生命のない形骸として眺められるに過ぎないこととなる。法の認識にとって重要でもあり、困難でもあるのは、法の法たる特質を的確に把握しながら、それと同時に、法と交流し、法と化合し、自ら法の名の下に法を動かしている道徳の契機をば深く見定め、彼此の関係を明らかならしめて行くことでなければならない。

ラアドブルッフのように「事実からの距離」を尺度として見ると、慣習は事実に最も近く、法はこれに次ぎ、道徳は最も事実から遠くに位置していること、さきに述べた通りである。けれども、事実性の制約から最も離れているといわれる道徳といえども、決してただ、地上に光の届かない天涯の星として輝くことに満足しているものではなく、やはり、事実の上に働きかけ、事実を指導し、事実を理想に接近せしめようとしてやまないのである。[1] しかも、道徳がかように事実の上に働きかけて行く場合、その働きかけは法を通じて行われることが非常に多い。けだし、法は道徳と事実との中間に位し、あたかも両者を媒介する立場に立っているからである。そこに、法と異なる道徳が、しかも法と密接に結合しなければならない根本の必然性がある。

更に進んで、道徳がかくのごとくに法を媒介として事実の上に働きかけて行く仕方を調べて見ると、そこに相異なる二つの筋道の存することが見出される。その一つは、道徳が実質上は道徳たる純粋性を保持しながら、しかも自ら法の名を仮称して現実を動かそうとする仕方であり、他の一つは、道徳が真正の法の内容に融け入って、自ら誠の法となって事実生活を規律して行こうとする仕方である。故に、これら二つの筋道を別々に辿ることによって、道徳が法といかに結合するかを考察し、その結合の結果として道徳と法との間にいかなる対立が生ずるかを吟味して見よう。

（1） 厳密にいうと、ラアドブルッフは、慣習（Sitte）・法（Recht）・道徳（Moral）・道義（Sittlichkeit）の四種の規範形態を区別し、それら四種の規範類型の「事実からの距離」を論じているのである。すなわち、道徳は、「行為」としてはいまだ事実となってはいないでも、少くとも人間の「良心」の裡に生きているものであるという点で、事実から全く遊離し切ってはおらないのに対して、道義または道義法則（Sittengesetz）は、事実の支持から全く離れても妥当する規範であり、何人もがこれを認めないでも、よしんば星の世界に書かれた戒律であっても、なおかつ妥当すべきものたることを失わない、と做すのである。換言すれば、ラアドブルッフのいう道義法則は、事実の世界から完全に切り離された絶対の当為である。これに反して、慣習・法・道徳の三者は、いずれも何らかの事実上の意欲に基づいて妥当する当為である。詳しくいえば、慣習は社会によって、法は国家によって、道徳は良心によって意欲された当為に他ならない。かように、ラアドブルッフは、道徳と道義とを明らかに区別し、「事実からの距離」において、道義は道徳をも隔絶する高次の領域を占め、道徳は正に道義と法との中間に位するものとして説いているのである。しかし、法の絶対目的を問題外とする本論では、「星の世界に書かれた」道義法則までを考慮に入れる余地はない。故に、ここで考察されるのは、事実への実現を求めている道徳と、道徳の事実への実現を媒介する法との関係にかぎられている。Radbruch: Einführung in die Rechtswissenschaft, 7. u. 8. Aufl., S. 13 ff.

二　自然法と道徳

第一の、道徳が道徳としての純粋性を保ちながら、しかも自ら法と名乗って事実の上に働きかけて行こうとする場合は、「自然法」の理念においてこれを見ることが出来る。

自然法は、名からいえば法である。しかし、その実それは純粋の道徳である。あるいは、純粋の政治である。殊に、スコラ哲学の系統を引く現代の新トマス主義の自然法論にいわゆる自然法は、道徳の根本原則の別名に他ならない。自然法は多くの場合その規範意味内容の中に強制の契機を含まない。少くとも、自然法の根本要請として説かれているものは、概ね強制の問題に触れていない。故に、強制の契機を以て法の法たる特質と見る以上、自然法は、実は法ではなく、道徳理念の表現であるといわねばならぬ。否、単にさような特定の法概念構成の立場からばかりでなく、自然法が道徳であるということは、自然法を以て法の根柢と見る学者そのものが、明言しているところなのである。例えば、ルナアルによれば、「自然法は社会道徳以外の何ものでもない」のである。[1] あるいは、「自然法は正義または社会道徳と全く同一である」。[2] すなわち、ここでは自然法と正義および社会道徳とが等号を以て結びつけられているのである。それでは、自然法とも一致し、社会道徳とも合体する正義とは、そもそもいかなるものであろうか。ルナアルはいう、＝「この問題の解答は、各人の良心の中に書かれている。もしも人が自らの心に問うならば、もしも人が、自己の正義感を傷つける行為がその良心の中にいかなる反動を喚起するかを分析するならば、もしも人が他人の良心を洞見しようと試みるならば、もしも人が歴史を通じて人間良心の発現を探究して行くならば、人は恐らくその中から不可還元的な最小限度の或るものを抽き出すことが出来るであろう。個人個人の持つ正義の概念は、この不可還元的な最小限度の発展に他ならないこと、同一の画布の上に刺繍された粉飾に等しい。そこに自然法がある」。[3]

同じような意味を以て、田中耕太郎教授も説かれる、＝「人間は仮令文化状態、経済状態が異るとは雖も其の本性に於て他の動物と異る理性を有し、何が為すべきことであり、何が為すべからざることなるかに関して識別を為し得る。即ち他人に対し善を為すべく、他人を害し又欺くが如きことを避くべきことを知る。」かくの如き、「素朴的道徳原理にして社会生活の基礎たるものが即ち自然法である。」この根本前提から出発して、田中教授は更に広義の自然法と狭義の自然法とを区別し、広義の自然法は、人間の神に対する行動たると、自己または他の同胞に対する行動たるとを問わず、すべての「自然的道徳原理」を指していうが、「狭義に於ける自然法は、社会生活上人間に対し『各人に彼れのもの』を与ふることを規律する所のもののみを指称する、」と説かれる(4)、すなわち、ここでも自然法が本然の社会道徳と一致すること、ルナアルの場合と異ならない。

ただし、ルナアルにおいては、自然法はそのままに「社会道徳」(la moral sociale) を意味するのに対し、田中教授の場合には、狭義の自然法として限定されたものが社会道徳であり、広義の自然法はそれよりも広く、人間の神に対する行動や、人間の自己自身に対する行動の基本道徳原理をも含むものとされている。けれども、和辻哲郎教授のいわるるごとく、道徳は根本において「人間の間柄の真実」を意味する。人間とは人と人との間、すなわち社会であり、その意味で「人間存在の真実が起ること、従って人間の行為が真実にかなふこと、それが善なのである」(5)。そうであるとすれば、道徳はそのままに社会道徳であり、社会道徳たらざる道徳はないといわねばならぬ。社会性を持たぬ人間行為、社会存在の基盤の上に立たぬ人間存在が考えられ得ぬとすれば、神に対する人間の道徳にも社会性があり、自己自身に対する人間の道徳も必然に社会の聯関の下にのみ存立する。故に、道徳は社会道徳であり、社会道徳に特に法の名を冠したものが自然法である。要するに、現代の新トマス主義の自然法論にいわゆる自然法とは、「法の名を以て呼ばれた道徳」に他ならぬ。

それでは、本来が道徳そのものであり、道徳以外の何ものでもないところのものが、何故に殊更に法の名を冠して「自然法」と呼ばれるにいたるのであろうか。

この問題についても色々な考え方が可能であろうが、根本的に見てそれは、道徳が単に法からかけ離れた抽象理念たることを以て満足せず、理念の現実化の一過程として自ら法の名の下に法と接触し、法を動かし、法を支配しようとするからなのである。道徳が法に規準を与え、法の発展の指標を定立しようとするとき、飽くまでも道徳の名において法と対峙するという態度を固持することは、必ずしも賢明な方法ではない。何故ならば、これに対して法もまた法の独自性を固執することにより、法と道徳との間に徒らに反撥または無関心の関係を成立せしめる虞れがあるからである。これに反して、道徳が自ら名乗って法であると倣し、自ら法の名の下に法の上に働きかけて行くときは、そこにやはり反撥や摩擦の生ずる可能性が残されているにしても、前の場合に比すれば、遥かになだらかに法の道徳的化成を計る途が拓かれ得るであろう。すなわち、それによって、道徳と法との間の法超越的対立関係が、少くとも外観上は一種の法と他種の法との法内在的な対立関係に移され、自然法と実定法との価値比較が同じ法の平面において比較的容易になされ得るであろう。そうして、自然法は実定法より高次上級の尊厳なる法である、という前提さえ容認されるならば、現実に在るところの実定法は、永遠に在るべきところの自然法を目標として徐々に向上発展して行かねばならぬという事理が、自らに納得され易くなるであろう。そこで、「実定法は不断の生成である。それは、永遠に達成されることのない完成を目指すところの秩序である。自然法はかような生成の方向定置に他ならない」(ルナアル)、という風に説かれるのである。(6)

かくのごとくに、本来の道徳が道徳たるの名を用いず、自ら法なりと称して本来の法との接触を求めて来るのは、或る意味では道徳が法の前に身を屈したものであるともいえよう。しかも、その実それは、道徳が法をば道徳の高みに引き上げる目的のために、一つの手段として法の世界への帰化を敢てしているのである。田中教授の言葉を藉りていえば、「此の、道徳の帰化は形式的の意味に於ては法の道徳に対する征服であるが、然し実質的には法の道徳への降服である」(7)。いいかえると、それは、道徳が法を支配するために、名を棄てて実を取ろうとして行う一つの高等政策であるといってよいであろう。

しからば、道徳が法に対して行うこの高等政策は、果して充分に成功し得ているであろうか。

勿論、いかに熱心な自然法論者といえども、実定法がただちに自然法に同化することを期待し、または、近い将来において自然法の高さにまで向上すると考えている訳ではない。むしろ、自然法と実定法との間には近づこうとして近づき得ない距離の在ることを認め、前者をば後者の到達しようとして遂に到達することの出来ない目標と見ていること、いま引用した――自然法を以て実定法の生成の単なる目標定置とする――ルナアルの言葉からも、明らかに窺い知り得るところである。しかしながら、自然法と実定法とを到底融和し得ぬような対立関係に置き、遂に自然法をば実定法秩序の破壊・革命の原理にまで極端化せしめた彼の近世初期の啓蒙的自然法論ならばいざ知らず、今日の新トマス主義の自然法論は、自然法と実定法との間の一定の距離と対立とにもかかわらず、両者を出来得るだけ親密の間柄に近づけ、自然法は共同生活の一般原則であり、実定法はその特殊適用であるとして、相互の依存性と補足性とを強調している。田中教授が、「自然法は他人に対する義務を忠実に履行することを命ずるが、現代に於て自動車の運転手は如何なる義務を負担するか、又株式会社の重役の責任は如何なるものであるかを具体的に示す必要がある。自然法のみでは法的安定に欠くる所があり、此の為めに実定法を必要とする、」というておられるがごとき[8]、その典型的な場合であるということが出来よう。

けれども、道徳が自然法となって法の領域に帰化してのちも、その道徳たるの実質は決して拭い去られている訳ではないとすれば、自然法の道徳たる根本性格と、実定法の法たる根本性格との間には、必ず完全な融和を妨げる矛盾が介在している筈でなければならぬ。自然法が一般原則であり、実定法は特殊規定であるとはいっても、一般原則は現実の威武に屈せぬ道徳的尊厳性を主張し、特殊規定は現実の事態に順応しながら、法的秩序性の要求を満足せしめて行かねばならぬ以上、その間に反撥が起り対立の生ずることは、免れ難い勢いでなければならぬ。田中教授自らの洞察せらるる通り、実定法の持つ大きな特色の一つは、現実への妥協性に富む点である。これに反して、自然法は妥協を許さぬ理性の絶対の要請である[9]。しかりとすれば、彼此相互の間に常に諧調が保たれるということは、到底期待せられ得ない。

例えば、古来、正義の内容とされ、田中教授も「狭義の自然法」の根本要請として掲げておられるところの、「各人に彼れのものを」の原則について考えて見ても、自然法と実定法との衝突の必然性は容易に理解され得るであろう。

この原則の意味は一見きわめて明瞭であるように思われるけれども、その実それは、それだけでは内容のない空疎な言葉であるに過ぎない。ツウルツウロンのいう通り、「各人に彼れのものを」という言葉は、表現それ自体としては純粋の同語反復であり、何が彼れのものであるかを決定しない以上、「彼れに与えらるべきものは彼れに与えらるべきである、」という無意味な内容をしか持たないのである。[10] 故に、これをそのままにして、「彼れのもの」の内容上の限定を与えずに置けば、現存の配分秩序においても確かに各人は「彼れのもの」を持っているに相違ないのであるから、この原則はいかなる実定法制度とも衝突せずに済むであろう。しかし、それではこれを特に自然法の原則として掲げる意味がない。この原則を意味あらしめるためには、是非とも何が彼れに属すべき「彼れのもの」であるかを決定しなければならない。そうなると、現実の配分関係がそのまま理想に合致していると認められないかぎり、必ず実定法との衝突が起る。実定法の側からの強靱な抵抗が起って来る。何故ならば、実定法の中には現存秩序の維持の目的が強く働き、既得権尊重の要求が牢固として内在している。したがって、各人に与えられた既存の彼れのものを不当の配分として修正し、かくあるべき彼れのものを規準とする新たな配分関係を実現しようとすれば、そこに必ず現状維持の要求と革新の要求との摩擦、言葉をかえていえば、実定法に内在する純粋の法目的と、自然法の形式による道徳目的との反撥が生ずるからである。

しかも、何を以て具体的な配分の公正とすべきかは、時代により、社会により、世界観の相違によって、決して一律には定め得ない問題である。アリストテレスのいう「平準的正義」(ausgleichende Gerechtigkeit) は、二には二を、四には四を、の原理であり、この尺度によって損害賠償や不当利得の返還などの場合を紛れなく規律することが出来るであろう。これに対して、彼れのいわゆる「配分的正義」(verteilend Gerechtigkeit) にいたっては、具体的な価値観を出発点としなければならないだけに、その適用に当っては複雑な紛糾が生じ得る。「平準的正義」は、純粋の個人関係の正義である。いかなる国家の元勲も、十円の品物を買う場合には十円の代金を支払わねばならぬし、百円を借りたならば百円を返さなければならない。これに反して、「配分的正義」は、全体の見地から見て個人の価値を定め、個人の価値に応じて栄誉と富とを配分することを求める。故に、国家の元勲にはその功労にふさわしい殊遇を与え、これを市井の一庶民とは全く別に取扱うのが、正義なのである。そうなると、何が国家の元勲たるに値する功労であるのか、国家の元勲にどの程度の殊遇を与えるのが正しいのか、というような問題について、立場立場により種々の異なる評価が下され得る。かように、自然法の要求する配分の公正は、具体的内容の上からは時と処によって可変的であるが故に、よしんば一たび公正な配分秩序を実現し得たとしても、やがてまたこれを新たな正当性の根拠によって修正する必要が起って来るであろうし、これを修正しようとする勢いに対してはまた、実定法上保障されている配分関係をそのままに認証して行こうとする要求が、在来の正当性の根拠に即して強く働き得る筈でなければならない。

要するに、自然法の理念は、道徳が道徳としての実質をそのまま純粋に保有しながら、しかも法の名の下に社会現実を動かしてその理想化を計ろうとするものであるが、この方法による道徳と法の接触・結合の場合についてみても、両者の間の対立・反撥は到底避け得られないのである。

（1）Georges Renard : Le droit, la justice et la volonté. Conférences d'introduction philosophique à l'étude de droit, 1924, p. 90.
（2）Ibid., p. 95.
（3）Ibid., p. 333.
（4）田中耕太郎教授・法と道徳（岩波哲学講座）、五三頁以下。
（5）和辻哲郎教授・倫理学、上巻、昭和十二年、四九三頁。
（6）Renard : op. cit., p. 95.
（7）田中教授・前掲書、四三頁。
（8）同、五五頁。
（9）田中教授・法の妥協的性質に就て、牧野教授還暦祝賀・法理論集、一〇一頁。
（10）Pierre de Tourtoulon : Les trois justices, p. 52.

三　実定法と道徳

次に、第二に問題となるのは、道徳が名義上のみならず実質上も法の内容に融け入り、自ら法そのものとなって実定法秩序の構成に参与して行く場合である。

手近な例を以ていえば、「欺く勿れ」、「誠実に義務を履行せよ」、というような要請は、それだけを取り出して見れば、純然たる道徳規範である。しかし、これらの道徳規範が制裁規定を伴って強行されるにいたるときは、その道徳は既に法の中に融け入り、実定法そのものの内容となって、人間生活秩序を正しく規律しようとしているのである。「欺く勿れ」といっても欺く者がある。故に詐欺行為を処罰する規定が設けられる。「誠実に義務を履行せよ」というのは当然の道徳上の要請であるが、それにもかかわらず自己の債務を不誠実に履行して事足れりとする者がある。そこで、その結果として債権者が損害を蒙った場合には、裁判によってこれに対する賠償を強制する。詐欺罪に対して十年以下の懲役刑を科する規定は、純粋の法規範であるが、この法規範は、欺く勿れという道徳の要請に基づいて通用している。不法行為上の責任を問うて損害賠償の義務を賦課する規定もまた、純然たる法規範であるけれども、この法の根本精神もまた、他人の権利を侵さず、自らの義務を忠実に履行すべきであるという道徳によって定められている。これは、法と道徳との聯携の最も一般的な形であって、この形によって道徳的な行為規範と法的な強制規範とが結合し、二重構造を持つ複合規範となって広く実定法の内容を形成しているのである。

現代自然法論の立場からいうならば、いま例示したような道徳規範――「欺く勿れ」、「誠実に義務を履行せよ」、というがごとき規範――は、当然に根源的な社会道徳規範として、自然法に属するものとされるであろう。しかし、よしんばそれが自然法であるとしても、それらの道徳規範は単に実定法の進歩の目標を定置しているだけに留まらず、自ら進んで実定法の中に浸潤し、実定法の持つ現実的な効力を通じて社会生活の事実を動かしているのである。いいかえれば、それらの自然法はもはや実定法になり切って了っているのである。故に、もしも実定法と或る距離を保って対立しているところに自然法の自然法たる所以があるとするならば、それらの規範は既に自然法たるの実を失っているといわなければならない。すなわち、そこでは、法を超越する道徳としての自然法と、法の法たる所以を具備する実定法とが互に関聯しているのではなく、実定法の完全な内在面において、なおかつ道徳的意味を持つ契機と、純粋の法的契機とが抱合しているのである、と見らるべきであろう。

このようにして実定法の内在面に現れる道徳と法との聯関は、一般に非常に緊密な相互依存の抱合関係であって、その間に対立や相剋の生ずる余地は原則として存在しないように見える。例えば、「欺く勿れ」という行為規範と、「欺く者を処罰すべし」という強制規範とは、明らかに切り離すべからざる関係に置かれている。前にいったように、「欺く勿れ」といっても欺く者がある。故に、欺く者を処罰する必要が起るのである。また、「欺く勿れ」という原則があればこそ、「欺く者を処罰すべし」という規定が通用するのである。そこでは、道徳は法を要求し、法は道徳を前提とし、互に唇歯輔車の立場に立っているといわねばならぬ。しかも、両者のかように密接な抱合関係にもかかわらず、道徳という中身と法的な外衣との間には、よく見ると、譬えば既成品や借り著を身に纏っているような不調和の存することが決して稀でない。

さきに述べた通り、法の形式上の徴標は強制であり、制裁である。そうして、強制や制裁は、刑罰にせよ強制執行にせよ、それ自身としては否定的な内容を持つものである。それ故に、法は多くの場合において強制の実行につききわめて慎重な態度を執ろうとする傾きがある。裁判の手続きを慎重にし、不法要件の決定には主として外面に現れた事実や行為を証拠とし、疑わしきは罰せずという原則を遵奉するがごときは、その傾向の顕著な現れである。その結果として、法による共同生活関係の規制は、道徳の立場から見てすこぶる不満足な、不徹底なものとなる憾みが多分にある。不道徳性の大魚を逸して、秩序の水面に僅かに揺らぐ細鱗の捕獲に専念する、というようなことが往々にしてあり得るのである。あるいはまた、法は行為の形式を捉えてその責任を問おうとするために、外形上の行為に不備な点があったというだけで、不用意な善人が裁判に破れ、逆に、巧みに法の形式の間を縫って相手方を陥れようとした者が、首尾よく勝訴となることもある。外形の正、必ずしも善でなく、内心の善、必ずしも法の保護を受けぬというところに、法と道徳の著しい矛盾が生ずる。

故に、道徳は法と結合しながらも、法の形式性や外面性を絶えず不満としなければならないのである。法を道徳から区別する最も明確な標準は、強制の有無ということである。しかし、それは、両者の相違性が強制の有無のみに尽きるという意味ではない。法は行為の外面性に主たる規制の焦点を向け、道徳は外面の行為よりも内面の心情に評価の重心を置くという区別も、――両者を截然と識別する標準とはならぬけれども、――確かに両者の性格の相違として重要視されなければならない。そうして、両者のこの区別は、道徳がその本来の郷土を離れて法の王国に移住してのちも、依然として払拭されずに残っているのである。したがって、道徳に固有の内面化の動向は、法に土著の外面的関心と和合することが出来ず、その間の対立が種々の形で現れて来る。

例えば、民法学上、法律行為の評価について内心の効果意志を重んずるのは、法における道徳性尊重の態度である。これに対して、取引きの安全を保障するために、専ら表示行為に著眼するのは、法の特に法的側面を強調しようとする立場である。一旦、贈与の約束をなした以上、それが口頭の契約であったとしても、約束通りの贈与を履行しなければならないというのは、道徳の当然の要請である。しかるに、民法が、書面によらざる贈与は各当事者がこれを取消し得ると定めているのは、贈与契約の存否を書面上の証拠の有無によって確実に判定しようとする法の要求によるとはいえ、道徳の立場からはすこぶる奇怪な態度とも見える。また、刑法学上、犯罪者の性格や犯罪の動機に重きを置く主観主義は、道徳の色彩が強く、犯罪の実害や犯罪行為の大小によって刑の量定を行おうとする客観主義は、主として法の理念に準拠する。砂糖を毒薬と信じて人に服用せしめた行為は、実害の発生する危機は全くないけれども、道徳上は殺人の未遂を以て論ずる充分な理由があるであろう。しかし、客観的に見て、行為の危険性を問題とする余地がない以上、これを不能犯として取扱うべきであるというのは、行為の外形を重んずる法本来の態度である。そういう解釈論の対立にも、法と道徳との性格上の相違が現れているといわねばならぬ。

かくのごとくに、法と道徳とは性格を異にしている。したがって、道徳が現実の人間生活を有効に動かすために法の世界に同化して行けば行くほど、道徳本来の純粋性や高潔性に濁りが生ずる。混濁を顧みずに現実を動かそうとする道徳は、進んで法の中に摂取され、法の中に同化しながらも、そのために自らの固有の純粋性や高潔性が失われて行くことを、深く遺憾とせざるを得ないのである。

元来、法の発達の歴史をふりかえって見ると、人と人との間の闘争の関係が常に重要な役割を演じて来ていることが知られる。人々が習俗に眠り、旧慣に遵って、あえてこれを怪しまなかった時代、すなわち、社会生活の秩序が道徳的または宗教的行為規範の規律のみによってほぼ完全に保たれていた時代には、今日いうような意味での法は、ほとんど発達の必要を見なかったのである。しかるに、行為規範に違反する者がおいおいに増加し、人々の間に争いが頻発するようになって来るにつれて、行為規範の違反行為を罰し、争訟当事者間の正邪曲直を裁いて、毀損された秩序を恢復するための諸制度が要求されるにいたった。行為規範に対する強制規範としての法、強制規範の運用に当る裁判機構というようなものが、次第に整備されなければならなくなったのである。それであるから、争いを知らぬ醇朴な平和境には、行為規範は自然に行われているけれども、いまだ強制規範の発達を見ない。これに反して、争いの機会が多く、争いの性質が複雑になればなるほど、強制規範が複雑な発達を遂げる。強制規範が断片的に適用されるばかりでなく、合理的な体系として成文化されて来る。しかも、新たな種類の争いが起れば、これに備えて新たな種類の成文法が制定される。例えば、小作争議が頻発すれば、小作法の制定が行われ、借地・借家の関係が複雑になれば、借地法・借家法の制定を見、労働争議が尖鋭化すれば、各種の労働法の発達が必要となる。かように、諸般の法制度が特に外面的に進歩する裏面には、もはや道徳のみの力を以ては支え切れないほどの、人倫関係の混乱の危険が胚胎しているのである。もしも、道徳が、人と人との間の第一次的な平和の秩序であるとするならば、法は、闘争によって失われようとしている平和の秩序をば、ふたたび平和の状態に恢復せしめるための、第二次的の秩序に他ならない。(1) 第一次的な道徳秩序を攪乱するものは、闘争であり、犯罪である。これに対して、傾く道徳秩序の支柱となってその崩壊を阻止するものは、第二次的な法秩序である。そこに、道徳と法との必然的な結びつきがある。しかし、闘争によって攪乱される前の秩序と、闘争によって攪乱された後の秩序とは、同じく秩序ではあっても、自らに色彩を異にしている。前者においては、道徳の色彩が強く全体を支配し、後者に在っては、法の色彩が道徳の上を濃厚に蔽うている。したがって、第二次的の秩序は、道徳と法の結合した世界でありながら、しかも、道徳の特色と法の特色とが互に反撥する世界でもある。

露骨な闘争は、和を以て旨とする道徳の立場から見るならば、人倫の破壊を意味するであろう。しかし、既に人倫が破壊されて了った以上は、道徳は人倫の常経を恢復するために、法と結びついて闘争の強制的鎮定を求めるより他に方法がないであろう。けれども、一たび破壊されたものは、いかにこれを弥縫・補綴して見ても、もはや完全な旧態に復することは出来ない。失われた人間関係の真実は、法によって一応は救済され得ても、そこに再建された正常の人間関係には、道徳的に見て不純なものが残る。法的救済の制度は、道徳の自己恢復のために必要であるにもかかわらず、法的救済を経て恢復された道徳秩序は、もはや昔日の純真な道徳ではなくなって了うのである。例えば、人が過失によって他人を死に致した場合、この過失致死の行為に対して、いかに罰金刑を科し、その生命の喪失をいかに経済価値に換算して賠償せしめて見ても、真実な人間関係から見て到底満たされ得ない空隙が残る。また例えば、失われた名誉は法的には賠償せしめられ得ても、道徳の立場からは、名誉を物質によって賠償せしめるというような法制度そのものに対する不満が残る。それもこれも、法と道徳との間に存する性格上の差異から来る喰い違いなのである。道徳が法と結合するのは、道徳の自己実現の一つの必然的な筋道には相違ないが、法的強制を背景として実現された道徳の要求は、必ず大なり小なりその本来の純真性から歪曲されたものとなって来ている。かように必然的な筋道を辿って法と結合しながらも、なおかつ法との結合を不満としなければならないところに、道徳の陥るディレンマがあり、そこにまた、法の内在面における道徳と法との不協和の根源が存するといわなければならない。

道徳と法との性格上の相違性が特に目立って現れて来るのは、人間本然の愛情を根本とする家族生活の領域である。家族生活は夫婦や肉親の愛情を基礎としているけれども、さればといって家庭には波風が起らないという訳ではない。否、親しければ親しいだけ、かえって夫婦相鬩ぎ、骨肉互に反噬するのも、或る点まで免れ難い人間の本性であるといえる。故に、家庭にも争いがある。争いがあればこそ、家族生活についても第二次的の秩序が必要であり、この必要に迫られて、複雑な法が発達している。親族法・相続法がすなわちそれである。円満平和な家庭生活は、主として道徳の支配している世界である。父母に孝に、兄弟に友に、夫婦相和するの家族関係は、法によって争うの必要を見ない第一次の人倫秩序である。しかるに、家族の第一次秩序が争いによって破られようとするとき、その破綻を補塡修復する第二次の秩序として法が現れる。法は、夫婦・親子・兄弟、等の権利義務の関係を明らかにし、財産の分配・相続の順位を明確に定め、保護さるべき権利は裁判によって保護し、履行すべき義務は強制に訴えても履行せしめる。かような法による人倫の修復工事は、亀裂の生じた道徳の世界を補強するために必要である。しかしながら、人間本然の愛情に立ち戻って律せらるべき親族関係をば、法により裁判に訴えて解決しようとするのは、絹布の綻びを綿糸を以て繕うがごとくに無細工であることを免れない。ここでも、道徳と法とは、互に結合すべき必然性を有しながら、しかも、その必然の結合そのものの中に、相容れ難い二つの魂のように対立しているのである。

親族関係における道徳と法のこの不自然な結合を緩和するために、最近にいたって人事調停の制度が設けられたことは、法と道徳との調和の試みとして注目に値する。人事調停法は、名は「法」である。そうして、それは、形式の上からいっても、「法律」として制定されている。[2] しかし、それにもかかわらず、人事調停法は法としての色彩よりも道徳としての色彩の遥かに濃厚な法である。まず第一に、調停は、「道義ニ本ヅキ温情ヲ以テ事件ヲ解決スルコトヲ以テ其ノ本旨トス」と規定されている。[3] また、調停の申立てが「淳風ニ副ハズ」、あるいは「権利ノ濫用其ノ他不当ノ目的ニ出ヅルモノ」と認められる場合には、裁判所はその申立てを却下することが出来る。[4] 更に、調停委員は、「徳望アル者其ノ他適当ト認メラルル者」の中から選任せられる。[5] かように、「道義・温情・淳風・徳望といふような倫理的色彩の強い表現が用ひられてゐることは、まさにこの法律の特異性をなすものといふことができる」のである。[6] のみならず、調停は裁判上の和解と同一の効力を有し、したがって確定判決と同じような執行力を発揮するのであるが、人事調停の場合には、財産上の紛争とは異なり、事柄の性質上強制することを得ないものが多い。[7] 離婚・隠居・家督相続人の廃除、等、純粋の身分関係について成立した調停の場合がそれである。これらの点から見て、人事調停法は法とはいっても強制規範としての性質がすこぶる稀薄である。むしろ、この法の本質性格は、一たび法に内在化した道徳の契機が、厳密な法の世界に安住することを得なくなって、ふたたび法の領域から道徳本然の領域に復帰しようとする傾向を示しているものということが出来よう。いいかえるならば、それは、法と道徳の交錯面の中でも、特に法の領域から見ての外側限界に設けられた、一種の緩衝地帯にも擬えることが出来るであろう。法と道徳とは、相互に密接に結合すべき間柄に在りながら、その根本には互に相反撥する別個の性格を備えているのである。取りわけ義理人情の細やかなることを以て本義とする親族関係について、両者を無理に結合せしめて置く代りに、かような緩衝地帯を設けるにいたったということは、法目的の対立の調和という見地から見て、すこぶる意義が深いといわなければならない。

（1）社会秩序の基体を成すものは、「平和の秩序」（Friedensordnung）である。それが、法の母胎としての「社会団体の内面的秩序」（die innere Ordnung der gesellschaftlichen Verbände）である。しかし、平和のみの支配している社会には、宏壮な裁判規範の体系は発達しない。法の外面的発達を促進するものは、平和の秩序を攪乱する闘争関係である。平和を母とし、闘争を父として、裁判制度や成文法が進歩する。かくして成立する秩序は、「闘争の秩序」（Kriegsordnung）であり、闘争の秩序の諸規範は「第二次規範」（Normen zweiter Ordnung）である。法の発達のかような過程は、エエアリッヒの法社会学の中に詳細に論述されている。Eugen Ehrlich : Grundlegung der Soziologie des Rechts, 1913, S. 20 ff., S. 101 ff., S. 122 ff.

（2）昭和十四年三月十七日法律第十一号。

（3）人事調停法第二条。

（4）同第五条。

（5）同第九条。

（6）末川博博士・経済統制と人事調停、昭和十四年、一七六頁。

（7）人事調停法第七条。末川博士・前掲書、二〇七頁以下、二〇三頁以下。

第四節　法と政治の対立

一　法と政治の結合

道徳と法とは密接に結合すべき運命を荷いながら、しかも色々な点で互に反撥しなければならない性格上の相違性を持っている。しかし、道徳の本質には奥底に平和の精神が流れているために、道徳と法との対立は、そのままでは容易に深刻な分裂にまでは激化されない。これに反して、道徳と同じように法の中に浸潤し、実定法の内容とも生命ともなりながら、法に特有の安定性と矛盾することによって、時にこれと激突的な相剋関係をも現出するものは、政治である。

原理的にいえば、政治は必ずしも道徳と別個のものではない。道徳はその要求を現実に貫徹するために、一方では法と結合すると同時に、他方ではしばしば政治と同化することがある。例えば、啓蒙時代の個人主義的自然法の理念は、近世の始めに発見された個的自我の尊重に立脚し、個人相互の自由と平等と友愛とを本義とした点で、確かに一つの道徳理念であった。しかも、この道徳理念が、当時の新興社会勢力を土台として専政主義の既存制度を崩壊せしめ、第十九世紀に完成されたような民主主義の政治形態を建設することを目指すにいたったとき、それは既に強力な政治の動向ともなっていたのである。ただ、道徳本来の面目からいえば、いかに切実な要求であっても、これを闘争や破壊の手段によって実現することは決して望ましいことではない。これに反して、政治は本質的に実力と結びついて行われる目的活動であり、しかも最初から自己と対立する他の力を予想し、これを克服しつつ進むことを建前としている。その点から見れば、道徳と政治との間には大きな差別が存するのである。故に、対立の発生を未前に防ぎ、無為にして化するの域に達した政治は、それ自体が純粋の道徳であろう。また、自己と対立する反価値の契機をば、力により剣を用いて克服しようとする道徳は、既に自ら政治に変質したものであると見ることが出来よう。のみならず、政治の活動は常に必ず実力によって行われ、実力の掌握は政治の実行の必須の前提となる結果として、道徳上全く無内容な実力の獲得そのものが政治の当の目的とされる場合も、往々にして起り得る。否、更に進んで、実力の獲得そのものを目的とする政治活動が、宣伝・虚構・反間・苦肉を弄して、人心の収攬と対抗勢力の破砕とのみに狂奔するにいたるときは、いかなる道徳の立場からも認証され得ない不徳が、政治として行われることさえもあるであろう。

故に、政治は、第一に社会的な目的活動である。政治はすべて目的に立脚する。したがって、全く無意味無目的の政治というものはあり得ない。次に、第二に、政治は一定の対立を予想しつつ、これを克服して進もうとするところの目的活動である。対立をすべて消滅せしめることは、政治の理想であるかも知れないけれども、全然対立を知らぬまでに一元化された目的活動が実現された暁には、その目的活動からは政治としての特色もまた剥落して了うのである。更に、第三に、政治は実力の行使によって対立の克服を計るところの目的活動である。対立をば宿命の対立として拱手諦観し、対抗勢力のために克服されることを坐して待つ態度は、政治の態度ではない。政治には本質的に強さがある。力がある。目的の実現のために手段を選ばぬ政治は、なおかつ政治であり得るが、実力によって目的達成への道を拓こうとしない政治は、もはや政治と呼ばるべき資格を喪失したものといわねばならぬ。

かように、政治の第一の本質は目的活動たる点に在る。けれども、政治によって達成さるべき目的は何かという問題に関しては、明確な内容の限定を加えることは出来ない。道徳の実現が多くの場合に政治の目的となることは前に述べたごとくであるが、その他に、あるいはそれと並んで、例えば宗教上の伝道も政治の目的となる場合があるであろうし、経済の発達・国民生活の繁栄などは、政治の不断に追求すべき重要な目標であると見ることが出来る。更に、強大な実力を掌握し、社会統制の中心機能を意のままに左右するということ、そのことが政治の当面の目的たる場合のあり得ることも、これまたさきに説いたごとくである。政治の目的は既にかくのごとくに多様である。しかも、一定の政治目的を達成するために特に選ばるべき手段——政策——にいたっては、一層多岐多端であるのを常とする。

したがって、政治活動の過程においては、一の目的を採るか、他の目的を選ぶか、甲の政策に拠るか、乙の手段を用うるか、につき、当然にさまざまな立場の対立が生起せざるを得ない。さればこそ、政治には第二の本質契機として必ず対立の関係が内在して来るのである。対立があれば動揺がある。動揺があれば変化がある。故に、政治は固定状態ではなく、動揺と変化とを通じて進むところの発展過程でなければならぬ。静止ではなく活躍であり、瞑想ではなく行動であるところに、政治の真面目が見出されなければならぬ。しかも、それと同時に、政治の目指すところは、もとより単なる対立・単なる動揺ではない。対立と動揺とは、多岐に亙る政治的目的活動の不可避の随伴現象ではあるが、徒らに対立と動揺とが連続しているばかりでは、遂に政治上の目的を達成する日は来り得ない。目的意志によって行動する政治は、常に必ず対立を克服し、動揺を制圧し、社会の統一を保持して所期の目的を貫徹することに力める。その可能性を保障するものは、政治の持つ第三の本質契機たる実力である。しかるに、政治上の実力行使には自らに筋道がなければならない。法則が樹てられなければならない。放縦無軌道の実力行使は政治を自殺に導くばかりである。ここにおいて、政治は転じて目的行動の規準を求める。社会統制の原理たる秩序を要請する。組織化された支配機構の確立を必要とする。かくて、政治もまた必ず法と結合せざるを得ないのである。

政治は目的活動であり、実力行動である。けれども、赤裸々の実力行動は、いかに強力であっても正当性の認証を伴わない。正当性の認証を伴わないところの政治は、民心を把握する迫力を持たない。それ故に、成立の当初には既存の法秩序に必ずしも忠実でなく、あるいは公然と既存実定法制度の改変を目指して進もうとする政治勢力も、その目的の達成のために新たな法原理を掲げて自己の正当性を基礎づける必要があり、一たび目的を達成してのちは、その新たな法原理に基づく法組織を樹立して、自己の王座を確保することに力めるのが通例である。例えば、中世以降のヨオロッパには、教会の支配下に在る既成秩序に対抗して、近代的の主権国家が興隆し、君権を絶対化してこれを教権から独立せしめようとする政治運動が活潑に行われた。その場合、当時の君権論者は、君主の権力の根源を神意に求め、「君権神授」の原理を以てこの新たな政治形態の法的根拠たらしめようとしたのである(1)。しかし、君権絶対化の政治目的は、やがて、更にこれに対抗して興ったところの自由民権の政治目的に圧倒された。そうして、自由民権の政治目的は、「国家契約」の法理念によって自己を認証し、民権を圧迫する専政君主をば国家契約の違反者であるとする、「暴君放伐」の主張をさえ生むにいたった。[2] かくて、自由主義の政治運動が専政制度の打倒に成功するや、この政治目的に順応する民主主義の法体系が構築され、個人の自由・個人の権利を主眼とする成文法の組織が整備されたのである。下って、今日の独裁主義の政治目的は、またしてもこれらの自由主義の法体系を崩壊せしめつつある。しかし、独裁主義の政治といえども、決して法そのものを否定しようとするのではなく、独裁政治の目的に適うような法の理念を掲げることによって、法による政治――法治――の体裁を整えようと力めている。[3] かように、政治は法を動かしつつ、必ず自ら法を作る。宮澤俊義教授のいわれるように、「法はすべて政治の子であり、従つてどのやうな法も必ず政治的な性格をもつ。政治に関係のない・または政治を超越する法といふものはありえぬ。自由主義的な政治は自由主義的な法を生み、権威主義的な政治は権威主義的な法を生む。自由主義といひ、権威主義といふ。いずれも政治原理である。それが法を作る原動力である」[4]。

政治は、自己を認証し、自己を擁護し、自己を安定せしめるために法を作る。法の成立の基礎には常に政治の創造力が働いているのである。しかも、政治は単に法を作るばかりでなく、自ら作った法を通じて本来の目的活動を遂行しようとする。誕生の始めには裸体であった政治も、間もなく自己の手を以てその身に適った法の衣を裁縫し、これを幾重にも身に纏うことによって、一つにはその行う支配機能の外観に光彩と権威とを加え、また一つには寒暑常なき政治気象の変化に対する備えともするのである。政治によって作られた法は、それが政治によって身に纏われているかぎり、実効性のある法として社会に行われる。政治の生命を内に宿すことは、法の実定的効力の一つの不可欠な淵源である。故に、法は、ただにその成立の基礎を政治に負うているばかりでなく、更にその実定的存立の根拠をも政治に俟つものであるといわなければならない。

（1）「中世紀の後半以来、国家体制の発達するに随つて、君主は君権の神授なるを唱えて、法王の圧迫羈絆より離脱せむとつとめる様になつた。而して、君権論者が教権論者の教権至高論に対する論議の基礎としたところのものは、…

…『新約全書』羅馬書第十三章の上《かみ》に在て権を掌《もて》る者に凡て人々服《したが》ふべし、蓋《そは》神より出ざる権なく、凡そ有ところの権は神の立たまふ所なれば也云々。といふ使徒『パウロ』の言葉であつた。故に、君主の権力は神授であつて、君主は神慮の機関であり、其行為は善悪に拘らず神意の発現であつて、仁政は神の慈悲を示し、虐政は神の憤怒を表はすものであるから、人民は君主に対して絶対服従の義務を負ひ、君主は神に対してのみ責任を負ふべきものであると為した。」穂積陳重博士・神権説と民約説、昭和三年、四七頁以下。

（2）当時の「非君政論者の放伐論は、其論旨に多少の異同は有るけれども、其根拠を民約論に採り、無権原暴君は契約の当事者に非ざるが故に各人に之を放伐するの権有るものと為し、又事実上の暴君は違約者なるが故に、其相手方たる人民全体に放伐権有るものだと説くに至つては、概ね皆其論法を一にして居るものである。」穂積博士・前掲書、二二九頁。

（3）ケルロイタアはいう、＝「法治国の概念は自由主義時代の産物である。これによつて従来法治国の概念は自由主義的法治国の意味にのみ考へられてゐた理由が理解せられるのである。法治国の語がかくの如く自由主義的思想と強く結びついていた結果、ナチス革命成功後のドイツに於て、法治国の語を全く用ひないといふことが提唱せられたのであるが、この提唱は私の見解によれば、概念の力を過大視したもので、又一般にも採用せられなかつたのである。」ここにおいてケルロイタアは、個人を中心とせず、民族を基礎とする新たな「法」の概念、および、「法は法規に優先す」という新らしい法の原則を掲げ、かかる更新された法概念の下において、「国民社会主義国家は、一つの政治的法治国家である。そこには政治と法とが、各々その性質に従つて均衡を保持しつゝ、正当なる結合に到達してゐるのである、」と主張する（ケルロイタア・国民社会主義的法治国家、大串兎代夫氏訳、法学協会雑誌第五七巻第一号、昭和十四年、二頁、八頁、一七頁）。なお、Otto Koellreutter: Der nationale Rechtsstaat. Zum Wandel der deutsche Staatsidee, 1932; Heinrich Lange: Vom Gesetzesstaat zum Rechtsstaat, 1934; 原田鋼氏・法治国家論、昭和十四年、四一九頁以下、参照。

（4）宮澤俊義教授・法および法学と政治、牧野教授還暦祝賀・法理論集、二七〇頁。

二　法と政治の反撥

政治は、その目的を実現するために法を動かし、法と結びつき、法に内在する。しかしながら、さればといって、法の成立と法の存立とを共に一方的に政治の作為のみに依存せしめ、法をば万能の政治の単なる傀儡としてこれに隷属せしめようとするのは、大いなる謬りである。

なるほど、法は政治の子である。子は親に似るように、政治の色彩は常に法の基調を成しているのである。しかしながら、これを政治の立場から見るならば、政治は法なしには存立し得ないからこそ、法の子を生むのである。いいかえれば、政治は法を作ることによって法の規制を受け、適法の政治たることを己が本領としなければならない、という必然性を持つのである。それが政治によって法が創造される根本の理由である。更に詳しくいうならば、法は秩序の安定を第一義とするのに対し、政治は秩序以上の建設を行おうとする。けれども、いかなる建設も秩序を前提とせずには行われ得ない。そこに、政治が法に依存する第一の理由がある。更に、政治は実力の行使を必須とする。しかも、政治上の実力行動が力の濫用に陥るときは、人心の離反によって力そのものの根拠が失われる。故に、政治的なる力の発動には必ず一定の軌道が与えられなければならぬ。それが、政治が法を必要とする第二の理由である。すなわち、いやしくも生命を保ち、発展を期する政治は、常に秩序の安定を求め、法の軌道に則らなければならない。そこに政治を通じてなされるところの法の自己主張がある。そこでは法が自主的に政治を制約しているのである。社会あるところ法あり、というが、政治の行われるところには、必ず法がなければならぬ。専政主義の政治のごときは一般におよそ法治の反対であると考えられているけれども、それですら決して法に拠らない政治形態であった訳ではない。専政主義の時代においても、神意や君意が法の名において行われていた以外に、複雑な慣例や伝統や制度が発達していて、時には専政君主の行動を息づまるような羈絆の下に拘束していた場合もある。進んで民主主義の時代には、政治によって生み出された法は政治のほぼ全面を蔽うまでに発達し、法の軌道を逸脱する権力濫用の可能性は、ほとんど完全に近いまでに排除されるにいたった。逆に、現代の独裁主義の政治は、かような形式的法優越の傾向から更に急角度に反転して、一般的な法規範の拘束力を弱め、政治的活動に臨機応変の自由性と伸達性を賦与しようとしている。しかも、独裁政治の下に在ってもまた、事態に即応する「指導者」の意志が法源となり、裁判官の下す臨機応変の判決に正当性の認証が与えられつつあるところに、否定の下に重ねて肯定される法の強靭無比の生命力が見出され得る。

故に、法が政治に依存するのと同様に、政治もまた法に依存する。法と政治との間には、実に二位一体の相互依存関係が存立していなければならない筈なのである。しかも、それにもかかわらず、法と政治との間にはほとんど不可避的に矛盾が起る。対立が生ずる。その対立は、法と道徳との間に起る対立よりも、一般として遥かに深刻なのである。それはまた何故であろうか。

法と道徳の対立の場合と同じように、法と政治との間に対立が起るのは、何よりもまず双方の間に存する性格上の相違に基づくのである。政治の本性は活動であり、建設であり、発展である。しかし、活動は変化を意味し、建設には現状の打破を伴う。その結果が既存制度の破壊の作用となって現れることも、時には免れ難い。もとより、政治が破壊の作用を営むときにも、その破壊は何らかの建設目的のための破壊でなければならないであろう。少くとも、政治は、それが何らかの建設のための破壊であることを標榜するであろう。けれども、いずれにせよ、それが変革であり破壊であることに変りはない。しかるに、そこに政治によって変革されようとしているものは、過去の歴史を通じて法によって秩序づけられ、法によって安定せしめられて来たところの、既存の社会生活状態に他ならぬのである。すなわち、一たび政治と法との抱合によって成立した社会生活秩序が、政治の変化によって均衡を破られ、政治的な推進勢力と法によって代表される安定勢力との対立・衝突を現出するにいたるのである。

政治が変化・進展を本領とするのに反して、法の根本性格は安定性であり守旧性である。ルナアルの言葉を以ていえば、「実定法は進歩の力ではない。それは制動である。あえていえば、それは静止の力であり、進歩の力との均衡を保つものである」[1]。勿論、実定法を全体として見れば、法もやはり時代と共に動いているのであり、したがって、変化も進歩も法の基礎的な一様相と考えられ得るであろう。さればこそ、法について進化が説かれ、法についての動態観が成立するのである。(2) けれども、法の変化を促す契機を仔細に点検すれば、それは法の法たる根本特質に内在するものではなく、むしろ、法の中に在って法を動かす道徳であり政治であるか、あるいは法の規制を受けている社会経済の変化であることが知られる。これに対して、法の純粋に法的な特色は、結局において変化を抑制し、革新を制御する側面に発揮されている。よしんば専政君主が発する朝令暮改の法は法であり得るとしても、専政主義の制度そのものを顛覆せしめるものは、もはや法ではあり得ない。さような変革は、自然法の名を冠する道徳の要請、または実定法を超越する政治の動向によって、始めて成し就げられ得るのである。故に、政治は動き、法は留まる。その勢いの窮まるところ、両者の間の二位一体の関係は破れ、攻むる政治と守る法との抗争が展開されるのである。否、守るところの法も、もともとは政治の所産であり、過去の政治理念の制度化に他ならぬ点からいえば、そこに展開されるものは、在来の政治形態の結晶たる法と、これを打開しようとする新興政治勢力との間の抗争である、と考えられなければならぬ。

(1) Renard: Le droit, la justice et la volonté, p. 213.
(2) 故穂積陳重博士が「法律の動勢」を説いて、『法律進化論』を著し、牧野英一博士が「法律の進化的解釈」の必要を主張して、自由法論のために終始変らぬ熱情を吐露しておられるがごときは、法の動態観の最も顕著な実例である。

三　議会制度の効用と限界

人間の永い歴史を通じていくたびか繰りかえされた法と政治とのかような抗争は、法が全体としていかなる方向に発達すべきかについて、一つの明らかな指針を与えた。すなわち、法がその固有の理念たる秩序と安定の目的を達成するためには、固定した秩序に執著して政治の動きと正面衝突を惹起することは、法の立場からいって決して得策でない。法は政治に動かされる。故に、法が政治に動かされるたびにそれを違法な法変革と見做していたのでは、法の安定はいつまで経っても確立され得ない。むしろ、法が、動く政治と共に動くことを、全体として合法的な法の改廃と認め得るような、包容性と弾力性とに富む秩序を築き上げることが、秩序の安定を保つための最上の道である。それが法の発達の目標でなければならぬ。

法は安定を求める。しかし、法の求める安定が、あらゆる意味で変化を許さぬような狭量な安定であるならば、社会情勢の推移と、それに伴う政治の動きとのために、忽ちにしてその安定を破壊されるという憂目を見なければならない。それは、安定を求めて却って安定を失う所以である。故に、法によって確保さるべき安定は、硬直した安定ではなく、流動的な安定でなければならぬ。それは、一定の政治動向をば法によって膠著せしめ、他のいかなる政治動向をも不法として排斥するような融通性に乏しい安定状態ではなく、あらかじめ或る範囲内の政治勢力の交替を必然と認め、それによって生ずる法の変化を適法の法変革または法創設たらしめ得るような、柔軟円滑の秩序体制でなければならぬ。かような秩序体制を目指して発達して来た法は、遂に近代にいたって、高度の強靱性と包容性とを有しつつ、しかも君主国家にも民主国家にも等しく当てはめられ得る普遍的な実定法制度の段階に到達した。それは、法定立の主要機構として「議会」を設け、議会をば同時に諸般の政治勢力の競合交替する舞台たらしめ、そのいずれの政治目的にも――得票の多数を要件として――適法に法を創設する可能性を賦与する制度、すなわち近代的の議会制度である。

この制度の下においては、法と政治との正面衝突の危険は合理的に回避され得る。何となれば、そこでは、多種多様の政治動向が、その支持勢力の大小に比例して議会における発言権と決定力とを有し、それによって、広い震幅を有する政治的変動が、秩序と安定の限界をば越えることなしに行われ得るからである。そうして、いずれの政治目的が優越し、いずれの政治勢力が議会の多数を占めても、その目的に応じ、その勢力に従ってなされる法定立の作用は、いかなる場合にも合法性の埒外に逸脱する虞れがないからである。議会を通じて定立され、変改される法は、原則として「法律」である。法律は、命令や判決に比しては高次の妥当性を有する法規範である。しかし、それはもとより最高位の法ではない。法律は常に「憲法」の制約の下に妥当しているに過ぎない。故に、議会においていかなる政治勢力の下にいかなる法律が定立されても、その過程そのものは飽くまでも憲法の制約の下に立つ。いいかえれば、政治に動かされて法を作ること、政治情勢の変動によって法を改正変革することそのことが、憲法という高次の「法」の認証の下に行われているのである。否、法律の改正ばかりではなく、多くの立憲国家の憲法は、憲法それ自体の改正——例えば、議会における三分の二以上の出席と三分の二以上の多数とを要件とする憲法の改正——をも明文の規定を以て認めている。その場合には、政治の動きや社会情勢の変化による憲法の変更すらもが、所定の手続きを経て行われているかぎり、法に拠る法の変改たることを失わないのである。かように、立憲主義の下に議会制度を以て法定立の基本組織たらしめることは、起り得るさまざまの政治上の葛藤を最大限度まで法の内在面に還元する所以であり、実定法秩序にあらゆる政治の動きにもかかわらざる柔軟強靱の安定性を賦与するための、きわめて洗錬された技術に他ならない。

しかしながら、政治情勢の移動に順応し、決定勢力の赴くところに従って、これに法定立の実権を与えようとする議会制度は、法的にいえば一種の機会主義であり、哲学的にいえば一種の相対主義である。法を定立する場合、一つの政治目的のみを固執すれば、他の政治動向の擡頭と共に真正面から攻撃を受ける危険がある。そこで、議会制度は、法が或る具体内容を持つ政治動向と終極的に結託することを妨げ、政治勢力の中心点の遷り行くがままに、進退自在の法規範定立の可能性を保留して置こうとする。その態度は、明らかに一つの機会主義であるといわなければならぬ。また、これを哲学的に見るならば、かような態度は、政治上の実践理念に対する、確信のある、したがって動揺しない価値判断を下すことを避け、事態の推移と共に交替する指導理念のいずれにも、相対的に価値の認証を与えようとするものである。それはすなわち、明白な相対主義の価値観であるということが出来る。かくのごとき法哲学上の相対主義は、ラアドブルッフによって最も鮮明な理論として構成された。

ラアドブルッフは、法の基礎に横たわる実践的価値原理を三つの類型に区別する。その一は、個人を価値の中心に置く個人主義、その二は、団体の価値を個人の価値に優越せしめる超個人主義、その三は、個人の生活をも団体の存立をもすべて客観的文化価値の創造のための手段と見る超人格主義である。ラアドブルッフの法哲学は、これら三種の価値観のいずれにも最後の選択を与えることを避ける。そうして、そのいずれを選ぶかは、結局において現実に思索し行動する世界観主体の主観と良心とに委ねられねばならぬ、と説く。それがラアドブルッフの相対主義である[1]。しかし、既に対立するいくつかの世界観が存在する以上、これを支持し、これを信奉する世界観主体も、当然にいくつかの政治的な色彩を持つ集団に区分されて来なければならぬ。それが「政党」である。政党が議会の舞台において互に相制角逐し、多数を占めた政党の意見によって具体的に法が定立されるのは、相対主義の実践的の帰結である。それと同時に、いかなる政党にも最後窮極の勝利が与えられる訳ではなく、やがて他の多数のために圧倒されるまで、暫定的に法定立の実践を指導し得るに過ぎないということも、相対主義から生れる当然の結論である。ここにラアドブルッフの法哲学的政党論の趣旨がある[2]。それは、或る意味で確かに一つの懐疑主義である。例えば、田中耕太郎教授は、この立場は「最大の真面目さを有するソフィストの其れ」である、といわれる[3]。けれども、ラアドブルッフの態度は、決して底の無い懐疑主義ではない。ラアドブルッフの学説は、むしろ最後の絶対的な或るものを擁護せんがための相対主義であり、懐疑主義である。すなわち、それは、世界観上の絶対主義を採ることが法と政治の激突を来す所以であることを洞察し、政治上の価値観を相対化せしめることにより、歴史の推移にかかわらざる法的安定性を確保しようとして居る点で、一つの確信的な態度であることを失わないのである。ラアドブルッフは法の効力についていう、=「正義は法の第二の大きな任務である。しかし、その第一の任務は法的安定性であり、平和であり、秩序である[4]」と。彼れはかかる立場から、政治上の相対主義を採用することによって、法的安定性の価値を絶対に擁護しようとしたのである。

しかし、それにもかかわらず、ラアドブルッフのごとくに法的安定性を第一義と做し、そのために政治上の相対主義を採ることは、畢竟一つの政治上の立場を固執する結果に帰着せざるを得ぬ。何となれば、諸種の政治動向のいずれにも原理的の優位を認めまいとする以上、そのいずれをその時々の法定立の指導原理たらしむるかは、結局「数」によって決定する他はない。しかるに、「数」によって政治勢力の帰趨を決定し、「多数」の帰するところを以て立法意志の所在と見ることは、つまり「民主主義」の政治理念に他ならないのである。ラアドブルッフによれば、民主主義と自由主義とは共に個人の概念を出発点とする。けれども民主主義は多数の個人意志を政治的決定の根柢とするのに反し、自由主義は個人の自由の擁護のためには時に多数の意志決定をも排除しようとする点に、両者の相違性が存する。自由主義の原理は「自由」であるが、民主主義の原理は「多数」なのである。(5) 故に、法的安定性を至上価値とする相対主義の立場は、いかなる政治原理をも最後的なものとしては採用しない筈であるにもかかわらず、その実、その時々の立法意志を決定する鍵をば「多数」に賦与することによって、自らに民主主義の政治原理に拠って立つこととならざるを得ぬ。それは、明らかな矛盾である。そうして、この矛盾の存するために、ラアドブルッフによって代表されたところの法的安定性第一主義も、民主主義そのものを否定するような急進政治原理が擡頭するにいたって、遂にこれと激突し、これによって崩壊することを免れ得なかったのである。(6) 最近のドイツにおける独裁主義の擡頭と、これによる民主主義的議会制度の崩壊とがそれである。近代的議会制度は、法と政治との対立を調和せしめるための組織技術としては、ほとんど最高度の合理性の段階に達したものであるといえる。しかも、この制度もまた、それが民主主義の牙城となった場合にはやはり一定の政治色を帯びることとなり、一定の政治色を帯びるにいたれば、いつかは他の政治動向の攻撃目標となることを免れない。永い間の経験と努力とを経てその弾力性を強化して来た法も、ここにいたって、更にその強靭な弾力性をも挫折せしめるほどの政治の変化のあり得ることを痛切に体験しなければならなかったのである。安定と変化・法と政治の対立のいかに深刻であるかは、現代の独裁政治による議会制度の根本からの変革によって、最も雄弁に実証されているというべきであろう。

（1） Radbruch: Rechtsphilosophie, 3. Aufl., S. 9 ff., S. 51 ff.

（2） A. a. O., S. 58 ff.; derselbe: Einführung in die Rechtswissenschaft, S. 26 ff.
ラアドブルッフの相対主義と政治上の民主主義との関係は、彼れの『法哲学』第三版の序文に簡明に説かれている。曰く、＝「相対主義は民主主義の思想上の前提である。民主主義は、一定の政治的見解と合体することを避ける。それは、むしろ、多数を獲得し得たところのいかなる政治的見解にも、喜んで国家における指導を委託しようとしている。何となれば、民主主義は、政治上の諸見解の正当性について単一の規準の存することを知らず、各政党の立場を越えた或る一つの立場があり得る、ということを認めないからである」(Rechtsphilosophie, Vorwort, S. VIII)と。本文ではこの趣旨を布衍して説明して見た。

(3) 田中耕太郎教授・法律哲学概論、第一分冊、昭和九年、一一七頁。

(4) Radbruch : Rechtsphilosophie, S. 82.

(5) A. a. O., S. 62 f.

(6) その点で、ケルゼンの純粋法学なども同じ運命に陥ったものといってよい。ケルゼンの純粋法学は、もとより何らの政治的実践的意図をも持たぬものとして説かれているのであるが、純粋法学に反対する政治的法学者は、ケルゼンの主張をも一つの「隠政学」(Kryptopolitik)であると見、これをば理論の名に隠れた尖端的自由主義・民主主義の要請と倣して、これを排撃駆逐するにいたったのである。

第五節　法と経済の対立

一　法と経済の結合

法と経済の結合は、法と道徳・法と政治の結合よりも更に交錯面が広いということが出来る。法と道徳の結合が密接であることはいうまでもないが、「衣食足って礼節を知る」ところの人間にとっては、経済は道徳以上に卑近な問題である。したがって、法によって経済的要求を調整する必要は、法によって道徳の実現を計る必要よりも、一層切実であるといわなければならない。また、法と政治とが広く結合する必然性を有することは、これまでに考察した通りである。しかし、政治は統制の作用を通じて行われる目的活動である。それ故に、政治を内容とする法は、まず第一には上下の公的関係を規律する公法秩序となって現れる。これに対して、経済は、公関係にも私関係にも跨がる人間社会生活の基本であるからして、これを規制する法は、公法をも私法をも包摂する最も広い領域を占めるのである。世の遷り変りを知らぬ山間僻地は、政治の波動には没交渉であり得ても、経済活動からは一日も離れることは出来ない。その経済生活が、素朴な形態での所有権を基礎とし、契約や交換の単純な法形式によって行われているならば、それは既に明らかに法と結合した経済である。かような単純素朴な経済生活から始まって、現代の複雑大規模な統制経済にいたるまで、およそ「社会経済」と名づけられるものは、すべて法の規制の下に営まれている。その意味では、経済の描く円は、経済そのものに大きな変動が生じないかぎり、法の描く円の中にほとんど全く包摂されているとも見られ得るのである。

法と経済とはかように広汎な部面に亙って結合しているが、この結合関係がいかなる原理によって成立しているかに関しては、互に全く相容れない二つの対蹠的な見方がある。その一つは、法は一方的に経済によって規定されているると見る見方である。他の一つは、法は一方的に経済を規定すると做す見解である。前者は唯物史観の態度であり、後者はシュタムラアの唯物史観批判の立場である。

唯物史観によれば、法は経済の「上層建築」の一つに過ぎない。したがって、経済が変化すれば法もまた変化する。中でも、経済の実体を成すものは、生産力または生産過程である。物質の生産関係の総体は、社会の経済構造を形作る。そうして、それが、法的および政治的の上層建築の土台となり、それに対応して、社会意識の一定の形式が現れる。すなわち、物質生活における生産の様式が、社会・政治、および精神の諸過程を決定するのである。故に、一定の生産関係が行われていれば、その生産関係に適合するような法が設けられる。ところで、物質的生産力に変化が生じて来ると、やがて生産関係そのものの中に、したがって、生産関係の法的表現たる所有関係の中に対立が起る。その対立が階級闘争となって展開し、革命によって前段階の生産関係が崩壊する。そうなれば、前段階の生産関係の上層建築に過ぎなかったところの法もまた、必然的に変革の運命を免れることが出来ないのである、——と。(1)

これに対して、シュタムラアは、批判的論理主義の立場に拠って、正面から唯物史観に反対する。シュタムラアによれば、一切の対象は「形式」（Form）と「素材」（Stoff）とから成り立っている。形式は、対象をその対象たらしめるところの論理的前提であり、素材は形式と結びついて、始めてその対象の内容を形作っているのである。故に、形式は素材を制約する。いかに素材が存在していても、これを特定の対象に構成する形式がなければ、素材はその対象の素材たることを得ないのである。しかるに、法は人間の共同生活の形式である。法による「外的規制」（äussere Regelung）というものなしには、人間の社会生活は論理的に存立し得ないのである。これに対して、社会経済は人間共同生活の素材である。法と経済とは、相結合して社会の内容を形成しているのである。両者の結合は、論理的な形式と素材の関係であるからして、法は経済を制約するが、経済が法を制約するということは絶対にあり得ない。経済は、法の規制の下に置かれることによって、始めて社会経済として存在することが出来る。これを逆に、経済によって法を制約せしめようとする唯物史観は、社会存立の根本条件を理解せざる謬見といわねばならぬ、──と[2]。

これらの対立する二つの見解は、共に、法と経済の関係についての一面観である。経済は、その本質において「社会経済」である。社会経済は社会秩序の上に存立する。しかるに、社会秩序の骨幹を成すものは法である。故に、経済は、法の規制なしには社会経済としての機能を発揮することは出来ない。その点は、シュタムラアのいうがごとくである。しかしながら、法が経済生活を規制するのは、単なる法的規制そのものに意味があるためではない。法の規制の下に経済活動が秩序正しく営まれ、それによって経済上の諸目的が確実に達成され得るようになるというのが、法による経済の規制を必要とする根本の理由なのである。したがって、経済上の目的に変化が生ずれば、法による経済の規制の仕方もまた、自らにして変化して来なければならない。経済の方式が歴史と共に進展して行くときに当って、法のみが旧態依然たる過去の秩序体制を固執することは許されない。生産および配給の新たな形態が発達して来れば、所有の関係や交換の形式についての法的規定にも、新たな意味内容が盛られて来る。その点では、経済の変化が法の変化を制約する。法と経済とが結合するのは、経済が法の規制を必要とするためであると同時に、法が経済の目的に適合しようとするためでもある。法と経済との関係は、単なる一方による他方の制約の関係ではなくして、正に相互依存の関係であるといわなければならない。

それであるから、法が経済によって動かされるという命題は、確かに一面の真理を含んでいるのである。しかしながら、唯物史観の大きな謬りは、経済があたかも絶対の専主のごとくに法の死命を制していると見ている点に在る。経済の目的は、決して法を動かす唯一の目的ではない。法の中には、経済の他にも、道徳・政治・宗教、等の諸目的が内在している。そうしてこれらの目的が、あるいは経済の目的と調和しながら、あるいは経済の動向を牽制しながら、それぞれ法を通じてその実現を求めているのである。したがって、経済の動きが法の形態を変化せしめて行く場合もあると同時に、逆に、法に内在する道徳の理念や政治の目的が経済の動きを抑え、既存の秩序体制を擁護して行くことも、決して稀ではない。例えば、資本主義の生産様式が高度化して、階級の対立が激しくなって来たとしても、法は道徳や政治の力と相結んで、対立を緩和し、抗争を解決し、秩序を維持して行くことが可能である。また、よしんば経済の動きが一部の政治動向の支持を受け、更にこれに道徳の認証さえ加わって法組織を変革しようとしても、法的安定性の目的が強靱にこの革新動向と対抗して、歴史の急激な転換を阻止し、社会の発達の調和と均衡とを保たしめて行く場合もあり得る。故に、経済の動きは、法を動かす有力な契機ではあるが、その一つの契機であるに過ぎない。その一つの場合を誇張して、法の動態のすべてを経済の動きにのみ依存せしめようとしたことは、唯物史観の特殊の闘争目的に由来する極端な偏見であるといわなければならない。

のみならず、唯物史観が学問的に犯している最も大きな誤謬は、法を動かす経済の動きをば、単なる「物」の生産過程の変化と見ている点である。否、物の生産過程の変化をば、物の動きであるかのごとくに見て、歴史の転換を「唯物的」に説明しようとしている点である。なるほど、物の生産ということは、社会経済の根柢である。しかし、物を生産するのは、人間であって、物そのものではない。物を生産し、生産された物を配給・消費するのは、人間の経済的目的活動である。いかにして物を生産し、いかにして生産された物を分配するかの機構は、物の機構ではなくして、経済活動に従事する人々を組織化している客観的な目的聯関に他ならない。例えば、資本主義の「精神」が、資本主義の経済組織を運転し、統制経済の「目的」が、所有権の行使や契約の自由に種々の規制を加えるのである。すなわち、経済の基礎は物ではなくして、物の生産・配給・消費に関する人間の目的であり、社会の精神的な組織である。経済の基礎は、精神であり目的である。さればこそ、経済は、同じ精神の目的聯関によって、道徳とも結合し、政治とも融合する。経済は、あるいは独立の目的として、あるいは道徳・政治・宗教、等と結びついた綜合目的として、法を動かし、法に内在し、法を支持して行くのである。故に、経済によって法の動く関係は、「唯物的」な関係ではなくて、「精神的」な関係であり、目的の聯関である。法と経済の結合も、法と経済の対立も、要するに、法における目的の結合であり、目的の対立であることを銘記して置かねばならぬ。

法は経済によって動かされる反面、また、経済を規制し、経済の過激な動きを阻止して、社会秩序の安定を維持する。その関係を説明するために、法は社会生活の形式であり、経済はその素材であるといっても、もとより差支えないであろう。しかし、法と経済との関係は、シュタムラアのいうような「論理的」な関係ではなく、「実在的」な関係である。論理の関係は逆転を許さない。故に、法と経済の関係をば、形式と素材の論理関係と見て了えば、法は一方的に経済を制約するものとなって、法に対する経済目的の働きかけを認めることが出来なくなるであろう。それでは、実定法の説明とはならない。実定法の現象としては、法と経済の関係は、相互依存の結合関係であると同時に、相互反撥の対立関係でもある。この関係を認めようとしない点で、シュタムラアの批判主義も、実在論としては一面の真理を把握し得ているに過ぎない。

（1）　Karl Marx : Zur Kritik der politischen Oekonomie, 1859, Vorrede.

（2）　Stammler : Wirtschaft und Recht, S. 108 ff.

二　法と自由経済

今日のように統制経済が高度化しつつある時代には、法による経済の規制がいかに重要な意味を有するかは、何人の眼にも一目瞭然である。国家全体の立場から生産・配給の諸関係を厳格に統制し、統制違反の行為をば強制的に排除する必要上、夥しい数の「経済統制法」が制定されて来ている。経済の目的が新たな法の発達を促していると同時に、その法が経済の新たな形態を組織立て、新たな経済生活を秩序づけているのである。

しかしながら、法が経済の目的によって成立し、経済が法の規制の下に運行せられているという関係は、決して統制経済についてのみ認められる現象ではない。自由経済の目的のためにも、法は同様に必須不可欠である。法の規制を離れては、自由経済といえども一日も存立し得ない。自由経済における「自由」の概念は、「法からの自由」と解されてはならない。むしろ、自由経済の自由性そのものが、実は既に一つの法概念なのである。

第一に、自由経済における自由とは、物の支配の自由を意味する。自由経済の原動力となるものは、資本である。資本家は自己の財産を資本として、各種の企業を経営する。その財産の更に基体を成すものは、「所有権」である。所有権者は、自己の所有に属する物を、自由に使用・収益・処分することが出来る。彼れは、その財産を自己の計画する企業の資本として使用し、それによって得た利潤を更に蓄積して、資本の増加と企業の拡大とに振り向ける。それ等の企業経営が、原則として資本家の自由な計画と採算とに委ねられているところに、自由経済の自由性の一つの重点が存するのである。故に、資本主義の形式による自由経済の自由性は、所有権を離れては存立し得ない。所有権は、物を自由に使用・収益・処分する権利である。所有権者はこの権利を他人に対して主張することが出来、他人からこの権利の侵害を受けた場合には、法に訴えてその救済を求めることが出来る。すなわち、その自由は、法のない世界での自由ではなく、正に法によって保護された自由である。自由経済は、所有権を基体として資本主義に発展し、法の保護の下に資本の蓄積・膨脹を促して、大企業の発達から独占企業の形態へと進行する。その意味で、自由経済は、飽くまでも法の上に立脚する経済形態であるといわなければならない。

第二に、自由経済にいわゆる自由とは、交換の自由を意味する。故に、自由経済は、資本主義経済であると同時に、また自由交換経済である。資本家は、資本を運用して企業を経営し、各種の財貨を生産する。企業によって生産された財貨は、商人の手を経て市場に配給され、消費者によって消費される。その過程は貨幣によって媒介されるために、主として売買の形式を以て行われる。しかし、貨幣は交換の媒介者であるからして、売買といえども、結局は交換の複雑な形式として理解されなければならない。自由経済の自由は、かような交換の自由性に他ならぬのである。企業家は、自己の生産した財貨を、自己の欲する価格を以て売却しようとし、商人は、商品の市場価値を自ら決定して、配給の媒介者としての利益を獲得しようとする。その価格を以てその財貨を購入しようとする者があれば、交換は、当事者の自由意志の合致によって成立する。かかる自由交換経済の法的形式は、「契約」である。故に、自由経済と結合したところの法は、「契約の自由」を以てその本義とせねばならぬ。契約の自由は、これまた一つの重要な法制度である。契約の効果は、法によって保護される。契約違反の責任は、法によって追及される。さような法の基礎なしには、自由経済は成立しない。自由経済は、交換に関する契約の自由を基礎とするばかりではなく、雇傭や賃貸借・消費貸借、等に関する契約の自由を前提として複雑なる発達を遂げる。企業家は、賃金を支払って、企業のために必要な労力を得る。労務者は、労力を提供して生活のために必要な賃金を得る。地主は、土地を賃貸して地代を得、借地人は、地代を払って土地の使用権を得る。金融業者は、金銭を貸して利子を蓄積し、企業家は利子を支払って企業の運転資金を借り入れる。こうした諸関係は、契約の自由という法制度の下に行われるところの、自由経済運営の諸断面に他ならない。

これを更に精確な言葉を以ていい現すならば、自由経済上の法関係が自由であるというのは、法上の効果を発生せしめるための「要件」が、原則として経済生活主体の意志によって決定されるということを意味する。所有権者は、自己の所有する財産を、自己の欲する価格を以て売却しようとするであろう。これに対して、その価格でこれを買い取ろうとする者があれば、そこに合意が成立し、売買という契約が取り結ばれる。すなわち、売買契約の「要件」は、売手と買手の意志の合致によって決定されるのである。企業のために労力を必要とする者は、任意の労働条件と報酬とを掲げて労務者を求めるであろう。その労働条件と報酬とを受諾する者があれば、そこに雇傭契約が成立する。すなわち、雇傭契約の「要件」もまた、雇い主と労務者の意志の合致によって決定されるのである。自由経済関係の法は、かかる法的要件の内容の決定をば原則として当事者の意志に委ね、これについて、僅かに「公序良俗」に反してはならないというがごとき漠然たる制限を附しているに過ぎない。そこに、法の側面から見た自由経済の自由性が存するのである。

しかし、自由経済上の法関係が自由であるというのは、法関係の「要件」が当事者の意志に委ねられているということのみを意味する。いいかえると、一定の要件が与えられた以上、それから生ずる「効果」は、決して当事者の意志によって自由に左右し得るものではなく、法によって事前に一般的に確定されているのである。一定の価格を以て或る財貨を売買する契約が成立すれば、売手はその品物を買手に引き渡す義務があり、買手はこれに対して所定の代金を支払う義務がある。一定の条件を定めて雇傭契約が成立すれば、被傭者は所定の労務に服するように、また、雇傭者は所定の賃金を支払うように義務づけられる。かような契約の「効果」に関するかぎり、自由経済上の法関係といえども、もはや決して自由ではない。自由なる契約の効果として生ずる義務に違反する者に対しては、その義務を履行すること、またはこれに代る損害賠償をなすことが、裁判によって「強制」されるのである。故に、自由経済関係の法といえども、改めて断るまでもなく、強制を背景とするところの厳密な意味での法である。

一般的にいって、法的要件の内容が私生活主体の任意の決定に委ねられている法領域は、「私法」と名づけられる。これに対して、要件の内容があらかじめ法によって確定されており、私生活主体がこれを任意に左右し得ぬような法領域は、「公法」である。(1) いままで述べて来たように、財産や契約に関する法は、要件の定立をば原則として当事者の意志に任せている法であるから、最も典型的な意味での私法に属する。これに反して、例えば刑法は、刑罰という効果ばかりでなく、犯罪という要件の内容をもあらかじめ確定している。犯罪の構成要件の内容は、もとより私生活主体の任意に動かし得べきものではない。故に、刑法は最も明瞭に公法としての構造を有する。また、例えば行政法は、税務についての法規にせよ、会計に関する規範にせよ、治安・交通・営業・風紀・衛生、等についての取締規則にせよ、国家の側から国家作用の要件を規定している。そこに、行政法の公法性がある。この区別を規準として見るならば、自由経済の法は、「私法の優越」という点で大きな特色を示している。自由経済は、主として私法によって規制されているところの経済活動である。

勿論、自由経済といえども、同時にまた公法の規制を必要とする。例えば、財産や契約に関する行為が或る限界を越えた不法性を佩びるにいたった場合——例えば、窃盗・横領・詐欺、等が行われた場合——には、これを犯罪として処断せねばならぬ。交換経済上の価値の尺度——貨幣——や、物品の大きさ・重さ、等を計量する標準——度量衡——は、あらかじめ公法的に規定して置かなければならぬ。これらの公法上の規制が私法と相俟つことによって、始めて自由経済の秩序が確立されるのである。しかし、何といっても、自由経済の法的規制の中心は私法に在る。私法自治の原則は、自由経済発達の前提である。私的当事者の自治を許す財産法や契約法の複雑精緻な規定は、自由経済の高度化の法的徴標である。その意味で、私法と自由経済とは、形影相伴う唇歯輔車の関係に在るといわねばならぬ。

　自由経済の財産形態は、完全な私所有権である。自由経済の企業形態は典型的な私企業である。自由経済の法領域は、私法優越の世界である。かように、自由経済においては、「私」の契機がすべての中心を成している。しかしながら、さればといって、自由経済をば「私」の契機のみの跳梁跋扈する世界と見るならば、それは大いなる謬りである。なるほど、経済の目的は利益に在る。特に、自由経済の自由性は、「私益」の追求の自由を意味する。けれども、経済上の利益には、私益の面があると同時に、「公益」の面がある。多数の私経済主体がそれぞれ私益を追求して、それが互に調和するにいたるならば、私益は私益にして同時に公益であるということになるであろう。故に、自由経済の組織は、私経済主体をして私益を追求せしむることによって、併せて社会公共の利益を計ろうとしているのである。いいかえると、自由経済は、「私益は公益と調和する」という信条をば指導原理とするのである。人間は、個人として存在すると同時に、社会全体として存在する。故に、社会全体の利益を離れて個人の利益はあり得ず、個人の利益を無視しては、社会全体の利益も成り立ち得ない。むしろ、各人をしてそれぞれ利益を追求せしむるならば、企業家の利潤追求慾や商人の営利心が原動力となって、企業は向上し、商業は発達し、国民全体の福祉を増進せしめ得るであろう。企業や交換を各人の自由競争に任せて置くならば、自らに優勝劣敗・適者生存の法則が行われて、経済経営の最適格者が生産・配給の各部門の中枢を動かすこととなり、国力の発展の上に最もよい結果を期待し得るであろう。自由経済の組織は、かように、私人の利益を尊重し、自由放任の政策を採ることによって、結果の上では正に公益の充実を計ろうとしているのである。法の任務は、かかる経済生活の自由性を尊重しつつ、自由経済主体の活動が相互に衝突を起さないように、その間を調整して行くに在る。すなわち、自由経済の法は、各人の利益が互に併存し得るための限界であり、個人の利益と全体の利益とを調和せしめるための条件である。カントの定義を藉りていえば、それは、「一人の肆意と他人の肆意とをば、自由の一般法則に従って相互に結合せしめ得べき条件の総体」に他ならない[2]。

しかしながら、私益と公益とは、互に調和すると同時に、また、互に反撥・対立する。法の規制によって始めて公益と調和し得る私益は、奔放な自由経済主体の利慾によって、ややもすれば公益と衝突しようとする。経済の奔流は、法の示す線に沿って流れながら、隙さえあれば、法の堤防を破って不法の世界に溢れ出る虞れがある。そこに、自由経済の下における法と経済の対立が生ずる。

私益と公益とを調和せしめようとする法と、公益と衝突してまで私益を計ろうとする経済動向との間の対立は、法によって規制される経済のあらゆる場面に現れる普遍的な現象である。もしも経済上の私益と公益とが、予定調和のように自然に諧調を保つものであるならば、最初から法によって経済を規制する必要はない。私益に走る目的動向が、ややもすれば公益と矛盾する危険があればこそ、一人の肆意と他人の肆意との間の限界を定め、法によってこれを調和せしめなければならなくなって来るのである。だからして、法と経済の結合は、反面から眺めれば、法と経済の不断の闘いである。一方では、各経済主体に出来るだけ自由な活動を許そうとして置きながら、しかも他方では、その自由が肆意と化して、あるいは他人の利益を侵し、あるいは一般の公益を害するにいたることを絶えず阻止して行かなければならないのは、自由経済の法に内在する矛盾である。自由経済の自由性は、「私益は公益と調和する」という理念に立脚する。法はこの理念を尊重して、所有権行使の自由を認め、契約の自由を許し、私法自治の原則を確立する。しかし、私益追求の功利心は、やがてこれらの法制度に乗じて、相互依存・共同連帯の人間秩序を攪乱しようとする。これに対して、法は、一たび認めた自由の中に、ふたたび各種の制限を設けて、権利の濫用を禁じ、暴利を取締り、契約内容に公法上の規制を加えざるを得なくなって来る。それは、法と経済の対立であると同時に、また、道徳と経済との対立であり、併せて、法の法に対する自家撞著でもあるといわなければならない。

自由経済は、己れに出づるものは己れに帰るところの経済組織である。自己の意志を以て自己の持株を売却した者が、そのために大きな損失を招いたとしても、自己の見込み違いの当然の帰結に過ぎない。反対に、自己の計画と採算とを以て企業を経営した者が、幸いに成功して巨富を博したとするならば、その獲得した富は、彼れの卓越した経営能力に対する正当の報酬とされる。かくて、富める者も貧しき者も、優勝劣敗の鉄則によってそれぞれ「各人の彼れのもの」を与えられたことになるのである。

しかしながら、自由経済が高度化するにつれて、優勝する者は必ずしも経営能力上の適格者ではなく、むしろ、非人格的な「資本」であるということになって来る。すなわち、大企業が絶対に優位を占める資本主義経済機構の中では、適格性とか経営能力とかを離れて、資本は資本なるが故に幾何級数的に利益を生む母胎となる。その反面、有能勤勉の経済人といえども、資本との結びつきを持たぬかぎり、彼れの能力に比して、すこぶる乏しい「彼れのもの」に満足しなければならない。既に、資本の大小または資本の有無が、最初から経済上の立場の優劣を決定して了うことになると、契約自由の原則のごときも、名のみの自由と化して、実際には、経済上の優者の地位をば一層有利なものとする、一方的な武器として利用される。いいかえると、契約関係の自由性を認める制度は、経済上の強者を必要以上に擁護し、経済上の弱者を不当に圧迫する結果を生じ、私益と公益との矛盾をますます拡大することとなる。極言すれば、「契約関係の構成のための自由は、人間相互の無軌道の闘争に導く。その帰結は、最も優れた者を選び出すことではなく、また、善き者の悪しき者に対する勝利でもなく、法に対する力の勝利である。何故ならば、この闘争の勝利者は、必ずしも最適者ではなく、しばしば最も無遠慮な者であるからである」[3]。これに加うるに、主要産業が少数の大企業家によって独占せられるために、商品については独占価格が横行し、一般民衆の生活に脅威を加える虞れがある。更に、独占企業が生産過剰や国際景気の変動のために瓦壊するときは、一挙にして多数の失業者を生ずる。これをしも自由経済の自由性に放任して置くことは、到底、「私益と公益の調和」を計る所以ではない。ここにおいて、自由経済は「公益優先」の統制経済に変化する。法は、私法優位の構成から離れて、「私法の公法化」の時代に入ろうとする。しかも、法と経済の動きは、この転換期に際して必ずしも互に歩調を一にしないために、随処に両者の間の対立が生ずる。それもまた、法と経済との対立であると同時に、法と法・経済と経済・更に道徳や政治と法や経済、といったような複雑な対立関係となって現れて来るのである。

(1) 公法と私法の区別の原理については、のちに改めて述べる。第五章、第三節・二。
(2) Kant: Metaphysische Anfangsgründe der Rechtslehre. Werke, herausgegeben von E. Cassirer, Bd. VII, S. 33.
(3) Heinrich Lange: Vom alten zum neuen Schuldrecht, 1934, S. 47.

三　法と統制経済

私益と公益の調和を目的として発達して来た自由経済は、その自由性の原理そのものの爛熟によって、もはやそのままの形では私益と公益の調和を実現することが出来なくなり、遂に統制経済に転換するにいたった。これに加うるに、国際危機の逼迫は、国内経済の戦時体制化を促し、国防経済としての統制経済を急速に高度化することとなった。自由経済は、「私」の契機を中心として廻転する。しかし、一つの「私」が廻転するのではなくて、無数の「私」が大小の歯車のように互に噛み合って廻転する間に、全体の調和と繁栄とを実現せしめようとする。これに対して、統制経済は、最初から「公」の契機を枢軸として組織される。単一の指導中枢を設けて、全経済機構の運転を企画統制し、高度の綜合機能を発揮せしめると同時に、個々の経済主体に対して洩れなく生活の安定を保障しようとするのである。

統制経済の標語は、「公益は私益に優先する」というに在る。しかし、私益を無視しては、公益というものもまた成り立ち得ない。むしろ、統制経済は、全体の利益のために個人生活の安定を計ろうとする。特に、自由経済の過度の発達によってその生活を脅やかされて来たところの、経済上の弱者を保護しようとする。その意味では、統制経済もまた、新たな角度から公益と私益との調和を計ろうとしているものであるということが出来るのである。[1]ただ、統制経済の基礎を成す全体主義的な政治理念からいうならば、「公」「私」の両契機は最初から対立するものであってはならない。すべての「私」が、もはや単なる「私」ではなくなって、それぞれに「公」の一部分たるの意味を宿していなくてはならぬのである。「私」が「私」として廻転しているかぎり、一つの歯車が他の歯車の運行を阻止したり、或る車輪が肆意によって空転を企てたりして、全体の有機的な活動能率を低下せしめる場合が多い。これに対して、一国の経済機能が国家全体の立場から計画的に按配され、すべての個体が全体の部分たる地位に在って全体活動を分掌するならば、個体は個体にしてしかも全体の公器として意味づけられるのである。統制経済は、かように「公」の立場にまで高められた「私」の地位を尊重しようとする。そこでは、公と逆行する私の利益が否定されると同時に、全体のためにする個体の自己経営は、積極的な意味で肯定されなければならないのである。

故に、統制経済には二つの面がある。その一つは、全体の立場からする生産・配給・消費の企画統制の面である。この面は、本来の自由経済には見られなかった新らしい分野である。他の一つは、個々の経済主体の創意工夫による自己経営の面である。この面では、自由経済の遺産の大部分が統制経済によって継承されている。これらの二つの面が何処まで有機的に結びついているかは、統制経済の進度如何によって一概にいうことは出来ない。もしも個体の自覚が全体の立場にまで高まり、全体の指導が個体の隅々にまで行き亙るようになれば、統制経済は一つの完結点に達したものということが出来よう。しかし、統制経済が完結点に達しても、第二の面は決して抹殺される訳ではない。問題は、第二の面が何処まで統制経済の精神を生かすかに懸っている。第二の面が経済上の「旧秩序」として自由経済の精神を墨守しているかぎり、第一の面と第二の面との対立は不可避である。それが、経済と経済・法と法・更に法と経済の各種の対立関係となって現れて来る。

統制経済に二つの面がある以上、統制経済の法もまた二つの側面から考察することが可能でなければならない。第一の側面は、法による経済の全体的統制である。そこでは、法は、最初から「公法」として定立される。既成の法の分類概念を以ていうならば、この種の統制立法は「行政法」の分野に属するであろう。行政法の概念は、もとより決して新らしいものではない。しかし、自由経済の発達していた時代には、経済の活動は、主としてその固有法則性の赴くがままに放任せられるという形を採っていた。したがって、本来の統制法たる行政法が経済の固有領域に手を伸ばすことは、なるべく差し控えらるべきものと考えられていた。故に、自由経済の下では、経済法としての意味を有する行政法の発達する余地がなかったのである。しかるに、統制経済の時代になると、経済活動の統制ということが、行政作用の重要な部門を占めることになって来る。それに伴って、行政法的性質の強い経済統制立法が盛んに行われる。我が国では、国家総動員法がこの方面での劃期的な立法となったことは、改めていうを俟たない。

これに対して、統制経済が法と結合する第二の側面は、在来の法概念にいわゆる「私法」の領域である。統制経済は、個々の経済主体の自律性を否定するものではない。国民各自の経済生活が、個々の創意や工夫によって溌剌たる機能を営むことは、統制経済の成果を高める上からいっても絶対に必要である。故に、統制経済は、各経済主体に対して、必要な統制の範囲内で、出来得るかぎりの自己経営の余地を与えようとする。しかるに、経済上の自己経営は、所有権や契約というような、自由経済以来発達して来たところの法制度を基礎とせねばならぬ。したがって、統制経済は、公法上の統制と必然に結合すると同時に、私法の分野とも依然として不可分の関係に置かれる。全体主義に徹底しているドイツの民族社会主義が、最初から私有財産をば経済秩序の根柢を成すものと認め、契約を以て経済関係の流動性を保たしめるために不可欠であると倣しているのは、正しくそれによるのである(2)。この側面から見ると、統制経済は、自由経済の法秩序を排除して、全く新たな法秩序を構築している訳ではなく、自由経済以来の私法秩序を土台として、その上に存立しているものと考えられなければならぬ。

しかしながら、既に経済の実体が異なって来ている以上、同じく私法秩序といっても、自由経済のそれと統制経済のそれとの間には種々の変化が認められる。人はこの変化をごく概括的に捉えて、「私法の公法化」と称するのである。前に述べたように、私法の特色は、法関係の要件の内容が原則として私的当事者の意志によって決定される、という点に在る。財産をいかに使用・収益・処分するかは所有権者の任意であり、契約の内容をいかに定めるかは契約当事者の合意に任せられている。そこに、財産法や契約法の私法性が存するのである。しかるに、統制経済になって来ると、経済関係の法的要件の決定は、もはや私経済主体の任意に放任して置くことは許されない。例えば、国家全体の利益、特に国防というような特殊の国家目的に応ずるためには、資本の運転に対して規制を加え、不急の事業を後に廻して、これを緊急の生産事業に振り向けて行かなければならぬ。そこで、資本家がその財産を、自己の採算に基づき、自己の利益のために自由に運転し得るという財産法上の自由性は、重要産業に対する統制によって著しい制限を受ける。また、例えば、商人が暴利を貪るために物価の釣り上げを策し、消費者が物資の欠乏を恐れて買い溜めに狂奔するというようなことは、配給機構の均衡を破って物価騰貴を来し、国民生活の安定を脅やかす結果を招く。故に、市場に配給される商品の種類・数量を規制し、商品の価格を公定し、切符制度を設ける、等の方法によって、売買契約の自由性が大いに制限される。更に、例えば、全体のために必要な産業部門の機能を活潑ならしめ、併せて失業者を救済してその労力を生産方面に活用する、等の目的に基づき、労務統制が行われ、労働条件や賃金の上に各種の制限が加えられる。それによって、雇傭契約の自由性が抑制されるのである。かように当事者の自由意志によって法関係の要件を決定し得る範囲が縮小されて行くのは、私法自治の原則の根本からの修正に他ならない。その結果として、民法は同じ民法であり、商法は依然として商法でありながら、その内容には著しく公法的の色彩が加わって行くことになるのである。[3]

かくのごとくに、法は経済と共に変化する。しかし、法の変化する速度は、必ずしも経済の進展する速度と平行しない。法本来の守旧性からいうならば、法の変化は経済の変化よりも概して速度が緩漫なるべき筈である。けれども、法は決して単なる法として経済を規制している訳ではない。法の中には種々の法超越的契機が内在している。中でも、経済との関係において法を特に強く動かす法超越的の契機は、政治である。大まかにいうならば、自由経済の法には自由主義の政治が内在しており、統制経済の法は全体主義の政治によって指導されている。したがって、経済に関する法は、経済によって動かされるよりも先に、政治によって動かされることが多い。そこで、法は政治のテンポに同化されて、経済よりも先に進んで了う場合が生ずる。例えば、統制経済の法は、経済の実体がなお自由経済の段階の上を低徊している間に、全体主義的な経済統制法として定立・施行されて了う。そうなると、法と経済との間には著しい対立が生ずる。法が公の立場から経済の主要機能を統制するという身構えを整備しているのに、経済そのものは依然として企業家の野心や商人の営利心を動力として動いている、というような喰い違いが生ずる。公定価格を設けて売買契約を全面的に規制しようとしているのに、裏面では、取締り当局を奔命に疲らしめるほどに闇取引きが横行する、というような現象が起る。その結果として、経済統制法の実効性の上に由々しい暗影を投ずるにいたることもある。しかも、政治は法を鞭撻して、飽くまでも経済統制の実効を収めようとする。かくて、法と政治と経済が三つ巴となって、互に対立し合い牽制し合うというのが、自由経済から統制経済への過渡期の著しい現象であろう。

　自由経済と統制経済の対立は、経済の対立であると同時に法の対立であり、更に政治の対立である。そればかりでなく、法と経済の対立であり、経済と政治の対立であり、かつまた政治と法の対立である。これを全面に亙って考察することは、現在のこの論究の範囲内では到底企図し得るかぎりでない。法は、この錯綜する対立の中で、なおかつ辛抱強く諸関係の調和を求める。しかし、法の求める調和は、対立する諸契機の一方の側のみを固執することによっては実現され得ない。法が自由経済に味方すれば、統制経済に向って進もうとする全体主義の政治によって圧倒される。さればといって、統制経済の方向にのみ無分別に急進することは、法自体の性質にそぐわないばかりでなく、自由経済の側からの反撥を受けて経済機能の停頓を来し、経済革新そのものを不可能な状態に陥れる虞れがある。対立する諸契機の間に在って、進むに過ぎず、留まるに偏らず、調和と秩序とを保ちつつ歴史の転換を実現せしめて行くことは、特に現代の実定法に課せられた、きわめて困難にしてしかも最も重大なる任務であるといわねばならぬ。

（1）「経済の新秩序においては、個人の私益は排除されてはならない。何故ならば、『公益は私益に先んずる』というのがその趣旨であって、『私益の代りに公益を』というのではないからである。しかし、私益は、人間の非常に力強い固有性であるからして、これに思うままの活動舞台を与えることは出来ない。国家が留意しなければならないのは、個人の利己心に支配権を与えないようにするということである。国家は、この根源的な自然力を抑制して、公共の福祉に役立つような国民経済を建設し得るようにせねばならぬ。」Aus Justus Wilhelm Hedemann: Deutsches Wirtschaftsrecht, 1

939, S. 207.

（２）Hedemann : a. a. O., S. 206, S. 288.

（３）固有の私法領域における私法の公法化は、二つの方法によって行われ得る。その一つは、純粋に私法的な私法を改正して、これに公法的な内容を盛るという方法である。他の一つは、民法や商法のような私法の外廓に、社会法・労働法、あるいは総動員法のごとき特別法を制定して、外部から私法自治の原則を制限して行く方法である。法、特に成文法の根本からの改正は非常に困難であるために、実際には第二の方法の採用される場合が多い。

第六節　法と事実の対立

一　法の素材としての事実

道徳や政治や経済には、それぞれその目的がある。これらの法超越的な目的が、時には法に内在して法の他の契機と競合し、時には法の外に在って実定法秩序そのものと対立し、その間にさまざまの摩擦関係の生ずる有様は、これまでに略述したごとくである。

しかしながら、法は、他面においてまた、事実の世界に深く根を下し、事実と密接に結びつくと同時に、規範であり当為の法則であるその本来の面目から、事実と大なり小なり離隔・反撥の関係に立つものである。法・道徳・政治・経済、等には種々の理念や客観目的が内在しているが、いわゆる事実は、理念の素材であっても理念そのものではなく、主観目的によって動かされるものではあっても、決して常に客観目的を体現しつつあるということは出来ない。否、事実の中には理念と全く没交渉なものもあり、客観目的の実現を明らかに阻害しているものも少くない。さればこそ、法や道徳や政治や経済は当為性を具えているのに反して、事実は当為性を持たないのである。さように、当為性を持つ法と当為性を持たぬ事実との間に、果して法と道徳、法と政治、または法と経済の間に見られたと同じような矛盾・対立の関係があり得るか否か。そうした関係があり得るとすれば、その関係は何によって生ずるか。――それが次に考察さるべき問題である。

もっとも、「事実」という言葉もすこぶる多義であって、法と対立する或る事態が、単に法ではないとか、または単に法に反するとかいうだけの理由から、概括して事実と呼ばれることが稀でない。例えば、イェリネックが「事実の規範力」について論じた場合の「事実」(das Faktische) の概念のごときが、それである。前に述べたように、イェリネックが事実の規範力の現れと見做す法の生成過程には、最初から二つの異なる場合が含まれている。その一つは、社会の実生活の中に永く繰りかえされている慣行が、最初は法でもなくまた不法でもない単なる事実であったにもかかわらず、いつしか規範となり法となって遵守を要求するにいたる過程であり、他の一つは、既存の法秩序に背反するところの実力が、法を変革して新たなる法秩序を作り出して行く過程である。イェリネックは、これら二つの過程をば共に「事実」による規範の創造であると做したのである。しかしながら、第一の、事実上の慣行から法が作られる場合は後に論ずるとして、第二の場合、すなわち非法の力が法を変革し、しかるのちに新たな法を作る場合の、その力は、決して没価値無目的の事実力であるとはかぎらない。それはむしろ、現行法秩序の指導原理とは異なる新らしい価値原理に基づき、新秩序の樹立を目指して働く目的論的な力たることが常である。いいかえれば、その力は、現在の実定法の立場から見れば「非法」であり「不法」であっても、それ自身は法以上の法・秩序以上の道義たることを確信する道徳の力・政治の力たることが少くないのである。かような道徳的・政治的の力が法を動かそうとするのに対して、法の独自の安定性の要求が自己を擁護しようがために拮抗対立する過程は、既にこれまでに考察されて来たところの問題領域に属する。

これに反して、次に論究さるべき法と事実の関係は、道徳や政治の意義づけから離れた単なる事実・単なる実力状態が、法の目的の立場から見ていかに取扱われるか、の一点に限定されなければならない。かように厳密に限定された意味での「事実」と、規範としての「法」との間には、そもそもいかなる関係があり、その関係は、いかなる場合に「矛盾」となり「対立」となって現れるのであろうか。

当為と存在の絶対二元論に立脚するならば、法と事実とは全く別個の世界に属するが故に、それら相互の間には何らの交渉も何らの関係も生じ得ないことになる。ケルゼンの純粋法学が、当為と存在との間の一切の架橋の可能性を否定し、したがって、法の考察から道徳および政治の契機を全く排除すると同時に、法を事実と結びつけて「社会学的」に論述することも、方法論上許すべからざる背理であると断定したのは、さような立場を代表する。

勿論、事実が単なる事実として、何らの目的ともかかわりのない状態に置かれている間は、法はその事実に対して関心を持つ必要もなく、したがって、そこには法と事実との関係が問題となる余地も生じ得ない。人が疲れて眠り、人が年と共に生長する、という事実は、単なる事実としては法の問題とはならぬのである。けれども、かような純粋の事実といえども、一定の目的の立場から見て積極または消極の価値を有するときは、その事実が法にとっての重大な関心の対象となって来る。人が疲れて眠る、という生理的な事実は、列車を運転する機関手や敵情を監視する歩哨にとっては、重大な規律違反の行為となる。人が年と共に生長し、心身共に発育するという自然の事実も、一定の年齢に達した者に義務教育を施す必要を認め、更に長じてはこれに法的の行為能力を与え、あるいはこれに国民代表を決定する選挙権・被選挙権を賦与することが、社会公共の目的から見て至当と考えられるに及んで、重要な法上の意味を獲得する。故に、事実は単なる事実として法と関係を持つのではなく、事実が法にとって無関心であり得ないところの一定の目的と結びつけられ、その立場から或る評価を受けるときに始めて、その事実が法の認容するところとなり、または法の排斥する反価値性を帯びて来るのである。そういう意味では、法は常に必ず一定の事実を基礎とし、これに法目的の立場からの評価選択を加え、これを素材として当為の世界を築き上げている。いいかえると、事実そのものは法ではないが、事実を素材としない法もまた存在しないのである。すなわち、事実は、一方からいえば法と全く没交渉なもののようにも考えられるが、他方から見れば、いかなる法も事実の規制と事実への評価とを含むという意味で、事実と最も緊密に結びついている。

かようにして法の素材となるところの事実は、多くの場合において人の「行態」である。否、一見しては単なる事物の状態または単なる物件と考えられるものも、結局は人の行態と聯関を持つことによって法の素材となっているのである。例えば、人が生れるという事実は、生れた人に権利能力を賦与し、これを法主体として取扱う、という人間行態の関係において法的規制の対象となるのである。また例えば、帝国臣民たる男子が満二十五年に達すれば衆議院議員の選挙資格を取得する、という選挙法の規定は、単に帝国臣民たる男子が一定年齢に到達したという状態を規定の素材としているのではなく、むしろ、一定年齢に到達した者は、相当の政治常識と相当の責任観念とを以て公民たるの行為を行い得る、という行態の可能性に即して設けられているのである。また、土地・米穀・牛馬、等の物件について所有権の規定が存立しているのも、物件が単なる物件として規定の素材を成しているのではなく、例えば耕作行為の基本としての土地・耕作行為の目的としての米穀・耕作行為の手段としての牛馬、等々が法目的の立場から価値づけられ、これについての規律が設けられているのである。つまり、法の素材たる事実は、それが状態であり物件である場合にも、必ず人の行態と聯関した意味を持つものでなければならぬ。言葉をかえていえば、法は、広い意味では常に一定の人間行態を捉えてこれをその素材となし、素材たる人間行態をば一定の規範意味の聯関に結びつけて、これを規律し、これを秩序づけて行くものでなければならぬ。かく解するかぎり、法と人間の事実行態との関係は普遍であり不可分なのである。[1]

しかしながら、いままで考察したところによっても明らかであるように、法が一般に人間の事実行態を素材とし、これを法的規範意味の聯関の中に摂取しているのは、法がその事実行態の中に——肯定的にせよ否定的にせよ、——何らかの意味を認め、価値を見出しているからなのである。人が財物を所有するという事実は、人の生存ならびに活動の前提として肯定的な意味を有すればこそ、法はこれについて権利の関係を設定するのである。反対に、人が他人の財物を窃取するという行態は、他人の生活を脅やかし、社会の公安を侵害する反価値性を持つが故に、法はこれを犯罪としてそれに対する刑罰を規定するのである。かくのごとくに、それ自身について何らかの積極的な価値性または反価値性の認められる事実行態をば、法がその規制の素材として取上げ、これに関する規範法則を定立して行くというのは、法と事実の間に存する原則通例の目的関係であって、ここに特に取立てて問題とする必要のない事柄でなければならない。

これに反して、法は時にまた、それ自体としては別段に積極的な意味や価値を持つとは考えられないような事実について、それが単なる事実上の慣行として現存するというだけの理由から、これに一定の規範性を賦与することがある。更に進んで、法は規範であり当為の法則であるにもかかわらず、法の規定に反する行為がなされ、法的当為に背く実力状態が発生した場合に、これを最後まで不法として取扱うかわりに、これに適法の効果を賦与するにいたる場合もある。法と事実が対立し、その対立の間に法と事実との調和が求められる、という現在の当面の問題は、正しくかような例外異常の場合において成立して来るのである。そうして、それは、例外異常の場合とはいいながら、実定法現象の根本に触れた重大問題として、国法学上または国際法学上の深甚な考慮に値するのである。以下、かくのごとき実定法現象の重大問題をば、

イ　法と慣行

ロ　法と違法

ハ　法と実力

の三つの関係に分けて、順次これを考察して行くこととする。

（1）　法は規範であり、規範は当為の命題であるが、法において当為の聯関に結合されているものは、原則として人の行態である。このことは、当為と存在の絶対二元論に立つケルゼンも充分に認めている。否、このことを最も明らかに認識し説述した学者は、正にケルゼンであるといってよい。ただし彼れは、当為の聯関によって結合される法の素材または法の要件のすべてが人の行態から成ると見ているのではなく、この原則に例外のあり得ることを認めている。すなわち、ケルゼンによれば、当為命題たる法規において互に帰属（Zurechnung）の聯関に立つ二つの要件（Tatbestände）のうち、被制約的要件たる強制効果は必ず人の行態を内容とするが、制約的要件は人の行態ではない単なる事件から成る場合があり得る。例えば、他人の財物を窃取した行為に対して三年の懲役刑を帰属せしめる場合には、制約的要件も被制約的要件も共に人の行態から成るが、原始法秩序において、旱魃が永く続いた際には何人かが殺さ

れねばならない、と規定されているような場合には、「旱魃」という単なる事件が制約的要件となって、これに「供犠」という強制効果が帰属せしめられているのである、——と。しかし、第二の事例のような場合は僅少でもあろうし、それが「法」の規定であるか否かも——ケルゼンは、供犠の刑罰性を疑わないのであるが——疑問とされねばならないであろう。Kelsen: Allgemeine Staatslehre, S. 48 f.

二　法と慣行

まず最初に考察の対象となるのは、社会に一定の事実上の慣行が既存するとき、その事実に何らの積極的な意味も価値も認められないにもかかわらず、単にそこにそういう事実があるというだけの理由から、これに規範性が賦与される場合である。これは、イェリネックが「事実の規範力」の原理によって説明しようとした第一の過程に相当するものであって、かかる過程によって成立する法は、いうまでもなく「慣習法」である。

もっとも、慣習法が成立するのは法の普遍現象の一つであるから、これを例外異常の場合として取扱うことは不穏当であるといわれるかも知れない。しかし、よく考えて見れば、等しく慣習法の成立といっても、通常は事実上の慣行そのものの中に伝統の権威とか歴史の風格とかいうような積極的な意味が認められ、そのために慣行が規範に高められることが非常に多いのである。それは、無価値な事実が法の素材となるのではなく、いままで一般に考察して来たように、既に一定の価値を持ち意義を有する事実に対して法たるの意味が賦与される場合であって、これまた現在の当面の問題とはならぬのである。故に、さような一般的の場合を除外して、全く無意味な事実が単に事実として存するが故に法となる、という過程のみを取り出して見るならば、それは、法定立の一般原則に対しては、やはり例外的の現象であるといって差支えないことになる。

さて、イェリネックを始め多くの実定法学者は、かような場合を説明するために、事実上の慣行にはやがて規範として行われるにいたるべき力が内在している、と考え、事実の持つこの規範力の作用によって慣行が法に化成する、と見做すのである。しかしながら、それは明らかに謬りである。何故ならば、事実は事実以外の力がその上に作用しないかぎり、何処まで行っても事実であって、決して規範となることはない。事実が規範に高められるのは、よしんばそれが全く無意味な事実であっても、さような無意味の事実が広く行われているということに、一定の法目的の立場から見ての意味が存するからなのである。換言すれば、事実それ自身は無意味であっても、無意味の事実を取って以て規範に化成せしめることが何らかの目的に適えばこそ、これに規範たるの意味が与えられるのである。すなわち、そこに成立する規範意味は、単なる事実から生れて来るのではなく、或る特殊の目的――よしんば何人によっても主観的に意識されていないでも、法そのものに内在している一つの客観目的――によって、素材たる事実に「賦与」された規範意味に他ならない。

そもそも法は実効性を尊ぶ。実効的に行われるということは、実定法の存立の根本要請でなければならぬ。しかるに、法が実効的に行われるということは、法の規定する規範意味内容と、一般人または特定人の事実行態とが平行し、合致する、ということに他ならない。故に、既存の事実上の慣行に法たるの規範意味を賦与するときは、そこに成立する法は、労せずして最高度の実効性を発揮することが出来る筈である。それは積極的には何の意味をも持たないにしても、習俗に眠る民心を刺激せず、平地に波瀾を起さず、平穏無事に高度の安定性を持つ法秩序を構成するための最も安易な途でなければならぬ。かかる法定立の形式は、その点に少くとも消極的に重要な意味を持つのである。それは、やはり法の一つの目的であり、目的による法の創設の一つの過程であることを失わない。その意味で、慣習法の成立過程について見ても、「事実の規範力」によってこれを説明しようとしたイェリネックの学説よりも、「すべての法の創造者は目的である」(Der Zweck ist der Schöpfer des ganzen Rechts) といったイエリングの方が、遥かに深く真理を洞察しているというべきであろう。

けれども、更に他面からこれを見れば、無意味の事実に規範意味を与えて安定的な法秩序を強化保全するということは、法の目的の一つの現れではあっても、それはもとより進歩的な法の目的とはおよそ背反した法定立の形式でなければならない。したがって、進歩性の少い社会であればあるほど、固定した秩序の上に安住しようとする国家であればあるほど、事実を事実として尊重する傾向が強く、それと共に当然に慣習法が法秩序の大きな分野を占めることになる。これに反して、旧套の墨守を以て足れりとせず、歴史の進展と共に新たな理念を創造しようとする要求が高まるにつれて、無意味な事実を度外視し、固随な伝統を克服せんとする勢いが増大し、それに伴って慣習法の重要性もまた相対的に減退して行くのである。そうした遷り変りの間には、必然の現象として、保守の惰性と進歩の動向との摩擦が起り、反撥が生ずる。しかもその反撥の関係は、表面から皮相的に観察すれば、法と事実との直接の対立であるように思われるが、事実を尊重して安定性を強化しようとするのも法であり、道徳や政治の動きにつれて進歩発展しようとするのも法であって見れば、それは畢竟、実定法の内在面における異質法目的相互の対立に他ならぬことが知られる。つまり、一口に法と事実の対立といっても、厳密に考えれば、決して文字通りの法と事実との対立ではなく、これまた事実克服の法目的と事実尊重の法目的との対立に他ならぬことが知られるのである。

三　法と違法

次に問題とさるべきは、法が、単に無意味な事実を事実なるが故に尊重するのではなく、その正当性が大いに疑問であり、またはその正当性が明らかに否定されねばならぬような事実行態がなされたのに対して、事後においてこれに法的な認証が与えられる場合である。例えば、暇疵ある行政行為がなされたとき、その行為が瑕疵の故に無効となる代りに、とも角も既になされた国家行為として効力を発揮するにいたるがごとき、それである。これは一般的な事実上の慣行が法と認められる場合とは異なり、個別的に発生した「既成事実」に法的効果が認められるものであるが、違法も化しては法となり得るというその過程の特異性によって、実定法学上きわめて重大な問題として取扱われる。

規範論理主義の立場からいえば、法の定立はすべて上位段階の法規範の制約の下に行われるのであり、下位段階の法は、それが上位規範の制約に従って定立されているかぎりにおいてのみ妥当性を有する。故に、上位の法規範に違反した下位規範の定立は全く無効であり、法の世界に籍を置くことの出来ぬ事実行為に過ぎない筈なのである。しかも実際上は、官庁事務手続きの過失や法規の不備などによって法律違反の命令が発せられたり、命令に準拠しない処分が行われたり、権限外の行政行為がなされたりすることがあり、それらの違法の規範定立行為が、その違法性にもかかわらず法作用としての実効性を発揮するにいたることがある。メルクルは、実定法秩序の中には、一定限度内の瑕疵の生ずることは免れ難いという「瑕疵予測」の原理が内在していると考え、それによってかくのごとき違法行為の法化現象をば包括的に法論理的に説明しようとした。同様の問題は、行政作用ばかりではなく司法作用についても起り得る。勿論、厳正を以て生命とする裁判の作用においては、行政作用の場合よりも遥かに周到な法規の解釈と事実の審理とが繰りかえされるから、瑕疵の生ずる機会はそれだけ僅少であるべき筈である。しかし、それでも法規の解釈の上に誤謬や背理の存することがあるし、事実の審理についても、判決の結果を全く覆し得るような過失の潜んでいる場合が決してない訳ではない。しかも、そうした過誤によって下された実質上不当の判決であっても、審級制度の階段を経て既判力を獲得するにいたれば、形式上は合法な判決として執行行為を発動せしめるのである。田中耕太郎教授は、こういう点に実定法に特有の、現実に対する「妥協的性質」が現れているのである、といわれる。(1)

これらの場合を通じて顕著に観取されるのは、一つの問題について与えられた決定は、既に与えられた決定なるが故に尊重されねばならぬ、とする法の態度である。安定を求める法は、同時に紛糾を厭うものである。紛糾を厭う結果として、法は法定立の過程において種々の疑義があっても、何はともあれ一つの決定が与えられたことによって満足しようとするのである。一般に、合議制による立法や法的決定の手続きにおいて、定立さるべき法の内容や与えらるべき決定の正当性について、なお幾多の疑義または意見の対立が残されているにもかかわらず、「多数決」によって最後の断定を下し、「一事不再理」の原則を掲げてその断定を擁護しようとするのは、すべて紛糾を厭う法の性格の現れに他ならぬ。かような場合に法の採る態度は、ゴルジウスの結び目を解く代りに、剣を抜いてこれを断ち切ったアレキサンダアの態度に似ている。かくのごとくに決定を決定として尊重しようとする要求が、違法の行政行為にも法たるの実効性を与え、不当の司法判決にも判決たるの確定力を賦与するのである。そうであるとすれば、違法の事実や不当の行為がそのままに規範化するとも見えるこれらの場合にも、実はやはり、法に内在する一つの目的が法の実定性の根拠として作用しているのであるといわなければならない。

しかしながら、決定を決定として尊重し、事後に紛料を残すまいとするのは、これまた法の目的の単に一つの現れに過ぎないのである。法が、一たび与えられた決定には既に決定たるの意味があると做し、よしんばその決定に疑義があっても、否、よしんばその決定が明らさまに違法であっても、目を閉じてこれに「既決」の印を押捺し、紛料波及の余地を残すまいとするのは、確かに安定を以て生命とする法の態度として或る点まで理由のあることであるに相違ない。けれども、法にはまた、悪法は法にあらずとする道徳の立場、違法を以て無効とする妥当性の要求、法的審理を適正公明に徹底せしめようとする正義の要請が、強く働いている。これらの純真な法の要請から見るならば、一たび与えられた決定を是が非でも尊重して行こうとする実定法の態度は、厭うべき便宜主義への堕落であるとして正面から攻撃を受けなければならぬであろう。そうして、もしもかくのごとき攻撃が効を奏し、一たび与えられた決定を覆しても妥当公正な処置を講じなければならぬ、ということになれば、問題を根本から蒸しかえして再検討する必要が生じ、紛料を回避するために不備な決定を以て甘んじようとしたことが、かえってはなはだしい紛料や混乱を招く原因ともなるにいたるであろう。行政裁判の制度や司法裁判上の審級制度は、かような危険に備えて、決定尊重の必要と正義公平の要求との調和を計るものであるが、それでさえその機能は決して完全ということは出来ない。ここに、「事実」の問題を周って生起する異質法目的相互の、第二の対立関係が見出されるのである。

（1）　田中教授によれば、実定法の内容には人間の不完全性に基づく種々の不完全性が附著している。それは、法が人間社会の現実と妥協しようとするために生じた不完全性に他ならぬ。しかも、法は単にその内容において不完全であるばかりでなく、その実現のための手続きにおいても不完全であることを免れない。民事および刑事の訴訟手続きに携わる者、例えば判検事や弁護士、または裁判を受ける当事者や証人・鑑定人なども、やはり一個の人間であり、したがって、その行う法規の解釈や事実の認定には、過誤や偏頗や記憶の不正確、等の欠陥が伴わないとは保し難い。されぱこそ、訴訟手続きの慎重を期するための審級制度が設けられているのであるが、「審級制度の存在は、国家的裁判の誤り得ることの証明であると共に、最後の審級の裁判ならば常に正しいとも保障し難い」のである。裁判は常に正しいとは保障し難いにもかかわらず、これを通じて法の実現を計って行くことは、法の妥協的精神の現れである。要するに、「法の内容自体に人間社会の現実との妥協性が附著してゐる如く、法の実現も亦人間性との妥協なしには行はれ得ない」のである。——田中耕太郎教授・法の妥協的性質に就て、牧野教授還暦祝賀・法理論集、一四六頁以下一五二頁まで。

四　法と実力状態

いま述べた第二の場合は、「既成事実」を尊重しようとする法の性格の一つの現れであるが、この性格から更に進んで理解さるべきものは、成功した実力支配の状態に対して示される法の恭順性である。これは、法と事実とが深刻に衝突しながらも、法がやがてその衝突から身をかわし、新たな秩序の安定を計ろうとする過程であって、法と事実の対立および調和の第三の、しかも或る意味で最も重大な場合を形成する。

かような問題が頻発し易いのは、何といっても国際法の舞台においてであろう。例えば、或る国家の実力行動により既存の国際関係の安定が攪乱されたとき、その行動の正邪曲直の判定はしばらく別として、とも角も既成事態に立脚して局面の新たな安定を計る必要の生ずるがごとき、それである。更に具体的な例を以ていえば、一国の軍隊が他の国家の領土内に侵入して、一定の地域を占領するにいたったような場合、その武力行動がよしんば既存国際法の立場からは正当性が疑われていても、かかる事態そのものに既成事実的な「実効力」(Effektivität) が生じ、武力行動に出でた国家または軍隊は、占領地域一帯に対して有効に秩序を維持すべき権利と義務とを有するにいたるのである。(1)しかし、これと同様の事態は、国際法上のみならず国内法上も発生し得る。動乱状態に在る国家の秩序の中心が実力の所在と共に移動するがごとき、明らかにそれである。そこでもまた、秩序を打破する実力状態が、永く不法の烙印を押されている代りに、新たな秩序建設の礎石としてやがて法的に認証されるにいたっているのである。

歴史上しばしば繰りかえされるかような事態を見て、多くの人は、法を創るものは結局において実力であると考えたのである。「マイト即ライト」という命題が、一つの公理のように唱えられるにいたったのである。しかしながら、仔細に点検して見れば、旧秩序を変革して新秩序を創造するところの実力には、常にそれ相当の道義または政治の理念が内在しているといってよい。何故ならば、国内秩序の場合ばかりでなく、国際秩序においても、結局のところ何らかの大義名分に基づかない実力はなく、理念や世界観の転換を背景としない秩序の変革はあり得ないからである。のみならず、既になされた実力行動に対するさような世界観的——道徳的・政治的——認証の問題は考慮の外に置くとしても、在来の秩序体制を変革する実力状態に新たな秩序を確立する任務が賦与されるにいたることには、一つの純粋に法的な理由が存在するのである。すなわち、純粋の秩序尊重の立場からいっても、既に旧秩序が有効に変革されて了った以上、徒らにその変革行為の法的責任を空論しているよりも、何はともあれ現に発生した混乱を一刻もはやく秩序に再転せしめねばならぬという、大きな緊急の必要が生じて来るのである。法は秩序を愛する。したがって、法は秩序を脅やかそうとする実力を憎む。けれども、秩序を破壊するのも実力であるが、秩序を建設し得るものもまた実力である。イエリングのいう通り、「実力のない法は、何らの現実性をも持たぬ空虚な名前に過ぎない」のである。故に、法は、既に空虚な名前と化した旧秩序に執著する代りに、既成の実力状態に依存して実効的な新秩序を再建しようとするにいたるのである。マックス・リウメリンの言葉を以てすれば、「不法によって成立した新たな秩序も、全く秩序のないよりは優っている[2]」、というのが、この際に処する法の態度に他ならない。故に、国内法上の動乱状態によって秩序の中心が移動し、国際法上の既成事態に即して新たな秩序体制が生れ出でる過程を見て、法がただ単に実力に屈服し去ったものと考えるのは、この意味でも正当でない。法は、そこでは、正に自ら進んで「死して生くるの途」を求めているのである。そのかぎりにおいて、そこにもまた法に固有の一つの目的が作用し、その目的によって秩序体制の転換が行われていると解されねばならぬ。

かくのごとくに、法が「実力の効用」を認め、既成事実に順応して秩序の挽回を求めるのは、それ自身が法目的の一つの作用なのである。この場合にも、事実が事実のままに法に転化するのではなく、事実を素材としてその上に一定の目的に基づく法的加工が行われているのである。しかしながら、さように既成事態に加工して新たな秩序を作ろうとするのも法の目的なれば、かかる既成事態の正当性如何を最後まで批判し、不法は飽くまでも不法として糾弾しようとするのも、また法に内在する大きな要求でなければならぬ。既成の実力状態の当不当は別として、速やかにこれと提携し、何はともあれ攪乱された局面の収束を計る、というのは、一方から見れば法にとって「死して生くるの途」を択ぶ所以であろう。しかし、それは他方からいえば、法が節を屈して実力に追随する娼婦的態度とも考えられるであろう。ここでは、実力状態を周って法と道徳・法と政治が相剋しているばかりでなく、法に固有なる秩序の目的そのものが、一つは旧秩序に忠実であろうとし、他の一つは内容の如何を問わず新たに秩序の恢復を求めて、内面的の分裂状態に陥っているのである。

これほどに深刻な問題にまでは発展しないでも、法はなお多くの場合において既存事態と事態の変化との間の板挟みとなりながら、秩序の維持に腐心している。「既得権」(wohlerworbenes Recht) の原理と「事情変更の原則」(clausula rebus sic stantibus) との対立は、正にかような場合に処する法の苦悶の図式化であるというべきである。個人主義的自然法の理論などからいえば、自然法に由来する既得権はそれ自身絶対神聖の権利であり、したがって当然に国家および実定法の徹底した保護を要求し得る、という風に主張される[3]。けれども、そうした法形而上学の立場から離れて見れば、或る法主体が或る利益を既に現実に享有しつつある、という事実上の事態が、既得権の実質上の強い根拠となっていることは否まれない。その利益享有の状態が後にいたっていかに不合理であると考えられても、その状態を変更することは既存秩序上の大きな犠牲を払わないかぎり不可能であるというところに、既得権の事実上の強みが存するのである。しかし、既得権の尊重にも自らに限度がある。事情の変化が余りに大きくなって来れば、既存の権利関係を動かすまいとすることがかえって非常に無理となり、これを変化した事実状態に順応せしめるのが、むしろ秩序の破綻を防ぐために必要となるにいたるのである。ここにおいて事情変更の原則が適用される。特に事情変更の原則に拠ると言明しないでも、裁判に当り、調停に当り、和議に当り、既存法関係と、変化した事情との間の調和を計ることにより、秩序と平和を維持しようとする努力がなされるのは、社会の変動期には通例の現象である。既得権の尊重が個人主義的自然法の理念を背景として主張されるように、事情変更の原則にもまた色々なイデオロギイが附随し得るであろう。しかし、それらのイデオロギイをすべて除いて見れば、この原則の根柢には、事態の変化に順応して秩序の混乱を防ごうとする純粋に法的な要求が働いているのである。既得権の根拠にも事実に立脚した秩序の要求が作用し、事情変更の原則の根柢にも同じく事実に即応する秩序の要求が働いている。しかも、一は動かぬ秩序を求め、他は動く秩序を重しとすることによって、両者の間に対立が起る。これまた、法そのものの目的作用に内在する大きな矛盾であるといわなければならない。

これらすべての場合を通じて、法は、秩序を愛し平和を重んずればこそ、事実に順応し、事実と妥協しようとしているのである。しかし、徒らに事実に順応しようとすれば、法に内在する道徳の要求がこれを難詰し、単なる秩序を固執しようとすれば、政治の動向がこれと激突する虞れが生ずる。法の目的は多義であり、法の相貌は多面である。薄氷を踏むような慎重さを以て事実を尊重しつつ、一意専心、秩序の破綻を弥縫しようとしているのも、法であるが、かくのごとき事実順応の態度を大いに不満とし、これを批判し、これを排斥し、時にはこれに対して激怒しているのも、法である。法の持つ顔はヤヌスよりもなお多面であり、法の性格は二重人格者のそれよりも更に複雑である。殊に、同じく事実といっても、事実には動かぬ事実もあり、動く事実もある。秩序維持の目的のためには、そのいずれをも尊重する必要があるけれども、そのいずれをも同時に尊重しようとすれば、法は、あたかも右足を以て大地の岸を踏み、左足を以て岸を離れる舟の上に立つような苦境に陥るのである。それが、一般に「法と事実の対立」と考えられるものの真相である。故に、それらの矛盾や対立が事実を周って生起するものであることは疑いないが、厳密に見て行けば、それは目的によって作用する法と、目的と無関係な事実との間の直接の対立ではなく、むしろ事実を処理する場合の法の態度そのものの自己分裂であり、結局において異質・多様の法目的相互の間の矛盾・対立に他ならぬことが知られる。

（1） 一九〇七年の陸戦の法規慣例に関するハアグ協定附属書第四十三条は、「国ノ権力カ事実上占領者ノ手ニ移リタル上ハ占領者ハ絶対的ノ支障ナキ限占領地ノ現行法律ヲ尊重シテ成ルヘク公共ノ秩序及生活ヲ回復確保スル為施シ得ヘキ一切ノ手段ヲ尽スヘシ」と規定している。ワルツはこれについて、「この規定は、『国の権力』が『事実上』占領者の手に移っていることを前提とし、しかるのちに、軍事占領の状態に対する国際法的規制を通じて占領者に国際法上の認証を与えているのであって、その意味で最も興味が深い」といっている。Walz : Völkerrecht und staatliches Recht, S. 236.

（2） Max Rümelin : Die Rechtssicherheit, 1924, S. 24.

（3） 柳瀬良幹教授・既得権の理論に就て、美濃部教授還暦記念・公法学の諸問題、第二巻、昭和九年、九頁以下。

第七節　法の目的の調和

一　法の内在面における法目的の分化

これまでの考察の対象となったものは、道徳や政治や経済のように、法から明らかに区別され得る性格を有しながら、それぞれの固有目的を実現するために法の上に働きかけて来る文化契機と、法そのものとの間に生ずる対立であった。しからずんば、それ自身としては何らの客観目的を持たず、単に法の素材となるに過ぎないところの事実現象と、事実現象に規範たるの意味を賦与する法との間の関係であった。法と結びついているこれらの諸契機は、もともとは法と異なる存在性格を有する。しかも、それは、法の中に融け込むことによって法の内容となり、法の生命となり、あるいは法の材料として利用される。故に、それらの諸契機は、法の内在面から眺めれば法に違いない。しかし、その身元を洗って見るならば、それは、道徳であり、政治であり、経済であり、または事実であって、法ではない。そういう法超越的な異質契機と法との関係が、いままで取扱われて来た問題なのである。

そこで、今度はしばらく著眼点を移して、純粋の内在面から法の目的を考察して見ることにする。法の内在面から見ても、法の目的に道徳があり、政治があり、経済があることはいうまでもないが、そういう風に法とは区別された名称を冠する異質目的を全く度外視すると、きわめて技巧的な分析ではあるけれども、そこに純粋の法の目的と考えらるべきものが残されることになる。これを取り出して、その構造を明らかにして行くというのが、ここでの論述の主題となる訳である。

いままでのように、主として法超越的な異質目的と純粋の法目的との対立を論じて来た場合には、後者は単純に「秩序」または「安定性」というような言葉でいい現されていた。勿論、秩序の安定ということは、法の中でも最も法的な目的である。しかし、法の純粋内在面を改めて見直した場合、その目的が単なる秩序の安定のみに尽きると考えるのは、狭きに失する。何故ならば、法は秩序の安定を求めると同時に、その秩序が正しい秩序であることを要求するからである。また、正しい秩序が、単に正しいばかりでなく、更に、社会生活の実用に適った便宜な秩序であることを必要とするからである。

もっとも、これに対して、法が正しい秩序を維持しようとするのは、結局は法における道徳の契機の現れではないか、という疑問が生ずるかも知れない。けれども、法の正しさは必ずしも道徳の善さと同一ではない。法から道徳の色彩を漂白して見ても、その跡になお、正しい秩序を維持しようとする目的が残る。その意味で、「正」は「善」と区別され得るところの、法の固有目的の一つである。また、法が便宜な秩序を実現しようとするのは、法における経済の要求によるものである、という見解も成り立つかも知れない。しかしながら、法秩序が社会生活のために便宜であるということと、法秩序が経済上の利益に適合するということとは、必ずしも合致しない。経済上の利益に適うことは、法の便宜性または実用性の最も重要な場合であるには相違ないが、経済という特殊の内容を捨象しても、法の実用性ということは充分に考えられ得る。故に、「実用」もまた「利益」と区別され得るところの、法の固有目的の一つである。そこで、法の純粋内在面に現れる法の目的としては、「安定性」の他に、なお、「正当性」および「実用性」という二つが数えられ得る。法の中には、法を超越する領域から道徳・政治・経済、等の異質目的が介入して来て、それぞれ法の固有目的と対立しているばかりでなく、法の固有目的そのものもまた、正当性・実用性・安定性という三つの契機に分岐して、互に対立・牽制し合っているのである。法の目的の対立と調和の関係を全面的に明らかにするためには、かような法内在面における目的契機の対立をも分析して置かなければならない。

法の世界に現れる目的動向の分岐対立する姿を捉え、これを精密に論述している点で特に注目に値するものは、ラアドブルッフの法理念論である。ラアドブルッフの拠って立つ新カント哲学の立場からいうならば、すべて理念は、したがって法の理念は、むしろ絶対一如の価値指標と考えらるべきであり、これを多様の構成部分に分析する余地はない筈なのである。しかし、この法哲学者に特有の鋭敏な現実感は、彼れをして抽象無内容の法理念の絶対性のみに安住することを許さず、絶対の法理念と相対の法目的との結合を必然と見ることによって、法理念そのものの多元性とその間の矛盾とを的確に観察するにいたらしめている。ただ、ラアドブルッフの理論は、用語上および内容上これまでの論述の趣旨と一致しない点も少くない。故に、まずその概要を説いて、しかるのちに、これを批判的に検討・整理して行くことが必要であろう。

ラアドブルッフによれば、法は一つの実在である。しかし、法はもとより無意味の実在ではなく、法価値または法理念に奉仕するという意味を持つ実在でなければならぬ。故に、法の概念は法の理念によって規定されるのである。ところで、法の理念の根本を成すものは、「正義」(Gerechtigkeit)である。「正」は、善や真や美と同じく、他のいかなる価値からも導き出されない独自の価値なのである。ただ、その中でも、道徳上の善は正義ときわめて密接な関係を有し、したがって、古来これを同じものと見た学者も少くない。ロオマの法学者ウルピアヌスが正義をば「各人に彼れの権利を享有せしめようとする恒常不断の意志」(constans ac perpetua voluntas ius suum cuique tribuendi)と定義したのは、道徳の理念と正義とを同一視した場合の顕著な一例である。しかし、ラアドブルッフによると、――前述の通り、ラアドブルッフは、道徳の特色をその内面性に、法の本質をその外面性に在ると見ているのである。――正義は、各人に彼れの権利を享有せしめようとする「意志」ではない。意志という内面的な境地は、道徳の領域であって、法の本来の世界ではない。法の理念は、この道徳上の意志と照応する「客観的」な状態の中に求められなければならぬ。いいかえると、正義は、外面の人間関係において、各人に彼れのものを享有せしめるところの状態を意味せねばならぬ。それは、客観的な社会秩序の理念であって、単に主観的な道徳意志ではない。正義とは、各人に彼れのものを与え得る客観的な人間秩序である。これを一言にしていえば、正義は「平等」(Gleichheit) である。[1]

正義は法の根本理念である。したがって、法の理念は単一絶対であって、正義以外に他の要素を含む余地はないように思われる。しかるに、実際には、法の理念は複合的な構成部分に岐れ、その間に、各種の「二律背反」(Antinomien) の関係が生ずるのである。それは、そもそもいかなる理由によるのであろうか。

いま述べたように、ラアドブルッフは正義をば「平等」と解する。等しい人間および等しい人間関係に対しては等しい取扱いを、異なる人間および異なる人間関係に対しては異なる取扱いを、というのが正義の要求である。しかしながら、かかる抽象的な正義の理念のみを以ては、いまだ具体的な法の内容を決定して行くことは出来ない。何となれば、正義は、等しいものを等しく、等しからざるものを差別して取扱うことを求めるが、何を以て平等・不平等の標準とするか、平等のもの・不平等のものをいかに取扱うのが正当であるかは、単なる平等の原理そのものからは導き出され得ないからである。そこで、一定の目的――法の目的――の見地から、法の内容に関するそれらの具体的の決定を与える必要が生ずる。個人主義の目的に拠るか、超個人主義の目的に基づくか、超人格主義の目的に従うかにより、正義の内容も自らに異なって来るのである。そこに、正義と並んで「合目的性」(Zweckmässigkeit) の理念の定立される必要がある。しかるに――ラアドブルッフの相対主義によれば――法の目的は相対的であるが故に、合目的性の見地のみを以てしては、対立する見解について最後的の決定を与えることは不可能である。さればといって、人間共同生活の秩序としての法は、相異なる見解の対立を対立のままに放任して置くことを許さない。いいかえれば、それらすべての対立の上に一つの秩序が存立しておらなければならない。分岐する目的活動の上に、安定した秩序が確保されておらなければならない。そこで、法の第三の要求、法理念の第三の構成部分として、「法的安定性」(Rechtssicherheit) が定立されることになるのである。法的安定性は、何が正義であるかを確定出来ない場合にも、なおかつ何が合法であるかを確立しようとするのである。しかも、何が合法であるかを確立し得る者は、同時にその合法なるものを貫徹し得る立場に立たねばならぬ。かくて、法的安定性によって法の実定性が要求せられる。要するに、実定的なる法は正当なる内容を持たねばならず、正当なる法は実定的に行われなければならない。それが法の理念なのである。(2)

かようにして、ラアドブルッフは、本来一如なるべき法理念が、実際には、「正義」・「合目的性」・「法的安定性」という三つの構成部分から成り立っている理由を明らかにする。

ところで、法理念のこれらの三つの構成部分は、もともと一つの理念の三つの部分であるから、互に緊密に結合しているべき筈なのである。正義は、正義のみでは法の内容を具体的に決定し得ない。さればこそ、正義は合目的性の理念と結びつくのである。しかし、合目的性の理念は、世界観の如何によって分岐する傾向がある。そこで、これを法的安定性の理念によって統一する必要が生ずるのである。かくのごとくに、三者互に相倚り相俟って一つの法理念を構成しているのであるが、しかも、それにもかかわらず、三者はまた互に矛盾対立しなければならない宿命的な関係に置かれている。「法理念のこれらの三つの構成部分は互に他を要求する。——けれども、それらは同時に互に矛盾しているのである(3)」。それはまた何故であろうか。

ラアドブルッフの立場からいえば、法の合目的性はもともと相対的なものである。政治上の諸見解のいずれが決定権を持つべきかは、絶対的には断言し得ぬ問題である。これに反して、正義と法的安定性とは共に絶対の要求である。政治上の意見がいかに対立しても、正義はただ一つでなければならぬ。また、政治上の問題に争いがあればあるほど、秩序を安定せしめて置く必要は絶対のものとなって来なければならぬ。そこに、相対的な法の合目的性と絶対的な正義および安定性との間の矛盾が生ずるのである。しかも、法的安定性は法の合目的性と矛盾するばかりでなく、更に正義の理念とも対立する場合が在る。何故ならば、法的安定性の要求するものは法の実定性である。しかるに実定法は、その内容が正義に適っているか否かにかかわらず、有効に行われることを求めるからである。法の実定性——ここにラアドブルッフのいう法の「実定性」(Positivität)は、前に述べた意味における法の「実効性」(Wirksamkeit)に等しい——は一つの事実である。実定法は、実定法を定立したところの実力によって遂行される。実力によって定立された法が実力によって遂行されるところに、実定法の安定性の保障が与えられるのである。けれども、実定法の安定性が保障されるために法と事実・法と実力が結びつくということは、法の正義性、法の合目的性における多分の犠牲を意味せざるを得ない。法的安定性の立場から見れば、一つの実定法秩序が存立しているということは、その秩序が正義に合致し、目的に適合していることよりも重要なのである。そこに、法の理念の内面的背反関係が明瞭に現れているといわなければならない。(4)

これを以て見れば、法的安定性は法の実定性と不可分に結びつくために、正義および合目的性と矛盾する状態に陥らざるを得ないのである。それでは、法的安定性と法の実定性との間には何の矛盾も存在しないかというと、それがまた決してそうでない。例えば、既存の実定法を廃棄するような慣習法が成立したり、在来の実定法秩序を破砕するところの革命法が樹立されたりした場合には、法的安定性の要求からしてかような反実定法的な事態に法たるの効力が認められて来る。そこでは、法的安定性と法の実定性とが明らかな背反関係に陥っているのである。しかも、安定性と実定性との間の矛盾した関係は、かくのごとき客観的な法秩序の領域において成立するばかりでなく、主観的な権利の得喪の過程にも同様に存在する。すなわち、法的安定性のために違法の事実が法を否定したり創造したりするのと平行して、同じく法的安定性のために違法の事実が権利の取得または喪失の根拠となる場合があり得る。例えば、内容上不当の判決に既判力が生ずる場合、取得時効・消滅時効により権利の得喪が行われる場合、私法上の占有保護や国際法上の既存状態尊重の場合、等がそれであって、これらの場合には、法生活の安定性のために違法の状態に対して権利剥奪あるいは権利賦与の効果が認められているのである。かようにして法の安定性は、一方では正義や合目的性と矛盾するばかりでなく、他方では、それと最も緊密な関係に在る筈の法の実定性とも矛盾し背反するにいたることを免れないのである。(5)

以上がラアドブルッフの法理念論、特に彼れのいわゆる「法理念の背反関係」(Antinomien der Rechtsidee)の概要である。法の理念の多様性とその対立の関係をば法の純粋内在面から分析した試みとして、きわめて示唆に富む論究というべきである。しかし、前に断って置いたように、その所説の中には承服し得ぬ点もあるし、用語として不適当なるものもある。これらを整理しつつ、法の目的の分化対立する姿を改めて見直し、そこから進んで法目的の調和の原理に及ぼうとするのが、これからの仕事に他ならない。

(1) Radbruch: Rechtsphilosophie, S. 29 ff.
(2) A. a. O., S. 50 ff., S. 70 ff.
(3) A. a. O., S. 72.
(4) A. a. O., S. 71 ff.
(5) A. a. O., S. 73.

二　正当性と実用性と安定性

ラアドブルッフの法理念論に対して加えらるべき批判は、三点に帰着する。

第一に、――そうして、それが最も主要な問題である、――ラアドブルッフは、正義と合目的性とを法の理念の二つの構成部分として区別しているのであるが、これは、原理的に見て無用な区別であるといわなければならない。もっとも、彼れの理論体系からいうと、法の「理念」(Idee)と法の「目的」(Zweck)とは、最初から別個の問題領域を形作っているのである。すなわち、法の理念としての正義は、それ自体としては内容のない形式である。それ故に、それが実定法の指導理念となるためには、内容のある法の目的と結びつき、目的に適うものであるという意味、つまり合目的性という意味を持つ必要があると考えられているのである。しかし、これは、ラアドブルッフの学説の基礎を成す新カント哲学の形式主義と、複雑なる実定法現象とを結合するための、単なる妥協の技巧であるに過ぎない。ラアドブルッフは相対主義者として知られているが、法の理念たる正義をば真や善や美と同じような不可遡源的の絶対価値と見ている点では、彼れはシュタムラアなどと何ら異なるところのない形式論的な絶対主義者なのである。

しかし、彼れは他面において、かかる無内容の正義の理念からは具体的な実定法秩序の内容を導き出し得ないことを充分に洞察した。そこで、彼れは、「法の理念は正義のみに尽きるものではない」と考え、正義と結びついて法関係の内容を決定する契機として、「合目的性」の理念を掲げる。そうして、法の目的の選択については個人主義・超個人主義・超人格主義の三つの立場が可能であると做し、この法目的の内容の段階に下降して始めて、相対主義の態度を表明しているのである。明らかに、ここでも、シュタムラアの「内容可変の自然法」の思想がラアドブルッフによって継承せられていることが知られる。

しかしながら、ラアドブルッフのいう通り、正義は或る一定の客観的な人間関係または社会状態である。既に、正義が客観的な人間関係または社会状態である以上、それは、法を通じて達成さるべき「目的」でなければならない。そうして、既に正義が法の目的である以上、それは一定の「内容」を備えた人間関係または社会状態を意味しなければならない。何故ならば、何らの内容もない人間関係とか社会状態とかいうようなものは、法の目的として考えることは出来ないからである。ギュルヴィッチは、「法は常に正義を実現することを目的とする試みである、」といっている。(1) ラアドブルッフは、このギュルヴィッチの言葉を引用して、これを自己と同説であると做すのである。(2) しかし、もしも法が、正義を実現せんがための試みの結晶であるとするならば、正義はすなわち法の「目的」でなければならない。いいかえると、法の理念としての正義は、同時に法の目的としての意味を持つものでなければならない。しかるに、ラアドブルッフは、強いて法の理念と法の目的とを区別し、形式的な法の理念としての正義と、これに内容を与える原理としての合目的性とを一応分離せしめた上で、更に改めて両者を結合せしめようとしている。これは、明らかに、徒らに問題を紛糾せしめる無用な迂路であるに過ぎないのである。

現に、ラアドブルッフは、正義をば「平等」と解し、平等とは「各人に彼れのものを」享有せしめる客観的な人間関係を意味すると做しているが、これは明瞭に内容のある、したがって一つの世界観によって制約された正義であるといわねばならぬ。その世界観は、根本において「個人主義」である。「各人」という個体を基準とし、これに「彼れのもの」という形での権利を保障しようとする「平等」は、個体の立場から眺められた正義である。勿論、ラアドブルッフは、平等の理念が単にいわゆる個人主義とのみ結びつくものではなく、超個人主義的な平等もあり、超人格主義的な平等もあり得ることを認めている。例えば、個人が超個人的な団体のためにいかなる価値ある行為をなしたかによって、各個人の取扱いを別にするのは、超個人主義の平等であろう。また、人々がいかに文化の建設に貢献したかによって、栄誉と殊遇とを衡量するのは、超人格主義の平等であろう。その意味で、ラアドブルッフは、等しきものを等しく、等しからざるものを別様に取扱うのが平等である、というのである。しかし、徹底した全体主義の立場は、全体への寄与の程度如何によって、功労ある者は高く、功労なき者は低く取扱うというような考え方をも超越して、名も顕れず、酬いらるるところにも乏しい無名の英雄が、ひたすら奉公の誠を致すことを以て、個人生活の基準とするであろう。また、文化建設の大局からいうならば、一歩一歩と高い文化価値を創造して行くことが第一義であって、文化価値の創造に貢献した個人がいかなる「彼れのもの」を享有するかは、第二義の問題であると考えられねばならぬであろう。少くとも、各人の彼れのものというような個人的配分の問題を中心として正義を論ずる態度は、いかに超個人主義や超人格主義と結びつけて見ても、なお、根本の立脚地から考えて、個人主義の世界観から脱却していないといわなければならない。ここでは、もとより、個人主義の当否を論じようとするのではない。ただ、ラアドブルッフが全く無内容なものと考えたところの正義の理念が、「平等」という概念規定の中に、実は既に個人の立場に執著した「内容」を含んでいることを指摘すれば足りるのである。

とも角も、正義は内容のある理念である。内容のある理念であるから、星の世界の言葉のような永遠の不易性を持たぬ代りに、実定法の目的として、法を生かし、法を動かし、法の存立の基礎となることが出来るのである。正義の内容は時代によって同一でない。正義の内容が時代と共に変化するのは、道徳の影響による場合もあろう。また、政治の色彩を反映するためである場合もあろう。しかし、道徳や政治の色彩を捨象しても、法が正しい社会状態を実現しようとして働いているということは、法に通有の目的と認められなければならない。法は、正しい法であるということを以て、存立の根本義としている。或る実定法の正しさが、哲学上の立場からも正しいと認められ得るか否かは、ここでは問題でない。その如何にかかわらず、自ら正しいと標榜し得ぬ法は、法ではない。自ら不正と自認する法は、法として存立する資格はなく、また実際、法として存立することも出来ないのである。法の目的の一つは、「正」（das Richtige）である。ラアドブルッフは、多くの学者と同様にこれを「正義」（Gerechtigkeit）と名づける。しかし、正義という言葉は、ややもすれば、実定法に内在する目的としてよりも、実定法を超越する哲学的な価値尺度と考えられ易い。その然らざる所以を明らかにするためには、多少用語を改めて、これを「正当性」（Richtigkeit）という言葉を以て表示するのが適当であろう。すなわち、法の内在面に現れる法の目的の一つは、法が正しい内容を有するという意味での正当性であるといわなければならない。

ラアドブルッフの法理念論に対して加えらるべき第二の批判は、主として単なる用語上の問題に関係する。いまいう通り、実定法の追求する目的の一つは「正当性」である。実定法に課せられた一つの根本的な任務は、正当なる社会秩序を実現して行くことにある。何が正当であるかは、時代の推移・世界観の変遷によって相違し得るのであるが、とも角も、正当な社会状態を実現しつつある、もしくは実現しようとしている、ということが、法の実定的存立の第一の根拠なのである。

けれども、実定法は決してただ高尚な正当性だけを以て目的としているのではなく、それと同時に、人間生活の卑近な実用ということをも常に考慮して行かねばならぬ。実定法の維持しようとするものは、単に正当な秩序であるばかりでなく、また同時に有用にして便宜な秩序でなければならぬ。人間関係の混雑を防止し、取引きの円滑と安全とを保障し、裁判手続きの簡易化を求めるというような要求は、法、殊に現代法を動かす第二の大きな目的である。法における「技術」の要請は、正しくかかる実用の目的の具体化したものに他ならぬ。これを法の「正当性」から区別して、法の「実用性」（Zweckmässigkeit）と呼ぶことが出来るであろう。ラアドブルッフは „Zweckmässigkeit“ という言葉をば、個人主義とか超個人主義とかいうような世界観的の価値に適うこと、という意味に用いているのであり、さればこそこれをこれまで「合目的性」と訳して来たのであるが、ドイツ語の語感からいえば、この言葉には、ラアドブルッフの解するような高次の合目的性よりも、むしろ具体卑近な実用性の意味が濃厚に含まれているように思われる。その具体卑近な実用性をば抽象高次の正当性から区別し、これを特に実定法の他の一つの目的と解するところに、ラアドブルッフの論述に対する第二の批判が成立する。

ラアドブルッフに対する第三の批判も、主として概念の整理の必要に基づく。

すなわち、ラアドブルッフは、法の理念の一契機として、「法的安定性」を取り上げ、これを正義からも合目的性からも区別して論じている。法が安定性を求めるものであるということ、安定した社会生活秩序を維持するのが実定法の大きな任務であるということについては、もとより問題はない。しかし、この法的安定性をば法の合目的性と対置し、安定の要求を法の目的とは異なるものであるかのごとくに説くのは、果して妥当であろうか。正義も法によって実現さるべき目標であり、その意味でやはり法の目的であるとすれば、安定性もまた、実定法の上に課せられた任務として同じく法の目的と解せらるべきではなかろうか。結局、安定した秩序を保つということは、法の合目的性の一つの現れに他ならぬのではなかろうか。

かような疑問が生じて来るのは、ラアドブルッフの用うる「目的」または「合目的性」の概念が、余りに狭きに失するためなのである。目的という概念をば、正義からも法的安定性からも区別して、法の理念の単なる一構成部分と見ているところに、こうした無理が生じて来るのである。目的という言葉を文字通りに広く解するならば、正義も法の目的であれば、安定も法の目的であり、更に実用ということも、法にとって欠くことを得ない目的の一つでなければならぬ。それらは、互に異なる方向と内容を有する実定法の課題なのである。殊に、「安定性」(Sicherheit) は、法に内在する目的の中でも最も純粋に法的な性格を備えている。社会生活の秩序を安定せしめるということは、法にとって一日もゆるがせにすることを許さぬ、切実にしてしかも卑近な目的である。法が成文法として発達する必然性を有するのも、法が論理の筋道を重んじて規範意味の矛盾のない統一を確保しようとするのも、法が法規の忠実な——或る場合には機械的な——遵守・適用を要求するのも、実定法に内在する法的安定性の目的に出づる。道徳観念の推移・政治思想の転換・経済目的の変動によって、法の内容が変化・発展する場合にも、秩序の安定を攪乱することなしに、旧法体制より新法体制への遷り行きを円滑に実現せしめようとするのは、安定性の目的の最も重要な発露である。否、よしんば歴史の急転によって、既存法秩序の安定が遂に覆されるにいたった場合といえども、破壊された秩序の跡に残る法の生命を護り育てて、新たな秩序体制の建設に努力してやまないのは、安定性の目的の強靱な作用である。かくて、「正当性」をも「実用性」をも「安定性」をも、共に法に内在する「目的」と見るべきであるというのが、ラアドブルッフの法理念論を批判・整理して得られた結論に他ならない。

法の純粋内在面において分岐する正当性・実用性・安定性の三目的の間に、いかなる矛盾があり対立が生ずるかは、これまでに色々な角度から論述して来たところを以てほぼ尽きているのであるが、更に最後に要約的な記述を添えて置くのも、必ずしも無益ではなかろう。

これら三つの法目的のうちで、互に最も衝突し易いのは、正当性と安定性とである。勿論、法が正当であるということと、法が安定しているということとの間には、きわめて密接な関係がある。何となれば、実定法上の規定は、正当なればこそ安定しているのが常態だからである。いかなる実定法といえども、何らかの立場からの正当性の認証を伴っておらないものはない。さればこそ、正当なる実定法上の規定は濫りに変革・歪曲されてはならない、という安定性の要求が確立されて来るのである。けれども、実定法上の正当性は決して固定不動の理念ではなく、時により処によって可変可動である。実定法の目的としての正義は、世界観の制約の如何によって相違もし、変化もする。ツゥルツウロンは、正義には個人的正義と社会的正義と国家的正義の三つがあると做し、これらの三つの正義はあたかも赤・青・黄の三原色のごとくに結合して、法生活の色彩に無限の変化を作り出している、と説いている。そのいわゆる個人的正義は「各人に彼れのものを」の原則に立脚する形而上学的の正義であり、社会的正義というのは団体観念から流れ出たところの正義であり、国家的正義というのは最強者の正義に他ならぬ。(3) 正義の分類論としての当否は別問題として、正義の理念は正にツウルツウロンのいうがごとくに多様である。法の目的の一つとしての正当性は、それ自身が既に多義であり多面である。しかも、多義であれば対立が起り、多面であれば変遷が生ずる。正当性の内容が変化して行けば、これと既存実定法秩序の安定性との間に矛盾の成立することは、不可避必然の成り行きでなければならぬ。それは、別の見方からいえば、進歩の目的と保守の目的との対立、革新の動向と守旧の体制との離隔に他ならない。法には、歴史と共に動こうとする勢いがあり、時流に拮抗して留まろうとする必然性もある。上来観察して来た法と道徳、法と政治、法と経済、法と事実の対立は、これを法の単一平面に移して見れば、いずれも何らかの意味で、正当性と安定性、進歩の目的と保守の目的との間の葛藤であるということが出来よう。

しかも、正当性と安定性とのこの葛藤の間に位して、強勒に自己を主張し、自己を貫徹しようとしているものは、実用性の目的である。法は社会生活にとって有用であることを必要とする。正当性の理念はいかに崇高であっても、単に正義に奉仕するというだけでは、実定法の複雑な体系は発達して来ない。法は、一方では社会状態を正しく規律して行くと同時に、他方では現実の人間生活に役立つものでなければならぬ。法は経済の活動を円滑ならしめ、諸般の人間関係を合理化し、以て利便簡易な生活目的に適合して行かねばならぬ。この意味では、法は各種各様の社会生活目的を合理的に実現せしめて行くための技術の体系に他ならない。殊に、近代法の発達に至大の影響を及ぼしたところのロオマ法は、法の合理性と実用性とを最高度に具現したものといわれる。イエリングによれば、「実用性の理念はロオマ的世界観のプリズムである[4]」し、全体を通じて見たロオマの世界は、一言にしていえば、「実用性の理念の勝利として特質づけられる」のである[5]。かようにロオマの宏壮な法組織を築造した実用性の理念が、引いて現代法の精神の中を貫流し、更に現代化された発展を続けて行きつつあるのである。しかるに、実用性の目的は必ずしも正当性の理念と調和するものではない。何が正しいかということと、何が便宜であるかということとの間には、時としては大きな懸隔があり、反対が生じ得る。正義は徹底を求める。不満足の状態に満足する態度は、正義の断乎として排斥するところである。これに反して、法が便宜であって実用に適するという点からいえば、正当性の如何を徹底的に検討するのは、迂遠であってその繁に堪えない弊がある。事実審理の反復や裁判の慎重は、正当性の立場からは飽くまでも要望されるが、社会生活の速度から見れば、出来るだけ審理の手続きを簡易化し、一応の決定を以て終極の決定とする必要も生ずる。正義は具体個別の場合に行き届いて、微に入り細に亙る妥当性を発揮しようとするが、実用性の目的からいえば、一般的の規律を以て個別の場合を包摂し、概括の利益のために特殊の事情を犠牲に供することも、また免れ難いであろう。

最後に、実用性の要求と安定性の目的との間にもまた往々にして顕著な対立が生ずる。社会生活にとって有用便宜な法は、社会生活の動的進展に伴って容易に変化し得るものでなければならない。徒らに旧套を墨守する法は、社会の実利に反する。これに対して、秩序の安定を求める上からは、法の固定と硬化とを計る必要があること、いうを俟たない。此の目的と彼の要求とが法のあらゆる分野において、調和しつつ衝突し、衝突しつつまた新たな調和を求めて働いていているのである。安定性の目的からいえば、法を隅々まで成文化し、成文法を不動の思惟法則によって運用して行くことが肝要である。そうして、実用性の目的からいっても、法の一般規範が理路整然として条定され、その適用が隅々まで見透し易い形に整理されているということは、確かに望ましいことであるに相違ない。しかし、安定もその度を過ごせば社会の実用と矛盾する。その場合、安定性を主眼とする「概念法学」は、実用性と矛盾してもなおかつ安定なる解釈を固執しようとするが、実用性を第一義とする立場は、無益の安定を棄てても実利に即した法規の活用を計って行こうとする。同じような主張が正当性——具体的妥当性——を尊重する見地からなされた場合には、そこに「自由法論」の立場が成立するが、これを実用性の観点から貫いて行こうとするのは、「利益法学」の態度である。ここでは、実用性の目的が安定性の必要に優越することを求めているのである。更に進んで、いかに安定性を誇る法秩序にも、往々にして安定を破る事態の発生することがある。安定性の弱い法秩序——例えば国際法秩序や変動期に在る国内法秩序——では、そうした事態の頻発は必至であり不可避である。そういう際には、徒らに失われた過去の安定に恋々として既成事態の違法性を喞《かこ》つよりも、速やかに既成事態に法的意義を認め、法秩序の新たな構成と安定とを助成して行く方が、事宜に適するということもあり得る。かくて、実用性と安定性とが互に衝突しつつまた互に結合して、法の安定の破られたのちに更に新たな法の安定を求めて進む、ということになるのである。

（1） Georges Gurvitch : L'idee du droit social. Notion et système du droit social, 1932, p. 96.
（2） Radbruch : Rechtsphilosophie, S. 29, Anm. 1.
（3） Tourtoulon : Les trois justices, pp. 36-37, p. 251.
（4） Jhering : Geist des römischen Rechts, 1. Teil, S. 322.

（5） A. a. O., S. 324.

三　法目的の調和の目的

法の目的は、法の超越面から流れ込む道徳・政治・経済、等の諸契機に彩られて、複雑多岐の対立関係に置かれている。また、それは、法の内在面から見ても、正当性・実用性・安定性という風に多様に分岐し、その間にさまざまな矛盾を孕んでいる。しかし、これらの対立は、始めから対立すべくして生じた対立ではない。法の目的の対立は、法が多様な客観目的の合流点に在って、その間の調和に努力しながらも、しかも、その「上手の手から水が漏る」がごとくに滲み出したところの対立であり、矛盾であるに過ぎない。ラアドブルッフは、法の内在面における目的動向の対立をば、法理念の「二律背反」と名づけた。しかし、この場合にいう二律背反とは、決して互に両立し得ぬほどの窮極の反対関係を意味するものではない。法は、正当性の目的を通じて道徳や政治の要求を満足せしめ、実用性の目的を以て主として社会経済の必要に順応し、これらを安定性の目的において互に諧調協和せしめている。この調和関係が局所的の対立によって攪乱され、局所の破綻が時として深刻な矛盾にまで進展する場合があるとはいえ、そのために大局の調和を過小に評価することは、決して実定法現象の正しい認識ではない。

故に、これまでに述べて来たような法の目的の分岐・対立する有様は、いわば実定法現象の裏面描写と見らるべきである。裏面を見ることによって、法の機能の真実相を深く理解しようとするのが、これまでの論述の意図に他ならなかったのである。

そこで、これを改めて正面から見直すならば、法の窮極の目的は多様な目的の「調和」に在る。いいかえると、多様に分岐する各種の目的にそれぞれその行わるべき処を与え、相互の摩擦を防ぎ、矛盾を調和せしめて行くのが、実定法の根本の機能でなければならないのである。法は秩序である。法秩序は安定を求めるものである。そうして、法が秩序であり、法秩序が安定しているというのは、つまり一定の社会生活圏――殊に国家――の内部において、さまざまに分岐した目的活動が法の規制の下に調和して行われている、ということを意味する。そこでは道徳が法を通じて自己の実現を計り、政治が法を根拠として円滑な統制の作用を営み、正当にしてかつ社会経済の実用に適った法秩序が、正当なるが故に安定を保ち、実用に適うが故に尊重されているのである。それが法秩序の常態である。それが法秩序の常態であればこそ、一たびその常態を変化せしめるような事情が生じた場合には、例外の事態が法にとって特に重大な問題となって来る。すなわち、多様な法目的の間の調和が破れ、一つの目的が他の目的を犠牲にしてまで自己を貫徹しようとするにいたるときは、矛盾の関係が特に目立って人の注意を惹き、対立によって惹起された法の変革が、殊更に深刻な実定法上の問題を提供することになるのである。常態に対する異例の変化がさほどに重大な問題となるということは、法目的の調和の常態がいかに人間の社会生活にとって貴重であり、実定法がいかに全力を挙げてその調和に努めているかを、切実に物語るものといわなければならない。

法は、多様に分岐する目的をば互に調和せしめて行くことを以て、その最大の関心事とする。しかるに、いま述べた通り、多様の目的が法の下に互に調和しているということは、その法が秩序として安定しているということを意味する。故に、多様なる目的相互の調和を最大の関心事とするところの法は、いきおい、秩序の安定を以て根本義とすることとならざるを得ないのである。

けれども、法が秩序の安定を根本義とするからといって、法の求めるその安定が最初から内容の善悪・正邪・当不当を顧みない形式的な安定であるかのごとく思うならば、それは大いなる謬りである。なるほど、裁断を要する一つの事柄について二つ以上の法目的が対立・相剋し、そのいずれを採択するのが正当であるかを判別し難い場合、または、異質法目的の激突から秩序の混乱が醸し出され、局面の早急の収束を計ることが何よりも緊要となって来たような場合には、内容の当否は別として、決定のために決定が与えられ、安定のために安定が求められることもないではない。しかし、それは、法が大きな自己犠牲を払った末の最後の拠点として、形式的安定性を守ろうとしている態度と見らるべく、これを以て形式的安定性の偏重が法の通有性であるように考えるのは、明らかに不当である。法は、やむを得ない事情が発生しないかぎり、正当なる規定をば正当なるが故に厳守し、実用に適う制度をば実用に適うが故に尊重することを求めている。空虚な安定性への執著は、決して法の本然の態度ではないのである。空虚な安定性に執著することが法の本然の態度でないとすれば、法は更に進んで、歴史の推移と共に自らの内容に変化の生ずることを厭うものであってはならない。遷り行く社会の実情に応じて、正当にしてしかも便宜な生活秩序を維持して行くためには、法規の改正や条理による解釈を通じて法の不断の自己変容が行われなければならない。さような柔軟にして弾力性に富む安定性こそ、法の求める誠の安定性なのである。硬化した安定性を固執する法秩序は、有効に行われようとする変動の前に、自ら墓穴を掘りつつあるものといわねばならぬ。多種多様の目的の波動起伏しつつある中を航海する秩序の船は、可変可動の復原力を有することによって安定し、不変不動の安定性を求めることによって沈むのである。実定法は、かくのごとき可変可動の安定性の中に、あらゆる法目的の脈動を調和せしめて行かねばならぬ。それが実定法の最大の任務であり、その任務を効果的に遂行して行くことによって、実定法の真の実定性が保障されるのでなければならぬ。

法の実定性とは、法が効力を有することを意味する。そうして、法の効力とは、法規範に内在する妥当性の要求が、単なる妥当性として存するだけでなく、同時に実効的に実現され得るという「可能性」に他ならないのである。法規範が段階的に排列されている場合には、下位の法規は上位の法規の制約を受けて妥当し、かつ、妥当なる法規は、妥当なるが故に実効的に実現されるという可能性を有する。しかし、法の妥当性の聯関は、必ずしも常に法の効力を保障するとはかぎらない。上級規範の委任を受けて定立され、したがって、形式上は明らかに妥当性を有する法規範が、実際には実効的適用の可能性を喪失して了うことがあり得る。かように、法規範の実効的適用の可能性が消滅し、それによって、その法規範が空虚な妥当性の形骸のみを守る非実定的な空文と化する根本の原因は、その規範がもはや生きた法の目的にそぐわないものとなって来ていることに求められねばならぬ。これに反して、法規範を通じて一定の客観目的が実現の機会を求めているときは、その規範の現実の適用が行われていない間であっても、または、過誤や過失によって一時的に謬った適用がなされた場合においても、なおかつ将来に亙っての現実化の可能性が存続している。一切の法規範は、上来述べ来ったような法の目的の一つまたは二つ以上を実現するために、あるいは成文法として制定され、あるいは慣習法として成立して来ているのである。故に、法規範成立の淵因となったところの目的が生きて働いている間は、その法規範は規範論理的な妥当性を持つと共に、実効的に行われ得るという可能性、すなわち実定性をも失うことがない。

しかし、社会生活は複雑であり、法に内在する目的も多岐多端である。それ故に、個々の法規範について見るならば、社会情勢の変化や法目的の重心の移動によって、一たびは有効に成立した法規がやがてその実定性を喪失するにいたることも少くない。また、依然として実効的に適用されつつある法規といえども、その適用の意味内容の上に大きな変化を蒙る場合が稀でない。その意味では、法の実定性には絶えざる変動が認められねばならぬのである。けれども、それは個々の法規範の実定性の変化であって、いまだ必ずしも実定法秩序そのものの実定性の変化ではない。無限に多数の法規範を複合的に統一する実定法体系の全体を通観するならば、そこには、互に競合対立する多様の法目的の間の均衡を保ち、目的聯関の相対的な変動を許しつつも、なおかつ特殊目的の変化によって破壊されることのない安定性を維持して行こうとする、幅の広い秩序の目的が働いている。故に、個々の法目的は対立し変化しても、対立する特殊法目的の間の調和を計って行くという法の根本目的にいたっては、容易に動揺することがない。それは、多様の法目的を超越するところの、法目的の調和の目的に他ならないのである。この最後の目的をも破壊するほどの歴史の大変革が行われないかぎり、実定法の部分内容の実定性の変化は、いまだ実定法秩序全体の実定性を脅やかすものとはならないのである。したがって、個々の法規範や法の部分内容に実定性を与うるものは、多様に分岐した法の特殊目的であるが、法の特殊目的の変化にもかかわらず、実定法を実定法として存続せしめているものは、実に「法目的の調和の目的」であるということが出来よう。すなわち、互に対立する多様の法目的の諧調を具現する可能性こそ、全体法秩序たる実定法の実定性の真義であると考えらるべきであろう。勿論、法目的相互の隔張度が増大すればするほど、その間の諧調を保つことはますます困難となって行くに相違ない。さきに述べたように、法と最も衝突し易い政治目的の分裂に対しては、近代国家の議会制度といえども終極の調和の保障とはなり難いのである。しかし、法の最後の目的は、かかる尖鋭化した政治動向の分裂の危機に際会しても、なおかつこれを乗り切って諸調を実現し得るほどの、強靭な秩序体制を構築して行くことに在る。そうして、正にそこにこそ、大きな歴史的転換期に在る現代の実定法に課せられた、歴史哲学的課題が見出される。

第五章　国家と実定法

第一節　国家における法目的の実現

一　法の目的と国家の目的

法は目的の体系である。否、目的の体系が規範化され、その規範が事実となって実現されることを求めているものである。法は、事実化しようとしている規範であり、規範を実現しつつある事実である。しかるに、規範の実現される場所は、人間の行態の世界でなければならぬ。いいかえれば、規範を実現するものは、行動する人間でなければならぬ。「約束を守れ」という行為規範は、人々が約束を守ることによって実現される。「窃盗の罪を犯したる者は十年以下の懲役に処す」という強制規範は、裁判官がこの規定に従って判決を下し、かつその判決が現実に執行されることによって事実となる。かように、個々の規範は個々の人間の行為によって実現され得るが、多数の規範の複合的統一体としての実定法は、組織的な人間共同体の活動によって始めて実現されることが出来る。中でも、法を実現する人間共同体として高度に組織化されているものは「国家」である。故に、法の目的は主として国家によって実現される。法目的の実現者として最高の適格性を有するものは、すなわち国家である。

ところで、国家が法の目的を実現して行くためには、法の目的が同時に国家の目的としての意味を持たなければならぬ。いいかえると、法の目的と国家の目的とが合致しておらなければならぬ。国家は、人間の社会生活の中に自らにして存立している各種の目的に取捨選択を加え、保護すべき目的、または促進さるべき目的をば法の中に摂取して、法を通じてこれを実現して行こうとする。あるいはまた、国家独自の目的を掲げて、これを法として規範化し、法の実定性を確保することによって国家目的を有効に実現しようとする。いずれの場合にも、法目的と国家目的との合致ということが、目的体系の事実化の前提となるのである。しかるに、法の目的には道徳があり、政治があり、宗教があり、経済がある。更に、正当性の目的があり、実用性の必要があり、安定性の要求がある。故に、法目的と国家目的とが合致することによって、これらの諸目的は、いずれも同時に国家の目的として意義づけられることになる。道徳・政治・宗教・経済、等の諸目的を法の中に包摂綜合し、法を正当にして実用的な、しかも安定した秩序として維持しながら、法を通じて目的体系の調和ある実現を計って行くのが、国家に課せられた任務である。

かくのごとくに、国家の目的をば綜合的な、複雑多面な内容を有するものと見る立場は、既成の国家学説の或る方面からの反対を受けるであろう。法の認識について見ても、法の目的を多面多角に押し拡げて、しかもそれを綜合的に取扱おうとする試みは、分析的な傾向の法学説と反撥することを免れない。特に純粋法学や分析法学のように、法を道徳や政治から切り離して、純粋の法として考察しようとする立場からは、法の中に道徳や政治や宗教や経済の目的を包摂せしめる綜合法学的な試みは、法学の対象を不純化する企図として排斥せられるであろう。しかし、実定法の実在形態は、かかる綜合的な観点に立って、始めてこれを鳥瞰し得るのである。同様に、国家の考察についても、法の複合目的をそのままに国家の目的に摂取して、国家の作業領域を綜合的に拡大しようとする企ては、分析主義の国家理論と正面から対立することを覚悟して置かなければならない。何故ならば、国家に関する近代的の学説は、国家の概念と社会の概念とを明らかに区別し、国家と社会とに分業化した別個の活動領域を指定するという考え方に親しんで来ているし、それをまた「科学的」に進んだ思想であると見做す傾きが強いからである。中でも、社会を多元的な構成に分析して、国家をその中の単なる一個の特殊社会と見ようとする「多元的国家論」(the pluralistic theory of the State) は、国家の目的の特殊性・局限性を強調して、国家を「全体社会」と同一視することを極力排斥しようとする。故に、法の目的の綜合性を認め、かつ、法の目的と国家の目的との合致を説くためには、あらかじめ多元的国家論の誤謬を指摘して置かなければならない。

多元的国家論は、むしろ「多元的社会観」を基礎とする国家理論であるというべきであろう。すなわち、それは、まず人間の社会生活を、包括的な「共同社会」(community)——我が国の学者は多くこれを「全体社会」と呼ぶ——と、多数の特殊な「組織社会」(associations)——我が国ではこれを「部分社会」と名づけることが多い——とに区分する。そうして、共同社会を地盤として存立している多数の組織社会は、それぞれ分業的に発達した特殊の職能を営むことによって、共同社会の目的のために寄与しつつあると見るのである。例えば、人間の共同社会には宗教の目的が存するから、特にこの目的を実現するための組織社会として、教会が発達する。人間の共同社会のために経済の興隆を計る必要があれば、この必要に応じて例えば株式会社という組織社会が成立する。学問の研究・教育の普及という目的に対しては、研究所や学校のごとき特殊の職能社会が設けられる。かように多元化する職能社会構成の中で、主として「秩序」の維持という目的のために発達して来た組織社会が、すなわち国家に他ならない。国家は、秩序を維持するために法を制定し、法を施行する。法は強制を必要とするから、国家には法を強制し得るだけの権力が内在している。国家に備わるこの力は、同時に、外敵に対して共同社会を「防衛」するという役割を演ずることになる。したがって、国家は、強大な実力を擁して秩序および防衛の目的を達成する特殊の組織社会である。国家には法があり力があるために、人はややもすれば国家に、他の各種の組織社会の上に君臨する優越した地位を認めようとし易い。しかし、国家に法があり力があるのは、秩序および防衛という特殊目的のためにそれが必要であるからであって、特殊の職能を分担するために成立している特殊の組織社会であるという点では、国家は他の組織社会と全く平等・対等の地位に立っている。この特殊職能を以て共同社会の発達に貢献しなければならないという意味で、国家は、共同社会に奉仕する一つの手段であるに過ぎぬ。——多元的国家論は、かくのごとくに国家の立場を相対化・手段化して、その奉仕する目的を「秩序」と「防衛」とに限定して行こうとする。(1)

多元的国家論が、故意に国家の存在意義を相対化そうとする自由主義の政治思想に立脚していることは、ここに改めていうまでもない[2]。しかし、その点は別としても、多元的国家論が国家の目的を強いて秩序と防衛とに限定しようとするのは、理論的にいって不当である。いいかえれば、何故ならば、秩序にせよ防衛にせよ、決して単なる秩序・単なる防衛としては実現され得ないからである。国家が秩序を維持し、外敵を防衛しようとする以上、必ずそれと同時に、道徳・宗教・経済、等、社会百般の目的活動を自ら把捉掌握して行かなければならなくなって来るからである。

国家が法によって秩序を維持するという任務を有することは、多元的国家論のいうがごとくである。しかし、およそ秩序には内容がある。そうして、秩序の内容は、道徳であり、政治であり、宗教であり、あるいは経済である。国家は、秩序を維持するために、法によって不法行為の責任を追及し、犯罪に対しては大小軽重の刑罰を科する。けれども、不法行為といい犯罪というのは、あるいは道徳に違反し、あるいは政治の目的を妨害し、あるいは社会経済の運転を阻止する、等の行為であって、道徳や政治や経済、更に宗教や風紀や衛生、等の目的から離れては、法もなく、また不法もあり得ない。故に、国家は、単なる秩序維持の任務のみを達成して行くためにも、道徳や政治や経済その他の目的に立脚して、反価値の行為を制圧・排除し、価値建設の行為を助長・育成して行かなければならないのである。この点は、防衛の任務についても全く同様である。国家が国土を外敵から防衛するためには、もとよりまず武力を具備しなければならない。しかし、武力は精神力を基礎とし、経済力を背景とする。兵士の熾烈な愛国心と旺盛な責任観念とは、軍備充実の第一要件である。その意味で、国防ということと、国民道徳の醇化徹底ということとは、切り離すべからざる関係を有する。その他、国民精神の統一のためには政治力を強化する必要があり、兵器・装備の改善向上を計るためには科学を振興せねばならず、経済戦に備えるためには生産力の拡充・配給消費の規制を行わなければならない。かように、防衛という一点から考えただけでも、国家の活動分野は、道徳・政治・宗教・経済・科学・教育・交通・通信・厚生・衛生、等、あらゆる方面の目的と積極的の聯関を持つことになる。このことは、今日のいわゆる「高度国防国家」の体制を見るならば、正に思い半ばに過ぐるものがあるであろう。

故に、国家存立の第一の目的が秩序と防衛とに在るとしたところで、これらの第一目的達成の必要からして、国家の目的活動は、単なる秩序・防衛という狭い範囲を越えて、あらゆる社会生活分野を包摂することとならざるを得ないのである。ただ、秩序および防衛という最小限度を越えた社会生活の分野が、どれだけの積極性を以て国家の目的活動の範域内に包摂されるかは、時代により場合によって同一でない。緊迫した国際危局の下においては、国家は、各種の事業部門を積極的に統制指導し、または、直接にこれを自己の管理の下に置くことによって、いわゆる「全体国家」の体制を整えるにいたるであろう。これに反して、国際関係が安定し、自由思想が瀰漫している時代には、国家の活動範域は自らに縮小して、比較的に多くの事業分野が、自由社会の自由活動に委ねられることになるであろう。多元的国家論は、のちのような場合のみを特に誇張して理論づけ、これを以て国家の全般を推そうとするのである。しかし、国家が秩序および防衛の特殊目的に比較的に専念しているように見える場合といえども、それは比較的の問題であって、秩序および防衛という目的の特殊性が必ず他の目的活動との結びつきを持つにいたることは、いま述べた通りである。故に、国家の目的は、法の目的と同じように、秩序の安定ということを一つの拠点として、広く道徳・政治・経済・宗教・教育・交通・衛生、等に及ぶ綜合性・包括性を有するものとならざるを得ない。

国家は、秩序の維持と外敵の防衛とを最小限度の目的としつつ、更に道徳・政治・宗教・教育・経済、等の建設的な目的と聯関し、法を通じてこれを実現せしめようとするところの大規模な「目的共同体」(Zweckgemeinschaft)である。[3] 国家は、これらの目的活動を、場合により自ら経営することもあるし、また、他の社会あるいは個人の経営に委ねることもある。国家が学校を経営し、鉄道の営業に当る場合もあり、私立の学校を認可し、私設鉄道の営業を許可する場合もあるというがごとき、それである。しかし、のちの場合といえども、国家は私立学校や私設鉄道の経営について、一定の価値判断に基づく指針を示し、その事業を監督する。学問や芸術に関する団体にせよ、宗教の信仰を共にする教会にせよ、私企業や商店の営業にせよ、国法の規制から離れ去ることは許されない。国家は、これらのいわゆる私人・私法人・私的団体を包摂し、法によってその目的活動を統制する包括的な統制社会である。自由経済の自由性といえども、法からの自由ではなく法制度としての自由であることは、前に述べた。国家は、法による統制の機能を以て、他の一切の社会の上に卓越する。国家と他の組織社会とを強いて平等・対等の地位に置こうとする多元的国家論は、この点でも実在国家の実相を曲解しているといわなければならない。国家の目的は、法の目的のごとくに多面多角に人間活動の諸領域に亙っている。しかし、その中でも、特に国家によって始めて遂行され得べき重要な任務は、これらの多様な目的活動を綜合統一して、その調和ある実現を計るということである。個々の目的を別々に実現して行くという点だけから考えるならば、国家が直接にその目的活動を経営するよりも、特殊の組織と機能とを有する個別の目的団体にその運営を任せて置く方が、効果的である場合も多いであろう。宗教上の伝道の目的からいえば、教会という特殊職能社会の活動が必要であろうし、経済の発達のためにも、すべての事業を国家の公企業に移すよりも、これを会社の自己経営に委ねて置く方が、生産能率を大ならしめる場合が多いであろう。あるいはまた、学問の研究のために国立の研究所や大学を設けた場合にも、これらの組織に政治の動揺によって左右されない高度の自律性を与えるのが、原則として望ましいことであろう。更にまた、教育の目的から見て、官公立学校よりも私立学校の方が立派な成績を挙げている例もあるであろう。かように、特殊個別の目的のためには、分業化した職能社会の発達が必要であるが、これらの目的相互の間に起る各種の対立関係を調和して、安定した秩序の上にその過不及のない実現を計り、必要に応じては、重点主義を採ってその関係を全体的に規制して行くという仕事は、国家によってのみ期待され得るのである。法の綜合目的は「法の目的の調和」に在る。法秩序の全体としての実定性は、「法目的の調和の目的」によって根拠づけられる。故に、この目的を実現して、法の実定性を全体として保障して行くものは、正に国家でなければならぬのである。

（1） 多元的国家論は、用語も学説の内容も学者によって多少ずつ相違している。ここでは、そのきわめて簡単な輪廓を描いたに過ぎない。「共同社会」（community）「組織社会」（associations）という用語は、マキイヴァに拠っている。Robert Morrison Maciver：Community, 1917；The Modern State, 1926. なお、やや詳しくは、拙著・国家構造論、一五一頁以下、参照。

（2） 多元的国家論は、主としてイギリスの自由主義政治思想を温床として発達した国家理論であり、その意味で、明らかに政治的に著色された学説である。しかし、自由主義の高度化している社会では、目的の分化に伴って社会の構成も多様に分化し、国家の干渉から比較的に独立した多くの組織社会に岐れている。そういう特殊の社会相を鮮かに描写しているという点では、多元的国家論の理論価値もまた、もとより没却さるべきではない。

（3） ここでは、「共同体」（Gemeinschaft）という言葉を一つの所与概念として用い、その意味内容の検討に立ち入ることを省略している。ここで共同体というのは、広く「社会団体」というに等しい。したがって、テンニイス以来広く用いられているところの、「利益社会」（Gesellschaft）の対立概念としての「共同社会」のみを意味するのではない。社会団体という概念についても、詳しくは、拙著・国家構造論（特に一三六頁以下）を参照せられたい。

二　国家における法の定立

国家が法の目的を実現して行く過程は、法の定立・法の適用・法の執行という三つの段階に区別され得る。或る目的を内在せしめている規範が、法規範として定立されるということは、法の目的の実現の第一歩である。定立された法規範が、必要な場合に規定通り適用されるということは、法の目的の実現の第二段である。適用された法規範が現実に執行されるということは、法の目的の実現の終極段階である。これらの作用が国家において行われるというのは、すなわち法の目的と国家の目的とが合致しているために他ならない。法の目的が国家の目的と合致することにより、法の作用はまた同時に国家の作用として意義づけられる。前に述べたように、法がさまざまな社会目的の水を落して事実生活のダイナモを動かす発電装置であるとすれば、国家は、法の定立・適用・執行という過程を経て、この発電装置を運転して行くところの人間の組織体に外ならない。

国家による法目的の実現の第一著手は、「法の定立」である。しかし、一口に法の定立といっても、法理論の立場から分析すると、その中に色々な場合を区別して考える必要がある。普通には、法の定立というと、司法・行政と区別された意味での「立法」と同一視され易い。その場合には、司法は法の適用であり、行政は法の執行であるという風にいわれるのである。かかる用語例の意味での立法とは、特に「法律」という形式の法規範を定立することである。

法律の制定が法の定立の重要な場合の一つであることはいうまでもないが、法理論的に見ると、かような限定はもとより余りに狭きに失する。およそ新たに法規範を創設する行為であるならば、憲法を制定することも、命令を発することも、更に進んでは裁判上の判決を下すことも――個別法規範の創設であるという意味で――法の定立に属するのである。けれども、ここで主たる問題となるのは、さような規範段階の別による法の定立の種々相ではなくして、規範構造の観点から見ての各種法形態の定立である。法の重層構造を分析すると、法規範は、行為規範・強制規範・組織規範の三形態に区別される。それらの規範形態が国家においていかにして定立されるかが、ここで取扱わるべき問題の要点である。

その中で、比較的に複雑な考察を必要とするのは、「行為規範」の定立である。

行為規範の中には、特に国家の作用として定立されるまでもなく、社会生活の規矩準縄として自らに行われているものが多い。人間の共同生活の中に種々の目的が分化して来ると、その目的に応じて、種々の行為規範が成立する。道徳の目的によって、礼儀の形式や、隣保親善の規範や、信義誠実の要請が行われるようになるのは、その一つの場合である。宗教の目的によって、礼拝・祈禱・禁断の戒律が生れ、経済の目的によって、取得・占有・取引きの様式が定まって来るのも、それである。それらは、いずれも、マックス・エルンスト・マイヤアが「文化規範」と名づけたものに当る。かかる種類の行為規範は、単なる行為規範としては、国家がこれを認めると認めないとにかかわらず、或る種の実効性を以て社会生活を規律している。しかし、単なる行為規範は、それだけではまだ法規範とはならない。道徳上・宗教上・経済上、等の行為規範が法規範に転化するためには、国家の介入が必要である。すなわち、国家が社会に行われている各種の行為規範について取捨選択を加え、法として採択するに値するものをば強制規範を以て裏打ちすることによって、それらの行為規範が法規範となるのである。故に、こういう場合の行為規範の「定立」は、厳密には国家の作用とは認められ難い。国家は、むしろ、社会生活の中に定立されている行為規範を、法の中に「採択」しているのである。しかし、国家の採択を俟って、始めてそれらの行為規範が法規範となるという意味で、これをも、国家における法の定立の広い場合の一つに数えることが出来るであろう。

国家によって法の中に採択される前の行為規範は、国家における法定立行為の所与であり、素材である。この種の行為規範の中、特に高度の普遍性を備えているものは、「自然法」と呼ばれることがある。人倫の根本に関する道徳規範のごときがそれであって、例えば「盗む勿れ」、「約束を守れ」、というような行為規範は、国家との関係の有無にかかわらず、広く社会に行われているのである。よく挙げられる例であるが、沙漠の上で相会した甲乙二人の無国籍人といえども、甲は乙に水を頒ち、乙は甲に食糧を分与するという約束をした以上は、その約束を守る義務があるに相違ない。それは、人間自然の倫理的本性に立脚しているという意味で、自然法といわれるのである。勿論、これを自然法と呼ぶことは差支えない。そうして、それが、国家の実定法を離れた妥当性を有するということも、自然法論者のいう通りである。しかし、この種の自然法といえども、国家がその妥当性に認証を与え、これを強制規範によって保障するにいたった場合には、それによって実定法化され、国法秩序の中に織り込まれて来るのである。なるほど、自然法は、厳密にいえば、国家において定立された規範ではない。けれども、それが強制規範の裏打ちを受けた真正の法規範となるためには、国家目的の見地からこれを実定法秩序の中に採択・摂取することが必要なのである。

同様の関係は、「慣習法」の成立の場合にも認められる。慣習法も、もともとは国家の法定立作用を俟つことなく、一般社会生活上の慣行の間に自らにして成立した行為規範である。その中には、道徳上の慣習・宗教上の伝統・経済関係の習俗、等、種々の意味を持つものが含まれているが、それらは、そのままではいまだ法規範ではない。しかるに、国家が一定の目的の立場に立ってこれに取捨選択を加え、醇風美俗に適い、経済の流通を円滑ならしむるに適したような行為規範に対してその効力を法的に保障するにいたって、それらの「慣習」は、化して国法秩序の部分内容としての「慣習法」となるのである。更にまた、慣習の中には、成立当初の宗教的な目的や道徳上の由来が忘れられて、全く無意味の事実となって了っているような慣行や、社会の進歩を阻害するような陋習も含まれている。国家は、かかる無意味・有害の陋習を法を以て排除しようとする場合があると同時に、民心を徒らに刺激せず、社会生活の安定を攪乱しないという目的から、特にその効力を法によって認証する場合もある。いずれにせよ、慣習法は自然法と同じく、国家の関与の埒外に成立している規範であるけれども、それが実定法の内容となるためには、国家の法採択作用を必要としなければならない。

行為規範の多くは、かように、国家の直接に関与する埒外に成立して、しかるのちに国家の法採択作用により法秩序の中に摂取せられる。しかし、行為規範の中には、最初から国家の正式の法定立作用によって成立するものも、また決して少くない。すなわち、国家においては、道徳・政治・経済、更に進んで軍事・技術・教育・保健・衛生、等の諸目的に応じて各種の新たな行為規範が定立され、それらの行為規範は、それぞれ強制規範と聯関せしめられることによって、国法体系の内容となるのである。例えば、社交舞踊が流行している場合、国民精神の緊縮を計る目的を以てこれを禁止し、密かに社交舞踊場を経営する者には一定の制裁を科することとしたとするならば、それは、一種の道徳的意味を有する行為規範、ならびに、これと聯関する強制規範の定立である。あるいは、自由交換経済が行われている時代に、物資の配給を統制し、物価の騰貴を阻止する目的を以て公定価格を定め、公定価格に違反する取引きを行った者を処罰することとしたとするならば、そこでは売買に関する新たな行為規範と共に、併せてこの行為規範を強行する強制規範が定立されたことになるのである。その他、徴兵制度を行い、義務教育を施し、交通上の取締り規則を定め、伝染病予防の措置を講ずる、等、国家の中に国民の遵守すべき行為規範が定立され、それが強制規範によって強行される場合は、枚挙に遑がない。

かくのごとくに、行為規範の中には、国家の法定立作用とは一応無関係に社会に行われていて、それが国家によって採択されて始めて法の中に摂取されるものと、最初から国家によって法として定立されるものとがある。これに対して、行為規範と結びついてこれに法たるの性格を賦与するところの「強制規範」は、原則として国家において定立される。道徳規範に違反した者にいかなる刑罰を科し、経済規範を破った者の責任をいかにして追及するか、等の規定は、いずれも国家の法定立作用によって始めて法として成立するのである。

もっとも、広く考えて見ると、強制規範でありながら、国家の関与する埒外に成立するものがない訳ではない。例えば、アメリカの民衆が行う私刑は、国家の認めない私的強制規範の執行であるといえぬことはない。盗賊団の間に定まっている峻酷な制裁慣習も、やはり一種の強制規範と考えられるであろう。しかし、この種の強制規範は、国家の立場から見ての反価値行為であり、したがって、国家によって国法体系の中に採択受容されるという可能性を持たないのである。更にまた、父母が家庭で子女を教育するために一定の規則を定め、子女がこれに違反した場合に或る程度の制裁を加えるというのも、一種の強制規範の実行であろう。工場の経営者が従業員の執務に関する条項を掲げて、これに或る種の罰則を附するということもあるであろう。けれども、それらは、国家が明示的に、あるいは暗黙に承認している強制の実行であって、国家は、この種の軽微な強制規範の定立をば、いわば家庭や工場の管理者の自治に委任しているのである。さような些末な例外を別にするならば、国法秩序の重要な一部分を形成する強制規範の体系は、すべて国家の法定立作用によって成立したものであるといって差支えないであろう(1)。

国家は、既存の行為規範に対して取捨選択を加え、国家目的の立場から採択された行為規範をば、国法秩序の中に摂取する。別にまた、国家独自の立場から、進んで積極的に各種の行為規範が定立される。そうして、これらの行為規範の効力を裏打ちするために、それぞれ適当な強制規範の定立が行われる。ところで、かかる法定立行為が実際に行われ得るためには、国家の中に、法の定立を分掌する人間の組織が定められていなければならない。あるいは、更に進んで、法の定立・適用・執行を分掌する人間の組織が定められていなければならない。法の側面から見た国家は、法の定立・適用・執行を通じて、法の目的を調和しつつ実現して行くところの人間の組織体である。そうして、国家において、法の定立・適用・執行を分掌する人間の組織を定めているものは、法の第三の規範形態としての「組織規範」である。

組織規範の成立過程に関しては、二つの異なる場合を区別して考えなければならない。その一つは根源的な組織規範の成立であり、他の一つは派生的な組織規範の定立である。

根源的な組織規範というのは、国家の基本構造を宣明する命題であって、純粋法学の用語を踏襲するならば、「根本規範」と名づけらるべきものである。根本規範は、国家における一切の法定立行為の根源を明らかにする規範であり、根本規範なくしては、国家は一日も国家として存立し得ない。したがって、根本規範は、国家があって、しかるのちに国家の中で定立されるものではなく、国家の成立と共に、国家存立の根本前提として成立しているのである。

根本規範は、あらゆる法の定立・適用・執行の淵源を明らかにしている。いいかえると、根本規範は、法の定立・適用・執行を分掌する人間の組織を定めているのではなく、法を定立・適用・執行する全作用の最高帰属者を昭示するのである。故に、組織規範という概念を以て、国家における法作用の分掌の組織に関する規範を意味せしめるとするならば、根本規範は組織規範ではなく、組織規範の上に在る最高授権規範であるということになるであろう。これを根源的な組織規範といったのは、根本規範によって昭示されるものが、国家の基本構造であり、根本組織であるが故に他ならない。

これに対して、一切の派生的な組織規範――狭い意味での組織規範――は、根本規範の授権を受けて、国家の中で定立される。根本規範によって憲法という基本的な組織規範が定立され、憲法の規定に従って、議院法、裁判所構成法、行政各部の官制などのような部局的な組織規範の定立を見るがごとき、すべてそれである。かような組織規範によって、議会・裁判所・行政官署、等の組織が定まり、そこで、更にその権限の範囲内での法の定立・適用・執行が行われる。それが法の作用であり、法を通じて営まれる国家の活動である。

国家における法の定立は、多くの場合、「成文法規」の条定という形で行われる。成文法の条定は、法の定立の最も明瞭な、確実な方式である。そうして、法が成文法として定立されるということによって、法の安定性という目的が最もよく満足せしめられ得るのである。

しかし、法の定立は、必ずしも常に成文法の条定として行われる訳ではない。殊に、国家の埒外に成立して来る多くの行為規範は、ほとんどすべて成文の形式を備えない。国家がこれを法的に認証し、これを採択して法の内容に摂取する場合にも、改めてこれを成文法規として規定しないことが多い。むしろ、国家においては、これらの行為規範は成文法定立行為の前提として予想され、単にこれに違反した行為に対していかなる制裁を加えるべきかが、成文法規として厳密に規定されるのを常とする。例えば、成文法の中には、「約束を守れ」、「盗む勿れ」、というようなことは規定されていない。しかし成文法は、これらの行為規範を前提として、契約に違反した場合、いかなる責任が生ずるか、他人の財物を窃取した者には、いかなる刑罰が科せられるか、を規定している。これに対して、国家活動の特別の目的に基づいて定立される行為規範は、事柄の性質を明確ならしめる必要上、最初から成文法規として条定されることが多い。例えば、官吏服務紀律第十条に、「凡ソ上官タル者ハ職務ノ内外ヲ問ハス所属官吏ヨリ贈遺ヲ受クルコトヲ得ス」、といい、未成年者喫煙禁止法第一条に、「未成年者ハ煙草ヲ喫スルコトヲ得ス」、と定め、狩猟法第一条に、「狩猟鳥獣以外ノ鳥獣ハ之ヲ捕獲スルコトヲ得ス」、と規定し、その施行規則を以て、狩猟鳥獣を限定しているがごとき、それである。

強制規範は、主として裁判の準則となるのであり、かつ、裁判は確実なることを以て生命とするものであるから、強制規範の定立は、行為規範の定立に比して、成文法条定の形式による場合が一層多い。殊に、刑罰権の行使に関しては、その濫用を戒める必要上、まず成文の刑罰法規を確立し、それによって犯罪の要件を定め、刑罰の範囲を限定して置くことが要求される。「罪刑法定主義」は、この要求の古典的表現に他ならない。しかし、強制規範といえども、古くはいずれも裁判の実際の中から次第に発達して来た判決の準則であって、その意味では慣習的な由来を持っている。今日でも、いわゆる不文法国では、判例法が強制規範の主要部分を占めているし、成文法国でも、判例による新たな強制規範の成立は、成文法規を補足修正する意味で相当に重要な役割を演じている。

最後に、組織規範もまた、今日ではほとんどすべて成文法規によって確定されているが、古くは、やはり、概ね不文の状態において国家の組織を定めていたのである。国家の組織が成文法によって確立されたのちでも、細部に亙っては事務分掌の慣習的組織化が必要であるし、それが「内規」の形で定型化されていることも少くない。

（1） ただし、法の進化の歴史を逆に辿って行くと、強制規範も、もともとは社会の慣行として成立した場合の多いことが知られる。慣習としての「復讐」が、すなわちそれである。復讐の最初の形態は、私人が私人に加える制裁であって、復讐の法則は、多くの行為規範と同様に、国家の埒外に成立した強制規範であるといわなければならぬ。しかし、これに対して国家が復讐を公認するのは、慣習強制規範の国法秩序への採択であり、復讐義務者の順位を定め、対等報復の原則を掲げ、再復讐を禁ずるのは、国家における強制規範の定立を意味する。復讐といえども、最初は国家の法採択行為によって、のちには国家の法定立作用によって国法規範となり、更に、復讐が禁ぜられるにいたって、法から不法に転化するのである。

三　国家における法の適用および執行

法の目的が国家によって実現されるためには、法が単に定立されただけではなく、定立された法が適用され、執行されて行かなければならない。法の適用とは、一般的な法規範をば具体的な場合に当てはめることである。法の執行とは、具体的な場合に適用された法を、事実上の行為に移すことである。法の定立に関する人間の組織が組織規範によって定まっているように、法の適用・執行に関する人間の部署もまた、組織規範によって定められている。国家は、組織規範の示す部署に従って、法を定立し、定立された法を適用・執行して、法の綜合目的を実現して行く人間の組織体である。

法の適用と執行とを区別することは、成文法規、特に強制規範たる成文法規については、きわめて必要である。何故ならば、一定の一般的な内容を有する法規は、これをただちに執行することは出来ない。法規を執行するためには、与えられた或る具体的な場合が、その法規の規定内容に該当するか否かを確かめなければならない。日本刑法第一九九条の規定する「人ヲ殺シタル者」という構成要件は、きわめて明白な内容を有するように見えるけれども、実際にこれを適用する場合になると、色々な問題が起り得る。例えば、獲物の附近に人がいることを知りながら獲物に向って発砲し、それがたまたま人に命中してこれを殺した場合、または、甲を殺す目的を以て紅茶に毒を入れたところが、乙がこれを飲んで死んだ場合、あるいは、嬰児を負うて投身した母が、自らは救助され、嬰児のみが死亡した場合、それらが「人ヲ殺シタル」行為となるか否かは、厳密な解釈理論に基づいて決定されねばならぬ。刑事・民事の裁判の実際に当っては、かかる簡単な例よりも遥かに複雑な問題が生じて来るから、法の適用ということは、それ自体独立した技術として、適用のための解釈理論と共に精密な発達を遂げる。そこで、主として裁判規範を対象とする法解釈学の立場から見ると、法の適用という操作が、法の定立と法の執行とを媒介する過程として、重要な意味を持つことになるのである。しかし、組織規範になると、法の適用は法の執行と癒著していて、両者を区別し難いような場合が多い。例えば、官制によって新たな行政官署の組織が定まり、その組織通りに人事が決定して、それらの人々が日々の事務を執るようになれば、それは組織規範の適用であると同時にその執行となるのである。かような場合に、まず官制を適用して官署を組織し、官制を執行して人々が執務する、という風に考えることは、ほとんど無用の区別でもあるし、一般の用語例にもそぐわない。ただ、組織規範そのものが段階的の構成を有する場合には、上位段階の組織規範が適用されて下位段階の組織規範が定立され、下位段階の組織規範が執行されて、事実上の人間の組織が出来るという具合に説明することが可能である。例えば、官制という組織規範が命令の形式で定立されるのは、憲法という上級組織規範の適用である。そうして、官制の規定通りに行政官署が組織立てられ、そこで行政事務が行われるようになることは、官制の執行なのである。

のみならず、組織規範は、単に人間の組織を定めているばかりでなく、その地位に在る人々に一定の法行為をなす権限を賦与するところの「授権規範」である。この、授権規範としての面から見ると、組織規範についてもまた、その適用をその執行から区別して、別個の問題領域として取扱う必要が起る。或る行政官庁が一定の行為をなす権限を有するか否かは、組織規範の「適用」に関する解釈問題である。殊に、権限の争議についての権限裁判所などの設けられている場合には、組織規範の適用ということが、その執行から離れた別個の問題として、はっきりと前景に浮び上って来る。これに対して、行政官庁が権限ある行為を現実に行うのは、組織規範の「執行」である。そういう意味で、組織規範の実現についても、法の定立・適用・執行の三過程を分けて考えることは、充分に理由があるといわなければならぬ。

転じて行為規範についても、その適用ということを、その執行から区別して考えることが出来る。行為規範の適用とは、行為規範の規定内容が特定または不特定の受範者に当てはめられることである。例えば、官吏服務紀律は、官吏という特定の身分を有する人々に適用される。未成年者喫煙禁止法の禁令は、未成年者に適用される。「約束を守れ」という行為規範は、不特定の一般人に対してその適用を見る。しかし、行為規範の適用ということは、一般にその内容上きわめて明瞭であって、特に問題となるような場合は稀である。行為規範の適用ということが簡単明瞭であれば、自然、その執行についても問題とすべき点は少い。行為規範は、その適用を受ける人々が、規範の要求する通りの行態をなすことによって現実に執行されるのである。問題はむしろ、行為規範を現実に行うことを、「執行」という言葉で表現することの適否であろう。官吏が服務紀律を執行し、未成年者が禁煙法を執行し、一般人が「約束を守れ」という行為規範を執行するというのは、言葉遣いとしては確かに穏当を欠いている。これらの場合にふさわしい言葉は、「執行」ではなくて、「遵守」でなければならぬ。ただ、広く法の実現される過程を、定立・適用・執行という言葉でいい現して来た関係上、行為規範についても、強いてこれを執行と称するに過ぎない。行為規範の執行とは、行為規範の受範者が規定を「遵守」して、これをその行態の中に実現して行くことに他ならない。

さて、法の目的が実現を求めるものである以上、法の作用の尖端として重要な意味を有するものは、法の「執行」でなければならぬ。法たる規範は、執行によって事実と結合する。法の執行は規範の事実化である。そこに、法の実効性が現れる。現に執行されていないでも、あるいは、時として謬って執行されることがあっても、法が原則として正しく執行され得るという「可能性」が存続しているならば、その法は効力ある法、すなわち実定法である。法の定立は法の実定的効力の出発点であり、法の執行はその完結点である。法の定立のために国家の関与が常に必要であることは、前に述べた。しかし、法の目的が国家によって実現されるということがいわれ得るためには、法の執行もまた国家の作用として意義づけられなければならぬ。その点はどうであろうか。

国家において各種の組織規範が定立され、それによって国家の組織が具体的に整備され、組織規範の授権の下にさまざまな法が定立・適用・執行されて行くのは、明らかに国家の作用であって、これについて問題の生ずる余地はない。また、国家において定立された強制規範が、裁判所または行政官庁によって適用・執行されて行くのも、何人の目にも疑いのない国家の作用であるに相違ない。主として問題となるのは行為規範である。組織規範や強制規範の中に法の目的が内在していることは、いうまでもない。組織規範は、すべての法目的を調和して実現せしめ得るように、国家を統一体として組織立てている。強制規範は、秩序の維持という目的を主眼として、行為規範の効力を裏打ちしている。しかし、千紫万紅の法超越的目的が法の中に流れ込んで来て、法を生かし、法に豊富な内容を与え、法を道徳・政治・宗教・経済・科学・教育・交通・衛生、等の文化領域と結びつけているのは、実に行為規範を通じてである。故に、国家をば綜合的な法目的の実現者と見る立場からは、行為規範の執行もまた国家の作業であるということが論断されなければならないのである。

前に述べたように、行為規範の中には、最初は国家の埒外に成立して、しかるのちに国家によって採択され、国法体系の内容に摂取包容されているものがある。また、最初から国家において定立され、国家の目的によって截然と方向づけられているものもある。後者は、特に国家色の濃厚な行為規範であって、これを執行して行くことが国家の要務であることは、容易に理解され得る。この種の行為規範が一般人を受範者とせずに、直接に国家の機関——国家機関の概念はのちに改めて論究する——を対象としている場合は、特に然りである。国家が鉄道を経営し、学校を設立し、保健衛生の施設を整備している場合、これらの行為規範を執行して交通・教育・衛生、等の目的を実現して行くことは、疑いもなく直接の国家作用である。

しかし、行為規範の中には、国家機関の行為準則ではなくて、一般人の生活を規律しているものがきわめて多い。中でも、国家の埒外に成立して、しかるのちに国家によって採択されているところの行為規範は、それ自身としては国家生活とかかわりのない、一般人の私生活の中に実現されて行くものであるように見える。人々が道徳を守り、宗教を信じ、学問を学び、芸術を創作し、経済を行っているのは、直接には国家の関与から離れた私生活であるとも考えられる。行為規範は、主としてこれらの「私生活」を規律している。国家は、社会人の私生活に関する行為規範の効力を「保障」することによって、社会の活動を「間接」に援助しているに相違ない。けれども、それは間接の援助であって、直接の国家目的の遂行であるか否かは疑問である。しからば、行為規範そのものを直接に遵守実行して、文化生活の内容を豊かに充実して行くことは、国家から区別された意味での社会の要務と考えらるべきではないか。——国家と社会とを二元的に対立させる立場は、かように見ることによって、行為規範の執行を国家の直接の関与の外に置こうとする。明らかに、ここでも、国家の任務を秩序と防衛とに限定しようとする多元的国家論のような見方が、理論の隙間からもり上って来て、国家の作用と文化の領域との間に障壁を押し立てようとするのである。

しかしながら、行為規範の受範者たる一般人といえども、決して国家と全く無関係な立場において、行為規範を遵守実行しつつ生活しているのではない。多くの行為規範は国家の埒外に成立するけれども、一たび国家がこれに取捨選択を加え、一定の行為規範を採択してこれに法としての裏打ちを与えた以上は、それは国家の法秩序の内容を成しているのであって、国家と没交渉な単なる社会の規範ではない。人々は、国家の支持する道徳を履み行い、国家の承認する宗教を信じ、国家の保護の下に経済生活を営んでいる。いかに正しい道徳と信じていても、それが国家の立場から見ての反価値性を有するならば、これに則る行為は犯罪として処罰され、あるいはその他の方法によって取締りを受ける。宗教にしても、学問にしても、芸術にしても、その理は一つである。国家の作用を通じて加えられる取締りが、道徳・宗教・学問・芸術の観点から考えて適当であるか不適当であるかは、ここでの問題ではない。また、その取締りが、時代により場合に応じて、あるいは緩であり、あるいは厳であるということによっても、根本の事理には変化を生じない。道徳や宗教や学問や芸術がいかに「自由」に行われている時代にも、その自由は、国家における自由、国家の認める自由であって、国家からの自由ではないのである。それは、高度の自由経済の自由性といえども、国家の法制度としての自由であり、法の規制を受けぬという意味での自由ではないのと同様である。かようにして、国法の認める範囲内で道徳を履み行い、宗教を信じ、学問を研究し、経済を振興している者は、原則としてその国家の「国民」である。国民が国家を離れて存在しないのと同様に、国家もまた国民なしには存立し得ない。国家の目的活動とは、国家の部分として意味づけられた国民の活動の統一的全体に他ならない。国家は、国家の認める行為規範を遵守・実行しつつ生活している国民の活動を通じて、道徳・宗教・学問・経済、等の目的を実現して行くのである。されば、国民による行為規範の「執行」は、国家機関による組織規範・強制規範の執行と同様に、国家による法目的の実現としての意味を有する。その意味で、国民たるの資格を定める国籍法は、国家の人的構成に関する一種の組織規範であり、国民たるの資格において諸般の法目的を実現しつつ生活している人々は、いずれも「最小限度の国家機関人」であると考えられ得るであろう。

第二節　国家の基本構造

一　法的作業共同体としての国家

国家は、法によって社会の秩序を維持し、維持された秩序の上に道徳・政治・経済・技術・宗教・学問、等の諸目的を綜合調和しつつ実現して行くところの、組織的な「作業共同体」(Werkgemeinschaft) である。[1] 国家の営む作業は多角多面であるが、その多角多面な作業をば常に法を通じて営むというところに、国家の大きな特色がある。国家は、一切の目的活動をば、法の定立・適用・執行という過程を通じて行う点で、法と不可分に結びついている。また、法の定立・適用・執行を行う国家の組織が、更に法たる組織規範によって定められているという意味で、法をその構造の原理としている。国家の本質は、「法的作業共同体」たる点に在る。故に、「法共同体」(Rechtsgemeinschaft) の概念を離れては、国家を国家として理解することは出来ない。

国家の本質を法共同体として概念することは、国家学・国法学上の一つの根本的な定説であった。しかるに、最近にいたって、この定説に対する反駁が行われ、進んで、国家の法共同体性を否定しようとする主張が現れて来るようになった。したがって、法を以て国家の組織原理と見做し、国家を法的作業共同体として把握して行くためには、まず、国家の法共同体性否定論に対する明らかな態度を決定して置く必要がある。

国家の法共同体性を否定しようとする主張は、理論上よりもむしろ政治上の理由に立脚している。すなわち、国家を法共同体と見る理論を攻撃する目的は、「国家法人説」の否定に在る。そうして、国家法人説を否定しようとする目的は、更にその基礎を成しているところの個人主義の政治思想の根絶に存するのである。

個人主義の立場から見ると、およそ法的の関係は人と人との間にしか成立し得ない。公法上の関係としては、それは最初は、主権者としての君主とその臣下との間の支配権対服従義務の関係を意味した。しかし、個人の自覚が高まり、平等の意識が発達するにつれて、君主の絶対権によって無条件に支配されるという関係が不合理と考えられるようになった。そうして、主権的な君主の支配ということの代りに、擬人化された国家と個々の国民との間の公法関係が構想されるにいたったのである。国民に対して支配し命令する者は、君主という個人格ではなくして、国家という法人格でなければならない。もとより、君主国家には君主が君臨している。しかし、君主といえども、国家という法人の意志を代表する「機関」として、国家の支配権の行使に当っているに過ぎない。ところで、法人の意志は、法人の構成員の意志によって作られる。同様に、国家の意志もまた、国家の構成員たる多数国民の意志から作られる。国家の意志を作り上げ、国家の活動を左右する力は、国民の側に在る。国家は国民に対して支配の権利を有するが、国民は国家に対して、国家意志の構成に参画する権利、また、財産および自由の保障を求める権利を有する。国民は国家に向って、法令を遵守し、租税を納入する、等の義務を負うが、国家もまた国民に向って、生命・財産を保全し、法によって司法・行政を行うという義務を担うのである。国家は、国民とかような権利義務の関係に立つところの法人である。かくのごとくにして、国家法人説が基礎づけられる。故に、国家法人説は、個人主義の政治思想を法的に理論化したものに他ならない。しかるに、国家法人説と、国家を法共同体と見る見解とは、同一の理論的根拠の上に立っている。——人々は、かように考えて、個人主義の否定は国家法人説の否定を必要とし、国家法人説の否定は国家法共同体説の清算にまで発展せねばならぬと主張する。

こういう論を最も徹底的に主張しているのは、ヘエンである。ヘエンによれば、ドイツ民族社会主義の法理論は、国家を法共同体と見る見解と全く相容れ得ない。民族社会主義的法思想の出発点は、ただ一つである。それは、「個人」でないことはもとよりのこと、単なる理論によって構成された、したがって「目に見えぬ」存在者としての「法共同体」であってもならない。法の基礎は「目に見える」実在でなければならない。そうして、真の「目に見える」実在者はただ一つ、それは「民族共同体」(Volksgemeinschaft)である。故に、一切の法理論は、民族共同体の概念から改めて再出発せねばならぬ。ヘエンはかように考えて、単にイェリネックによって代表される伝来の国家法人説を排撃するばかりでなく、古くはギエルケの団体理論、近くはスメンドの「統合説」（Integrationstheorie）やケルロイタアの「運命共同体」（Schicksalsgemeinschaft）の思想など、いやしくも国家を「目に見えぬ」法共同体と見る見方の残滓が附著している学説をば、挙げてその論難の対象としているのである。(2)

国家を法共同体と見る見解が正当であるか否かを検討するためには、まず、政治上の問題と理論上の問題とを截然と区別して考えなければならない。

政治上の問題として見るならば、国家法人説が主として個人主義の時代思潮を背景として発達した学説であることは、論者の指摘する通りである。法学上の法人の本質については、いわゆる「実在説」と「擬制説」との間に永い論争が行われたのであるが、今日、法人と呼ばれるものは、いずれも観念的な抽象の所産に過ぎない。法人を設立するということは、一定の人間の集団、あるいは一定の目的のために使用さるべき財産に、観念的な法主体性を賦与する技巧である。多数の個人が共同の目的を以て相集まり、法規の定める手続きを踏むならば、そこに任意の法人を作り出すことが出来る。法人を作る者は個人である。したがって、法人を動かす者も個人である。法人は、独立の権利義務の主体として、それぞれその「意志」を有するものとされる。しかし、法人の意志といっても、それは実際には、寄附行為に現れた財団法人設立者個人の意志であったり、あるいは、株主総会で多数を占めた個人意志であったりする。法人は、個人の立案によって成立し、個人の意志によって動かされるところの、一種の精神的な機械である。それが、法人の既成概念である。かように、実在の基盤から遊離して技巧的に構想された法人の既成概念を以て、実在共同体としての国家の本質を説明しようとする国家法人説は、国家の実体を無視してこれを単なる個人の合成態と見るものであるとの誹りを免れない。殊に、国家の構成員が、――あたかも株主総会を開いて株式会社の意志を決定するように、――国民総会を開き、または国民代表の議会を設けて、国家意志の決定を左右するというがごとき考え方にいたっては、国家法人説の「理論」を通じて高度個人主義の政治思想を「実践」に移そうとするものである。国家法人説が、かかる個人主義の理念の法論理的粉飾であるかぎり、政治そのものの変化によってやがて学説の基礎が揺らぎ、科学的客観性を喪失して了うということも、また免れ難い勢いであるといわなければならぬ。

しかしながら、国家法人説が政治的に否定されるということと、国家の本質をば法共同体として理解するということとは、全く別個の問題である。国家は一つの共同体である。国家は、決して生命のない単なる外面的な組織ではない。国家の生命はその目的に在る。国家は、個人の力を以てしても、また、国家以外のいかなる社会の能力を以てしても、到底実現し得ないような大きな綜合目的を追求しつつある実在共同体である。そこに、国家の主体性がある。国家が一つの目的共同体であり、実在する目的活動の主体であるということは、単に学問上の理論認識であるばかりでなく、日常実際の体験や用語とも合致する。人は日常の言葉として、あるいは、国家の使命について語り、あるいは、一国が他国と親密な友交関係を結んでいるといい、あるいは、国民は国家目的達成のために滅私奉公の誠を捧ぐべきであると語っている。それらの言葉は単なる言葉ではなくして、国家が一つの超個人的な目的主体として実存しているという、確乎たる生活体験を表現しているのである。しかも、国家は、その目的を常に法を通じて実現して行くところの法主体であり、その目的を実現するために法によって組織立てられたところの法組織体である。これを「法共同体」として理解することは、決して個人主義の政治理念によって支配されている訳でもなく、また、国家を実在から遊離した抽象概念として構想している訳でもなく、正に人間の生活体験に基づきつつ、しかも理論的に国家の実相を捉えているものといわなければならぬ。(3)

国家は法共同体である。しかし、国家の法共同体性を認めることは、決して個人主義的な法人説への復帰とはならない。前述の通り、法人は、主として個人の目的のための手段として、個人によって作られたものである。したがって、個人が法人を組織してその構成員となったのちにも、個人はその個人格を以て法人の法人格と截然と対立している。個人の利益は法人の利益と明らかに区別されている。そうした区別・対立の関係が、個人と法人との間の権利義務の関係として法的に構成されて来るのである。例えば、株式会社の株主は、会社に対して株金の払込をなす義務を有すると同時に、会社から配当を受ける権利を持っている。逆に、株式会社は株主に対して払込を要求する権利を有し、配当を行う義務を負うている。そこでは、個人は法人の一員としてこれに所属しながら、しかも、法人の外に在る独立自存の人格者のごとくにこれと対立し、法人と各種の法関係に置かれている。けれども、この関係を以て国家と個人との間を律することは許されない。国民たる個人は国家の中に在る。いやしくも一国の国民たる地位に在る者が、国家を離れた独立自存の個人として国家と対立関係に立つということは、原理的にあり得ないのである。なるほど、場合によっては、国家と個人との間柄が権利義務の対立関係のように考えられることがないではない。国民は国家に対して納税の義務を有するといい、あるいは国家から国債の償還を求める権利を有するというがごとき、それである。しかしながら、それは、国家の中に在って一定の自己経営の範域を与えられている個人と、個人に自己経営の範域を与え、個人の自律活動を通じて全体の目的を達成しようとしている国家との間を、便宜、別個の法主体相互の関係のごとくに取扱おうとする考え方であり、制度であって、法人と個人との関係と同日に談ずることは出来ない。国家の活動は個人に分散する。個人の活動は国家に集中する。この国家における遠心・求心の全体構造は、法人の概念の類推を以て到底説明し得べきものではない。

殊に、国家法人説が、国家を法人として説明する根本の狙いどころは、法を通じて国民を統治する「統治権」をば、直接に国家に帰属せしめようとするに在る。国家が法人であり、権利主体であるというのは、国家が「統治権の主体」であるということを論断せんがための前提である。そうなると、国家と国民とは、統治権の主体・客体の関係において対立して了うのである。しかしながら、国家が国民から離れた抽象態として国民を統治し、国民は国家から離れた純粋個体として国家の統治に服するというのは、国家と国民との実在関係を無視する謬説である。何故ならば、本来、国家の中に在る国民が、しかも国家から離れた独立者として、国民と対立する抽象態としての国家の統治権の下に立つということは、考えられ得ぬ背理だからである。かような背理は、個人によって構成されながら、しかも個人と対立する抽象態として考えられ得るような法人の概念を以て、強いて国家の本質を説明しようとするところから生ずる。国家の法共同体性を認めるのは、むしろかかる背理を排除して、国家の法的作業共同体としての基本構造を、実在に即して窮明するための前提でなければならぬ。

国家は、法人という既成概念を以ては律すべからざる独自の法共同体である。故に、国家法人説を排撃する目的を以て国家の法共同体性を否定しようとするのは、見当違いの論法であるといわなければならない。国家は法の組織を有する。国家は、法によって組織立てられた共同体である。特に、国家は、憲法によって組織立てられた共同体であり、憲法は国家という共同体の根幹を成す組織原理である。この関係を否定することは、結局、国家を否定することに帰着するであろう。国家の共同体性を認める以上、国家が法を組織原理とする共同体、すなわち法共同体であることを認めない訳には行かない。それにもかかわらず、論者が国家の法共同体性を否定しようとする底意は、単なる国家法人説の理論的根拠の爆撃に在るばかりでなく、実は、国家の共同体性そのものを否定するに在る。いいかえると、国家をば、国家以上の意味を有する或る実体の、単なる外面的組織としての地位に顚落せしめようとするに在る。その、国家以上の意味を有する実体とは、いうまでもなく「民族」である。論者は、民族をば唯一の実体的生命を有する共同体と考える。だからして、国家の共同体性を否定しようとする。したがって、もとより国家の法共同体性を否定する。この説は、民族を以て国家と置き代えようとする主張であり、つまるところ、共同体としての国家を否定する試みに他ならぬのである。

故に、国家の法共同体性否定論は、決して単なる理論ではない。それは、民族至上主義の政治理念の端的な表明である。国家法人説が個人主義の政治思想の理論的粉飾であるとするならば、国家についての法共同体性否定論は、理論性を失うまでに露骨化した民族全体主義の政治思想の宣言である。それは、現代ドイツの民族社会主義の政治理念を基礎とするきわめて特殊な立場であって、これを以て国家と民族との関係の全般を推すことは、学問上の論拠を欠く推断であるといわねばならぬ。

ドイツのゲルマン民族至上主義は、「第二十世紀の神話」である。この神話は、「純潔なる血」を以て結ばれた民族共同体の実存ということから出発する。ヘエンは、法共同体は「目に見えぬ」抽象概念であり、民族共同体は「目に見える」実在であるという。しかし、超個人的な民族共同体なるものは、伝統と文化とを同じくする精神的な単一体であって、決して物理的な単一体のように「目に見える」実在ではない。それが「目に見える」実在であるというのは、論者自らが神話の世界に住んでいるためであって、何ら科学的の論拠を持たない。のみならず、さような民族共同体が純潔なる血を以て結ばれているということもまた、明らかに一つの神話である。事実上の民族の血は、相対的にしか純潔であり得ない。その相対的なる民族性の純潔度に或る限界を附し、その限界内の資格を有する者を民族共同体の構成員に取り入れるものは、国家であり、国家の法である。例えば、一九三五年九月一日の「ドイツの血とドイツの名誉のための法律」(Das Gesetz zum Schutze des deutschen Blutes und der deutschen Ehre) ――「血液保護法」(Das Blutschutzgesetz) ――は、ドイツ人とユダヤ人との結婚を禁じている。しかしユダヤ人は、祖父母の中の一人にユダヤ人を持つドイツ人――いわゆる「四分一ユダヤ人」(Vierteljude) ――とも結婚出来ない。しかるに、四分一ユダヤ人は完全なドイツ人と結婚することが出来、その子孫――その子孫には少くとも八分の一のユダヤ人の血が混入している――はドイツ民族の一員として取扱われる。[4] かように、いかに民族共同体の超国家的実在性を主張して見ても、民族の範囲というものは国家の法によって始めて厳密に限定され得るのである。すなわち、民族は国家の「枠」の中に存立する。いいかえると、国家あっての民族であって、民族あっての国家ではないのである。ドイツの民族社会主義は、それにもかかわらず、民族を絶対化して国家を相対化・手段化しようとする。そこに、その理論の理論性の欠如が存することを否定し得ない。ましていわんや、異民族をも包摂しつつ、不断なる目的活動の歴史の裡に同一単質の国民を創造して行くところの国家について、国家に対する民族の優位を語ることは断じて許さるべきでない。

民族社会主義は政治的非合理主義である。何故ならば、それは、「神話」としての民族共同体を前提としているからである。しかしながら、その理論は、国家に関するかぎりきわめて合理主義的である。何故ならば、民族と国家との遊離を説く民族社会主義の法学者は、国家をば、民族共同体の単なる「生活形式」であり、単なる「外面的組織」である、と見ているからである。[5] その理論は、国家理論だけを切り離して見るならば、国家を以て単なる法秩序と同一視するケルゼンの純粋法学と、何ら択ぶところのない非実在的合理主義であるといわざるを得ない。実在する国家は、法を通じて不断の目的活動を遂行する「法的作業共同体」である。その作業の共同性が確保されている以上、異質の民族もやがて同一の国民として一体化し、そこに新たな民族が創造されて行くのである。かくして成立した民族は、更に国家の躍動する生命の強い基盤たるの役割を演ずるであろう。その意味で、もとより国家における民族の契機は重要視されなければならない。しかし、民族を作るものは国家である。国家の目的であり、国家の作業である。目的の共同性によって存立する国家は、生命ある実在共同体である。この実在共同体の道徳面に滲み出でるエトスと、その政治面に湧き溢れるパトスとを、法のロゴスによって組織化したものが、すなわち国家である。国家の共同体性を否定しては、国家の認識は成立しない。したがって、国家の法共同体性を否定することは、国家そのものの否定に他ならない。国家の科学は、法的作業共同体としての国家の本質を確認することからして、改めて出発し直さなければならぬ。

（1）「作業共同体」（Werkgemeinschaft）という概念は、ウイザアによって用いられた。ウイザアは、この概念をば「血縁共同体」（Blutsgemeinschaft）の概念と対立せしめる。血縁共同体は、自然の血縁によって成立している共同体であるが、この種の共同体は、歴史の変遷と共に内部に分裂を生じたり、他の共同体と融合したりするために、大規模な社会にまで発展して行く力を持たない。これに反して、作業共同体は、単なる血の本能の産物ではなく、作業の共同性によって結び合され、成果の獲得によって強化されることによって、厖大な民族や国民にまで生長して行く。血縁共同体は静止しているが、作業共同体は発展する。結合された力によって共同の作業を遂行し、共同の作業を通じて共同の「成果」（Erfolg）を挙げるということは、作業共同体の発展の原動力である。成果によって導かれることによって、人間の集団は、あたかも訓練された軍隊のように、感情および意欲の歩調を合せて活動する。ウイザアは、ここに、歴史を動かす「力」の根源を求めているのである。Wieser: Das Gesetz der Macht, S. 20 ff.

（2）Reinhard Höhn: Rechtsgemeinschaft und Volksgemeinschaft, 1935, S. 9 ff., S. 28 ff., S. 72 ff.; derselbe: Der individualistische Staatsbegriff und die juristische Staatsperson, 1935, S. 1 ff.; derselbe: Otto von Gierkes Staatslehre und unsere Zeit, 1936, S. 13 f., S. 149 ff.

（3）現代の民族社会主義のドイツにおいても、国家の本質を理論的に把捉するためには人格概念を用うる必要があると主張する学者も、決して少くない。例えば、ケルロイタアによれば、国家の法学的人格性の概念は、民族社会主義の指導者国家では、自由主義の理論構成とは全く異なる新たな政治上の内容を以て満たされなければならないけれども、それは、国家の法人格性を否定することにはならない。ラインハルトのいうがごとくに、「一つの民族が、単に自然に民族たるばかりでなく、法的にもまた民族として通用すべきである以上、そうして、民族構成員相互の諸関係が規制されていなければならないものである以上、民族は一定の法形式の衣を纏わなければならない。いいかえると、民族は一定の法人格に構成されなければならない。かように、民族が全体として纏う法人格の衣が、われわれの国家と呼ぶものに他ならないのである。国家とは、男女すべての民族構成員の総体が、一定の法則の上に立つ単一の人格としての著付けを整えたものである。国家は、一つの人格となったところの民族である。国家は、民族共同体ならびにその構成員のすべての生活がその中で営まれるところの形式を示している」(Fritz Reinhardt: Die neuen Steuergesetze. Grundsätze nationalsozialistischer Steuerpolitik, S. 1)。ラインハルトは、かように、民族社会主義の有機的な思想に適った国家の定義を下しているのである。故に、ドイツ民族の政治的生活形式としての国家(Reich)は、法関係においては、法人という「法形式」を必要とするのである、——と。ケルロイタアは、かように説いてヘエンの駁論に答え、かつ、ヘエンのごとくに国家の決人格性を否定するならば、国際法上の国家の位置を説明することは不可能となるであろうといっている。Otto Koellreutter: Deutsches Verfassungsrecht. Ein Grundriss, 2. Aufl., 1936, S. 24 f.

経済法の泰斗たるヘエデマンも、国家の人格性を否定しようとする傾向に反対し、国家をば民法上の法人と同一視する在来の法人説は、国家を生命のない模型として取扱うものであるけれども、国家は人間の存在にとって固有かつ不可欠なものであり、これを人格化して表現するのは、日常の用語法からいっても、国家の理解のために必要であると倣している。例えば、国家は租税を徴収するといい、国家は経済が民族全体の福祉に役立つことを期待しているといい、国家は四箇年計画の遂行に力めるというがごとく、国家を人格化する表現はきわめて広く用いられており、これを否定することは不可能である、というのである。Hedemann: Deutsches Wirtschaftsrecht, S. 19.

(4) Koellreutter: a. a. O., S. 70.

(5) 現代ドイツの国法学者の中にも、ヘエンのように没理論的に民族と国家とを遊離せしめず、民族と国家との帰一合体の中に真の国家概念を発見しようとする学者がある。フウバアのごときがその代表者である。本章、第五節、三、註五、参照。

二　国家における統治権の主体と客体

法の目的は国家によって実現される。しかし、国家が法の目的を実現するためには、国家の中に法の定立・適用・執行を分掌する人間の部署が定まっておらなければならぬ。この人間の部署を定めるものは、組織規範としての法である。組織規範は、一定の資格ある人間に、一定の法行為をなすべき「権限」を賦与する授権規範である。かように、組織規範の授権に基づいて、法の定立・適用・執行に当る立場を名づけて、国家の「機関」と称する。国家の機関たる立場に立って、法の運用に任じ、法目的の実現に当る者は、国家の「機関人」である。各種各様の国家機関人が、それぞれその権限に応じて目的活動を営むことによって、国家の作業は進展し、法の規範意味内容が事実化して行くのである。

国家機関の権限は、――権限という文字の示す通りに、――「限られた権能」である。そうして、この「限られた権能」は、すべて組織規範の授権に基づいて成立する。故に、国家機関の権限は、いかなる場合にも派生的のものであって、法作用の窮極の淵源ではない。これに対して、国家には、一切の国家機関にその権限を授け、一切の法定立行為の根源を成すところの、最高の権能が存在しておらなければならない。法的作業共同体としての国家の全作用は、この最高権能によって統括され、国家のあらゆる目的活動は、ここから流出しつつ、国家機関の機関権限を通じて各方面に具体化されて行くのである。これを、国家における「統治権」と名づける。統治権は、組織規範の授権によって成立するものではなく、一切の組織規範の授権作用の根柢を成している。法の定立・適用・執行の権限は組織規範によって与えられるが、組織規範そのものの定立の根本を成すものは、統治権である。しかるに、国家の組織規範の中でも最も重要な意味を有するのは、憲法である。したがって、統治権は、憲法定立の権能であり、その意味で「憲法制定権力」(verfassunggebende Gewalt) とも呼ばれ得る。統治権は、国家の機関によって行使される権限ではなく、すべての機関権限を根拠づけているところの「大権」であり、「主権」である。かような主権的統治権を中心として組織立てられている法共同体であるということが、国家をば他の派生的な法共同体——例えば、地方自治団体や自治植民地——から区別する根本の特色である。

それでは、国家の全作用の中心を成す統治権は、何人に帰属するのであろうか。国家における統治権の主体は何処に存するのであろうか。統治権は「権限」ではない。したがって、統治権の主体は、組織規範の授権によって権限づけられている国家の「機関」ではない。しからば、統治権の主体は国家そのものであろうか。あるいは、国家と区別された意味を有するところの統治権の主体が考えられ得るであろうか。統治権の主体が国家そのものではないとするならば、統治権の主体と国家とはいかなる関係に在るのであろうか。明らかに、ここに、国法学上の最も重大な根本問題が存する。

国家の法共同体性を認めずしては、国家についての法理論を構成することは出来ない。それにもかかわらず、現代の国法学者が国家を法共同体または法団体として明らさまに概念することを躊躇し、そのために国家の性質を曖昧模糊たる状態に放任しているのは、国家の法共同体性を認める以上、国家を統治権の主体と考えざるを得なくなることを虞れているからである。実際、学説史の上からいえば、近代ドイツの国家学は、国家を法共同体と見ることから始まって、国家をば法上の権利義務の主体、すなわち法人と做す国家法人説に発展した。国家が法人であるということからは、更に、国家は統治権の主体であるという理論が成立する。国家が統治権の主体であれば、議会・裁判所・行政官庁、等、国家の法作用を分掌する諸機構はもとよりのこと、国家の元首たる君主もまた統治権の主体ではないということにならざるを得ない。そこで、国家法人説は、君主をば「最高の国家機関」として説明する。この説が我が国に移されて、天皇機関説となったのである。しかるに、近時にいたって、機関説は我が国体と相容れぬ邪説として排斥され、国家法人説も、機関説の理論上の前提となるが故に、併せて激しい論難の的となった。故に、今日の我が国法学界あるいは憲法学界は、国家の法共同体性を認めれば法人説を経て機関説に到達する他はなく、さればといって、国家の法共同体性を否定しては国家および国法の基礎を精密に理論づけ得ない、という大きなディレンマに陥っているように見える。

しかしながら、国家の根本の本質をば、触るれば祟るタブウのごとくに敬遠していたのでは、正しい国法理論を基礎づけることは不可能であろう。また、国体論としても、国法学上の正しい理論づけを持たないでは、学問的な客観性を欠くこととなるであろう。国体にはエトスがありパトスがあると同時に、またそのロゴスがなければならぬ。国体のロゴス面を捉えて、これを国家存立のエトスともパトスとも矛盾しないような仕方で客観的に窮明することは、現代の国法学または憲法学に課せられた急務である。そうして、その急務を遂行するための根本前提は、国家の法共同体性を認めつつ、しかも、国家統治権主体説に陥ることなく、国家における統治権の主体と客体との関係を明らかにすることに在るといわねばならぬ。

国家と統治権との関係について考えられ得る第一の理論構成は、国家をば統治権の「客体」と見る見方——国家統治権客体説——である。これは、特に君主国家の場合に成立する理論であって、君主は統治権の主体であり、君主の統治権の客体は国家であると説明する。この理論の濫觴は、「家産国家」(Patrimonialstaat)の思想に在る。家産国家説は、国家をば君主の家産に擬える。すなわち、君主は、あたかも所有権者が彼れの所有物を支配するように、君主の家産としての国家を統治する。故に、君主は統治権の主体であり、国家は統治権の客体であるということになるのである。かような見解に拠って最も直截に国家と統治権との関係を説いた国家学者は、ザイデルであろう。ザイデルによれば、国家は、「単一の最高意志によって支配された土地および人民」(Land und Leute, welche ein höchster Wille beherrscht)である。国家は、支配する「者」ではなくして、支配される「物」である。それは、統治の主体ではなくて、統治の客体である。故に、国家をば統治意志と見做し、もしくは、国家に統治意志を帰属せしめようとする見解は、根本から謬っている。統治意志は国家の上に在る。そうして、国家の上に在る最高の統治意志によって統治されているということが、一定の土地および人民を国家たらしめているのである。一定の土地・人民が統治意志の支配を受けることによって国家と認められるのは、一つの物が所有者を持つことによって財産と呼ばれるのに等しい。したがって、国家と統治権者とは、財産と財産権者とが別物であるように、最初から別個のものと考えられねばならぬ、——と。(1)

これに対して、国家と統治権との関係についての第二の考え方は、国家を以て統治権の「主体」とする見解――国家統治権主体説――である。いうまでもなく、この説はイェリネックによって代表される。イェリネックの論旨を要約していうならば、＝国家統治権客体説のように、統治権者は国家の外に在って国家を統治するということにならざるを得ない。しかるに、君主国家にとっては、君主は国家そのものの最も重要な構成要素でなければならぬ。その国家の最も重要な構成要素たる君主が、国家から離脱した立場に立って、最も重要な構成要素を欠くところの国家を統治すると説くのは、余りにも明瞭な背理であるといわざるを得ない。故に、国家を以て統治権の客体とする説は、論理的にいって成り立つ余地がない。これに反して、国法学の理論は、国家をば――君主国家の場合には、君主をその中に包摂する国家そのものをば――一個の「団体人」(Körperschaft) として、したがって一個の法主体として概念する。国家は法主体であり、権利の主体である。中でも、統治権は、国家に帰属する権利の最も基本的なるものである。したがって、国家は統治権の主体でなければならない。ところで、団体人としての国家は、自らその統治権を現実に行使することは出来ない。そこで、あたかも法人の権利がその機関によって行使されるように、国家の統治権もまた、国家の機関によって行使される。君主国家の君主は、国家という団体人を代表して、国家の統治権を行使する「最高機関」に他ならない[2]。

これが国家法人説――国家統治権主体説――の要旨である。しかし、この説は、政治上の適否の問題は全く別としても、既にその理論構成そのものにおいて国家統治権客体説と同様の背理を含んでいる。確かに、イェリネックのいう通り、国家統治権客体説は、国家の基本たり中核たる統治権者を国家の概念から切り離している点で、国家の本質から見て許すべからざる捨象を行っている。君主の統治権を所有権に擬え、国家をば死物のごとき統治権の客体と見るのは、生活共同体としての国家の実相を無視するものといわねばならぬ。しかしながら、さればといって、イェリネックのように国家を統治権の主体と考えるとすると、国家の統治権によって統治される客体は、いかなる立場に置かれることになるであろうか。ザイデルは、統治権者の統治の客体は土地および人民であるという。しかし、統治権が「土地」を対象とするというのは、統治権を物に対する所有権と同一視するところから来る謬見である。「領土」としての意味を持つ土地は、人に対する統治の作用が排他的に行われる空間範域であって、統治そのものは国民を対象として行われるものと解されねばならぬ。故に、統治権の客体は国民である。民主国家の場合にも、国民は「個々の国民」として統治に服するのである。ところで、国民は国家構成の主要素であるから、国民を離れて国家を概念することはもとより不可能である。しかるに、国家統治権主体説は、国家を統治権の主体と見ることによって、統治権の客体たる国民を国家から概念的に切り離している。そうして、国民を捨象した国家が、国家から捨象された国民を統治するという関係において、統治権の主体と客体とを対置している。国家統治権客体説は、国家の中核たる君主を国家の外に置いて、国家の外に在る君主が、君主から切り離された国家を統治するという構成を採った。逆に、国家統治権主体説は、国家の主要素たる国民を国家の外に置いて、国民から切り離された国家が、国家の外に在る国民を統治するという理論構成を採っている。前者を以て不当とするイェリネックの論難は、すなわち転じて彼れ自身の学説たる後者にも、そのままに当てはめらるべきものといわなければならぬ。

統治権の帰属の問題がかような紛糾と背理とに陥る根本の理由は、国家の内部構造、特に国家における全体と部分との構造聯関を正しく把握していない点に在る。

国家は、歴史的な理念に拠って存立し、多様なる人間目的を綜合的に実現することを任務とする、大規模な法的作業共同体である。この作業共同体は多数の国民によって構成されているけれども、多数国民の単なる集積が国家である訳ではない。もしも、国家が単なる国民の集積に過ぎぬならば、国民のすべてが変化して了えば、国家そのものもまた昔日の面影を残さぬ全く別個の集団に化したことになるであろう。しかるに、国家は、いかに国民が変遷しても、変化の中に恒存する単一体として生々発展して行くことが出来る。それは、国家の中に、多数の国民を「部分」として統合帰一せしめる「全体」としての意味が内在しているからである。国民の部分活動は、国家の変化発展の面を成している。これに対して、国家における全体は、部分の変化にかかわらざる国家の自己同一性の中心である。国家をば超個人的な「共同体」として存立せしめているものは、国家を多様の統一たらしめるところの全体性の原理に他ならない。

ところで、国家の全体性を認める場合、人の陥り易い誤謬は、国家における全体と「国家そのもの」とを同一視するということである。およそ全体としての意味を有する対象は、単なる全体ではなくして、同時に部分から成り立っているのである。したがって、全体というものは、厳密には、部分と相対的に対立した意味において、始めて全体であり得る。いいかえると、或る一つの対象が全体であるというのは、その対象を構成する諸部分と対比した場合における、その対象の認識に他ならない。これに反して、その対象そのものを総括して見るならば、それは全体であると同時に、その中に部分をも併せ含んでいる。対象そのものは、対象の全体と部分との綜合体である。したがって、部分と対比された意味での「対象における全体」と、部分をも含むところの「対象そのもの」とは、明らかに区別して考えられなければならぬ。同様に、国家もまた、「国家そのもの」としては、全体としての意味を中心に持つと同時に、国家の部分たる多数国民をもその中に包摂している。これに対して、「国家における全体」は、部分たる多数国民とは相対的の対立関係に置かれており、正に国家の国家たる所以の不動の中核を形成する。故に、国民の部分活動や生活様相が変化して行けば、部分をその中に含むところの国家そのものもまた、そのかぎりにおいて変化の相貌を呈する。しかし、部分が変化しても、国家における全体にはそれによる変化は生じない。全体において同一性を保ちながら、部分によって変化して行くところに、同一の国家の歴史的変化があり得るのである。かくのごとくに、全体と部分とは共に国家の中に在る。全体と部分との関係は、国家の内在関係である。この原理を認識せずして、「国家における全体」を漫然と「国家そのもの」と同一視し、国家そのものをば統治権の主体または客体と考えようとしたところに、これまでの国法理論の根本の欠陥が在ったといわなければならない。

すなわち、統治権の主体は、部分たる国民のすべてを包摂する「国家そのもの」ではなく、個々の国民を国家の構成部分として意味づけているところの、「国家における全体」である。これに対して、統治権の客体は、国家における全体を中心とし、国家の部分として国家そのものを構成しているところの、個々の国民である。国家における全体は、その部分と相俟って始めて国家そのものを形作っているのであるから、それが統治権の主体であるからといって、そのために統治権の客体が国家の外に捨象されることにはならない。統治権の主体は、国家の中に在り、国家の中心に位して、部分たる個々の国民を統治する。統治権の客体は、統治権の主体を中心としつつ、その統治に服して国家の部分活動を分担する。故に、統治権の主体と客体とは、共に国家の内に在る。統治権の主体・客体の関係は、国家内在の関係である。かく解することによって、国家の外に在る統治権の主体が国家を単なる権利客体として統治するという国家統治権客体説の誤謬も、国家そのものが国家から捨象された個々の国民を統治するという国家統治権主体説の背理も、共に是正されるであろう。

さて、国家の中心を成す全体は、国家のあらゆる部分活動を統合し、これを単一の国家活動として意味づけるところの理念である。この理念によって実在国家の統治機能が行われ得るためには、国家における全体が現実の「人」によって体現されなければならない。国家における全体が現実の体現者となって現れることによって、統治権もまた、現実の統治機能を発揮することが出来るのである。国家における全体の理念が体現される関係は、「代表」ではない。代表とは、全体の「部分」たる者が、全体の代りに行為することである。しかるに、国家における全体の体現者は、全体の部分ではなくして全体そのものである。全体は全体の体現者の理念態であり、全体の体現者は理念としての全体の現実態である。それが、実在国家の実在中心である。故に、国家における全体の体現者は、統治権の代行者ではなくして統治権の主体そのものである。

この関係は、君主国家の君主の場合には、最もよく当てはまる。君主は国家における全体の理念の体現者である。したがって、実在国家の実在中心であり、統治権の現実の主体である。君主は現実の人であるから、代々交替する。しかし、代々交替するのは現実態としての統治権の主体であって、理念態としての「君位」にいたっては、国家の自己同一性の中心であるから、代々の交替によって変化することはない。君主は、国家の中心に位して部分たる国民を統治する。そうして、多様多彩なる国民の部分活動をば、国家の活動として統一的に意味づける。かくて、部分は時と共に絶えず変遷して行くけれども、不動の君位による統治の関係は、それによって変化することはない。イェリネックは、国家の基本構造について、国家統治権客体説と国家統治権主体説との他に、国家をば統治者と被統治者との「関係」と見る国家統治権関係説があることを指摘している。けれども、国家における統治者と被統治者とは、共に時の推移につれて変化する。したがって、統治権の関係そのものも、時と共に変化する。それ故に、国家を統治権の関係と見るときは、国家を不断の変化の相に置くこととなり、国家の統一性と持続性とを説明することが出来ない。――イェリネックはかように説いて、国家統治権関係説を否定するのである。[3] 確かに、国家の全体性の原理を認識しないで、国家を単なる現実の人と人との統治の関係であると見るならば、国家統治権関係説は謬りである。しかしながら、統治権の主体は単なる現実態ではなくして、同時に理念態である。君主制の場合には、統治権の主体の理念態は「君位」となって現れる。君位は、君位そのものを否定するような政治の逆転が行われないかぎり、同じ理念として恒存している。したがって、君位による統治の関係は、君主の代々の交替によって変化するものではない。そこに、国家の同一性の基礎が存する。かように、理念の世界への奥行きを深め、全体性の原理の幅を広めて見直すならば、統治権の関係を国家内在的に見ようとする国家統治権関係説は、正しい著眼の上に立っているといわなければならぬ。

「君主制」は、求心的な国家構造の原理である。何故ならば、国家における全体の理念が君主という単一人に集中して、そこに現実化しているからである。これに対して、国家における全体の理念が、遠心的に国民のすべての上に拡大されている国家構造の原理は、「民主制」である。民主制は、君が主ではなく、民が主であるとする「国民主権」の理念に立脚している。そこでは、法を定立・適用・執行する最高権は国民に帰属する。そうして、国民が、国民自らの定立した法によって、国民自らを統治するという自己支配の原則を採っている。それ故に、民主国家では、統治権の主体は国民であるが、統治権の客体もまた国民である。しかし、民主制における国民のこの一人二役の関係は、民主制の原理そのものの性格を著しく不明確なものとする。国民が国民を統治するというけれども、統治者と被統治者との間には、何らかの区別がなければならない。法による統治は、道徳上の自制や克己とは異なるのである。民主制の下での被統治者は、国法に従って生活し、国法上の義務を遂行しているところの「個々の国民」である。それでは、これに対する統治者は何者であろうか。民主制における統治権の主体は、個々の国民から区別された「国民全体」であると考えることは出来る。しかし、すべての全体がそうであるように、「国民全体」もまた、それだけでは単なる理念に過ぎない。そこで、民主主義は、理念としての「国民全体」の統治をば現実の統治機能に移すために、種々の技巧を用いる。「多数決」によって国民全体の意志を決定するというのが、その一つである。「国民代表」の制度によって法の現実の定立者や執行者を定めるというのも、その一つである。国民を代表する議会や大統領は、統治権の主体ではなく、統治権の主体の代表者であり、したがって国家の機関である。けれども、統治権の主体たる「国民全体」が曖昧な理念であるために、実際には、例えば議会が国家の中心であり、現実の統治者であるような形になって来る。民主制の原理は、かようにして実際の運用上不純化される必然性を持っているのである。この点は、のちに民主主義の原理について考察する場合に、改めて詳述するであろう。

いずれにせよ、国家における統治権の主体は、国家の全体としての意味を体現する君主であり、あるいは国民全体である。統治権の客体は、国家の部分たる個々の国民である。統治権の主体を不動の中心とし、統治権の客体の多様な部分活動を通じて、法の目的を綜合的に達成して行こうとする共同体が、すなわち国家である。故に、国家は法共同体であるが、しかし、部分たる国民を包摂する国家そのものが、国家の部分たる国民と対立して権利義務の主体となると考えることは出来ない。なるほど、統治権以外の——特に財産法的の——関係については、国家が国民と対立する権利義務の主体であるように取扱われることがある。国家が租税を徴収するといい、国家が官吏の俸給を支払うといい、国家が私人と私法上の契約を結ぶというがごとき、それである。けれども、それは、国民の私有財産を認めている関係上、国家の財政を運用するために、便宜、私人格と対立する法人格を擬制的に設けたものであって、かかる擬制的の法人格を実在国家そのものと同一視すべきではない。かような擬制的の法人格は、国家そのものの中に設けられた実在性のない財産権の帰属点である。これを「国庫」と呼ぶならば、国庫と国家とを同一と見る法学上の既成概念は、否定もしくは修正されなければならぬ。

これに反して、国家が渾然たる法共同体となり、部分たる国民を含む実在的な国家そのものとして法主体と認められるのは、国家と国家との関係、いいかえれば国家と世界との関係においてである。国家は、世界史の舞台の上で、独立の単一体として綜合目的の達成に努力する法的作業共同体である。故に、国家は、世界を存在の場所とする目的共同体として、法上の権利を有し、義務を負担する。国家の法主体性は、対外関係において始めて真の実在的な意味を発揮するのである。

（1） Seydel: Grundzüge einer allgemeinen Staatslehre, S. 4.
（2） Jellinek: Allgemeine Staatslehre, S. 169 ff., S. 544 ff.
（3） A. a. O., S. 167 ff.

三　国家の根本規範

国家における統治権の主体が君主として実存するか、国民全体として観念されるかにより、国家は二つの基本構造に分れる。その一つは君主制であり、他の一つは民主制である。この国家の基本構造は、一定の命題によって表明される。すなわち、君主制の原理は、「君主ハ国家ヲ統治ス」という命題によって、民主制の原理は、「統治権ハ国民ニ淵源ス」という命題によって、それぞれ宣明せられ得るのである。もっとも、君主制の根本命題が「君主ハ国家ヲ統治ス」という形で表現されているからといって、君主が国家の外に立って国家そのものを統治するのではなく、君主は国家の中心に位して国家の部分たる国民を統治するという意味に解さるべきであることは、これまでの考察によって明らかであろう。かように、国家の基本構造を表明する命題は、純粋法学の用語を踏襲していえば、すなわち「根本規範」に他ならない[1]。

根本規範は、その名の示すごとくに「規範」である。何故ならば、それは、全体と部分との間の統治関係の実在形態を示していると同時に、その中に、国民道徳や国家の政治の根本理念を含んでいるからである。君主国家の根本規範の中には、君主は国家の唯一無二の中心であって、尊厳神聖の存在者として崇敬を受け、国民は君主に対して飽くまでも忠誠を捧げなければならない、という道徳原理が含まれている。また、民主国家の根本規範には、国民の意志はあらゆる国家活動の根源たるべく、いやしくも国民の意志に淵源せぬ専断は許さるべきでない、という政治の根本原理が内在している。これらの原理は、一つの国家がその国家として存立し得るための第一前提である。したがって、根本規範は、一つの国家がその国家として存立しているかぎり、絶対に変革を許さぬという要請を持つ。根本規範によって表明されている国家の基本構造を変革しようとする企図は、国法上の最大の不法であり、大逆である。最大の不法と対立する根本規範は、国家の最高の法であり、至上の規範でなければならぬ。

　しかしながら、根本規範はそれと同時に、君主または国民が統治権の主体であるという事態を、ありのままに表明しているのである。いいかえると、根本規範によって、君主または国民が統治権の主体たる地位に立つべきものとして規律されている訳ではないのである。その点からいうならば、根本規範を単なる規範と考えることも、また正当でない。根本規範はむしろ、実在国家の基本構造に関する根本事実を明示しているのである。故に、根本規範は、規範であると同時に事実である。理念であると同時に実在である。法は、一般にも、規範であると同時に事実なのではあるけれども、しかも、法の規範性と事実性との間には必ず大なり小なり不合致の関係があることを免れない。しかるに、根本規範のみは、最高の妥当性と共に最大の実効性を併せた理想の効力を有する。例えば、君主国家において、君主が統治権の主体でないという状態は、原則として一刻も存在しないのである。ただ、君主の地位が空位に置かれているような場合、あるいは、革命によって君主が国外に亡命しているような場合には、根本規範の規範性と事実性との間に明らかな不合致または隔絶背反の関係が生ずる。あるいは、君主制の原理が民主主義によって圧倒され、君位が名のみの統治権の所在を示して、その実を失っていることもある。また、民主国家について見ても、さきに述べたように、国民が統治権の主体であるという理念は、多数決の原理や国民代表の制度などが介在することによって、常に大なり小なり事実から遊離しているといわなければならない。

　根本規範は、国家の基本構造を表明する規範である。そうして、国家の基本構造は国家の根本組織であるといってもよい。したがって、根本規範は、広い意味では組織規範の一形態——根源的な組織規範——と考えられ得る。しかし、根本規範と一般の組織規範との間には、それにもかかわらず、本質上の相違性がある。その点を明らかにしないで、根本規範を簡単に最高の組織規範という風に見ることは、固く戒めらるべきである。

第一に、一般の組織規範は、法を定立・適用・執行するための人間の組織を定めている。組織規範は、特定の地位に在る人に、一定の範囲内で法を定立・適用・執行する権限を与える授権規範である。これに対して、根本規範は、君主または国民が統治権の主体であるという根本事実を表明している。君主または国民が統治権の主体であるということは、根本規範の「授権」によって始めて定まるのではない。統治権は、組織規範の授権によって始めて発生するような「権限」ではない。したがって、統治権の主体としてこれを行使する君主または国民は、組織規範の授権によって生じた権限を行使する「機関」ではない。根本規範によって表明される国家の基本構造は、国家における「全体」の理念の実在化を意味する。これに反して、組織規範は、国家の「部分」を部署して、これに国家機関たるの地位を与え、これに法の定立・適用・執行を分掌すべき権限を賦与している。そこに、根本規範と一般の組織規範との間の根本の相違点がある。

第二に、組織規範の授権によって定立される法規範は、主として下級の強制規範および行為規範である。組織規範によって組織された国家機関が、更に組織規範の定立に関与することもあるが、組織規範の中の重要なるものを定立するのは、国家機関の機関権限ではなくして、統治権そのものの直接の作用である。しかるに、一般の組織規範の中で最も重要なる意味を有するものは、憲法である。故に、統治権は、別にまた「憲法制定権力」とも呼ばれるのである。根本規範は、憲法制定権の所在を明らかにしている命題である。統治権は憲法を定立する。更に憲法を通じて、法律または命令の形式により、国家の主要な組織規範を定立し、あるいは強制規範・行為規範の重要なるものをも直接に定立する。したがって、統治権の関係を表明する根本規範は、国家における一切の法定立作用の始源を指示する始源規範である。一般の組織規範は、これに較べてすべて大なり小なり派生的であり、根本規範のような始源性を持たない。

第三に、一般の組織規範は、国家において統治権の作用により定立されたところの規範である。しかるに、根本規範は、国家と共に成立した統治関係の基本理念・基本事実を表明する命題であって、国家があってしかるのちに、その国家の中で定立された規範ではない。学者は普通に、憲法を「実質的意味の憲法」と「形式的意味の憲法」とに区分する。そうして、実質的意味の憲法はいやしくも国家にしてこれを備えておらぬものはなく、かつ、国家の成立と共に成立しているところの根本法であるが、形式的意味の憲法——憲法としての特別の形式を有する成文法——は必ずしもすべての国家が具備している訳ではなく、現にこれを具備している国家においても、或る事情の下に或る時期にいたって始めて定立されたものであることが多い、と説く。しかし、この区別は、むしろ根本規範と組織規範としての憲法とについて当てはまるのである。根本規範は、国家の成立と共に存立している。これに対して憲法は、根本規範に示されている統治権の作用により、不文の組織法として、あるいは成文憲法として定立されたものである。この関係は、必ずしも常に時間的の先後を意味するとはかぎらないであろう。憲法的な組織規範が、国家の成立と同時に、したがって根本規範の成立と同時に定立されて、ただちに統治作用の上に適用されて行くような場合もあるであろう。しかしながら、さような場合にも、根本規範は国家の成立と共に存立しているものであり、憲法は根本規範の下に統治権の作用によって定立されたものであるという区別は、論理的に明瞭に立てられ得るのである。

　根本規範と憲法以下の組織規範との間には、これらの点で本質的な差別がある。しかるに、根本規範を組織規範の中に数えようとすると、この差別を混同する結果に陥り易い。故に、根本規範と組織規範とを言葉の上でも明らかに区別し、組織規範という場合には、根本規範を含まぬ憲法、および、憲法の下位に在る国家組織の規定のみを意味することと定めるのが適当であろう。根本規範は憲法の上に在る。したがって、一切の組織規範・強制規範・行為規範の上に在る。根本規範によって表明される統治権は、一切の法定立行為の根源であり、すべての部分活動を国家の目的活動として意味づける最高統一点である。法の目的のあらゆる対立は、この国家活動の最高統一点において、扇の要のように調和される。その意味で、根本規範は、法秩序全体の実定性の最後の根拠を明らかにしているのである。

　根本規範と組織規範としての憲法とは、かように法理論上の本質を異にしているのである。しかしながら、国家が成文憲法を有する場合には、根本規範もまた憲法的諸規定と共に、同じ憲法典の中に条定明示されていることが多い。そういう場合に、根本規範と組織規範としての憲法の条規とを識別する標準は、成文憲法の条項が法的の手続きによって改訂され得るか否かに求められる。[2] 根本規範は、国家の国家たる所以の根本前提を表明している。故に、根本規範が成文憲法の条項の中に含まれており、かつ、憲法改正の手続きが明文を以て示されている場合にも、その手続きによって根本規範を変改することは出来ない。例えば、「国家権力ハ国民ニ淵源ス」という根本規範が或る民主国家の憲法の第一条に掲げられており、[3]かつ、その同じ憲法が他の条項を以て、議会の三分の二以上の出席と出席議員の三分の二以上の多数を以て憲法の改正を行い得ることを規定していたとしても、[4]これによって第一条の根本規範を変革し、民主国家を君主国家に改めることは出来ない。もしも非法の実力が働いて根本規範を廃止・変革するにいたれば、それによってその国家の同一性は中断されるのである。これに対して、組織規範としての憲法は憲法改正の手続きによって改訂され得る。さような憲法の改訂は、もとより国家の同一性を中断しない。よしんば非合法の革命が行われ、それによって憲法が変革されたとしても、その変革が根本規範によって表示される国家の基本構造に及ばないかぎり、その国家は同一国家として存続するのである。[5]

(1) 国家の基本構造を「国体」と呼ぶならば、根本規範を「国体法」とも名づけることが出来るであろう。純粋法学にいう根本規範は、実定法の「認識」の前提であり、単なる法論理上の「仮説」に過ぎぬとされているのであるが、国体法としての根本規範は、実在国家の実在基本構造を示す命題であり、したがって、それ自身また儼たる「実在」であること、いうを俟たない。しかし、のちにも述べるように、君主国家が君主制の実を失ったり、民主国家の国民主権の理念が単なる擬制と化したりしている場合には、根本規範の実在性も稀薄となっているものといわなければならない。

(2) 根本規範は統治権の所在を宣明しているのであるから、君主国家の憲法に「君主ハ国家ヲ統治ス」というような規定があり、民主国家の憲法が「統治権ハ国民ニ淵源ス」と条定している場合、これらの条項が根本規範であることはいうまでもない。しかし、統治権の主体の身分、その根本性格、等に関する規定も、根本規範としての性質を有するものと認めらるべきであり、したがって憲法改正の手続きによってこれを改訂することを得ない。

帝国憲法についていうならば、第一条が根本規範であることはもとよりであるが、第二条の皇位継承の規定も、皇位が連綿たる皇統によって継承されることを明らかにしているという意味で、やはり根本規範に数えらるべきである。

更に、第三条は、天皇が神聖不可侵なる神格を以て統治遊ばされる所以を昭示している点で、同じく根本規範である。第四条は、「天皇ハ国ノ元首ニシテ統治権ヲ総攬シ」という前段は根本規範であり、「此ノ憲法ノ条規ニ依リ之ヲ行フ」という後段は、立憲制度の確立と共に定められた統治権運用の原則であり、したがって、憲法的条項に属すると解せらるべきであろう。

（3）ドイツ・ワイマアル憲法第一条第二項。

（4）ドイツ・ワイマアル憲法第七十六条。

（5）国家の自己同一性の根拠を根本規範に求めることは、理論上の標識としては明確であるが、実際の問題としては国家の歴史とそぐわないように見えるかも知れない。例えば、フランスは、大革命以来いくたびか君主制と民主制との交替を見たが、そのたびにフランス国家の同一性が中断されて、新たなフランス国家となったと考えることは、フランス人の国民感情とは相容れ得ないであろう。また、ドイツは、世界大戦後の君主制の崩壊によって別のドイツ国家となったけれども、一九三三年の「国民革命」は民主制そのものを否定したのではないのであるから——この点ものちに論ずる——、ワイマアル憲法の「中間国家」(das Zwischenreich) と民族社会主義の「第三帝国」(das dritte Reich) とは、同一国家として連続していると考えることも、ドイツ人の国家意識と衝突するかも知れない。しかし、民族の同一性・国土の同一性・国号の同一性というような標識は、いずれも科学的に国家の同一性の根拠とするには不充分である。民族というものも限界・内容ともに不明確なものであるし、国土も一定不変ではない。また、民族・国土が不変であっても、それらのものを基盤とする国家には興亡があり得る。更に、国号といえども、ペルシャがイランとなり、シャムがタイとなるという風に、変化することがある。故に、科学的に国家の同一性の根拠を見窮めて行こうとすれば、結局これを、国家の全体を体現する統治権の主体の自己同一性、すなわち根本規範の自同性に求める他はない。

第三節　国法秩序の主要概念

一　国家の機関

統治権の作用によって法を定立・適用・執行し、以て国家の綜合目的を実現する行為は、主要な一部分は統治権の主体自らによって直接に行われ得るけれども、その大部分は、組織規範の下に組織立てられた特定または不特定の国民によって分掌される。かように、国民が組織規範の規定に基づいて統治の作用を分掌する地位をば、「国家機関」と名づけることは、さきに述べたごとくである。国家機関たる地位に就く者は、国家の「部分」たる国民である。その中には、単独人によって成立する単独機関もあり、また、多数人の組織体として合成される複合機関もある。いずれの場合にも、機関たる地位は組織規範によって定まる。したがって、根本規範によって表明される統治権の主体たる地位は、国家機関ではない。国家機関たるべき者は、本来は統治権の「客体」である。それが、組織規範に基づいて国家機関たるの地位に就き、組織規範の授権によって統治権の主体の統治作用を「分掌」するのである。故に、国家機関の行為は、統治権の発動への「参与」であって、統治権そのものの行使ではない。

国家の機関が統治の作用を分掌する範囲は、組織規範の授権によって定められる。それは、統治作用ではあるけれども、統治の全体作用ではなく、一定の範囲をかぎられた統治の部分作用である。かように、限定された範囲内で統治の作用を分掌する権能をば、国家機関の「権限」と名づける。議会が憲法の規定に基づいて法律の制定に参与し、裁判所が同じく憲法の授権によって司法上の判決を下し、行政官庁が法令の定むるところにしたがって行政命令を発し、行政処分を行うがごとき、いずれも国家機関の機関権限に他ならない。統治権者によって行使される統治権そのものは、単一不可分の全体権であるが、それが国家機関によって分掌される発現様相を見るならば、統治権の作用には区分があり、種別が存する。人は、統治作用の部分面を捉えて、統治権を立法権・司法権・行政権という風に指称するのである。これらは、いずれも統治権の部分側面である。しかし、これらの部分側面を有する統治権そのものは、ただ一つである。故に、立法権・司法権・行政権を、最初から分立している別個の権能として考えるのは正当でない。

組織規範によって権限を賦与されている国家機関は、統治作用を分掌する一つの地位であり、立場である。この地位が、単なる地位たるに留まらないで、現実の統治機能の行われる場所となるためには、現実の「人」がそれぞれ国家機関たるの地位に就かなければならぬ。かくのごとくに、国家機関たるの地位に就いて、統治機能を現実に分掌する人を、国家の「機関人」——「機関担当者」(Organwalter)——と呼ぶことが出来よう。故に、国家機関と国家機関人とは、法理論上別個の概念として区別されなければならない。例えば、新たに官制が出来て、国家機関たるの地位が設けられても、現実の機関人がそれぞれその部署に就いて機関権限を行うにいたるまでは、地位は存してもその地位は空位の状態に在る。現実の人を国家機関たるの地位に就ける行為は、「任命」である。任命によって、国家の部分たる個人が、公の国家機関人として資格づけられるのである。また、国家機関人として任命された者といえども、その地位に在ってその権限を行っていない間、例えば家庭に帰って趣味に興じ、子女を伴って郊外に散歩している場合には、国家機関たる立場から離れて、一般庶民と同一の生活をなしているのである。国家機関は制度上の立場であり、国家機関人はその立場を占める生きた人である。そこに、両者を一応明瞭に区別すべき理由がある。

しかしながら、国家機関と国家機関人とは、概念としては別個のものであるけれども、実在としては一つのものに結合しておらなければならぬ。何故ならば、国家機関という制度なしに国家機関人は存在せず、国家機関人によって担当されぬ国家機関は無意味であるからである。のみならず、機関地位を担当する機関人は、決していかなる人であってもよいという訳ではない。その地位に適した才能と経験とを有する人を選任して機関機能を担当せしめることは、国家目的の有効なる実現を計り、法的作業共同体としての国家の活動能率を高めて行くために、きわめて切要である。実在国家の現実活動の面から見るならば、国家の組織・国家の機関は、決して単なる「制度」の問題ではなくして、判断し、企画し、努力するところの「人間」の問題である。更にまた、国家機関として活動する機関人は、機関地位から離れている間は一般庶民と同じ立場に立つとはいえ、常住坐臥の間もなお公務を分掌する責任を自覚して、任務の遂行に関する工夫と錬磨とを重ねて行く必要がある。その意味で、国家の機関は、機関人にその人を得ることによって始めて国家の生きた組織となり、国家の機関人は、国家機関たるの職責に全人格を傾注するときにのみ誠の国家公人たるに値するのである。故に、機関地位と機関担当者とは二位一体の関係において実在国家の実在組織を構成する。それが、実在科学的な意味での国家機関そのものであるといわねばならぬ。

国家機関は、組織規範によって特に定められた権限を有し、その権限の範囲内で統治作用を分掌する。故に、統治作用を分掌する国家機関人は、国家の「公人」として、一般私人たる国民から区別される。それは、「狭義」における国家機関の概念である。しかしながら、国家の目的は綜合的であり、多角多面である。道徳・宗教・政治・経済・学問・教育、等の複合国家目的を実現して行く上からいうならば、狭義の国家機関が統治作用を分掌することよりも、一般国民が「私人」としての立場において営々孜々として各自の生活を実践することが、実質上は一しお重要な意義を有する。国家において定立され、あるいは国家において承認される各種の行為規範を遵守・執行して行く国民の実践活動は、国家の作業の最大の推進力である。統治の作用は、この推進力に方向を与え、国民の目的活動を指導・促進し、国民の目的活動相互の間に起り得る対立・衝突を調和・排除する。その統治作用の示す線に沿うて、各自の職域における目的活動を営む国民の立場は、「私」にして同時に「公」の意味を持つものでなければならない。いいかえると、それは、狭義の国家機関ではないにしても、国家の全体活動を分掌推進する立場であるという意味で、正に「広義」の国家機関でなければならない。国法に遵って、国家のために職域奉公を行う個々の国民は、すべて広義における国家機関人である。国民たる資格を明示決定する国籍法は、最小限度の組織規範である。自由主義の国家機構の下では、国家の任務は秩序および防衛の目的を中心として局限せられ、国家機関の機関作用と自由人の自由活動との限界は、理論上も比較的明瞭に――自由主義の世界観から見れば、きわめて明瞭に劃され得るであろう。しかし、国家目的の遍在性と深透性とが加わり、法的作業共同体としての国家活動の綜合性が高度化するにつれて、この限界は次第に不明瞭となり、遂には、一般国民の私的生業や家庭生活までもが直接に国家の作業を分担する公務としての性格を佩びて来る。それに伴って、国家機関の概念も、いわゆる「官民一体」の理念の下に拡大され、普遍化されて来るのである。

二　公法と私法

法の側面から見た国家の作用が法の定立・適用・執行という順序で行われることは、これまでに繰りかえし述べた通りである。しかるに、法は、まず定立されて、しかるのちに適用され、執行されるのであるから、国家の法作用の根柢を成すものは、法定立の作用であるといわなければならない。しかも、既に定立された法を適用し、執行するということも、多くの場合それ自身がまた法の定立たるの意味を有するのである。裁判官が法律を「適用」して判決を下すというのは、判決という個別規範について見れば、やはり法の「定立」である。行政官庁が法を「執行」して処分を行うというのは、同じく、処分という形における法の「定立」に他ならぬ。故に、法が純粋の事実生活となって実現されて行く面を別として考えるならば、法の定立は、国家の活動の根幹を成すばかりでなく、国家の法作用のすべてを蔽うほどの重要性を有するということが出来よう。

ところで法定立の作用は、——統治権者が自らこれを直接に行う場合を除き、——一般には組織規範によって組立てられた狭義の国家機関によって行われる。すなわち、法定立行為は、原則として国家機関の機関権限に属するのである。しかしながら、法を定立するということ、少くとも法の定立に参与するということは、必ずしも国家機関の機関権限のみに属するとかぎられている訳ではない。或る場合には、狭義の国家機関としての位置に立たない「私人」としての国民も、また法の定立の上に重要な役割を演ずることがある。それは、民主国家の国民が「国民投票」によって憲法の制定に参加するような場合を指すのではない。そういう場合には、国民は決して私人として国民投票を行っているのではなく、最初から一個の「公人」として、否、「国民主権」の理念による複合的な統治権者の一構成要素として、憲法の定立に関与しているのである。ここにいう国民の法定立への参加とは、かかる上位高級の法規範ではなく、国民の日常生活にとって卑近な意味を有する法が、国民自らの意志による自律規範として定立される場合である。

例えば、国民の日常経済生活において、甲は乙に牛を百円で売り、乙はこれを百円で買う約束をしたとするならば、甲乙共にこの売買契約の内容を実行する義務を負うのである。ここに成立した契約は、甲に対しては乙に牛を引渡すことを、乙に対しては甲に百円を支払うことを義務づけるところの規範である。いいかえると、甲と乙とは契約という法律行為をなすことによって、互に自他に特定の義務を賦課する規範を定立しているのである。ここに「法律行為」という形式で定立された規範は、第一には、甲と乙とを受範者とする行為規範である。しかし、それは決して単なる行為規範ではない。沙漠の上で相会した無国籍人相互の契約ならばいざ知らず、国法秩序の枠の中で成立した契約は、当事者がその契約の効果の保障を求めることによって、同時に強制規範としての性質を発揮する。すなわち、もしも乙が代金を支払って牛の引渡しを受けたのち、その牛に隠れた瑕疵の存することを発見した場合には、その契約を解除するか、あるいは、甲に対して相当額の損害賠償をなすべき旨の訴訟を裁判所に提起することが出来る。訴訟を受理した裁判所は、甲乙両者の間に申立て通りの売買契約が成立していたこと、売買の目的物たる牛に隠れた瑕疵があったこと、等を確認した上で、甲に対して例えば損害賠償をなすべき旨の判決を下すであろう。この判決は、一方からいえば、憲法とか法律とかいうような上級規範に準拠してなされる。裁判所が法律によって裁判をなすべきことは、憲法の規定するところであり、売買契約の目的物に隠れた瑕疵があった場合、買主は契約の解除をなすか、あるいは損害賠償の請求をなし得るということは、法律の規定するところだからである。しかし、裁判所の下す判決は、憲法や法律によって制約されていると同時に、他方からいえば、甲乙両当事者の間の契約そのものによって制約されている。何故ならば、乙は百円の代金を支払うべく、甲はその代償に値する完全な牛を引渡すべきことは、契約の内容であり、裁判所はこの契約を基礎として判決を下しているからである。故に、甲乙両者の間に取り結ばれた契約は、当事者の行為を直接に義務づける行為規範であると同時に、裁判所の判決を制約するところの強制規範でもある。いいかえると、甲乙両者は、契約という法律行為をなすことによって、行為規範ならびに強制規範としての性質を併せ有する特殊の法規範を「定立」しているのである[1]。更にいいかえると、その場合には、法規範の定立が、狭義の国家機関によってなされる代りに、「私人」としての一般国民の自治に委ねられているのである。

かくのごとくに、国法秩序の中で法定立の部分過程が機関権限の外に在る一般私人の手に委ねられているということは、いわゆる「私法」の分野を「公法」の分野から区別するための最も理論的な標準となるであろう。

公法と私法との区別については、古来色々な説が行われているけれども、そのいずれもが両者の相違性を充分に明らかにするまでにはいたっておらない。代表的な学説の一つは、「関係説」である。関係説は、法的に関係づけられている主体の少くとも一方が国家または公共団体であるときには、その法関係を規制する法は公法であるという。これに反して、法関係によって結びつけられている二つの項が共に私人である場合には、これを規律する法は私法であるという。[2] 例えば行政法は、国家の行政作用に関する規律であり、常に国家または公共団体がその作用の少くとも一方の主体となっているから、公法である。しかるに、民法や商法は、契約の関係、婚姻の関係、商取引の関係というような、私人相互の法関係を規律する法であるから、私法である。関係説はかように主張するのである。

しかしながら、この説は、最初から行為規範と強制規範との構造聯関に関する認識を欠いている点で、理論上支持され得ない。なるほど、いわゆる私法は、これを行為規範として見るならば、一般私人の相互関係を規律する法に相違ないであろう。その点では、私法によって規律される法関係の二つの項は、共に私人であるといい得るであろう。この方面から考えるならば、公法は上下の支配秩序に関する規律であり、私法は平等の並立関係の規範なのである。けれども、これまで繰りかえして考察して来た法の本質構造からいうならば、私法は決して単なる行為規範ではない。単なる行為規範は道徳規範であり経済規範ではあり得ても、いまだ厳密な意味での法規範ではない。私法といえども、法である以上は強制規範と不可分に聯関しており、あるいはそれ自身が強制規範の体系なのである。私法が強制規範であるというのは、それが裁判の規準となり、裁判官の判決を下す行為を規律しているがためである。既に裁判の準則となり、強制効果の発動を根拠づけている以上、私法は公法と何ら異なるところのない国法秩序の公的部分内容を成している。これを裁判規範としての本質に照らして見るならば、私法の規律する法関係といえども、明らかにその一つの項において国家の司法作用と結びついているのである。この点を没却して、私法をば単なる私人相互の法関係の規範であると見ていることは、関係説の誤謬というべきである。

関係説と対立する他の一つの代表的な学説は、「利益説」である。利益説は、法の規律によって齎《もた》らされる利益の帰属点に著眼する。そうして、国家または社会の公益を擁護する法は公法であり、私生活主体としての国民の利益を保障する法は私法である、と主張するのである。[3]

しかし、利益説の主張する区別の標準はきわめて不明確であって、公法と私法とを判別する原理としては、余りにその根拠が薄弱である。何故ならば、公法の中にも、国家公共の利益を計ると同時に、私生活主体の利益を擁護しようとする目的が多分に含まれている。行政法は、秩序の攪乱を取締り、交通の安全を計り、教育の施設を普及せしめ、医療衛生の整備を行う、等の方法によって、国民の私生活に福祉を齎らすことを目的としている。刑法や訴訟法は、犯罪の要件と刑罰の効果とを明らかにすることによって、あるいは、訴訟や裁判の手続きを厳密に定めることによって、個人の利益を権力の濫用から擁護するという目的を含んでいる。その反面また、私法といえども、公の秩序を維持し、善良の風俗を保全することによって、公益の増進に寄与する。私所有権を擁護し、契約の自由を認めるのも、決して単に私人の利益のみを計るためではなく、私経済主体の活潑な自己経営を助成し、経済活動に弾力ある流動性を与えることによって、国家経済の基礎を増強しようとしているのである。故に、私益・公益の別は、私法・公法の分野を区劃する標準とはならない。公法と私法との区別は、元来が相対的なものであって、いかなる尺度を以てしても両者を純粋に弁別することは不可能であるが、それにしても、利益説の提供する尺度は余りにも曖昧であって、学問上の使用に堪え得ぬものであるといわねばならぬ。

その他、関係説または利益説に近いいくつかの変奏学説があるけれども、いずれも大同小異であって、公法と私法の差別を確定するには足りないものであると見て差支えないであろう。

これに対して、公法と私法の区別に関する法理論上の最も重要な分岐点は、いままで述べて来たような法定立の形式の特異性に求められなければならない。公法も私法も、共に国法秩序の主要な分野を占めている以上、いずれも原則として国家の目的活動を示し、原則として国家機関の機関権限を通じて定立されるのである。私法といえども、民法または商法というような「法律」としては、厳密な国法創設の手続きを経て定立されるものであること、刑法や訴訟法のような公法と何ら異なるところはない。ただ、私法の公法と異なる大きな特色は、法の実現過程の重要な一段階において、国家機関として位置づけられていない私生活主体の自律的法定立行為が介入しているという点に存する。例えば、所有権という制度は法律によって規定されているが、しかし、所有権者が自己の財産をいかに使用し、収益し、処分するかは、原則として所有権者自らの意志に委ねられている。また、民法は、贈与・売買・賃貸借、等の契約の諸形態を区別しているけれども、所有権者が自己の所有物を何人に贈与し、いかなる価格を以て売却し、何ほどの代償を得てこれを賃貸するかは、原則として彼れ自身の意志と対手方の意志との合致によって決定される。しかも、さように当事者の自由意志に基づいてなされた法律上の行為には、社会的な規範性が生ずると同時に、国家の裁判制度を基礎として、これに対する強制規範上の保護と保障とが与えられる。すなわち、所有権者が自己の所有物を使用・収益する行為は、他人の侵害を排除する力を有するし、これを侵害する行為がなされた場合には、所有権者はその救済を裁判所に求めることが出来る。所有権者が物を処分して、売買・賃貸、等の行為をなした場合には、さような法律行為は行為規範となって当事者を拘束すると同時に、裁判上の判決に対する制約力を発揮する。かくのごとくに、私当事者の自律意志によって法が作られ、その法が裁判の準則として通用するというところに、私法の領域を公法の領域から区別する根本の特色があるといわなければならない。

私法の領域では、法律は、法的要件と効果との関係をばごく概括的に規定しているだけであって、概括的に規定された要件をいかなる内容を以て満たすかは、私当事者の自治に委ねているのである。法律は、所有権とはいかなるものであるかを、きわめて一般的に規定している。したがって、その所有権をいかに行使するかは、所有権者の任意に委ねられている。また、売買契約によっていかなる効果が生ずるかは、法律を以て定められている。しかし、いかなる品物をいかなる価格で売買するかは、原則としてあえて法律の容喙するところではない。しかも、当事者の意志によって所有権が一定の仕方で行使され、あるいは、一定の内容を有する売買契約が成立すれば、法律は訴訟の手続きや裁判の制度を以てその効果を保護するのである。かように「白紙」の状態で規定されている法的要件の内容の決定が、私当事者の意志に委ねられているということは、すなわち、「私法自治」の原則に他ならない。故に私法自治の原則は、正に私法の本質を成している。しかるに、私法自治の原則が最も広く行われているのは、契約法の領域である。契約自由の理念は、近代契約法の根柢を成す精神である。したがって、契約法は、私法の中でも特に私法としての色彩の鮮明な分野であるということが出来る。

しかしながら、契約法は、特に私法性の鮮明な領域ではあるけれども、もとより契約法だけが真正の私法であるという訳ではない。およそ、「法律行為」が自律の規範定立行為たるの意味を有し、その効果が強制機構によって保障されているかぎり、財産法も身分法も、私法に相違ないのである。財産法の中心を成す所有権の制度は、さきにもいう通り、物の使用・収益・処分について所有権者の自律意志を尊重し、これを強制規範によって保護している。同様のことは、占有権・地役権・用益権などの物権制度についてもいわれ得るのであって、そこに財産法の私法性が認められる。また、人間の身分関係のうち、人間の意志を以て左右することの出来ない自然の親子関係や親族関係は別として、家族生活の出発点ともいうべき婚姻は、原則として婚姻当事者やその父母の意志によって決定される。また、自然の親子関係や親族関係の他に養子縁組を行うことも出来る。家督相続の順位や遺留分については、当事者の意志にかかわらぬ強行法の規定が支配しているけれども、財産の分与や遺言・遺産相続、等に関しては、当事者の任意によって決定され得る広汎な余地が残されている。故に、親族法や相続法のような身分法も、また私法としての性格を有するのである。

勿論、身分法は、契約法や財産法に比すれば公的規制を受ける程度が大きい。その点では、親族法や相続法は、最も私的色彩が濃厚であると考えられている生活領域の法であるにもかかわらず、法の構造からいえば、契約法や財産法よりも公法に近いのである。しかし、それは要するに程度の相違であって、身分法を私法に数えることを妨げるものではない。身分法に公的規制が伴うというならば、契約自由の原則を以て貫かれた契約法の領域といえども、公の秩序・善良の風俗に反する法律行為を無効とするというような公的の規制を受けているのである。その他、個々の規定を取り出して見れば、いわゆる私法の中にも公法があり、いわゆる公法の中にも私法の要素が含まれているであろう。そういう意味で、公法と私法の区別は飽くまでも相対的なものである。したがって、公法と私法との区別は立てられないと考えることも、理由のないことではないのである。殊に、今日のように私生活の公共性が強くなって来ると、私法を公法から区別して置く理由は、ますます稀薄となって行くように見える。しかしながら、当事者の意志によって裁判に対する制約力を持つところの自律規範が定立される、という標識を以て、私法の私法たる所以の特徴と見ることは、それにもかかわらず理論上可能である。故に、この標識によって私法を一まず公法から区別して置いて、しかるのちに、国家目的の深徹や統制経済の高度化により、私法自治の原則が制限されて行く現象をば、「私法の公法化」として説明するのが、法の科学としては最も穏当な態度であるといってよいであろう。

私法自治の原則に基づき、当事者の意志によって定立される行為規範は、裁判の準則となるという意味で同時に強制規範の性質を備えている。例えば、甲男が乙女と婚姻した場合には、甲乙二人の間に、互に扶養をなすとか、姦通をなさないとか、重大な侮辱を加えてはならないとかいうような義務が生ずる。これらの夫婦生活上の規律は、一般には親族法の定めるところであるけれども、その一般的な規律が特に甲と乙との間柄の規範として設定されるのは、甲と乙とが互に他を配偶者として選んだ結果に他ならない。きわめて法論理的ないい現し方を用うるならば、甲と乙とは互に婚姻をなすことによって、一般に夫婦関係について存立している規律を「適用」して、特に彼ら自身の遵守すべき規範を「定立」しているのである。この種の規範は、一方からいえば、もとより「行為規範」である。しかし、それは他方から見れば、また「強制規範」である。何故ならば、もしも甲が乙を遺棄したような場合、または、乙が甲に同居に堪えぬほどの侮辱を与えた場合、乙は裁判に訴えて甲の扶養義務の履行を要求することが出来、あるいは、甲は乙に対して裁判上の離婚を行うことが出来る。かくのごとくに、夫婦関係の生活規範は、行為規範であると同時に、強制規範・裁判規範である。

そればかりでなく、私法上の自律規範には、更に「組織規範」としての性質を有するものがある。財団法人を設立するための「寄附行為」や、社団法人の目的ならびに組織を定める「定款」のごときが、それである。寄附行為や定款についても、一般的には法規の定める種々の制約がある。しかし、その制約の範囲内で、法人の目的や組織をいかに決定するかは、原則として法人設立者の自律意志によるのである。すなわち、法人設立者は、私法自治の原則によって複合的私生活主体を創造し、その組織を定めるのである。かように、私法の領域では、国家機関の機関権限によらない法定立行為が行われ、法の目的が国民の自律意志を通じて実現される。これに対して、公法の領域では、原則として国家機関の機関権限を経てのみ法の定立が行われ、国民の自律意志の如何にかかわらず法の目的が具体化される。前者は、法の目的の実現に関して、国民の自己経営に重点を置く分野であり、後者は、主として国家の統制の下に法目的の実現を計ろうとする法部門であるということが出来よう。

（1） 法律行為が法の定立としての意味を有するということを明らかにしたのは、ケルゼンである。法の段階構造を考察して見ると、法律が命令の媒介を経て個別規範にまで具体化して行く場合と、法律が直接に適用されて個別規範となる場合とがある。しかし、ケルゼンによると、のちの場合、特に民事裁判の場合には、法律がそのまま裁判上の判決となって具体化されているのではなく、実はその間に当事者の法律行為というものが介在して、法律と判決との間を連結しているのである。すなわち、法律は、こういう場合には、裁判上の判決を制約すべき具体規範の定立行為をば、法律行為の当事者に「委任」していると見ることが出来る。そこで、法律は、一方では、命令を通じて個別規範の段階にまで下降して行くし、他方では、法律行為を通じて裁判上の判決にまで具体化されて行く。その意味では、命令と法律行為とが同一の規範段階に属することになるのである。かような理論づけによって、ケルゼンもまた、法律行為の当事者たる「私人」の国家機関性を認めている。Kelsen : Allgemeine Staatslehre, S. 263 f.

（2） イェリネックによれば、「私法と公法の対立は、次の根本思想に還元せしめられ得る。すなわち、私法においては、個々人が根本的に相互に対等の立場に立つものとして対立しており、したがって、私法は個々人そのものの関係を整序している。これに反して、公法は、種々の統治主体の相互関係、もしくは統治主体の組織および作用、ならびに統治主体とその統治に服従する者との関係を規律する。」Jellinek : Allgemeine Staatslehre, S. 384.

（3） ロオマの法学者は、夙に公法と私法とを区別し、その区別の標準をば、全体または国家の利益を主とするか、あるいは部分たる個人の利益に重きを置くかに求めた。Vgl. Gustav Adolf Walz : Vom Wesen des öffentlichen Rechts, 1928, S. 30.

近代における利益説の傾向を示す一例として、シュタアルの説明を引用するならば、＝「法の全体系は二つの主要領域に岐れる。すなわち、法関係は、人間の共同生活の二重の関聯に従って、二つの様相を有する。一方の法関係は個人を満足せしめ、個人の存在（個人の存在といっても、それはもとより共同生活状態の契機たるかぎりにおいてであるが）を完成することに役立つ。他方の法関係は、人間を共同的に支配し、彼らを一つの全体存在に結合し、この全体存在そのものを完成することに役立つ。前者は私法を、後者は公法を形成するのである。」Friedrich Julius Stahl : Die Philosophie des Rechts, 2. Bd., 1. Abt., 3. Aufl., 1854, S. 300 f.

三　権利

国家機関は、組織規範の授権に基づいて国法規範の定立・適用・執行を分掌すべき「権限」を有する。これに対して、一般国民は国家の法作用を分掌する公の権限は持たない。しかし、一般国民といえども、法規の定める制限に従って自律の行為規範を定立し、自ら社会生活上の義務を負うと同時に、他人に対して、同じく社会生活上の義務を履行することを期待し得る立場に立っている。そうして、この期待が裏切られた場合には、裁判に訴え、強制規範の発動を促すことによって、他人の自己に対する社会生活上の義務履行の保障を求めることが出来る。それが、一般国民に与えられているところの「権利」である。故に、権利は、第一には、他人の自己に対する「行為規範」上の義務履行を期待し得る状態である。それが、行為規範上の権利である。第二には、権利とは、行為規範上の権利をば「強制規範」の発動を通じて担保し得るところの状態を意味する。それが、強制規範上の権利である、法が行為規範と強制規範との重層構造を有するがごとくに、権利にもまた、行為規範上の権利と強制規範上の権利の両面がある。これら両面の綜合態が、すなわち実定法制度としての権利に他ならない。

権利という法制度の出発点を成し、その根柢を形作っているものは、行為規範である。行為規範は、それ自体としては「義務」の規定である。「約束を守れ」という行為規範によって、人々は約束を守るべき義務を負うている。人々が互に自律規範を定立して、「約束を守れ」という一般行為規範に特殊の内容を有する行為義務が成立する。例えば、甲は乙に百円の代金を以て牛一頭を売却することを申し入れ、それによって特殊の内容を有する行為義務が成立する。例えば、甲は乙に百円の代金を以て牛一頭を売却することを申し入れ、乙はこの申し入れを受諾したとするならば、甲は牛の給付につき、乙は代金の支払いについて、それぞれ行為規範上の義務を負うのである。かように、行為規範は本来は義務の規定ではあるけれども、その義務が人と人との間に相関的に成立することによって、人々は互に他人がその義務を履行することを期待し得る状態に置かれる。牛を乙に給付するのは甲の義務であるが、乙は甲が約束通り牛を提供することを期待し得る状態にある。百円の代金を支払うのは乙の義務であるが、甲の立場からいえば、乙が取り決めた約束を守って百円を支払うことを当然に期待出来るのである。更に、既に乙が甲から牛の引き渡しを受け、これに対して所定の代金を支払えば、牛は乙の所有に帰する。しかるに、人々が互に他人の所有物を侵さないということも、一般社会生活上の行為義務である。したがって、乙は、甲に対してのみならず、一般の第三者に対しても、牛についての自己の所有を奪い、または侵すことがないという行為規範上の義務の履行を期待し得る。かくのごとくに、他人の自己に対する行為規範上の義務履行を期待し得るという状態は、正に権利と呼ばれるものの実質を成すのである。故に、これをただちに、甲または乙の「債権」、あるいは牛についての乙の「所有権」と名づけることも、言葉の漠然たる用法としては必ずしも謬りではない。

しかしながら、社会生活を営んでいる人々が互に行為規範上の義務を履行するということと相関的に生ずる権利は、それだけではなお単なる行為規範上の権利であって、厳密な法制度としての権利ではない。すべて行為規範は、強制規範と聯関することによって、始めて「法規範」としての意味を有するのである。強制規範から切り離された単なる行為規範は、道徳規範であり経済規範ではあり得ても、いまだ法規範とは認められ得ない。それと同様に、単に行為規範とのみ関聯して生ずる権利は、道徳上・経済上の権利ではあっても、法上十全の意味を有する権利ではない。厳密な意味での権利」——「主観的法」(subjektives Recht)——は、強制規範との聯関を持つことによって始めて確立されるのである。

例えば、甲が既に乙に牛を引き渡したにもかかわらず、乙はいまだ代金を支払わないでいるとする。その場合にも、甲は依然として乙が売買契約通りに百円の代金を支払うことを期待し得るであろう。しかし、その期待が単なる行為規範に伴う期待に過ぎないならば、乙が言を左右にして代金支払いの義務を履行しないかぎり、甲の代金請求権は、権利とはいってもきわめて根拠の薄弱なものでしかあり得ないのである。しかるに、実際には、甲乙両者を拘束する行為規範は、更に強制規範によって裏打ちされている。したがって、甲は、乙が代金を支払うのを徒らに拱手して待つばかりでなく、進んで裁判所に訴訟を提起し、強制規範の発動を促して乙の義務履行の保障を求めることが出来る。さような強制規範上の保障が伴うことによって始めて、甲の乙に対する行為規範上の義務履行への期待が、甲の「債権」として担保されたことになるのである。逆に、乙が甲に対して代金を支払ったにもかかわらず、甲は牛の引き渡しを怠っている。あるいは、甲の引渡した牛に隠れた瑕疵があって、耕作の目的に適わない。そういう場合には、乙は裁判所に訴えて、甲をして改めて完全な牛を提供せしめ、または甲との売買契約を解除し、もしくは甲に対して損害の賠償を求めることが出来る。それが、甲に対する乙の権利である。更にまた、乙が牛を所有するにいたったのちは、乙は、その所有する牛を第三者によって侵されることがないということをば、裁判制度・強制組織を背景として主張し得る。そこに、乙の牛に対して行使する「所有権」が存立する。権利は、ここにいたって、始めて真正の権利となるのである。行為規範上の権利は、権利の素材であり、強制規範上の権利は、権利の形相である。両者相俟つところに、実定法制度としての権利の本質が存する。

　故に、法が立体構造を有する複合規範であるのと同じように、権利もまた立体的に、その素材と形相、内容と形式の両方面から考察されなければならない。しかるに、在来の権利学説の多くは、あるいは権利の素材に重点を置いてこれを権利と做し、あるいは権利の形相を以てすなわち権利であると主張している。権利の本質が不明確な状態に放置されていたのは、主としてかような権利学説の考察態度の一面性の責めに帰せらるべきであろう。

　権利の本質に関する古典的な学説の一つは、「意志説」である。意志説は、権利の主体をば意志の主体と見る。しかも、その意志は、単なる自然の意欲ではなく、法によって認められ、法によって賦与された意志である。例えば、債権者は、債務者をしてその債務の弁済をなさしめるように意志することが出来るし、債務不履行の場合には更にこれに対して訴訟を提起することを意志し得る。かような意志力が法によって与えられているところに、権利の本質がある。故に、意志説を代表するヴィンドシャイドは、権利を定義して、「法秩序によって賦与された意志力または意志支配」(eine von der Rechtsordnung verliehene Willensmacht oder Willensherrschaft) と做したのである。[1]

しかし、この説を以てしては、意志能力のない権利主体――幼児・心神喪失者、等――のあることを説明し得ない。そこで、ヴィンドシャイドは、権利の実体を成す意志は権利者の現実の意志とは関係がなく、単に法によって賦与された意志力であり、むしろ法秩序そのものの意志である、と説く。[2] しかしながら、意志説のいわゆる意志が権利者の現実の意志から切り離され、「法秩序の意志」というがごときものであるとされることになると、権利の本体はいよいよ漠然として捕捉し難いものとならざるを得ない。

故に、意志説に反対する他の学説は、進んで権利の実質上の内容を捉えようと努力し、結局これを利益に求める。イエリングの主張する「利益説」が、すなわちそれである。確かに、権利をその内容の方面から見ると、権利者の利益という契機が前面に浮び上って来る。債権者が債務者から債務の弁済を受けるのは、債権者の利益である。所有権者が所有物を任意に支配することが出来、その支配を他人によって侵されることがないというのは、所有権者にとっての利益である。かかる利益は、権利者がこれを意欲すると否とにかかわらず、或る程度まで客観的に評価し得るであろう。しかし、単なる利益は、いまだ権利ではない。利益が権利となるためには、法の保護が必要である。債権者の利益や所有権者の利益が脅やかされようとした場合には、法により裁判に訴えて、その保護を求めることが出来る。それが債権であり、それが所有権である。故に、イエリングは、「権利とは法によって保護された利益である」(Rechte sind rechtlich geschützte Interessen) と主張したのである。[3]

およそ、法にはすべて目的がある。したがって、法制度としての権利にもまた、当然その目的が内在しておらなければならぬ。そうして、権利が、各人に彼れの利益を享有せしめることを目的として発達して来た制度であることは、法の歴史に照らして疑う余地はない。権利の目的は、法によって各人の利益を保護するに在る。各人の利益を保護することによって、出来るだけ広く万人の利益を保護し、以て社会全体の福祉を増進しようとするに在る。権利の制度が、のちにいたって、経済上の優者の利益を偏重する結果に陥ったからといって、権利の目的が最初から一部の階級の利益のみを擁護するに在ったと見るのは、正当でない。権利は、法によって各人の利益を保護し、個人の利益と社会の利益とを調和せしめることを目的として発達した。その意味で、権利は法によって保護された利益であるというイェリングの見解は、確かに権利の本質の一面を明らかにしたものといわねばならぬ。

しかしながら、他面から考えると、利益は権利の目的であり、権利の内容であって、権利そのものではないのである。あたかも、法の目的が道徳であり、政治であり、経済であるからといって、道徳・政治・経済そのものが、単にそれだけで法である訳ではないのと同様に、権利の目的たる利益も、法の型の中に入ることによって、始めて誠の権利となるのである。イェリングは、権利をば「法によって保護された利益」と見たのであるが、権利の形式から論ずるならば、権利として保護される利益という要素は捨象されて、利益がいかにして法によって保護されるかという過程に、問題の焦点が移されることになる。利益とは、人間の主観を満足させる状態である。故に、利益の面から見た権利は、文字通り「主観的の法」である。しかるに、この主観面を捨象して、権利の問題を考察すると、人が権利を有するということは、権利主体が一定の発言権を以て裁判上の判決に参加するという客観的な事態を意味することになる。この権利の客観面を純粋に抽象して、権利をば法の客観的創設過程の一断層として示そうとしたのが、ケルゼンである。

ケルゼンによれば、法秩序は、上下の数階層を成して段階的に構築された強制規範の体系である。そうして、強制規範の体系としての法秩序の中では、上級規範の委任による下級規範の定立という形式を以て、常に新たな法定立・法創設が行われている。ところで、法の創設過程の中で、最も低い、最も具体的な段階の強制規範たる裁判々決は、直接には裁判官によって定立される。裁判官は、法律または命令というような上級規範を具体的な事件の上に適用して、これに強制効果を結びつけつつ判決を下すのである。しかし、裁判官の下す判決は、特に民事裁判の場合には、当事者による訴訟提起の行為によって制約されている。例えば、乙が甲との契約に違背した場合、または、丙が過失によって甲の財物を毀損した場合、甲はこれに対する損害賠償の訴えを提起することが出来る。裁判官は、乙が契約に違反して甲に損害を与えたこと、あるいは丙が過失によって甲の財物を毀損したことを確認した上で、乙または丙に損害賠償をなすべき旨の判決を下す。この判決は裁判官が下すのであるが、裁判官が判決を下す場合、甲と乙との間に契約が成立していたこと、または甲が財物を所有していたこと、および、甲が乙あるいは丙の行為によって受けた損害の賠償を求めるために訴訟を提起したことが、裁判の進行および判決の不可欠の前提を成している。いいかえると、甲は、損害賠償の訴訟を提起することによって、裁判官の行う判決定立行為――法創設――に「参加」しているのである。それが、純粋に法論理的に見た甲の「権利」である。故に、権利とは、当事者が或る段階において法の創設過程に参加すること、すなわち「法創設への参加」(Teilnahme an der Rechtserzeugung)に他ならない。これを、意志とか利益とかいうような主観的な概念を以て説明しようとするのは、徒らに法の認識を不純ならしめる所以であるに過ぎない。――と。(4)

ケルゼンの権利学説は、誠に文字通り「純粋」に法の側面から構想された権利本質論である。純粋に法の法たる所以を抽象して見るならば、法は強制規範の体系である。実定法秩序の純粋に法的な作用は、上位の強制規範による下位の強制規範の創設過程である。中でも、法律によって裁判上の個別強制規範たる判決が定立されるのは、最も具体的な法創設の過程である。そうして、権利とは、いわゆる権利主体によるこの具体的法創設過程への参加に他ならぬ。それが、純粋法学から見た権利の本質である。それが、権利の純粋の形式である。純粋の形式だけが権利であるというならば、この形式の中に盛られる内容が利益であろうと不利益であろうと、権利の本質を理解する上からいって全く無関係であると考えられるであろう。権利を利益であると主張するのは、譬えて見れば、徳利を以て徳利とすべきところを、徳利の中に満たされた酒を徳利であるというに等しい。あるいは、ケルゼンの挙げている例によれば、幾何学の時間に正六面体とは何かと問われた生徒が、正六面体は木もしくは厚紙で作られ、かくかくの重さを有する物体であると答えるに等しい、ということになるのである。(5)

しかしながら、法は実定法としては、決して純粋法学のいうような「純粋の法」ではあり得ぬのである。純粋の法は強制規範の体系であろう。しかし、強制規範は法の形式であって、法の内容ではない。法の形式としての強制規範は、常に必ず法の内容を成すところの行為規範と結びつき、行為規範を通じて道徳・政治・経済、等の――純粋の法から見ては「不純」の――目的を摂取している。その綜合態が実定法なのである。故に、実定法上の制度としての権利についてもまた、単にその形式のみを捉えて、これを「強制規範創設行為への参加」と考えただけでは、権利の一面を規定し得たことにしかならない。権利には目的があり、内容がある。狭義の国家機関が法の創設を分掌する権限を有する以外に、一般の私生活主体に対して「権利」という形式で法定立への参加が認められているのは、第一には、権利主体自らの利益を保護し、その生活を保障するためである。第二には、各権利主体をして自営自律の社会生活機能を発揮せしめ、以て社会全体の福益向上に協力せしめるためである。これらの目的内容を否定するならば、権利は権利としての存在意義を全く喪失して了うであろう(6)。徳利の中に満たされた酒が徳利でないことは、ケルゼンのいう通りである。しかし、酒を満たすという目的を離れては、徳利の徳利たる所以を理解することは出来ない。権利が法創設の一形式であるというのは、確かに権利に対する一つの独創的な見方である。けれども、この形式の中には、道徳・政治・経済の目的が不可欠の内容として含まれていることを忘れてはならない。これらの目的に変化が生ずれば、権利そのものの性格にも同様の変化が生ずる。自由主義の政治・経済の下での権利と、全体主義の政治目的に立脚する権利との間には、大きな相違性がある。かような権利の実在形態を見窮めて行くためには、権利を形式と内容の両側面から考察しなければならない。すなわち、内容の側面から見れば、権利の目的は、行為規範上約束されている各人の利益を保護し、個体の利益と全体の利益とを調和するに在る。形式の側面から見るならば、権利は、行為規範の規律によって生ずる各人の利益が、訴訟により、裁判を通じて、強制規範上保護されているという状態である。故に、権利は、行為規範上約束されている利益が、強制秩序によって保護されているという客観的な状態を意味するのである。

権利の目的は、個人の私益を保護することによって、同時に社会または国家の公益を増進するに存する。権利の中には、私益の目的と公益の目的とが、常に結合して内在しているのである。しかしながら、これら二つの目的契機の中のいずれに重点が置かれているかは、政治および経済の基調を成す世界観の動きによって支配される。近世初期の自然法理念に立脚する権利万能の思想は、もとより個人の利益を権利の中心に置いた。けれども、当時の権利本位の思想は、権利を尊重することによって「少数」の利益を計ろうとしたのではなく、各人の「平等」の利益を保護することを目標としたのである。その意味で、権利における個人の利益は、やはり社会全体の利益と相通ずるものと考えられていたのである。しかるに、近世資本主義の高度化と共に、権利の制度は、決して各個人の「平等」の利益を保障するものではないことが明らかになって来た。私益に重心を置くところの権利は、経済上の優者の利益を一方的に保護して、経済上の弱者をますます圧迫するという欠陥を示すにいたった。そこで、権利制度に対する各種の批判が行われ、権利は常に同時に公益に適うように行使さるべきである、という要求が強くなった。「所有権は義務づけられている」(Eigentum verpflichtet) というワイマアル憲法第一五三条の規定は、この要求を最も直截に表明したものである。更に進んで、社会連帯の理念から見て、人間関係は相互の義務の履行によって共存の実を挙げ得るものであるが故に、権利というような形而上学的概念は抹殺されて然るべきである、という学説も提唱された。デュギイの権利否定論がそれである。[7] かように、近世の権利思想は、私益中心から公益中心に向って動いて来ている。しかし、個人の自己経営の範囲が権利という形で認められている以上、権利は飽くまでも一つの実定法上の制度であって、デュギイのいうような「形而上学的」の概念ではない。したがって、現代の全体主義の政治、統制主義の経済の下に在っても、権利は決して否定されておらない。問題は、権利という古くからの形式の中に、いかにして公益と私益とを円満に調和せしめ得るような、新たな内容を盛るかに存するといわなければならぬ。

(1) Bernhard Windscheid: Lehrbuch des Pandektenrechts, 1. Bd., 6. Aufl., 1887, S. 99.
(2) A. a. O., Anm. 3.
(3) Jhering: Geist des römischen Rechts, 3. Teil, 1. Abt., 6. u. 7. Aufl., 1924, S. 339.
(4) Kelsen: Hauptprobleme der Staatsrechtslehre, S. 618 ff.; derselbe: Reine Rechtslehre, S. 39 ff., insb. S. 49 ff.
(5) Kelsen: Hauptprobleme, S. 618 f.

（6） 末川博博士は、権利の概念に関する諸学説を詳細に論述・検討された上で、権利には法律上の形式と、その形式の中に盛られている内容とがあるけれども、それらは両者相俟って権利の本質を成しているのであって、これを切り離して、そのいずれか一方のみを取り出したのでは、権利の認識は決して完きことを得ないと説いておられる。曰く、＝「権利といふもの丶観方には、以上述べたやうに、それを法律以前のものとして取扱はうとする傾向の考へ方とそれを法律上のものとして取扱はうとする傾向の考へ方とが対立してゐるのであるが、その何れもが必ずしも明徹した帰結を吾々に教示してゐるものとはいへない。即ち権利といふものを経験的に与へられる内容若くは質料において摑まうとする立場も、またそれを捨象された形式のみにおいて観ようとする立場も、共に破綻を露はしてゐるのであつて、吾々はその何れによるも満足な解決を与へられてゐるものといふことはできない。」「蓋し権利とか法律とかいふような広い意味においての社会的事象について、形式といひ内容といふも、本来一にして二ならざるものを思惟的に――科学上の必要から――分離して概念とするものに他ならぬのであつて、その所謂形式は常に内容を担へる形式であり、その内容は必然に形式を地盤とする内容なのであるからである。」末川博博士・権利侵害論、昭和五年、三〇二頁以下。

（7） Duguit : Traité de droit constitutionnel, tome 1, 3. éd., 1927, p. 16 et s., p. 213 et s., p. 274 es s.

四　公権と私権

権利は、狭義の国家機関たるの位置に立たぬ「私生活主体」としての国民が、行為規範によって約束されている利益について、強制規範上の保護を求め得る状態である。この強制規範上の保護は、権利主体の利益を保障するところの裁判上の判決定立行為として実現される。一般国民は、法の認めている範囲内で各種の契約を結び、財産を使用・収益・処分する自由を有する。その自由なる法律行為の効果が強制規範によって保障されているところに、権利と称せられる制度の本質が存するのである。故に、権利は、その本質上私法自治の原則と必然の聯関を有し、したがって、本来私法上の概念であるといわなければならない。いいかえると、権利は、元来の性質からいって「私権」なのである。

ところで、権利という概念は、普通には私権よりも広い意味に用いられている。すなわち、広く権利といえば、私権の他にいわゆる「公権」(subjektive öffentliche Rechte) を含むものと解せられている。しからば、私権から区別された公権とは、法理論上いかなるものと考えらるべきであろうか。

公権という概念はきわめて漠然としており、したがってその中にはすこぶる雑多なものが含まれている。この概念を最も広くおし及ぼして用いる学者は、個人としての国民に与えられた公権の他に、国家そのものに帰属する公法上の権利があると考え、これをも公権に数える。[1] 通例の用語として、あるいは国家の刑罰権といい、あるいは国家の行政権というがごときも、かような見解の常識への浸潤を示している。しかし、国家が国民に対して公権を有すると考えるのは、国民を捨象した国家に擬制的に法人格性を認め、国民と対立する国家に統治権を帰属せしめる国家統治権主体説に立脚している。故に、既に国家統治権主体論の成立し得ない理由が明らかにされた以上、国家の刑罰権とか国家の行政権とかいって、これを公権の一種に数える余地はないといわなければならない。刑罰権や行政権は、いずれも統治権の発動する一様相であって、権利の概念には属さない。統治権は、至上の「権能」であり、至高の「権力」であって、「権利」ではない。刑罰権や行政権は、「公権力」であって「公権」ではない。また、国家内部の公共団体——地方自治団体——が法律による法人格性を有する場合、仮りにそれらのいわゆる公法人が統治作用の一部を分掌すると考えるとしても、それは「公権力」への参加であって「公権」の行使ではない。[2] 故に、公権と称せられるものは、被統治者としての国民の側にのみ認められる権利でなければならぬ。しかも、公権は、国民が国家機関として有する「権限」でもなく、さればといって、私生活上の利益の保護を求め得るところの「私権」でもなく、独特の概念規定を持つ権利である筈でなければならぬ。

被統治者としての国民に賦与されている権利であって、しかも私権と区別せられるものの中、近代の立憲国家において特に重要視されているのは、「参政権」(politische Rechte) である。狭義に参政権と呼ばれるものは、上級高位の法規範、特に「法律」の制定に参与し得るという状態である。参政権を有する国民は、それに基づいて議会の構成員を選挙し、あるいは自ら議会の構成員に選挙せられ、間接または直接に法律の制定に参加することが出来る。普通には、これを立法上の参政権と呼んでいる。立法上の参政権は、法律という上級規範の定立に参与し得る状態であるのに対して、いわゆる私権は、裁判上の判決という下級個別の法規範の創設に参加し得る状態である。故に、ケルゼンは、この点に著目して、権利の普遍的の本質は「法創設への参加」であると做し、参政権と一般の私権との差異は、単に国民がその創設に参加する法規範の段階上の相違性に在るに過ぎない、と論じた。[3]

参政権の本質をば、一般国民が法律という形式の——場合によっては更に憲法という形式の——上級法規範の定立に参加し得る状態であると解するのは、確かに、鋭い法理論上の分析に立脚した見解であるといわねばならぬ。ただ、その場合に問題となるのは、参政権という「権利」がいかなる点で国家機関の「機関権限」と区別され得るか、ということである。既に国民が議会の構成員に選挙され、直接に法律案の審議・採決に加わるのは、明らかに国家機関としての権限を行使しているのであって、もはや権利の範疇を全く脱している。また、選挙権を有する国民が、総選挙に際して国民代表の議員を選ぶための投票を行っている場合も、国民は、議会構成員を選出する「選任機関」(Kreationsorgan)として、その機関権限を行っているものと考えられなければならない。[4]殊に、国民主権の理念に基づく直接民主主義を実行して、国民が直接に憲法制定のための国民投票を行うにいたっては、単なる権利の行使でないことはもとより、国家機関の権限の行使でもなく、実に統治権の主体そのものによる憲法制定権力の発動を意味する。そうなって来ると、特に「公権」としての参政権というものが考えられる範囲は、統治権の「客体」としての個々の国民が、一定の資格——性別・年齢・納税額、等——により議会の構成員を選挙し、もしくは自ら議会の構成員に選挙され得るという、漠然たる状態に限定されることとなる。それは、ケルゼンのいうような「法創設への参加」そのものではなく、間接または直接に法創設への参加をなし得るという「状態」なのである。イェリネックが、参政権をば、国民の有する特殊の「能動的状態」(der aktive Status)と解しているのは、この意味からいって正当であるといわなければならない。[5]

次に、同じく参政権と呼ばれる公権の中には、行政上の参政権が数えられる、国民が、法令の定めるところの資格に応じて文武官に任用せられるというような状態が、すなわちそれである。これを行政上の参政権というのは、立法上の参政権――狭義の参政権――と区別するための便宜上の名称であって、厳密にその内容を規定する概念ではない。何故ならば、その中には、行政官に任用せられ得るという状態と共に、法令の定める資格に基づいて司法官に任ぜられ得ることをも含むからである。かように、参政権という言葉を広義に解釈することになると、ケルゼンのごとくに、私権は裁判々決という下級個別の法創設への参加であるのに対して、参政権は上級一般の法創設への参加であるという風に考えることは、不可能になって来る。何故ならば、行政官庁によって定立される「命令」は、なお一般性を有する規範であるが、行政作用の末端を成す「処分」や、裁判官の下す「判決」は、純粋の個別規範であるが故に、国民がその創設に参加し得る法規範の段階性を以てしては、もはや公権と私権とを区別することは出来ないからである。むしろ、その場合に公権と私権とを区別する標準は、法創設に参加する立場の相違に求めらるべきであろう。すなわち、公権としての参政権は、国民が狭義の国家機関として法の定立・適用・執行を分掌する立場に立つことがあり得る、という状態を意味する、ただし、国民が法令の定める資格に応じて行政官や司法官に任用せられ、現に法の定立・適用・執行を分掌することとなった場合には、その立場は国家機関としての立場であり、その権能は国家機関の機関権限であって、もはや権利としての公権ではない。参政権は、国家機関たり得るという状態であって、現に国家機関たることではない。これに対して、私権は、国民が狭義の国家機関たる立場に立つことなしに、裁判上の判決を制約し得るという状態である。これによって、公権と私権との区別は一応明らかにされ得たことになるであろう。

しかしながら、公権の性質を一層漠然たるものたらしめているのは、憲法上の「基本権」(Grundrechte)である。公権の概念は、参政権の他に基本権を含むことによって、更に不明確なものとならざるを得ない。

基本権の中には、私権の基礎を保障しているものがある。憲法が国民の所有権をば侵され得ないものとして宣明し、公益のために必要な処分は必ず法律の定むるところによるべき旨を規定しているがごとき、それである。また、基本権の他の多くのものは、国民の生活や行動の自由性を保障している。憲法が、国民は居住・移転・信教・言論、等の自由を有することを規定し、これらの自由が制限せられるのは、法律によるか、しからずんば公安秩序の上から必要と認められる場合にかぎられる旨を明示しているがごとき、それである。基本権は、かように国民の自由の保障を意味する場合が多いために、また「自由権」(Freiheitsrechte) とも呼ばれる。これらの基本権も、或る意味ではケルゼンのいうように、法創設に参加し得る状態であると考えられないことはない。例えば、行政訴訟制度の設けられている場合には、行政官庁の違法の処分により損害を蒙った者は、これに対して、行政訴訟を提起し、行政裁判の判決によって一般に、あるいは特殊の基本権の救済を求めることも出来るからである。しかし、さような救済手段を別として考えるならば、基本権は、一定の利益または自由に対する全く受動的な保障としての意味を有するに過ぎない。イェリネックの用語を以てすれば、基本権は国民の単なる「消極的状態」(der negative Status) を示しているのである。(6)

かように、基本権の性質は、法理論上はすこぶる曖昧であり、その権利性も稀薄である。しかし、基本権の政治的意義は、それにもかかわらずきわめて明確である。近世の自由主義的法治主義の立場は、個人の自由をば法以前の根本前提と做し、国家生活に伴う自由の拘束は、よって以て個人の生活目的を有効に保護する手段たるかぎりにおいてのみ認証され得るものと考えた。人間が国家においてその自由の一部分を犠牲にするのは、それによって人間の他の大部分の自由をそれだけ確実に享有し得る所以であるというのが、その当時の自由思想の通念であったのである。自由主義国家の憲法上の基本権の規定は、かかる通念に立脚して、国民の生活には国家から自由な領域が広く残されていることを明らかにし、自由の領域と拘束の領域との限界は、国民自らの承認する法律によって始めて劃され得るものであることを宣言するという意味を有していた。これに対して、国家の安危が個人の禍福に卓越し、国家の目的が広く個人の目的を包摂する現代の国家体制から見れば、憲法上の基本権といえども、国家から自由な個人の生活領域を保障するという歴史的の意味を喪失せざるを得ない。それは、もとより基本権そのものの否定を意味するのではない。基本権は、依然として憲法によって保障されている。しかし、現代の国家理念からいうならば、基本権の目的は、国民に暢達な自己経営の余地を与え、国民の自律生活の安全を保障することによって、国民をして国家目的の実現に自発的に奉仕せしめようとするに在る。かくて、基本権の内容を規定する政治目的は、「個人の自由の保障」という観点から、個人の立場よりする積極的な「国家目的実現への参加」という意味に遷移しつつあるといわねばならぬ。

（1） Jellinek: System der subjektiven öffentlichen Rechte, 2. Aufl, 1905, S. 193 ff.

美濃部達吉博士も、「国法上の公権に付て述べると、それには国家的公権と個人的公権とを区別せねばならぬ。前者は国家の側から人民に対して有する権利であつて、支配者の権利たる特色を有し、自ら強力を以て強制執行を為し得ることを原則とする。後者は人民の側から国家に対して有する権利であつて、被支配者の権利たる特色を有し、支配者の保護に依つてのみ其の効果を全うすることが出来る。」といっておられる。岩波・法律学辞典、第二巻、昭和十年、六八七頁下段。

（2） 地方自治団体が「公法人」として地域的に統治権の作用を分掌し、疆内の国民を統治するという風に考えるならば、さような構想は、国家統治権主体説と同様な背理を含むことになるであろう。例えば、公法人としての市が局地的に統治権の作用を分掌し、市長や市会をその機関として市民を統治する、と説明するのは、国家法人説の雛型であって、国家法人説と同じ誤謬を繰りかえすものといわなければならないであろう、国家統治権主体説を否定する法理論を徹底せしめるならば、地方自治団体の法人格性は、財産法上の権利の帰属点としてのみ認められ、統治の関係については、例えば市民の選挙によって成立する市会や、市会において選挙された市長は、国家における統治権の作用を特殊の仕方で分掌する国家の機関と解せらるべきであろう。

（3） 「狭義においていわゆる『参政』の権利は、一般的な規範の創設への参加を保障し、私法上の権利は個別的な規範の創設への参加を保障する。」Kelsen: Reine Rechtslehre, S. 51.

（4） 選挙権の行使が公権の行使ではなく、国家機関としての機関権限の行使であることは、イェリネックも明らかに認めている。曰く、＝「すべて国家機関の委託は、したがってすべて国家的の選挙に参加することは、国家の機能の行使であり、それ故にそれ自身機関活動である。故に、選挙行為そのものは、いかなる場合にも個人の権利の内容ではあり得ない。むしろ、選挙の作用を行う選挙人そのものは、部分機関として、当該選挙区あるいは当該選挙団体に属する全選挙人によって形成された選挙会の構成員として考えらるべきものである。選挙権者は、選挙の瞬間においては、国家の公務員（Funktionär）となり、その公機能の行使とともにただちに私人の身分に復帰すべき立場に在るのである。」「だからして、すこぶる逆説的に聞えようとも、選挙権というものは、決して選挙するという権利において存立しているのではない。」Jellinek: A. a. O., S. 159 f.

（5） Jellinek: A. a. O., S. 87, S. 136 ff.

（6） A. a. O., S. 87, S. 94 ff.

第四節　民主主義の原理

一　国家における法と力

国家は、法を通じて諸般の人間目的を実現して行こうとする大規模な目的共同体である。故に、国家の中には、法の契機と目的の契機とが必然的の聯関を成して内在している。法は、目的を実現するための筋道であり、目的の動向を表現する規範形式である。これに対して、目的は、法を通じて自己を実現しようとする動因であり、法が法として作用する力の根源である。したがって、国家における法と目的の結合は、とりも直さず、国家における法と力の結合に他ならない。

国家における法と力とは、互に不可分に結合している。何故ならば、一方からいうと、法にして目的を持たぬものはなく、目的の力を背景とせぬ法は、法として行われ得ないからである。道徳の目的・政治の目的・宗教の目的・経済の目的が、あるいは単独に、あるいは互に結合して法を作り、法に内在し、法を動かすことによって、法は効力ある法、すなわち実定法として行われる。実定法たることが法の本質である以上、目的の力は法を法たらしめる根本の要件である。その意味で、力に立脚せぬ法は法ではあり得ない。しかも、他方から見ると、力もまた必ず法に依存している。何となれば、目的の力が法を通じて作用するというのは、それが目的の実現を計るための最も確実な経路なるが故である。目的は法の内容であり、法は目的の形式である。目的の力は、法の形式を通じて作用することによって、力と力との相剋を調和し、引いて以て力の経済を計ることが出来る。その意味で、力の作用は原則として法の軌道の上を通らなければならない。法は力によって動き、力は法の軌道によって秩序づけられるというのが、法と力との関係を規律する相互依存の根本法則なのである。

しかしながら、法と力との間には、その不可分の相互依存関係にもかかわらず、往々にして深刻な衝突の起る可能性が含まれている。道徳にしても、政治にしても、宗教にしても、経済にしても、法の内容と化することによってその目的の確実な実現を計ることが出来るのであるが、その反面また、法の内容となるということのために、必ず或る程度までの自己制限を忍ばなければならない。法の型にはまった道徳・政治・宗教・経済は、純粋の道徳・政治・宗教・経済に比すれば、大なり小なり生彩を欠く憾みがある。故に、純真な道徳・奔放な政治・躍動する経済、等は、ややもすれば法の型を破って、直接に事実を動かそうとする傾きがある。その結果として、道徳の力が法の形式と反撥し、政治の流れが法の堤防を決潰し、経済の動きが法の拘束の外に逸脱するというような現象が生ずる。そればかりでなく、法に内在している法超越的の諸目的は、一様ではなくて多様である。不動ではなくて変化する。法の目的が多様であれば、その間に対立が起る。法の目的が変化すれば、動く目的と留まる目的との間に矛盾が生ずる。法は正に、それらの対立や矛盾の間の調和を計って、安定した秩序を保つことを任務としているのであるが、人間の生活が複雑となり、歴史の変動が激しくなればなるほど、法の任務の達成はそれだけ困難の度を加えることとならざるを得ない。法は堅牢な構造を有し、強靭な弾力を備えた人間共同生活の秩序態であるけれども、社会目的の対立・矛盾が激化すれば、法の堅牢な構造にも罅《ひび》が入り、強靭な弾力も挫折を来すことがないとはいえない。その間隙から奔放な目的力が噴出するに及んで、力による法の破砕が行われるのである。ここにいたって、緊密不可分なるべき法と力とは、互に相容れ得ぬ二律背反の関係に置かれることを免れない。国家は法と力の綜合態である。国家は、法によって組織され、法を通じて活動する法共同体であると同時に、法に内在する道徳・政治・経済、等の諸目的を実現して行く目的共同体である。したがって、国家にとっては、法とその目的とが調和しているということ、いいかえるならば、法と法を動かす力との間に諧調が保たれているということが、何よりも必要でなければならぬ。しかるに、いま述べた通り、法と力との間には必然の聯関があると同時に、また深刻な背反の関係の生ずる虞れがある。これをいかにして防止するかは、正に国家の構造の根本に関する重大問題なのである。

国家の構造は、一面から見れば、法秩序の安定を保つに適したものでなければならない。道徳・政治・経済、等の目的力を調整して、それが法の規制から逸脱することがないようにするのは、法に内在する秩序安定の目的である。故に、法共同体としての国家は、まず以て安定した秩序を保つために、法の純粋目的を尊重する必要がある。しかしながら、他面から考えると、国家が単に秩序の安定という目的のみに執著していると、その結果として国家の綜合目的の発展性を阻害することとならざるを得ない。歴史と共に進展すべき国家の目的活動を、徒らに法秩序の圧力によって抑制するということは、目的共同体としての国家本来の面目に反する。それ故に、国家は、時にはまた法超越的な諸目的の力を駆り立てて、法を動かし、法を乗り越え、はなはだしきは法の破砕をまで敢てすることがあり得るのである。国家における法と力とは、かくのごとくに、互に調和すべきものでありながら、しかも互に反撥する。したがって、法を重んじて力を制するか、力に頼って目的に邁進するかは、国家の運営に伴う大きなディレンマであり、国家の組織原理の重大な分岐点とならざるを得ない。

国家における法の契機を力の契機の上に卓越せしめ、法によって力を制御することを主眼とする国家構成の原理は、「民主主義」である。民主主義の原理は、力に対する法の優越である。もっとも、民主主義といえども、本来は一つの政治動向であり、主として個人主義または自由主義の政治目的を達成しようとする「力」であった。専政制度の行われていた時代には、この民主主義の政治力が専政主義の圧迫に対抗するために、強烈な破壊作用を敢行したこともあった。けれども、民主主義の政治動向は、結局において力の奔放性を法によって制御し、民意を以て制定された法を通じて、国家自体の目的活動を必要な最小限度にまで制限することを目標としている。故に、民主主義の力は、力の自己制限という逆説的な方向に向けられている。そうして、力が力自身を厳密な法の形式の下に拘束しようとしている意味で、民主主義は、力に対する法の優位の原理として特質づけられるのである。

これに対して、国家の目的力を強化拡大し、法から力の制御者たるの意味を奪って、力に暢達自在な性能を発揮せしめようとする国家構成の原理は「独裁主義」である。いいかえると、独裁主義の原理は、法に対する力の優位である。勿論、国家はいかなる場合にも法共同体としての性格を喪失することは出来ない。故に、いかに徹底した独裁主義の国家といえども、法そのものを否定することは出来ない。独裁主義の否定するものは、民主主義の法である。民主主義は法の形式を尊ぶ。力が法の枠から逸脱することをば、最大の邪悪として排斥する。しかるに、独裁主義の政治力は、この形式主義的な法の拘束を断ち切って、力の機動性を極度に発揮しようとする。そこで、独裁主義の政治動向は民主主義の法形式を否定せざるを得なくなるのである。しかし、それは、法そのものの否定ではない。独裁主義は、民主主義の法の枠を決潰する力の奔流に、改めて法の作用としての意義を与える。故に、独裁主義の力は、やはり法として意義づけられた力である。ただし、その法は、力を制御し、政治を拘束するための法ではなくて、力の赴くところ、そのいたるところに正当性の認証を与えるための法である。そこでは、法が力を指導するのではなくて、力に法が追随するのである。その意味で、独裁主義は、法そのものを否定する力ではないけれども、しかも、法に対する力の優位を確保する原理となって現れるのである。

法の優位か力の優位かによって岐れる民主主義と独裁主義の対立は、必ずしも国家の基本構造上の二つの形態と平行するものではない。国家の基本構造は、統治権の所在によって定まる。君主の身分に在る単一人が、国家における全体を体現して統治する国家構造は、「君主制」である。国民主権の理念に基づき、国民全体が統治権の主体たる形を採っている国家構造は、「民主制」である。これらの二つは、根本規範によって表示されている国家の基本体制の区別であって、その一つから他の一つに移ることは、既存の根本規範の廃絶を意味し、したがって国家の同一性を中断せしめる。これに反して、民主主義と独裁主義とは国家運営の根本原理であり、情勢の変化と共に、同一国家にしてその一方から他方に転換することが出来る。故に、国家――特に、専政主義の旧態を脱した欧米の近代国家――には、

イ　君主制でありながら民主主義に拠るもの

ロ　君主制であって独裁主義を採るもの
ハ　民主制であって民主主義に徹するもの
ニ　民主制でありながら独裁主義に転換したもの

があり得る訳である。

第一の君主制でありながら高度の民主主義を採用している国家の最も顕著な実例は、イギリスである。これに対して、第二に、民主主義の君主国家が、君主制の基本構造を存置しつつ、しかも独裁主義に転化したものとしては、ファシスト・イタリイを挙げることが出来る。第三の、民主制なるが故に民主主義に徹底していた国家には、フランスがあり、北アメリカ合衆国があり、更にワイマアル憲法を以て組織されていた時代のドイツがある。しかるに、そのドイツが国民革命によって民主主義を否定し、「国家権力は国民に淵源する」（Die Staatsgewalt geht vom Volke aus）という基本体制を維持しつつ、単一人支配の独裁主義に転換するに及んで、第四の国家形態、すなわち民主制にして独裁主義に拠る国家の出現を見たのである。かように、一方には君主制と民主制の対立があり、他方には民主主義と独裁主義の対立があって、それらが互に交錯しつつ現実の複雑な統治組織を作り上げているのが、現代における西洋の国家群像であるということが出来よう。

国家の基本構造としての君主制と民主制の区別については、既に述べた。故に、今後に残された任務は、国家運営の根本原理としての民主主義と独裁主義とを対比して、国家における法と力との調和が、いかなる国家構造の下において真に可能であるかを検討するに在る。

二　自由主義と民主主義

民主主義は、それ自体が一つの政治理念であるが、この政治理念が国家運営の原理として発達して来た根柢には、更に一つの政治的世界観が横たわっている。それは「自由主義」――「個人主義的自由主義」――である。[1]

個人主義的の自由主義は、個人の自由を社会生活の根本前提と做し、個人の自由を擁護することを以て政治の理想と見ている。しかし、多数の人間が共同の生活を営んでいる以上、自由といっても、それは決して絶対の無拘束性を意味することは出来ない。共同生活の一員としての人間の自由行動には、いかなる場合にも必ず大なり小なりの制限が伴う。ただ、その制限なり拘束なりが、現に拘束を受けている当の人間の意志によって設けられている場合には、自由主義の世界観は、これを自由の理念と矛盾しない自律の拘束として認証するのである。民主主義は、かような自律の拘束をば法の根本原理と見るところから出発する。(2)

近世のヨオロッパに発達した自由主義の世界観は、最初まず、人間固有の自由と現実生活に伴う拘束との間の矛盾をいかに解釈するか、という問題に直面した。啓蒙時代の素朴な自由主義の立場からいえば、人間は本来自由たるべきであり、また実際にも自由であったのである。しかるに、その本来自由であった筈の人間が、何故に現実には国家生活に由来する幾多の拘束を受けるようになったのであろうか。無から有が生ずる道理がないとするならば、いかにして自由にして拘束を知らない世界から、自由ならざる拘束の状態が発生し得たのであろうか。――この問題に対する解答はただ一つしかあり得ない。すなわち、自由の世界から拘束の状態が発生したのは、自由なる人間が国家の必要を認め、自ら進んで国家を作り、国家の下に拘束された生活を営むようになったためである。人間は本来自由であるが、単なる自由人の自由生活には、秩序および安全の保障がない。そこには、自由を濫用して他人の生活を脅やかす者もあれば、外部から武力を以て侵略して来る敵もある。これを防いで、人間生活の秩序を維持して行くためには、国家という制度を設ける必要がある。そこで、人々は、相互の自由意志の合致によって国家を作ったのである。国家は自らにして成ったものではなく、秩序と防衛の目的のために、自由人相互の「契約」によって作られたものである。既に国家を作り、国家をして秩序・防衛の任務に当らしめている以上、人間の自由はそれによって当然或る程度までの制限を受ける。秩序の維持のためには法が行われなければならず、法が行われる以上は、人々は法の拘束を受けねばならぬ。拘束は、それ自体としては自由の反対概念である。けれども、その拘束が自由人の自ら進んで認めた拘束であることによって、拘束は自由の理念と両立する。かくて、「国家契約説」は、近世初期の自由主義の当面した自由と拘束との間の矛盾を解決する、理論の鍵となったのである。

国家生活に伴う自由の拘束は、法を通じて行われる。故に、自由の拘束が自由人の自己拘束として意味づけられるためには、単に国家の成立の基礎を自由人の自由意志に依存せしめるばかりでなく、更に進んで、国家の中で定立される法をも、国民の意志に淵源せしめなければならない。そこで、自由主義の政治思想は、国家契約の仮説と不可分に聯関する第二の根本前提として、「国民主権」の理念を樹立する。

既に、国家を作り出した者が、国家以前の世界に属する自由人である以上、彼らが国家を構成してその国民となったのちにおいても、国家の組織や国家の作用の大綱を決定する者は、国家の創造者たる国民でなければならぬ。国家は国民の利益を保全するための手段である。故に、国家において「主」たる地位を占める者は、現に国家生活の拘束を受けている「民」でなければならぬ。ここに国民主権の理念が成立する。国家の主たる国民は、同時にまた国法の定立者たるべきである。法は、国民の意志に基づいて定立され、国民の承認する仕方で国民の生活を規律する。そうなって始めて、本来の自由と法による拘束との対立が、自由の理念の下に解消され得るのである。すなわち、国民主権ということは、民意立法の制度を確立するための基礎理念に他ならない。

かように、民主主義は、国民の意志をば法定立の最高権威とするものであるから、その純粋の形態は、国民を統治権の主体とする「民主制」の国家構造に帰着する筈でなければならぬ。しかし、実際問題としては、フランスのように革命によって君主制を顚覆せしめるか、しからずんば、北アメリカ合衆国のように新天地に新たな民主国家を建設するかしないかぎり、民主制を確立する道はない。そこまでの非常手段に訴えることを敢てしない国家では、君主制と民主主義との妥協が行われる。君主制の下に民主主義が発達して来ると、君民共治というような理念を掲げて、法は民意によって定立され、君主は単にその法定立行為に対する拒否権を保留するという形式が採用される。民主主義が更に高度化すれば、君主制は純然たる形式として存続するに過ぎず、実質上は民主制と毫も異なるところのない、完全な民意立法が行われる。そこでは、君位は、ほとんど全く人格性を喪失した「王冠」と化しているのである。

国民主権の理念に基づき、国民の意志によって定立された法は、二つの異なる方面に向って働きかける。その一つの作用方向は、国民の生活に向けられている。国民は法によって拘束され、法の命ずる義務を履行し、法に違反した場合には所定の制裁を受けなければならない。しかし、民主主義の立場からいえば、法の作用のこの方向は、法の本質にとってはむしろ第二義的な意味をしか持たない。法の第一義的な作用方向は、実は国家そのものに向けられているのである。国家には、秩序を維持し、外敵を防ぐために、強大な権力が備わっている。国家に備わるこの権力は、治安を維持して国民の利益を計るための手段であって、それが逆に国民の利益を奪い、不当に国民の自由を束縛するような仕方で行使されることは、もとより国家契約の根本義に反する。故に、民主国家の国民は自ら法を定立し、この法を以て権力の発動を規制し、力の濫用を防ごうとするのである。その意味で、法は権力を拘束する。法が国民を拘束しているように見える場合、例えば、国民が法によって納税の義務を履行し、法によって刑罰に処せられている場合といえども、いかなる権力を以てしても法によらずして重税を課することを得ず、法の規定に基づかずして国民を処罰することは出来ないという意味で、法はやはり第一義的には権力そのものを拘束しているのである。すなわち、法によって力を拘束・制限しようとするのが、民主主義の国家構成の下での立法の根本方針でなければならない。

民主主義の国家では、国民の意志によって定立された法が、権力の発動を拘束する。権力の拘束は、一方では、権力の存在理由を出来るだけその最小限度に近く局限することを目的としている。しかるに、権力の存在を意義づける最小限度の理由は、秩序の維持と対外的の防衛とである。故に、民主主義の国家は、秩序および防衛という特殊の任務に従事する高度に分業化した職能社会となり、多元的国家論の説くような国家形態に接近して来る。勿論、前に述べたように、いかに高度化した自由主義・民主主義の下であっても、国家が純粋の秩序・純粋の防衛のみに専念して、他の一切の目的活動から全く絶縁された状態に置かれるということは決してあり得ない。何故ならば、秩序および防衛という特殊の任務を遂行するためには、国家は必ず道徳に対しても、宗教に対しても、経済に対しても、或る程度まで積極的な態度を執る必要があるからである。しかし、それは結局は程度の問題である。民主主義は、権力をば法の絆によって縛著し、国家を秩序の忠実な番犬たらしめようとする。そこに、法による力の拘束の第一の意味がある。

それと同時に、法によって力を拘束することの第二の意味は、権力の干渉から自由な社会生活範域を確保するに在る。国家の目的が秩序および防衛の中心点に向って縮小して行けば行くほど、秩序・防衛以外の積極的な目的活動はそれだけ広く自由人の自己経営に委ねられることになる。そこでは、個人が自由に道徳を履み行い、己れの信ずる宗教に帰依し、国家を否定するような学説をも研究し、自己の採算と工夫とによって任意の経済活動を営むことが出来る。それらの目的活動は個人によっても行われ得るが、共同の目的の下に結社を組織して協力の効果を挙げることは、目的の達成を一層確実ならしめる所以である。したがって、民主主義の国家の内部には、ほとんど国家から独立しているように見えるところの各種の異質社会が分岐・発達する。かような異質社会といえども、少くとも公安秩序に関するかぎり、国家の監督を受けているのであり、したがって、その生活は、全く国家から自由な社会生活であるということは出来ない。その意味で、国家はこれらの異質社会をも包摂する包括的社会団体と考えらるべきであること、また、多元的国家論に対する批判として述べて置いた通りである。ただ、それらの異質社会の積極活動面についてはは高度の自治が認められているために、国家と国家ならざる社会とが截然と区別され、その間に対等の関係が存在するかのような外観を呈するのである。そのかぎりにおいて、自由主義・民主主義の社会構成が多元的国家論によって描き出されたような多元性を示していることは、事実であるといわなければならない。

民主主義の国家では、国民の高度の自由活動が容認されると同時に、国民の個人としての利益が尊重される。それは、法によって保障された自由であり、法によって保護された利益である。しかるに、国民の利益が法によって保護されている状態は、すなわち国民の権利に他ならない。故に、民主主義の法秩序は、「権利本位」の性格を発揮するのである。また、国民が自由にその権利を行使し、自由に他人と契約を結び、活溌な共同生活を営んで行くのに対して、国民の権利を保護し、契約の効果を保障しているものは、私法の体系である。したがって、民主主義の国法秩序は、私所有権の尊重を経とし、契約自由の原則を緯とする「私法優位」の構成を示すことになる。民主主義の法原理の出発点を成すものは、国家契約の理念であった。契約とは、もともと私法の概念である。されば、民主主義の国家は、私法の理念に始まり、私法の優位に終る。私法自治は、民主主義の法秩序を一貫する指導原理というべきである。

(1) のちに述べるように、広く自由主義という場合には、全体主義的の自由主義、すなわち真に自由なる存在は、個人ではなくして、超個人的な普遍者であるという考え方をも含むことになる(第五節、一)。これに対して、民主主義の基礎理念としての役割を演ずるものは、もとよりさような全体主義的の自由主義ではなく、個人をば自由なる存在者と見る個人主義的自由主義である。

(2) ラアドブルッフによれば、民主主義は多数の個人意志を政治的決定の根柢とするのに反し、自由主義は個人の自由を擁護するためには、時に多数の意志決定をも排除しようとする。そこに両者の相違がある、と(本書二五五頁参照)。しかし、政治上の自由主義は、結局、国民主権の理念を経て、国民の多数意志を立法の根源と見る民主主義に帰着する。

三 民主主義の国家構造

民主主義の国家構造の持つ著しい特色は、その合理性に在るということが出来る。すべての文化形象の中でも、法は最も合理性の程度の高いものの一つに数えられ得るであろう。したがって、力に対する法の優位を確保しようとする民主主義の国家が、高度に合理化した構造を有するということは、もとより怪しむに足りない。しかしながら、人間生活の実態は、決して合理的にのみ組織立てられ得るものではない。ヘエゲルは、実在するものは合理的であるといったけれども、ヘエゲルのいわゆる「合理的」(vernünftig)とは、理念の顕現であるという意味であって、啓蒙主義的な知性偏重の合理性ではない。実在の本体は、むしろ非合理的である。それ故に、高度に合理化された民主主義の国家構造は、合理的であるが故に、かえって非合理的な実在と喰い違っている点が多い。民主主義の原理は、この喰い違いを隠蔽し、組織の合理性と実在の非合理性との間の空隙を補塡するために、更に種々の合理的な技巧を弄する。それは、非合理的な実在国家の実相を、合理的な組織の型に当てはめられているかのごとくに粉飾する「擬制」の論理である。民主主義の国家構造を検討することは、要するにこの擬制の論理を辿ることに他ならない。

民主主義の駆使する擬制の論理は、まず、さきに述べた国家契約の理論から始まる。国家契約説は、国家をば自由人の自由意志によって成立したものであると見る。契約によって国家が作られ、それと共に、人間の自由に対する国法の拘束力が基礎づけられたのであると説く。けれども、法の拘束力の基礎を成すものとして説かれているところの「契約」は、それ自体が一つの法形象である。法のない世界には契約もあり得ない。契約は法を前提とする。契約は、法があり国家があって始めて、人と人との間の結合関係を有効に規律し得るのである。しかるに、国家契約説は、法の拘束のない原始自由の状態から契約によって国家が成立し、法の拘束が生じたのであると論ずる。すなわち、法は契約の前提であるにもかかわらず、国家契約説は契約をば法の前提と見ようとするのである。これは、最も見易い自家撞著であり、実在の根拠を欠く明白な擬制でなければならない。もっとも、ルウソオやカントにいたって、原始契約の仮説は歴史上の事実の説明としての意味を全く喪失し、国法による自由の拘束が自由の理念の下に容認されるためには、その根柢に自由人の合意が予想されなければならない、という論理の要請にまで深められた。しかし、国家契約説が歴史上の事実関係から離れれば離れるほど、それは実在と縁のない合理的な擬制であることを、自ら正直に物語っていることとならざるを得ない。国家契約を前提とする民主主義の国家構造は、求めてその出発点を非実在的な擬制に選んでいるのである。

しからば、この擬制は、いかなる政治上の役割を演じているのであろうか。いうまでもなく、それは、国家の存在理由を国民の意志に依存せしめ、立法の権威をば君意から民意に移すための技巧に他ならない。契約は私法の原理である。しかも、国家を前提としない私法というものがおよそ考えられ得るとするならば、さような私法関係は純然たる平等の関係でなければならぬ。しかるに、国法秩序の実在構造は、公法的な上下秩序である。故に、国法秩序の根本前提を契約に求めるというのは、公法的な上下秩序を私法的な平等秩序に還元することを意味する。人間はもともと自由であり、自由なる個人としては互に全く平等である。これに対して、現実の国家生活は支配服従の上下関係によって秩序づけられている。しかし、いかなる支配関係といえども、本来の人間の平等関係から見れば、第二義的な意味をしか持たない。いいかえると、いかなる支配者の権力といえども、平等なる自由人の自由意志によって委任されたものであるに過ぎない。したがって、支配は、平等なる本来の人間関係を基礎として行わるべきであり、それ故にまた、国民の意志に反するあらゆる権力は、暴力として排斥されなければならない。——国家契約の擬制は、かようにして、公法的な支配関係の基礎を私法的な平等関係に置くのである。かかる思想の最も直截な表現は、一七七六年の北アメリカ合衆国の独立宣言の中に見出される。(1)

国民が国家の創造者であり、一切の権力の授権者であり、法定立の最高権威であるとするならば、その当然の帰結は、国民を以て統治権の主体とする民主制の確立でなければならない。あるいは暴君放伐を唱え、あるいは革命の権利をふりかざして、君主制の倒壊にまで進めば、それによって民主主義は民主制と合致する。しからざる場合には、君主制の国家は、君主制の形式を存置しつつ、実質上の民主主義に転換する。いずれの場合にも、国民の意志を以て立法の淵源たらしめるという理念を、実在国家の現実の制度として運用して行くためには、なお幾段かの論理の技巧を用いる必要が生ずるのである。

まず、君主制の国家が君主制のままに民主主義に転換した場合には、統治権の形式上の主体としての君主と、立法の実質上の権威としての国民との関係を、合理的に調整しなければならない。国民主権の理念からいえば、国家において「主」たる者は国民たるべき筈である。しかし、君主制が存続している以上、国民は少くとも形式的には君主によって統治される被統治者でなければならぬ。「民主」主義の国家に「君主」があるということは、論理的には大きな矛盾である。けれども、実在国家の非合理な歴史的事情によって、「君主」の制度と「民主」の理念との間の妥協が成立している以上、その間の論理的矛盾を隠蔽して、君と民との対立を調和する制度が設けられなければならない。その方法は、実質上は国民の意志によって行使される統治権をば、一応は「王冠」に遡源せしめ、そこから改めて流出するという体裁を整えしめるに在る。民主国家においては、法定立の根拠は「輿論」に在るとされている。そうして、輿論を代表してこれを立法の上に表現するものは、議会である。議会の決定は、事実上は、法を最後的に左右する力を有する。しかしながら、君主国家である以上、議会の決定を法として成立せしめるためには、その上に「王冠」

を戴かしめる必要がある。故に、高度化した民主主義を採用している君主国家としてのイギリスでは、立法権は「議会の中に在る国王」(King in Parliament)に帰属する。[2]「議会の中に在る国王」は、「議会」という点から見れば実質上の立法者であり、「国王」という点から見れば形式上の擬制である。かように、国王の地位を擬制と化している君主国家においては、それと同時に君主制そのものが擬制化されているといわなければならないであろう。

次に、民主主義が形式の上にまで徹底して、民主制を採用している国家では、統治権の主体は国民であり、立法意志の淵源もまた国民に帰している。その意味では、民主国家の制度は、国民主権の理念を完全に満足せしめている筈なのである。しかしながら、国民が国民を統治するというこの形式は、観念的には自由の理念と自治の要請とを満足せしめるけれども、実在の統治機構は、それだけでは少しも整備され得ない。実在の統治機構は、上下の支配関係として確立されなければならぬ。しかるに、国民が国民を統治するというのは、平等の関係である。国民はすべて平等に統治権の主体である。ここに、民主国家に伴う論理と実在の矛盾がある。故に、民主主義の原理は、君主の支配という上下関係を、一たび国民の自己支配という平等関係に還元せしめた上で、更にこの論理上の平等関係をば、ふたたび実在的な統治機構の上下関係に引き戻す必要に迫られる。第一の還元を行うために利用された転轍機は、「国家契約」の擬制であった。しからば、第二の、論理的な平等関係から実在的な上下関係への方向転換は、いかなる転轍機によって行われるか。それは、すなわち、「国民代表」および「多数決」という二つの重要な擬制に他ならない。

元来、民主主義の理想からいうならば、国民代表制度は既に一つの邪道でなければならぬ。もしも、国民の意志が立法の真の淵源であるとするならば、国民はすべて「直接」に法の定立に携わることを以て建前とすべきである。しかがって、憲法の創設や改正はもとよりのこと、主だった法律の制定についても、一々に国民投票によって決するという「直接民主主義」が、民主主義の理念型たるべき筈なのである。[3]しかしながら、直接民主主義は民主主義の理想ではあっても、理想なるが故に現実には行われ難い。厖大な人口を擁する近代国家においては、一々の法律案の採決を国民投票に問うというようなことは、いうべくして行い得ない事柄である。また、よしんば事毎に国民投票を行って直接民主主義の実を挙げようとしたところで、年少者・癈疾者・犯罪者、等は当然その中から除外されることになるから、実際には国民投票の結果にも或る程度まで国民代表の意味が加味されることを免れない。そこで、国家の実定制度として現れた民主主義は、実質上必ず国民代表の機構によって媒介された「間接民主主義」とならざるを得ない。中でも、法の定立に関して特に重要な意義を有する国民代表の機関は、いうまでもなく「議会」である。国民に淵源する立法権は、議会という国家機関に委任され、議会が国民の意志に基づいて法律の定立に当るという制度は、最も現実に適った民主主義の機構とされ、それがいわば近代国家の一つの定石として広く採用せられるにいたったのである。

ところが、議会は国民代表の制度であるというけれども、議会制度が発達するにつれて、国民と議会との間の聯関は、決して最初に期待されたような密接なものではなくなって来る。何故ならば、国民の意志と議会制度との間に必然的な聯関があるのは、主として総選挙の場合であって、選挙によって議会の構成員が決定し、議会が成立して了えば、その議会においていかなる政策の下にいかなる法律が制定されるかは、法制上国民の意志の掣肘を受けないからである。勿論、総選挙に際して議員候補者の表明した政見は、当選後のその議員の態度を実際上拘束するであろう。また、輿論となって表現される国民の意志は、議会における立法過程を有効に促進し、あるいは逆にこれを牽制・阻止するに役立つ場合が少くないであろう。しかし、それはいずれも議会制度の実際上の運用の問題であって、制度それ自体としては、議会が国民の意志から遊離・隔絶した行動に出でることを妨げない。故に、議会が国民を代表するという関係は、その実を伴わない単なる名目上の代表と化する虞れがある。故に、学者は、国民が議会に対して制度上行い得ることは、単なる「選任行為」(Kreationsakt)に過ぎないというのである。国民は議会に対して単に選任行為をなすに過ぎず、議会は輿論に牽制され、次期の総選挙の結果を考慮に入れながらも、制度上国民の意志から離れて立法に従事するとするならば、国民代表とは結局一種の擬制であるといわなければならない。[4] 既に国民代表が擬制に過ぎぬならば、議会はもはや国民の忠僕ではなく、むしろ、実際には法によって国民を規律する支配者である。[5] すなわち、自律自制の平等秩序たることを理念とする民主国家の法構造は、国民代表という擬制を転轍機として、巧みに議会支配の上下秩序に転換せしめられていることになるのである。

更に、国民代表の擬制と結びついて、国民主権の論理関係を少数支配の事実関係に転換せしめているものは、「多数決」の原理である。国民主権の理念からいえば、統治の根源は国民の意志に存しなければならない。しかし、国民の意志といっても、国民の「総て」の意志が一致するということは、もとより事実上あり得ない。そこで、「国民の意志」と称せられるものの内容を決定する唯一の実際的な方法として、多数決ということが行われる。すなわち、「多数の意見」が「国民全体の意志」であるかのごとくに取扱われるのである。それは、明らかに一つの擬制である。しかも、多数決の原理が国民代表の擬制と結合すると、多数の決定は、もはや国民全体から見ての多数ではなく、単なる議会における多数であり、したがって、国民全体から見ればきわめて少数の意見が、立法の鍵を握ることになる。国民の意志によって法を定立し、その法によって国民が国民自らを統治するという民主主義の理念は、まず国民代表の擬制によって現実から離れ、更に多数決の擬制によって実在から遊離する。かくて、国民主権の理念は、単なる理念として飾棚に納められ、実際上の民主主義の運用においては、「議会中心」という一種の寡頭政治のような統治中枢が成立するのである。

もっとも、民主国家の要務は、決して単なる「立法」のみに尽きる訳ではない。議会は立法の衝に当るとしても、これと並んで、法律を適用して「司法」の作用を行う裁判所があり、法律に遵拠して「行政」の機能を掌る政府がある。これらの三つの作用をそれぞれ独立の三機関に分属せしめ、その間の相互牽制によって権力の濫用を防止しようという「権力分立」の原理は、いうまでもなく民主主義の実定制度化の上に大きな影響を与えたのである。しかしながら、権力の分立といっても、議会と裁判所と政府の関係は、純粋の鼎立関係のように絶対に対等である訳には行かない。何故ならば、裁判所が司法作用を用い、政府が行政機能を掌るのは、いずれも法律の規定による。そうして、司法・行政の基礎を成す法律の制定が議会に委ねられている以上、立法はすべての国家作用の根柢であり、立法の衝に当る議会は裁判所および政府に対して、既にそれだけ優位に立つこととならざるを得ないからである。殊に、議会の多数党を母胎として政府が成立するという、いわゆる「議会政治」が行われる場合には、立法部たる議会は行政部たる政府の行動を左右し、その死活の鍵をも握ることとなるであろう。ここにおいて、民主主義の発達の窮極は、行政権に対する立法権の優位、政府に対する議会の卓越となるべき必然性を有する。行政権を以て、特に国家における「力」の契機を代表せしめるとするならば、行政権に対する立法権の卓越は、正に力に対する法の優位を確保する所以である。立法中心・議会中心は、法による力の拘束という民主主義理念の、制度的に完成された表現に他ならない。

民主主義の国家構造は議会の多数を中心とする。議会中心の政治は、幾多の擬制を積み重ねつつ、理念としての平等秩序を上下の統治秩序に転換せしめることによって成立した、一種の寡頭政治である。けれども、議会政治の持つ大きな特色は、立法の実体を握り、行政の動向を左右する議会の多数が、階級支配の場合のように偏在固定せず、時に応じて変化し得るという点に在る。多数を擁している政党もやがて凋落することがあるし、少数党も時を得て政権を握る可能性がある。かように、政党勢力の消長と共に、各種の異なる政策が法定立の上に交替して有効な発言権を獲得し得るということは、政治の中心の硬化を避け、国法秩序に可変可動の復原力に富む安定性を与える所以でなければならない。国民の利害関係が複雑に分岐するにつれて、国家の内部にさまざまな政治勢力の対立が生ずるのは、免れ難い勢いである。これに対して、法が一つの政治勢力とのみ固定的に結びついて、反対勢力を無理に抑圧しようとすると、地下に潜入した反対勢力が、秩序の根本を破壊するほどの爆発力を蓄積するにいたる虞れがある。故に、民主主義の法は、右に左に転変する政治の動きをなるべく広く合法性の枠の中に摂り入れて、その中のいずれたるを問わず、議会の多数を制しさえすれば、これに法定立の実権を賦与しようとするのである。民主主義は、力に対する法の優位を確保することを以て窮極目的とする。しかし、この目的を達成するためには、法によってひたむきに力を封鎖しようとするよりも、力の変動を広く法的に認証するという態度に出でる方が、遥かに実際に適った有効な方法であろう。民主主義の国家構造は、政治の風を軽く柳と受け流して、柔軟自在の法的安定性を保持しようとする。議会制度は、政治の爆発力が法を破砕することを防ぐための、精巧なる安全弁にも譬えられ得る。かくて、法的安定性の目的に高度の弾力性を与えていることは、確かに議会中心の法秩序の持つ優れた妙味であるといってよいであろう。

しかしながら、議会制度が多面多彩な政治動向のいずれとも妥協して行くにつれて、民主主義は、専政制度の牙城に澎湃として迫った初期の迫力を全く喪失して、哲学上の相対主義となり、政治上の機会主義に堕する。その最大の欠陥は、危機に際会しての無定見性である。極左・極右の両端はとも角として、左翼にも右翼にも、保守主義にも進歩主義にも、押しなべて議会での発言権を許し、多数を制し得た者には交互に法定立の当事者としての地位を与えるという態度は、平時には弾力に富む法的安定性を保つ所以であろう。しかし、一たび、歴史の危局に直面した場合には、そのためにかえって国内の分裂・対立を激化せしめ、国家全体としての統一活動を不可能ならしめる結果に陥り易い。危機に臨んで拱手傍観、なすところを知らず、空しく機会の過ぎ去り行くのを眺めなければならないというのは、民主国家の陥る窮地である。民主主義は、危機を回避するに適した政治組織ではあるけれども、既に到来した危機を克服し得る政治原理ではない。殊に、国際的な危局の深刻化は、民主主義のこの欠陥を白日の下に暴露する。風を軽く受け流す柳も、或る程度を越えた政治力の暴風に遭っては、遂に根柢から倒壊することを免れない。さような政治の暴風は、力に対する法の優位を覆して、法に対する力の優位を確保しようとする独裁主義の擡頭である。いかなる政治勢力とも妥協しようとする民主主義も、独裁主義の政治勢力とは遂に妥協し得ない。独裁主義の確立は、すなわち民主主義の否定である。故に、論述の局面もまた、ここに民主主義の原理の考察から離れて、独裁主義の原理の検討に移って行かなければならぬ。

（1）「われわれは、次の事柄を自明の真理と考える。すなわち、すべての人々は平等に造られ、それぞれ造物主から、生命・自由、および幸福の追求を含むところの不可譲の権利を賦与されている。これらの権利を確保するために、人間の間に政府が組織されたのであり、政府はその正当な権力の根拠を被治者の同意に有する。そうして、いかなる政府の形態といえども、もしも右の目的を破壊するようなものとなるにいたったならば、人民は、これを変革または廃止して、その安全と幸福とを計るために最も適当と考えられるような主義に立脚し、その安全と幸福とを齎《もた》らすに最もふさわしいと思われるような権力組織の形式を備えた、新たな政府を樹立する権利を有する。」

（2）Dicey : Introduction to the Study of the Law of the Constitution, 8. ed., 1926, pp. 37-39, pp. 424-426.

（3）国民主権の理念の論理的な帰結が直接民主主義でなければならぬことは、ルウソオによって説かれている。したがって、彼れは、国民の主権が議会によって代表され得るという観念を否定する。すなわち、「主権は代表され得ない。それは、主権が譲渡出来ないというのと同じ理由に基づく。主権は、本質上、普遍意志の中に存立する。そうして、意志は決して代表されない。意志は、同じ意志であるか、しからずんば他の意志である。その中間というものはない。故に、議員は国民の代表者ではなく、また、その代表者たることも出来ない。彼れらは、国民の受託者に過ぎないのである。彼れらは、何ごとをも終極的には決定し得ない。国民が自ら批准しない法律は、すべて無効である。それは法律ではないのである。」Jean Jacques Rousseau : Du contrat social ou principes de droit politique, 1762, livre III, chap. XV.

（4）「近代人の常識となつている国民代表の概念は純然たるイデオロギーであつて、法科学的概念としては成立しえないものである。それを単なる政治常識たるにとどまらしめず、法科学的概念にまで高めようとの努力は、従来数多くの学者によつて試みられたが、いづれも先に見たやうに失敗に終つている。人が国民の代表者と呼ぶところの者と国民との間には、実定法的には何らの関係がない。国民代表の概念はさうした実定法的な関係の不存在を蔽う『名』であるにすぎぬ。」宮澤俊義教授。国民代表の概念、美濃部教授還暦記念・公法学の諸問題、第二巻、昭和九年、二七〇頁。

（5）「イギリス国民は自由であると考えているが、それは、はなはだしい間違いである。彼れらは、議会構成員の選挙の時にだけ自由であるに過ぎぬ。その選挙が終って了えば、彼れらは忽ちにして奴隷と化する。彼れらは決して自由ではないのである。」Rousseau : ibid.

第五節　独裁主義の原理

一　自由主義の変貌

民主主義の政治理念が自由主義の世界観を基礎としていることは、既に述べた。民主主義は、人間の自由を擁護するために、国民の意志によって法を定立し、その法を以て権力を拘束しようとするのである。それ故に、民主主義を否定し、力を拘束する法の桎梏を取り除いて、力の奔放自在な震動を可能ならしめようとする独裁主義は、当然自由主義とは対蹠的な世界観に立脚するものと推定されるであろう。この推定は一面では正しい。何故ならば、独裁主義は、個人の自由を至上価値とするいわゆる自由主義とは全く相容れ得ぬからである。しかし、この推定は他面では正しくない。何となれば、独裁主義の根柢には、国家または民族を以て絶対自由の存在者とする、全体主義的な自由主義が横たわっているからである。ここにおいて、民主主義から独裁主義への叙述の転換は、自由主義の変貌という主題と必然に結びついて来る。

普通、人が自由主義という場合には、それはすべて個人主義と結びついた自由主義の意味に解せられる。そうしてまた自由主義は、最初は確かに個人主義的の自由主義として発達し、それが自由主義の主流となって今日に及んでいるのである。しかしながら、西洋近世の思想を貫流している自由主義を、単に個人主義の面からのみ考察することは、決して自由主義の真相を広くかつ深く理解する所以ではない。自由主義の変貌を達観するならば個人主義はもとより自由主義の一つの現れであるが、個人主義の対蹠概念たる全体主義もまた、自由主義の特殊の一変奏たることを失わないのである。問題の分岐点は、自由か自由の否定かにあるのではない。自由は、西洋の近代思想において終始一貫して肯定され、欣求されている。問題はただ、いかなる自由が肯定され、何者の自由が理念として掲げられたかに在る。この点から自由主義の発展段階を大別して見ると、第一には、啓蒙時代の純粋に個人主義的な自由主義があり、第二には、カントによって説かれた道徳上の先験的自由主義があり。第三には、ヘエゲルを代表者とする全体主義的の自由主義がある。

啓蒙時代の自由主義は、単に「個人の自由」を中心理念としたばかりでなく、これをば同時に、政治の目標として達成し得べき「現実の自由」と考えた。勿論、啓蒙期の自然法論者が、人間は生れながらにして自由であると説いたとき、その主張は明らかに一つの合理的な想定であり、形而上学的な仮説であって、経験上の事実に立脚する学説ではなかった。しかし、この人間の原始自由に関する仮説は、もとより単なる学説ではなくして、政治の理念である。彼れらは、この理念から出発して、この理念と矛盾する専政制度を攻撃し、これに代るべき自由の共同生活を実現しようとしたのである。すなわち、政治の「理念」として前提された自由は、形而上学的な仮説であったけれども、政治の「目標」として掲げられた自由は、人間が現実に享有し得べき経験的な状態でなければならなかった。いいかえると、人間の自由を圧迫する専政制度が崩壊すれば、人々は、自律の法による拘束以外の拘束を持たぬ自由の世界を建設することが出来る、と信じたのである。かように、自由をば経験的な政治の目標と考えたところに、啓蒙時代の自由主義の大きな特色があるといわなければならない。

しかるに、自由主義の政治運動が進展して、自由を妨げる最大の障碍と考えられていたところの専政制度が崩壊してのちも、自由は決して予定通りに人間の手には帰って来なかった。何故ならば、専政君主の支配が撤廃された代りに、議会の多数が国政を左右し、そこに、国民の意志から遊離した新たな拘束が現れて来たからである。また、身分上の階級は封建的な意味を喪失したけれども、それに代って、財産上の階級が無産大衆の生活に重圧を加えることとなったからである。殊に、フランス革命直後の恐嚇政治の横行や、社会生活の収拾すべからざる混乱は、自由に憧憬していた当時の人々に、ほとんど絶望に近い幻滅を感ぜしめた。なるほど、人間は自由でなければならぬ。しかし、自由は所詮一つの理想であって、現実に求めて与えられ得るものではない。現実の自由は、「意志」の自由ではなくして、「肆意」の跳梁である。肆意の跳梁は、人間の社会に、新たな支配と束縛と不平等とを生み出す。かくて、革命後の人心は、「経験的な自由」を否定する悲観論に傾かざるを得なかった。この悲観主義的な時代思潮を哲学的に表現して、人間の現実の自由を否定すると同時に、先験的な道徳の理念としての自由を提唱した者が、すなわちカントである。

カントによれば、経験界の存在者としての人間には、自由はない。何故ならば、現実の世界は自然の法則たる因果律によって支配されている。人間の意志も、この法則から離れて自由たることを得ないのである。しかしながら、人間は経験界の存在者であると同時に、道徳上の人格者である。道徳の世界には、普遍妥当なる道徳律が行われている。この道徳律の妥当性は、人間の意志の自由を予想する。経験界を支配する因果律は、先験的な道徳の世界には当てはまらない。故に、人間が自由であるというのは、経験的な現実の問題ではなくて、先験的な道徳理念の要請なのである。道徳上の確信に訴えるとき、人間は必ず自由意志の主体でなければならぬのである。かような倫理上の要請と政治上の目的とを混同し、政治闘争によって人間の現実の自由を獲得しようとしたところに、啓蒙期の自由主義の根本の誤謬があった。現実の人間を束縛から解放するならば、そのあとに残るものは肆意の自由に過ぎない。しかし、肆意の自由は自由ではなく、かえって、先験的な自由が経験的な欲望や感情のために拘束されている状態を意味する。故に、肆意をば法によって拘束することこそ、真の自由への第一歩である。勿論、法の拘束は自由の一般原則に立脚しなければならない。その意味で、専政は排斥されなければならない。法は、肆意と肆意とが、自由の一般原則の下に並び存し得るための諸条件である。現実界の不自由と道徳上の自由とは、肆意を拘束する法によって媒介されるのである。カントは、かくのごとくに、真の自由は道徳の理念であって、現実の問題ではあり得ぬこと、現実の問題としては、法による肆意の拘束が必然と自由とを媒介するものであることを明らかにした。彼れが、肆意の解放を以て自由なりとする啓蒙思想を否定し、肆意の拘束にこそ自由への道があることを説いたのは、単に近世自由主義発達史に新紀元を劃しているばかりでなく、現代の全体主義の思潮とも深い内面的な聯関があるといわなければならぬ。

しかしながら、自由の理念は、カントによって肆意の自由から道徳的な意志の自由に高められると同時に、「此岸」の現実性を失って、現実人の手の届かぬ先験性の「彼岸」に押しやられることになった。カントの自由主義が更に乗り越えられなければならないものであるとするならば、その方向は、かような彼岸の自由をふたたび現実的な此岸に取り戻す点に在る。しかも、此岸現実の問題として「個別者」の自由を考える余地がないとするならば、自由の理念は、超個人的な「普遍者」の概念と結びつかなければならぬ。自由は、個人を超越する普遍者の立場においてのみ、理念であると同時に現実的であり得る。――ここに、自由主義思潮の第三の段階たるヘエゲルの全体主義の著想がある。

ヘエゲルの学説は、一見すると自由主義の線から逸脱しているように思われるけれども、その実、それは正に自由に酔える思想であるといわねばならぬ。なるほど、ヘエゲルは「個人」の自由を否定した。単にカントのように個人の現実の自由を否定したばかりでなく、個人を主体としているかぎり、道徳上の自由といえども真の自由ではないと見た。その意味では、ヘエゲルは、啓蒙時代の現実自由主義をも、カントの先験自由主義をも、共に克服しようとしたのである。けれども、それによってヘエゲルの主張したものは、決して自由の否定ではなくて、自由の絶対の肯定である。しかも、先験的な彼岸の自由ではなく、此岸現実の自由の肯定である。ただ、現実的に自由であり得るものは、決して「個別者」(das Einzelne)ではない。意志の本質は普遍性に在る。故に、自由なる意志の主体は「普遍者」(das Allgemeine)でなければならぬ。無限界の普遍意志は、特殊性の自己限定を受けることによって、主体的に自由な普遍者となる。それが、一般には「道義態」であり、特には「国家」である。真の自由は、国家の普遍意志において始めて実現される。個人は、単なる個人としては決して自由ではあり得ない。しかも、個人は、国家の構成員としての立場を自覚し、国家の普遍意志と合体することによって、普遍者の自由を分有する。否、国家の自由は、国民たる個人の自覚を通じて現実化する。「国家は、実体的意志の現実態である。国家は、自らの普遍性にまで高められた特殊の自覚において、この現実性を持つ。さようなものとして、国家は即自向自に理性的な存在者である。この実体的統一態は、絶対不動の自己目的である。自由は、かかる自己目的の中においてその最高の権利に到達する。この窮極目的は、個別者に対する最高の権利であり、個別者にとっては、国家の構成員たることが最高の義務である[1]」。かくて、ヘエゲルは、自由は国家において始めて完きを得るものと見たのである。

かように、啓蒙思想の個体自由主義からヘエゲルの全体自由主義にいたる自由主義の変貌を概観した所以は、必ずしもヘエゲル哲学をば現代の独裁主義の基礎を成すものと見做そうがためではない。直接の思想史上の連絡からいうならば、現代のファシスト・イタリイの独裁主義は、国家全体主義を採っている点で、明らかに多分にヘエゲルの影響を受けている。これに対して、ドイツの民族社会主義の世界観には、少くとも具体的に見て、ヘエゲルの国家哲学と相容れ難い点が含まれている。第一に、ヘエゲルが普遍者としての国家の自由を説き、国家をば極致の道義態として讃美した場合に、彼れの思想の中に現実の影を宿していたものは、決して独裁主義の政治形態ではなく、プロイセンの立憲君主制であった。ヘエゲルは、一方では個人の自由意志を否定した。しかし、他方では、国家の中に市民社会的な対立の契機が内在していることを認めた。そうして、この対立が「議会」によって媒介されながら、国家的普遍性の立場にまで向上し、単一の国家意志の中に統一されることを期待したのである。[2] かように、対立の媒介者としての議会の機能を重要視するヘエゲルの思想は、単一の指導者の権威意志の下に一切の国内対立を払拭し去ろうとする現代の独裁主義とは、大いに趣を異にしているといわなければならない。第二に、ドイツの民族社会主義の世界観は、国家を至上絶対の普遍者と見る代りに、民族を最高の価値として掲げている。そうして、国家をば、民族の発展のための単なる手段と考えている。この点でも、民族社会主義は、ヘエゲルの国家至上主義と反撥する契機を含んでいる。これらの反撥関係があるにもかかわらず、現代ドイツの一部の学者――ビンダア、ラレンツ――が、ヘエゲル哲学の再興によって民族社会主義の法および国家の理論づけを行おうとしたのは、最初から無理な企てであったといわなければならない。

しかしながら、一般論として見るならば、ヘエゲルによって説かれたような全体主義的の自由主義は、現代の独裁主義の政治理念に対しても、不可欠の基礎を成しているのである。自由主義は西洋近世の社会思想の主流であって、現代の全体主義といえども、この流れの外に在るものではない。全体主義は、個人の自由への恋々たる執著を断ち切るために、個人主義と結びついた自由主義を否定する。しかし、その目標は、決して自由一般の否定に在るのではなく、むしろ個人の自由よりも遥かに大きく、遥かに価値高いと考えられるところの、普遍者の自由を確保しようとするに在る。一切の桎梏を断ち切って、歴史の舞台の上を自由に闊歩し得る者は、超個人的な生命を有する特殊の普遍者でなければならぬ。その普遍者が「国家」と見られるか、「民族」と考えられるかは、大きな思想動向からいえば、むしろ枝葉の問題に過ぎない。個人の自由は肆意の自由である。誠の自由は普遍者の自由である。真の自由に到達するためには、まず肆意の自由を封じ去らなければならない。肆意の自由を封ぜられた個人は、普遍者の立場に立ち帰ることによって、真の自由に更生しなければならない。かような肆意の自由の否定において、カントの精神も現代の全体主義と連なり、普遍者の自由の提唱において、ヘエゲルの哲学は現代の独裁主義の中に生きているのである。ただ、ヘエゲルが、普遍者の自由をば既に実現された自由と見たのに対して、現代の全体主義は、国家または民族の解放をば政治的闘争の目標として掲げている。故に、ヘエゲルの哲学は、自由に安住し、自由を謳歌しているのに反して、現代の全体主義は、自由に到達する前提として、まず眼前の危機を克服しようとしている。[3] そこに、前者と異なる後者の激しい闘争性がある。後者の政治形態が、尖鋭化した独裁主義となって現れている理由も、そこから理解されなければならないのである。

（1） Hegel：Grundlinien der Philosophie des Rechts, §258.

（2） A. a. O., §301 ff. 拙稿・ヘエゲル法哲学と指導者国家、佐佐木博士還暦記念・国家及法律の理論、昭和十三年、八四頁以下参照。

（3）「ヘエゲルの全体主義的社会哲学は、現代における全体主義の現実形態と決して全面的に動向を一にするものではない。現代の全体主義は、『危機』の生み出した特殊の実践動向であり、したがって、現実あるがままの状態を肯定讃美する態度ではなく、むしろ全く反対に、現在の苦難障壁を打破して、新たな人間秩序を建設しようとする『革新』の動きである。これに対してヘエゲルの思想は、既に爛熟した現実の中に『実現された理性』を認める立場であり、『ここに薔薇あり、ここで踊れ』（Hier ist die Rose, hier tanze.）といふ現状絶対肯定の諦観を本質としている。歴史の発展が窮極に達し、物全てが成り終り、満ち足りて、世界史の黄昏が迫って来てゐるとき、夕暮に飛ぶ『ミネルヴァの梟』たる哲学は、此の現実を理性的なるものとして理解する以外に為すべき仕事を持たないのであり、哲学がその灰色の絵具を用ひて灰色の生命形態を描き出して見ても、それによつて世界を若返らすことは出来ないといふのが、ヘエゲルの歴史観であり、またその哲学観である。故に、暗雲重畳する東天に新たな暁光を仰ぎ見ようとするのが、現代の全体主義であるとすれば、燦然たる落暉を眺めてその栄光を讃へてゐるのが、ヘエゲル哲学の姿であるといふことが出来よう。そこに、両者の間に全く対蹠的なものがあることは、もとより否定出来ない。」拙稿・全体主義思潮、世界精神史講座第六巻、世界精神史の諸問題（一）、昭和十五年、四三一頁。

二　民主主義より独裁主義への転換

民主主義の国家構造は、法によって力を制限し、個人の権利と自由とを保障して、法的安定性の要求を高度に満足せしめる。専政主義から民主主義への急転回が成された当時には、さきに述べたような秩序の混乱が起って、自由に対する懐疑が深く人心を捉えたけれども、それは理想と現実との間に生ずる免れ難い矛盾であって、必ずしもカントのごとくに政治上の自由を断念せしめるほどの機縁とはならなかった。むしろ、民主主義の諸制度が整備するにつれて、少くとも市民階級の自由にはほぼ確実な保障が与えられ、専政政治の恐怖をば過去の物語りと化せしむるにいたったのである。

けれども、この状態も決して永くは続かなかった。やがて、自由経済を地盤として資本主義が高度の発達を遂げるに及んで、財産上の階級の対立が次第に激化し、無産大衆の生活不安を深刻化せしめ、民主主義によって安定した秩序もふたたび危機の相貌を呈するようになった。加うるに、各国の高度資本主義は広く市場を世界に求めて互に角逐抗争し、経済上の覇権の争奪は、遂に軍事上の世界大戦となって爆発した。大戦の不自然な結末は、ヴェルサイユ条約によって不自然なままに一応の安定を見たけれども、戦争によって最も大きな打撃を蒙った国々は、やがて、坐して衰亡を待つか、起って運命の打開策を強行するか、二途いずれかを択ばざるを得ない立場に追い込まれたのである。かかる窮地に陥った国家にとっては、問題はもはや単なる法秩序の安定ではあり得ない。安定した秩序の下においては滅亡のみがあり得ると考える者は、非常の手段によって力の集中を計り、集中した力を以て国内制度を革新し、更に新たな体制を整えた国家の総力を以て、国際法秩序の弱点を突破して行こうとする。かくて、法の権威は失墜し、民主主義の伝統は崩壊し、法に対する力の優位を確保しようとする政治原理の急速な擡頭を見た。普遍者の自由を理念とする独裁主義の原理が、すなわちそれである。

独裁主義は危機の政治原理である。しかも、二重の意味で危機の政治原理である。何故ならば、それは第一には危機から生れる。危機を克服するという必要が、危機を克服するに適した力の政治原理としての独裁主義を生むのである。しかるに、かくして生れた独裁主義の国々は、力によって旧来の秩序——国内秩序および国際秩序——を打開して行こうとすることによって、既存秩序を固守しようとする民主主義の国々との間に、深刻な対立を惹き起す。故に、危機から生れた独裁主義は、更に第二に新たな危機を生むことになるのである。かような第二次的な危機は、急速に拡大して世界危機となり、民主主義の国々をまで、独裁主義に大なり小なり類似した求心的な臨戦体制に移ることを余儀なからしめた。第二次のヨオロッパ戦争が勃発して以来、この戦争に直接間接に関係している国々には、もはや真正の意味での民主主義はないといっても、恐らく過言ではあるまい。かような独裁主義の進出と民主主義の退潮との間に捲き起された複雑な渦乱を、その全面に亙って考察するということは、現在の論述の目的の外に在る。ここでは、民主主義から独裁主義への転換を最も鮮かに遂行したドイツの場合を範型として、これら二つの国家運営の原理を比較検討するに留めなければならぬ。

独裁主義は、法に対する力の優位を確保しようとする。そのために、力に対する法の優位を固執する民主主義を克服しようとする。しかるに、民主主義の国家構造の中心に位して法の権威の牙城となっているものは、議会である。故に、独裁主義の最初の攻撃目標となるものは、当然に議会でなければならぬ。議会制度の去勢は、独裁主義の確立のための先決問題である。しかしながら、民主主義の中枢を成す議会をば、新興の政治勢力を以て外部から否定しようとすれば、いきおい法と政治の正面衝突を招き、暴力革命に類する大きな犠牲を払わなければならないであろう。さような露骨な「法の破砕」に訴えることは、旧秩序を一挙に覆滅せしめる簡単な方法ではあるとしても、そののちに来るべき新秩序の構築を著しく困難ならしめる。遠い過去の武断独裁政治ならばいざ知らず、現代の進歩した独裁主義は、民心の把握を以て最大の要訣としている。国民大衆の支持を持たぬ独裁政治は、動揺する民心を鎮撫し、反抗する勢力を弾圧するために奔命に疲れて、到底国家全体の共同体的結束を固めることは出来ない。故に、民主主義を排して独裁主義を樹立するという「革命」は、革命とはいっても、出来るだけ法の破砕によって民心を惑乱することを避ける。そうして、在来の民主主義の法形式を利用しつつ、その形式の中に巧みに新たな政治内容と法価値とを盛り上げて行こうとする。それが、ドイツ民族社会主義によって遂行された「国民革命」(Nationalrevolution)の狙いどころであったということが出来よう。

故に、独裁主義は民主主義の枠の中に成長して行ったのである。この枠を外から破壊する代りに、この枠を利用して内から発達して行ったのである。民主主義の形式が独裁主義によって利用され得たという逆説的な事実は、民主主義そのものの無定見性に起因する。民主主義は、政治目的の動きに対して寛容である。その最も寛容なるものは、共産党にも極右国粋党にも、総選挙の結果如何によって、等しく議会の議席を占めることを許すのである。したがって、独裁主義といえども、人心を獲得し、選挙の結果に訴えて、次第に多くの議員を議会に送ることに成功するならば、刃に衂《(ママ)》らずして内部から民主主義の牙城を占拠することが出来る。「民族社会主義的ドイツ労働党」(Nationalsozialistische Deutsche Arbeiter-Partei)は、民主主義の議会政治に宿命的に内在しているこの脆弱点を衝いて、大局から見て合法性の埒外に出づることなく、一九三三年一月三〇日のヒトラア内閣組織にまで到達し得た。ドイツ民族社会主義が無血革命として誇るところの「国民革命」が成就したのである。これを革命と称するのは、この時を境として自由主義的民主主義の諸政策は一擲され、民族生活・国家生活・法生活のすべてを通ずる世界観的態度が一変したからである。[1]しかしながら、一つの合法的な政党が総選挙によって議会の多数を制し、その結果として政権を掌握するのは、形式からいえば民主主義政治の「常道」であって、「革命」と呼ばるべき現象形態には属しない。「法の破砕」たることを以て革命の本質とするならば、ドイツ民族社会主義の国民革命は革命ではない。それは、民主主義が自ら招いて、民主主義の法形態の中に民主主義を否定するような政治勢力の擡頭を許し、遂に独裁主義のために軒を貸して母屋を取られるの結果に立ちいたったものといわざるを得ない。

これに対して、ドイツ民族社会主義の革命が形式上も革命としての相貌を呈したのは、一九三三年三月二四日の「授権法」(Ermächtigungsgesetz) ――「民族および国家の危機克服のための法律」(Das Gesetz zur Behebung der Not von Volk und Reich) ――の制定に在るというべきであろう。この法律は、民族社会主義的ドイツ労働党ならびにその他の同一傾向の政党の支持を受けて、三月二三日、ドイツ国会における五三五名の出席議員中四四一名の多数を以て可決され、翌日大統領によって公布された。そうして、この法律によって、立法部たる議会は行政部たる政府に法律制定権を授け、更に、若干の例外を除き、政府の制定する法律を以て憲法の内容をも変更することを認めた。(2) これは、民主主義の立法中心的国家構造を行政中心の政治形態に急転せしめた措置であって、正に憲法の大変革である。しかも、この憲法の変革が「法律」という形式で行われているところに、授権法制定の革命性がある。なるほど、ワイマアル憲法は、その第七十六条を以て、議員総数の三分の二以上の出席と出席議員の三分の二以上の同意とを要件として、憲法を改正し得ることを定めており、授権法の制定に際しては、数の点のみからいえばこの要件に適うだけの出席と賛成とがあった訳である。(3) しかし、いかに満場一致を以て可決した法律といえども、「法律」は飽くまでも法律であって、憲法ではない。しかるに、授権法は、法律の形式によって憲法を変革している。憲法により議会の議決を経て制定さるべきものと定められている法律を、政府によって制定し得るものとなし、かつ、政府の制定する法律は憲法と異なる内容を有し得ることを規定している。故に、それは、法律という下位規範による、憲法という上位規範の変革であり、議会そのものの手による「法の破砕」であったといわねばならぬ。

授権法の制定は、民主主義の法の破砕であった。ワイマアル憲法の法の枠は、内部からの政治の圧力によって決裂し、新たに独裁主義の法形態が――行政部の意志によって法律が作られ、憲法さえも変更し得るという法形態が――作り上げられた。この換骨奪胎の変革は、もとより「民主主義」の否定である。しかし、それによって、ドイツの「民主制」が廃止されたことにはならない。民主制は、国民を統治権の主体とする国家の基本構造である。ワイマアル憲法は、その第一条第二項に、「国家権力は Volk に淵源する」と規定して、この趣旨を明らかにしている。しかるに、ヒトラアは、一九三四年のドイツ国元首に関する法律の施行令において、「すべての国家権力は Volk に淵源せねばならぬ」と説いて、ワイマアル憲法第一条の字句をほとんどそのままに踏襲しているのである。[4] これは、民主制ドイツの根本規範であって、国民革命もこの根本規範を変革したものではなかったと解せられなければならない。ただ、非全体主義的なワイマアル憲法は、„Volk" という言葉によって、個々の「国民」の総体を意味せしめていたと解釈される。これに対して、民族社会主義の基本理念たる „Volk" は明らかに超個人的な普遍者としての意味を持つところの「民族」である。個人の世代の変化を通じて単一の生命体として生々発展する民族こそ、民族社会主義ドイツの統治権の主体である。この民族の意志が、最高の「指導者」(Führer) の意志となって国民を指導すると考えられているところに、民族社会主義的「指導者国家」(Führerstaat) の本質が存する。故に、国民革命は、民主制ドイツの根本規範の文字上の表現を変革はしなかったけれども、その意味内容については、個人主義から民族全体主義への大きな変化を生ぜしめたものというべきであろう。そうして、統治権の主体が漠然とした「国民」の集合態から「民族」という普遍者に凝結したことによって、ドイツの民主制は、むしろ民主制として純化徹底するにいたったものとも考えることが出来るであろう。

授権法を転期として、議会は実質上法律の制定権を失い、一切の新法律は政府の決定によって定立されることとなった。理念上は「民族」の意志が、しかし、事実上は「指導者」の意志が、立法の最高淵源となったのである。この政治形態を「独裁政」(Diktatur) と呼ぶことは、民族社会主義の採らざるところである。何故ならば、「民族によって制約された指導のみを知る民族主義の見解と、『銃剣の上に』のみ坐している独裁者の実力行使とは矛盾する」からである。[5] 民族社会主義の指導は、指導者の意志を「法」として行われるが故に、指導者国家こそ真正の「法治国家」でなければならぬ、と主張される所以もそこにあろう。[6] けれども、理念としての民族の意志が、事実としては単一指導者の意志となって法定立行為の根本を成している以上、その立法形式は、やはり一つの「独裁」である。最初から「銃剣の上に」坐して成立した独裁政であるか、あるいは、出来るだけ「合法」の過程を踏んで、——しかし、最後には民主主義の法を破って、——確立された指導の組織であるかは、広い意味での独裁主義の中での歴史的個性の相違であって、後者を特に独裁主義ではないと見るべき客観的な理論上の根拠はないといわなければならない。

独裁主義の特色は、国家の中心をば立法部たる議会から行政部の首脳者の手に移す点に在る。多数の政治勢力の対立する議会から法定立の根本機能を奪って、政府の最高指導者の意志の下にすべての力を統合し、国家の総力を最高度に、しかも臨機応変の方向に向って発揮し得る体制を整えるに在る。それによって、危機に対処する十全の国家機能を発揚しようとするのである。政府の最高指導者の指導は、「法」の名を以て行われるが故に、独裁主義は法を否定する政治形態ではない。しかし、そこでは、法はもはや力の拘束者ではなく、力の発動する単なる形式に過ぎなくなっているのである。その意味で、独裁主義は、飽くまでも法に対する力の優位を以て建前とする。それと同時に、法の権威を代表する議会は、民主主義的な立法機構としての性能を全く喪失するのである。ドイツでは、一九三三年一二月一日の「党および国家の統一確保のための法律」(Das Gesetz zur Sicherung der Einheit von Partei und Staat) によって、民族社会主義的ドイツ労働党以外の政党の存立は禁ぜられ、完全な一国一党の構成を持つこととなった。爾来、ドイツの議会は、「政治的に確証された」(politisch bewährt) 党員を前にして指導者が指導の方針を発表し、民族の運命を左右する対内および対外の重要問題について下された政治上の決定に、満堂の同意を以て更に重みを加えるための場所と化した。[7] かくて、民族社会主義は、議会を通って、しかし議会の上に超脱し、内容を虚脱された議会には、新たに、政府の決定に対する力強い共鳴盤としての任務を与え、以て完全な行政一元の国家機構への転換を遂げたのである。

(1) Otto Koellreutter: Deutsches Verfassungsrecht, 2. Aufl., 1936, S. 9.
(2) Franz Albrecht Medicus: Programm der Reichsregierung und Ermächtigungsgesetz. 1933. S. 14 f.
(3) ヒトラアも、授権法制定に当っての政府の宣明の中で、この非常措置の一部分が「憲法改正の多数」を必要とする旨を述べている。A. a. O., S. 13.
(4) Koellreutter, A. a. O., S. 64.

（5） A. a. O., S. 12.
（6） A. a. O., S. 11 ff.
（7） A. a. O., S. 146.

三　独裁主義の国家構造

独裁主義の国家構造の示す第一の特色は、国家と社会との間の伝統的な二元性が止揚され、国家が「全体国家」(der totale Staat) として、綜合的な単一体と化しているということである。

西洋の国家思想は、古くは国家と社会の二元性を認めなかった。プラトンによっては、国家は人間の心霊を浄化するための唯一の全体社会であり、家族のごとき人間自然の共同体すらも国家一元的の社会構成の中に解消し去るべきものと考えられていた。また、アリストテレスが、人間は国家的の生物であるといったときにも、その「国家的」という言葉は、直ちに移して「社会的」という意味に解され得たのである。しかるに、中世にいたって、教会という国家以上の権威を有する社会が発達して、国家の上に君臨し、更に近世の主権国家が成立したのちにも、市民社会と称せられる経済上の特殊機能社会の分岐を見、人間目的の多様化と共に、ますます多様な社会形態が分化して行ったのである。自由主義——個人主義的自由主義——の世界観が、こういう傾向に一層の拍車をかけたことは、改めていうを俟たない。しかしながら、国家と社会とが二元的に対立し、社会は更に各種の機能社会に分裂しているという状態は、人間の生活に多彩豊富な内容を与えるには適しているけれども、共同体の統一を強化するためにはすこぶる不都合である。故に、危機の政治形態としての独裁主義は、国家と社会の二元構成を打破し、国家に対して自律性を主張し得るような意味での社会の概念を否定する。そうして、あらゆる社会生活をば国家の強力な統制の下に統合し、ふたたび古典的な国家即社会の「全体国家」の形態に立ち戻ろうとするのである。

もっとも、独裁主義の世界観の立てかた如何によりては、必ずしも国家が全体国家として人間共同体の最高形態と考えられるとはかぎらない。殊に、ドイツの民族社会主義は、民族を至上価値とする民族全体主義に拠っている。その立場からは、国家は独自の共同体ではなく、むしろ民族共同体の存在形式であり、民族という目的の単なる手段として構築された外的組織に過ぎないとされているのである。(1) そうなって来ると、国家と社会との二元性が解消した代りに、民族と国家との二元性が新たに登場しているように考えられるであろう。その意味では、ドイツの指導者国家は、全体国家と呼ばれ得るような実体性を備えておらないのに反して、(2) 国家以外の社会をすべて国家の部分機構として包摂しているファシスト・イタリイの「組合協同国家」は、正に全体国家の名に値するともいい得る。(3)

けれども、ドイツの民族社会主義が民族と国家とを明らかに区別して、後者を前者に従属せしめているのは、純然たる世界観の問題であるよりも、むしろ多分に政治上の特殊事情に制約されているものと思われる。すなわち、民族社会主義運動の最初の目標は、民主主義の国家構造を根本から変革するに在った。そのためには、まず民族を不動の絶対値として前提し、民族の発展に適合せぬ国家形態を否定して、しかるのちに民族の要求に適った国家形態を組織するという順序を選ぶ必要があったのである。(4) しかし、既に国民革命が成就し、民族の「生活形式」たるにふさわしい指導者国家が確立されるにいたった以上、民族と国家との二元性は政治上の意味を喪失している筈でなければならぬ。指導者国家においては、民族は国家の内実であり、国家は民族の形態である。内実と形態とが実在としては一つのものであるように、民族と国家もまた、根本的に見て一つの実体でなければならぬ。その意味で、「この新たな国家（Reich）は、それ自体の中に民族と国家との完全な統一（die vollständige Einheit von Volk und Staat）を実現している」のである。(5) したがって、民族の全体性は同時にまた国家の全体性に他ならぬ。かく考えるならば、民族社会主義が民族の全体性を強調し、ファッシズムが国家の全体性を力説しているといっても、その差別は、実は政治上の闘争過程における重点の置き方の相違に過ぎないことが知られる。(6) ファシストの組合国家が全体国家であるならば、ナチスの指導者国家も同じく全体国家である。その間には、実質上の観点から見ては何ら根本的の区別はないといって差支ないであろう。

独裁主義の下では、国家は必然的に全体国家となる。国家が全体国家となるというのは、国家の目的が、自由主義的法治国家の狭い限界を破って、綜合的な全体目的に拡大されて行くことを意味する。民主主義の時代には、国家の目的をば秩序および防衛という最小限度の目的を中心として、なるべく狭い範囲内に限定することが要求される。そうして、文化の建設や経済の興隆に関する積極活動は、出来るだけ国家の干渉から離れた、自由人の自由経営に委ねられる。これは結局、人間共同生活の目的力が国家に集中することを妨げ、これを自由社会の自由活動に分散せしめることに他ならない。これに対して、独裁主義は、危機を克服するために、あらゆる社会の目的力をば国家に集中せしめる。国家の立場を離れては、道徳もなく、宗教もなく、経済もなく、学問もないというのが、全体国家の目的観である。そこでは、国家から遊離して孤高の道を歩み、国家と没交渉な信仰生活の三昧に入り、自由経済の奔流に棹さして私利を独占し、研究の自由と称して反国家的の理論に傾倒するような態度は、すべて否定されざるを得ない。全体国家では、道徳・宗教・経済・学問、等の目的力は、悉く国難の突破と国家の隆昌とを志向する。法はかような目的の力に追随し、力の方向の転換するがままにその力を認証する。その意味で、全体国家は、すなわち同時に実力国家でなければならぬ。

次に、かように国家の立場があらゆる社会生活の上に卓越することによって、独裁主義の全体国家は、第二には「権威国家」(der autoritäre Staat) として特質づけられるのである。(7) 権威なき「夜警国家」(der Nachtwächterstaat) が民主主義の国家観の象徴であるとするならば、独裁主義の権威国家は、一切の部分価値の上に位する中央集権的な全能国家に他ならない。

全体国家または権威国家における中央集権化は、政治および文化の両方面に亘って行われる。政治の方面では、一方では、政党の対立が止揚されて、一国一党の単元強力な政治が実現されると同時に、他方では、国内各地域の割拠主義が否定せられ、中央政府の指令がただちに国民層の隅々にまで徹底し得るような仕組みに改められる。かような国家体制は、もとより、高度の地方分権主義に立脚する聯邦制度とは全く相容れ得ない。故に、ドイツでは、「国代官法」(Das Reichsstatthaltergesetz) によって支邦に分散していた統治作用を中央政府に還元し、プロイセンを除く諸州には中央政府の命令を受けて統治を分掌する「国代官」を置き、聯邦制度を解消せしめたのである。次に、文化の方面では、一切の文化価値が国家の立場から再検討され、国家目的に適合する文化活動は、あるいは直接に国家の作業として遂行され、あるいは国家の厳格な統制下に在る各種の職能社会によって分掌される。それは、文化目的の国家目的への従属であり、文化生活に関する群雄割拠主義の打破に他ならない。

かように、独裁主義の権威国家は、人間生活の全領域に亙って中央集権を確立しようとするのであるが、その反面また、現代の高度に複雑化した国家任務を遂行して行くためには、各種の活動部門を分業的に発達せしめる必要がある。故に、権威国家の単元性と統一性とは、決して国家活動の「単質性」を意味してはならないのである。いいかえると、権威国家の組織は、多面多角な異質活動部門に分化しながら、しかも、これを国家全体の立場から一体に統合して行かなければならないのである。経済の活動については、特にその必要が大きい。ファシスト・イタリイの組合協同国家が、国家内部の経済活動部門を再編成して、一方では分業の能率を充分に発揮せしめると同時に、他方では分業化した各組織の間の協調を保つことを本義としているのは、この必要に応えんがために他ならない。故に、権威国家は、単なる統一国家ではなくして、極度の多様性をも完全に統制し得るピラミッド型の統制国家でなければならない。

統制国家のピラミッドの頂点に位する者は、国家の権威を単一人格の中に表現する独裁者または指導者である。独裁者の指導は、常に国家または民族の福祉と発展とのために行われるのであるから、それは決して独裁者個人の肆意によるものではないと信ぜられている。故に、独裁主義における指導の原理は、必ず、絶対に権威ある指導であり、絶対に権威ある指導は、また必ず絶対の信従を以て応えられなければならない。指導は、全体の権威を以て行われるが故に、国民の信従によって支持せられる。これを逆にいいかえると、指導は、常に国民の信従によって支持されているが故に、絶対に権威がある。その意味で、「指導」と「信従」とは、表裏一体の聯関を成しておらなければならない。信従に値する指導は、権威ある指導であると同時に、責任ある指導でなければならない。故に、最高の指導者は、国家または民族全体に対して責任ある指導を行うのである。下級の指導者は、上に対しては責任、下に対しては権威を以て国民を指導するのである。かような指導が、ピラミッド型の階段を下って国民の隅々にまで行き亙ることによって、国家の統一は確保され、国民の総力は指導者の指示する一点に向って集中する。全体国家または権威国家の基礎を確立するものは、実にかくのごとき指導の原理に他ならないのである。

指導の原理に立脚する現代独裁主義の立場からいうならば、民主主義の政治は徹頭徹尾「猜疑」の政治である。民主主義の世界観の下では、まず第一に国民は国家を信頼しない。国家に備わる権力は、警戒の眼を緩めれば、忽ちにして国民の自由と権利とを侵害する暴力と化するものと考えられている。故に、国民の意志を以て法を制定し、法によって権力を拘束しようとする。しかし、国民が直接に法の定立に携わることは、事実上不可能であるから、国民代表の議会を設け、議会をして立法の衝に当らしめる。しかるに、国民は議会の構成員の選任行為に参与するだけであって、既に成立した議会は、国民の意志から離れて行動し、あるいは政党相互の勢力争いに没頭することを妨げない。故に、国民は、第二には自己を代表している筈の議会を信頼しない。更にまた、立法部たる議会は行政部たる政府に対して、強力な掣肘を加え得る立場に在るために、政府は議会の動向を絶えず猜疑の眼を以て注視し、必要に応じては解散の切札を以て議会を威嚇する。議会はまた議会で、政府のための信任の支柱となる代りに、折あらば不信任の動議を提出して政府の倒壊を計ろうとする。かくのごとくに、民主主義は、猜疑の上に築かれた政治原理である。猜疑感情の動くがままに、対立・分裂・抗争を繰りかえしているのが、民主政治の姿である。これに対して、指導の原理は、飽くまでも「信頼」を基礎とする。指導者国家の政治は、信頼の政治である。信頼を基礎とする政治においては、指導者の指導に対して非議・紛争を企てる余地はあり得ない。指導者の下す決断に歓呼を以て応じ、指導者の命令に対して水火をも辞せない忠誠を示す国民の信頼は、あたかも日々に繰りかえされる全員一致の国民投票のごとくに、指導者国家の結束を堅めるのである。

独裁主義は、国家と社会の二元性を解消すると同時に、法と政治の対立をも止揚する。民主主義の国家では、法と政治とが対立し、法は政治の規制者としての役割を演じた。これに反して、独裁主義の国家では、法は政治の形式であり、政治は法の実体であって、その間に対立の関係はあり得ないものとされる。一元化した政治が指導者の指導となって行われるとき、その政治がすなわち法として意義づけられるのである。かように、法と政治とが一体化する結果として、国家の制度においても、立法部と行政部との対立は消滅する。行政部は同時に立法部であり、行政部の最高指導者の意志は、そのままに法として行われるのである。独裁主義の政治は、法によって阻止される虞れがない。法によって牽制されない政治は、奔放であり、転換自在である。危機は転変する。危機の政治は、瞬刻の猶予をも許さない場合が多い。さような際に当り、政府が一々に議会の審議を経て臨時の措置を講ぜねばならぬような民主主義の体制を以てしては、政治が法の石橋を叩いている間に、空しく時機を失して了わなければならないのである。これに対して、独裁主義の政治は、法によって拘束されることがないから、機に臨み変に応じ、指導者の決断一つでいかなる機会をも前髪を以て捉えることが出来る。かくて、一つの危機の突破に成功すれば、その成果が更に独裁主義の基礎を強化して、一層大きな危機の克服に向って邁進せしめる。そこに、個別者の自由を封じて、遍通無碍なる普遍者の自由の扉を開くところの、全体主義的自由主義の本領が発揮されるのである。

独裁主義の国家構造における政治と法の一元化が、民主主義の下に発達した形式的な権力分立制度の崩壊を意味することは、もとよりいうを俟たない[8]。そこでは、立法も行政も、単一指導者の指導手段に帰一しているのである。しかも、指導者の意志を以て定立される法は、他面では裁判の準則となるのであるから、司法もまた決して指導意志から「独立」ではあり得ない。ただし、独裁国家の法は、専ら臨機即応を旨とするから、立法の形式は簡潔であり、法規の内容は融通性に富むのが常である。したがって、これを具体的な事件に適用し、転変の時代に処して公正の判決を謬らないためには、裁判官の自由裁量に俟つところが多い。殊に、各種の非常時立法が特別法として制定されている傍ら、一般社会生活の規律に関しては、民主主義時代の成文法の遺産が継承されているものも少くないから、裁判官は、これを常に新たに全体主義の理念を以て改鋳しつつ適用して行く必要がある。そこで、裁判官は、法規の解釈に当り、必ずしも字句の固定した意味に拘泥せず、公益の理念とか民族の法意識とかいうような抽象原理を駆使して、具体的に妥当な判決を下して行かなければならない[9]。かように、自ら常に新たな法の原理を「発見」して、これを正しく運用して行く職責を有するという意味では、独裁主義下の司法部の立場にも、或る種の自立性が認められているということが出来よう。

(1)「高次の人間生活の存立の前提は、国家ではなく、かかる人間生活の存立を可能ならしめ得るところの民族である。」「国家は一定の目的のための手段である。国家の目的は、物理的・精神的に同質の人間の共同体をば維持し発展せしめることにある。」「この目的に役立ち得ぬような国家は、誤れる現象である。否、それは畸形児である。かような国家が事実上存在しているということは、毫もそれらの国家の畸形性を否定する理由とはならない。それはあたかも、海賊団の成功が掠奪行為を認証する理由となり得ないのと同様である。」Adolf Hitler: Mein Kampf, 2. Bd., 1927, S. 432 ff.

(2) 例えば、ケルロイタアは、民族的理念の全体性は、いわゆる「全体国家」の考え方からは厳重に区別されなければならない、と做している。Koellreutter: Deutsches Verfassungsrecht, 2. Aufl., S. 129 f.

(3)「ファッシズムの理論の枢軸は、国家の理念・その本質・その課題・その窮極目標である。」「ファッシズムにとっては、国家は先行的なものであり、個人と集団はこれに対して従属的な関係に立っている。個人と集団は、それが国家の内に在るかぎりにおいてのみ思考され得るに過ぎない。」Benito Mussolini: Der Faschismus. Philosophische, politische und gesellschaftliche Grundlehren, übersetzt und eingeleitet von Horst Wagenführ, 1933, S. 22.

(4) ドイツでは、本文に述べたような国内事情の他に、対外関係からいっても、所与の国家を絶対なるものと見ることを許さない事情があったものと思われる。すなわち、民族社会主義が民族を主とし、国家を従としたのは、民族の範囲と合致しない国家領域の現状には満足し得ないという態度の表明である。いいかえるならば、それは、ドイツ民族の範囲にまでドイツ国家の範域を拡大しようとする大ドイツ主義の宣告である。この宣告もまた、その後その宣告通りに著々として実現された。

(5) Ernst Rudolf Huber: Verfassungsrecht des Grossdeutschen Reiches, 2. Aufl., 1939, S. 163.

フウバアは、民族と国家との統一関係の認識を妨げる原因として、国家という言葉の二義性を指摘している。すなわち、『民族と国家』の問題については、今日活溌な論究が行われているが、この論究は、国家という概念が二様の意味に用いられることによって困難ならしめられている。ある場合には、単なる国家の行政組織や軍隊組織が国家と指称される。そういう場合には、国家は、民族の全体秩序から切り取られた従属的・手段的な断片――『目的のための手段』――に過ぎない。しかし、この民族の全体秩序そのものもまた、しばしば国家と呼ばれる。その際には、国家は『民族の生きた有機体』なのである。」「国家が政治的な民族の包括的な統一であり全体であるというのは、この意味においてである。」フウバアは、かように「国家」（Staat）という語の二義性が、多くの誤解や誤断の原因を成していることを遺憾として、国家の行政秩序などをいい現すには、「国家組織」（Staatsorganisation）の語を用い、民族の包括的な政治的全体秩序のためには、「国家」（Reich）という概念を当てはめることを以て適当であるとしている。A. a. O., S. 166 f.

（6）Erich Voegelin: Der autoritäre Staat. Ein Versuch über das österreichische Staatsproblem, 1936, S. 31.

（7）Koellreutter, A. a. O., S. 130.

（8）清宮四郎教授・指導者国家と権力分立、国家学会雑誌、第五十巻、第六号、昭和十一年。

（9）「裁判官は、指導者の意志を以て効力を発生したすべての法律をば、法として認証し、法として適用する義務がある。しかし、裁判官は、法律をば指導者の精神において、現存する法意志、すなわち共同体の具体的な法理念に従って適用せねばならぬ。正に民族的の国家では、法は法律に尽きるものではない。そうして、法律は、孤立した状態において存立するものではない。法律は生きた法の全体聯関の中に組み入れられ、団体意志によって担われなければならぬ。法律の効力は、かかる団体意志の上に存立しているのである。」Larenz: Deutsche Rechtserneuerung und Rechtsphilosophie, S. 36.

第六節　立憲君主国家の原理

一　君主制の原理

独裁主義の国家には、単一の明確な中心がある。独裁国家を動かすものは、単一の中枢権威に向って働く強烈な求心力である。かように強烈な求心力を発揮し得るという点では、独裁主義は、目的共同体たる国家の組織原理として、遥かに民主主義に立ち勝っているものといわなければならぬ。

勿論、民主主義の国家にも中心がない訳ではない。しかし、立法優位の規準体制を整えた民主主義の国家の中心は、議会という漠然とした組織体である。議会は組織体ではあるが、その中に最初から対立の契機を孕んでいる。したがって、民主国家は、最初から分裂し対立した中心を持つ国家である。よしんば議会の「多数」を国家の中心と見倣すとしたところで、議会の多数は絶えず変化する。故に、民主国家は、絶えず動揺する不安定な中心を有する国家である。これに反して、独裁主義の国家は、行政部の最高指導者たる単一人を中心としている。国家の中心に位するものが単なる組織ではなく、意欲し、決断し、命令する生きた人であり、その中心人の命令の下に国民全部の鉄壁のような結束を固め得るということは、独裁主義の持つ卓越した強みである。その強みは、特に危機に際会して著しく発揮される。本来の民主主義の国家すらもが、危機に臨んで求心力を強化する必要がある場合には、組織を中心とする秩序から、人を中心とする体制に転換し、それだけ独裁主義の国家形態に接近する傾向を示すというのも、独裁主義が危機に適合する国家運営の原理であるがために他ならない。

しかしながら、更に退いて考えて見ると、国家の歴史には起伏があり、変遷がある。危機の時代もあれば、危機が去って平静に復している時代もある。さような永い歴史の過程を一貫する国家構造の原理として見た場合には、独裁主義は、危機に強いだけに、いかなる歴史の起き伏しにも順応し得るという弾力性に乏しい。独裁主義の誇るところは、信頼の政治たる点に在る。しかし、信頼とは人の人に対する感情である。したがって、指導者にその人を得た場合には、信頼の政治の強みはますます発揮されるけれども、常に指導者にその人を得るということは、実際問題としては容易に望み難い。また、よしんば常に政治の天才を指導者として戴くことが出来たとしても、およそ人間のなす業には必ず過誤が伴うものと考えなければならない。しかるに、指導者の専行する政治は、一たび取りかえしのつかぬ失敗を犯した場合には、一挙にして挫折する虞れがある。故に、独裁主義の政治組織は、成功に強く、失敗に弱い。乾坤一擲の離れ業を行うには適していても、七転び八起きの強靱さを持たない。その点では、法の石橋を叩いて渡る民主主義は、危機に際しては鈍重・軟弱であるけれども、平時にはその柔軟性が大きな長所となって現れる。或る責任者に失政があっても、ただちにこれに代る当局者が現れて、政策を改めて事態の拾収に当ることが出来る。政治の弾力に富み、法の安定に優れているところは、独裁主義と対比して見た場合の、民主主義の国家構造の特色である。

国家は法的作業共同体である。法的作業共同体としての国家は、明確・不動の中心を持つことが必要である。何となれば、明確・不動の中心を有する国家にして始めて、人間共同生活の多様な目的力をその一点に統一し、諸目的相互の間に起り得る対立を法によって調和しつつ、綜合的に目的作業を継続して行くことが出来るからである。しかも、明確なる国家の中心は、単一人でなければならぬ。何故ならば、人間の共同体としての国家は、単一の人を中心とすることによって人間的の統一を完成し得るからである。この要求は、独裁主義によっても充たされ得る。しかし、国家の中心は、明確であるばかりでなく、同時に不動でなければならない。しかるに、国家の中心に位する単一人は、現実の人として不動であることは出来ない。かぎられた生命を有する人が、しかも不動の国家の中心たり得るためには、国家の中心としての地位および身分が不動であることを必要とする。国家の中心としての地位は、国家における全体を体現する立場として不動である。かように、国家における全体を体現して、国家の明確・不動の中心を成すものは、すなわち「君主」である。「君位」は、国家における全体を体現する立場であるから、君主たる現実人の交替にかかわらず恒存する。そこに、君主国家の中心の不動なる所以がある。これに反して、独裁者たる人に対する信頼を基礎として存立する独裁国家の中心は、かくのごとき不動性を持たない。故に、君主国家は、明確な中心を有する点で、漠然たる議会の多数を中心とする民主国家と異なり、不動の中心を有する点で、危機に対処するために応急に設けられた中心を持つ独裁国家と異なる。ここに、君主制の国家構造の根本義があるといわなければならぬ。

もっとも、前にも述べたように、「君主制」は「民主制」と対立する国家の基本構造の一形態である。この対立は、国家における全体を体現する統治権の主体が、君主であるか国民であるかによって生ずる。これに対して、「独裁主義」と「民主主義」の対立は、必ずしも統治権の主体には関係しない。したがって、君主制の国家に独裁主義が行われることもあり、同じく君主制の形式を維持しながら民主主義に徹底している国家もあり得る。そういう意味では、君主制と独裁主義、あるいは君主制と民主主義は、少くとも形式上は両立し得ぬ反撥概念ではないのである。

しかしながら、君主制の原理は、独裁主義と結びついた場合にも、また、民主主義に徹底した場合にも、真正の君主制としての本義を喪失する。

まず第一に、君主制の国家に独裁主義が行われた場合を考察して見よう。君主制の国家に独裁主義が行われるというのは、君主が独裁者となるという意味ではない。君主が民意に問うことなく、専断によって統治権を行使するのは、独裁主義ではなくて「専政主義」である。そういう国家は、「専政君主国家」である。これに対して、独裁主義とは、君主たるの身分を持たぬ国民の一人が、最高の権威者として統治の実権を掌握する場合を指す。かような統治組織が君主制の国家において採用せられるということは、形式上は可能であるが、しかしそれは、実質上はすこぶる不自然な状態であるといわなければならない。何故ならば、君主国家には君主という不動の中心がある。君主は、絶対に尊厳な統治権の主体として、国家の中核に位すべきものである。しかるに、そこに更に独裁主義が行われることになると、あたかも天に二日が生じたように、国家に二つの中心が出来上るからである。故に、これらの二つの中心は、上下に重なり合ったような形において統一されなければならない。その場合に、もしも上位の中心たる君主が依然として統治権の主体たるの実を備えているならば、下位の中心たる独裁者は、その独裁権を君主から委任されていることになる。しかるに、委任された独裁権は、もはや最高絶対の権威であるということは出来ない。したがって、君主制の実を備えている国家に行われる独裁主義は、真正の独裁主義ではない。逆に、下位の中心たる独裁者が、真に最高絶対の権威を有するということになれば、それはもはや下位の中心ではなく、唯一の中心である。そうなると、君主の地位は全くの形式となり、人格性のない単なる王冠と化する。故に、真正の独裁主義の行われている君主国家は、もはや真正の君主国家として存立することは出来ない。その意味で、国家組織の実質を捉えて見るならば、真正の君主制と真正の独裁主義とは、やはり互に相容れ得ぬ対立概念となって来るのである。

次に、君主制の国家が民主主義を採用するということは、その例に乏しくない。近世のヨオロッパでは、民主主義が発達し、君主と国民との相剋が激しくなって、或る国家ではそのために君主制が倒壊し、根本規範が変革されて、民主制に転換した。これに反して、他の君主国家では、国民が君主に迫って自由権を保障する憲法の制定に同意せしめ、国民代表の議会に立法の権能を移し、実質上は完全な民主主義を採用しながら、君主制の形式を保持した。それが民主主義の行われている君主国家である。かような場合には、君主制の根本規範は存続しているのであるから、国家そのものの交替が行われたことにはならない。けれども、民主主義の原理は、国民主権の理念から出発する。国民主権とは、国民が統治権の主体であるという意味に他ならない。故に、徹底した民主主義は、当然に民主制に帰着しなければならない筈である。それにもかかわらず、君主制の下で民主主義が徹底して行われるということは、君主の地位が単なる擬制・単なる王冠と化していることを意味する。すなわち、真正の民主主義の行われている君主国家は、もはや真正の君主国家ではあり得ない。その意味で、真正の君主制と真正の民主主義ともまた、互に両立し得ない対立概念であるといわなければならない。

真正の君主国家においては、君主は名実共に統治権の主体でなければならぬ。君主は、尊厳なる君位に在って統治権を行使する。尊厳なる君位は、不動であり、絶対である。不動・絶対の君位に在る君主が統治する国家は、時代の変遷とともにいかにその部分内容に変化が生じようとも、同一の国家として恒存する。故に、君位が絶対に不動であるということの中には、国家の永遠性の理念が含まれていなければならない。かように、国家の永遠の存立と発達とを基礎づけるところの君位は、単なる「人」の位ではなくして、同時に「神」の位としての意味を持つ。何故ならば、永遠の存立・発展ということは、歴史的経験の問題ではなくして、信仰の問題に属するからである。されば、絶対にして永遠なる君主は、単なる「人格」によって統治するのではなく、更に根本においては「神格」を以て統治するのである。真正なる君主制の原理は、かくのごとき国民信仰によって基礎づけられておらなければならぬ。したがって、君主の統治は、決して単なる人の人に対する統治ではなく、君主の統治に随順する国民の態度は、もはや人の人に対して捧げる信頼ではない。神格を以て行われる統治は、すなわち信仰によって応えられる。民主主義の政治が猜疑の政治であり、独裁主義の政治が信頼の政治であるというならば、君主国家の政治は正に信仰の政治でなければならない。この国民信仰の基礎が確乎不抜であるかぎり、君主の神格を中心とする国民の団結は、歴史の転変を通じて常に渝《かわ》らぬ目的力の源泉となるであろう。ここに、民主主義でもなく独裁主義でもない君主制の原理の真面目が存するのである。

二　立憲君主国家の構造

「立憲主義」という概念は、歴史上は専政主義に対立して発達した。その特質とされるところは、学者により、また場合によって、多少重点を異にするけれども、概して次のような諸点が挙げられている。すなわち、

(一)　成文憲法を制定して、権力発動の筋道を明らかにすること
(二)　民意を代表する議会を設け、議会をして立法の衝に当らしめるとともに、政府の行動を監督・規制せしめること
(三)　権力分立制度を採用し、特に司法権の独立を確保すること
(四)　責任内閣制度を設けること
(五)　国民の自由権を保障すること

等がそれである。第一の、成文憲法の存在を立憲政治の特色に数えることは、イギリスのようないわゆる不文憲法国

には当てはまらないけれども、多くの国家が専政主義から立憲主義に転換するに当っては、成文憲法の制定がその重要な転期を劃した。その意味で、これを立憲主義の特色の一つと見ることは、「立憲」という言葉との照合からいっても適当と考えられる。第二の議会制度、第三の権力分立制度を以て立憲政治の要件とすることは、ほとんど異論のないところである。

国家にしてこれらの標識の主要なものを備えているものは、立憲国家と呼ばれる。立憲国家として存立するためには、君主制であると民主制であるとを問わない。故に、立憲国家には立憲君主国家と立憲民主国家の二種別がある訳である。これに反して、政治の変革によって、これらの標識が抹殺されて了えば、立憲主義が放棄されたことになる。現代の独裁主義は、憲法に反して立法権を行政部に移し、それによって議会を去勢し、行政一元的な国家体制を採るにいたった。したがって、独裁国家はもとより立憲国家ではない。

かように、立憲主義は、過去においては専政主義と対立し、今日では独裁主義と対立している。したがって、立憲主義は、歴史上の由来から見ても、現代的の政治性格の上からいっても、民主主義と最も縁故が深いと考えられているのである。民主主義が民主制にまで徹底して立憲制度を布いている場合、民主主義と立憲主義とが表裏一体に結びついていることは、いうを俟たない。君主国家において立憲主義が採用せられるのも、多くの場合、専政主義から民主主義への転換を意味するものとされている。民主主義的に解釈するならば、君主国家における立憲制度の確立は、君主の権力をば議会制度や権力分立制度によって「制限」することに他ならない。そこで、非立憲的な君主制は「絶対君主制」であり、立憲君主制は「制限君主制」であるといわれるのである。

しかしながら、前に述べた通りに、真正の君主国家は、純粋の民主主義とは決して両立しない。もしも両者が両立しているように見えるとするならば、それは、君主国家が君主制の実を失って、実質上の民主制の上に擬制と化した王冠が載せられているものであるに過ぎない。いやしくも、かかる目標に向って進もうとするものであるならば、立憲主義の発達は真正の君主国家の本質と相容れ得ない。立憲主義がかような目標に接近すればするほど、君主国家は非真正君主国家に変質して行くのである。故に、君主国家が立憲主義を採用して、しかも君主制の本質を堅持し得るためには、立憲主義を民主主義との歴史的な因縁から切り離して、これに君主制の本義に適った新たな意味内容を賦与する必要がある。立憲主義の標識とされる議会制度や権力分立の原理には、発生的には民主主義の理念が深く浸潤している。かように民主主義の土壌に育った立憲主義は、いかにして真正の君主国家に移植され、君主制の本義と調和した内容を持つ組織原理に改鋳され得るか。——それが、立憲君主国家の原理の問題でなければならない。

君主国家においては、君主は国家の絶対の中心であり、形式上も実質上も統治権の主体である。しかるに、統治権は、根本規範に直属する最高の組織規範たる憲法を制定する権能である。いいかえると、統治権は憲法制定権である。故に、君主国家において立憲制度が採用され、立憲主義の第一の標識たる成文憲法が制定される場合には、その憲法制定行為は君主の統治権の直接の発動を意味しなければならない。かように、君主の統治権の直接の発動によって制定されたところの成文憲法は、「欽定憲法」と呼ばれる。欽定憲法によって立憲主義が君主国家の組織原理として確立されるということは、もとより真正の君主制の本義に適っている。これに反して、国民が革命の脅威を以て君主に憲法の制定を迫り、議会の開設を強要し、君主がこれに同意して立憲制度の実施を見るというがごとき過程は、明らかに、民主主義による君主制の汚損・歪曲を意味する。かようにして制定された成文憲法は、欽定憲法に対して「協約憲法」と呼ばれる。「協約」という概念は、既に君主と国民とが対等の——私法的の——立場に立っていることを予想する。かかる観念は、君主制と民主制の妥協であり、折衷である。協約憲法の制定は、憲法制定権が既に半ばは国民の手に移っていることを意味する。故に、統治権の主体としての君位を確保する立憲主義は、まず欽定憲法の制定から出発しなければならない。

立憲主義の第二の特色は、国民代表の意味を有する議会を設け、議会をば立法の衝に当らしめるという点に在る。故に、君主制の下に立憲主義が採用される場合にも、もとより議会の開設がその主要な内容となるのである。ところで、議会制度が高度民主主義の示す方向に発達して行くと、国民主権の理念は擬制と化して、立法権は事実上議会の手に帰することになる。更にまた、力に対する法の優位が強調されて、行政部たる政府は議会の下風に立ち、議会が国家の中心に位することとなる。しかし、かかる現象は共に真正の君主国家の本質と相容れ得ない。君主国家では、君主は統治権の主体であり、立法権は、統治権の一部分内容として君主に帰属する。これに対して、議会は、君主によって行われる立法作用に「参与」するところの機関でなければならぬ。法律を制定し、あるいは憲法を改正する場合、君主がこれを専行せず、必ず民意を反映する議会の「協賛」を経て立法権を行うというのが、立憲君主国家における議会制度存立の意義である。また、君主国家には君主を措いて他に窮極の中心はあり得ない。したがって、「議会中心」ということも君主制の本義と相容れない。行政部たる政府が統治権の行使を分掌して行政の衝に当る場合、公論討議の組織機関たる議会が政府の施政方針に公明なる検討を加え、行政の作用が国民の期待と隔絶することを防ぐのは、君主国家においても必要である。しかし、それは、議会が政府の行動に不必要な掣肘を加え、徒らに立法部と行政部との対立を招き、国論の統一を攪乱するというような意味のものであってはならない。絶対にして尊厳なる中心を有する君主国家では、いかに国内に利害や意見の対立があっても、国民精神が不断にこの中心に向って統合して行くことによって、対立を克服し、統一を確保することが可能でなければならぬ。議会と政府とは、対立すべきではなくして、単一の統治権をば異なる方面において分掌する二つの機構として、互に協力して行くべき立場にある。議会と政府との協力は、すなわち法と力の諧調を意味する。しかも、平穏の情勢に処するか、危機の時代に応ずるかにより、あるいは議会の審議に重点を置き、あるいは政府の決断を敏活ならしめ、国政の緩急よろしきを得しめるということは、立憲君主国家の運営の妙味でなければならぬ。

立憲主義の第三の標識とされる権力分立の原理も、そのままの形では君主制と両立し得ない。権力の分立とは、立法・司法・行政の三権を劃然と区別し、これをそれぞれ独立の機構に専属せしめ、その相互の牽制によって権力の濫用を防止することを意味する。この原理は、いわば一つの理念型であって、いかなる民主主義の国家でも、決して純粋の形で実現されてはおらない。まして、それが君主国家に採用された場合には、権力の分立という概念に大きな改訂が加えられなければならない。君主国家では、立法権・司法権・行政権といっても、根本は単一不可分の君主の統治権に帰着する。故に、単一不可分の統治権が三つの形態に「分立」すると考えることは、既に統治権そのものの本質に反するのである。立法権・司法権・行政権というのは、単一の統治権の作用する三つの面である。これらの三つの面において行われる統治権の作用が、それぞれ別個の国家機関によって分掌されるというのが、立憲君主国家に採用された場合のいわゆる権力分立制度に他ならない。故に、それは、元来の民主主義的な意味での統治権の「分立」または「鼎立」ではなく、統治権の作用を分掌する国家機関の機関権限の分立である。統治権の客体たる国民が、それぞれその資格に応じて国家機関たるの地位に任ぜられ、その権限の範囲内で君主の統治権の行使を「輔翼」する筋道が、立法となり、司法となり、行政となって現れるのである。その場合に、立法部たる議会と行政部たる政府とが、互に協力して法と力の諧調を保つべきものであることは、既に述べた。これに対して、司法部たる裁判所は、特に法の権威を確保し、厳正な秩序を維持して行くために、政治の威武に屈しない独自性を保つ必要がある。その意味での「司法権の独立」は、君主制の下においても立憲主義の重要な要素を成している。

立憲君主国家では、君主は名実を併せた統治権の主体であるが、君主の統治行為については内閣に連なる「国務大臣」が「副署」を行い、責任の所在を明らかにする。国務大臣は、君主の統治作用を輔佐し、その輔佐の適否に関しての責めに任ずるのである。国務大臣が統治に関する輔佐の責任を完うし得なかった場合には、君主に請うてその地位を退かなければならない。かような責任内閣制度を設けることは、統治の機能に強靱な弾力性を与える所以である。すなわち、一つの統治方針が不適当であった場合には、他の国政担当者がこれに代って、別個の構想を以て施政に当り、統治作用の運用をば歴史の起伏・情勢の変化に順応せしめることが出来る。しかしながら、内閣の交迭が頻々として行われることは、国家の目的力の嚮《むか》うべき方向を不安定ならしめ、国民をして帰趨に迷わしめるという結果を招く場合があるであろう。故に、一定の国策を以て飽くまでも危局の打開を計る必要があるときには、君主の信任と国民の輿望とを担う人物をして、長期に亙り国政総理の衝に当らしめることも、また可能でなければならない。かくして、一方では時代の変化に即応する柔軟性を備え、他方では危機に対処する剛直性を発揮しながら、いずれの場合にも国家の中心の絶対性と尊厳性とにその累を及ぼす虞れがないというところに、民主主義とも独裁主義とも異なる立憲君主国家の原理の卓越性が存する。

最後に立憲主義の特色とする国民の自由権の保障は、君主国家においても独自の意義づけを以て採用せられる。民主主義の時代思潮を地盤としてもり上って来た自由権の概念は、自然法にいう天賦の人権として、一切の権力と対立する不可侵の特権と考えられた。国家生活を営む必要上、人間の自由は或る点まで権力によって制限せられるけれども、それはすべて国民の意志に基づく法によって行われる制限であって、その制限の範囲内では、国民は飽くまでも自由を享有するものでなければならぬと信ぜられた。それが、いわゆる自由権の理念である。故に、自由権は、実定法上の概念としては権利性が稀薄であるにもかかわらず、政治上の理念としてはすこぶる重大な意味を有していたのである。かように、統治権と対立する概念としての自由権なるものは、真正の君主国家の原理とはもとより相容れ得ない。君主国家の国民は、すべて君主の統治権の客体である。その統治権の客体が、君主の統治権に対峙拮抗して、権力の及ぶべからざる自由の範域を主張するというがごとき余地は、勿論あるべき筈がない。しかしながら、立憲君主国家における統治は、決して君主の専断によって行われるのではない。立憲国家の君主は、国民の潑剌たる自己経営を通じて国家の目的力を綜合的に伸張し、その「翼賛」によって統治の作用を行うことを期する。かくのごとき国民の自己経営の基礎が、憲法上の自由権もしくは基本権の上に置かれているのである。参政権によって直接・間接に国政に参与する者はもとより、狭義の国家機関たるの地位に立たぬ庶民もまた、暢達なる創意工夫を以て、君主を中心とする国家の目的作業を分担補成するということが、立憲君主国家における自由権の本義でなければならない。

三　立憲君主国家の求心性と遠心性

国家の基本構造は、統治権の主体と客体の関係によって定まる。統治権の主体は、国家における「全体」を体現して、国家の「部分」たる個々の国民を統治する。国家の自己同一性は全体の理念に存し、国家の変化発展する相貌は、多様多彩な部分活動に現れる。全体は多様の統一であり、部分は単一なるものの多様な姿である。一にして多、多にして一なる全体と部分との構造聯関が、実在人の実在的な統治・被統治の関係となって具現したものが、実在国家の基本構造に他ならない。

およそ実在対象の全体と部分とは、差別の相に立って見るならば、飽くまでも別個のものである。全体は全体であって部分ではなく、部分は部分であって全体ではない。かような不可逆転的の関係からいうと、一つの対象を構成している多様な各部門は、いずれもその対象における単なる部分としての意味を持つことになる。そうなると、その対象における全体は、あらゆる部分から区別された一点に凝縮して了うのである。しかし、全体と部分とは、差別の相に在ると同時に、また帰一合体の関係に在る。その関係から改めて眺めると、全体の意味は、あらゆる部分の上に拡延され、したがって、対象のいかなる部分を捉えても、そこに全体の顕現を見ることが出来るのである。

全体と部分との間に存するこの差別と合体の関係を明らかにするために、一例を学問上の思想体系に取って見よう。例えば、カントの『純粋理性批判』という思想体系は、複雑な多様の渾然たる統一を形作っているが、この古典哲学書のどの頁に読まれるどの文章も、無限に多様な部分であって、全体ではない。部分を部分として捉えて行くならば、カントの思想の全体は、批判的精神による先験哲学の建設という一点に凝縮して了うのである。その全体の意味を全体として表現するものは、『純粋理性批判』という荘重深遠な表題以外にはないであろう。けれども、これを他面から考察するならば、全体と部分との間には微妙な一致の関係がある。多様な部分は、単なる部分として部分たり得る訳ではなく、必ず単一の全体を志向し、全体と結びつき、全体に包容されることによって、全体の部分としての役割を演じているのである。全体もまた、単なる全体として全体である訳ではなく、必ず部分と相俟ち、部分を蔽い、部分の中に全体の意味を躍動せしめているのである。その点から見ると、『純粋理性批判』のどの頁のどの文章にも、認識論上のコペルニクス的転回といわれる偉業の全体が、細微の部分、言々句々の間をも通じて顕現しているといわなければならぬ。もしもその間に、全体の意味にそぐわない冗文や異説が介入しているとするならば、それらの異分子は、有機的な全体の部分たるに値しない爽雑物に過ぎないであろう。

勿論、かくのごとき学問上の思想体系と、人間の共同体たる国家とを同日に談ずることは出来ない。しかし、精神的な組織原理によって組織立てられた複合対象における、全体と部分との構造聯関という一点だけを取り出して見るならば、その間に或る共通関係の存在することが認められ得る。

すなわち、国家における全体と部分とは、混淆・逆転を許さない差別の関係に立っている。全体は部分ではなく、いかなる部分も全体ではあり得ない。この差別の相から見るならば、国家活動のいかなる尖端を捉えても、そこに現れているものは国家の一部分であって、国家の全体ではない。官庁に執務し、議会で討議し、裁判の判決を下し、会社を経営し、著述に専念し、田野を耕耘しつつある国民は、すべて国家の部分であって国家の全体ではない。かように、部分を部分として捉えて行くと、国家における全体は、いかなる部分からも明らかに区別されたところの、不動・恒存の単一点に凝縮して了うのである。その単一点が、君主国家では君主として実存しているのである。もっとも、民主国家では、かような単一点は最初から予想されておらない。何故ならば、民主制は国民主権の理念から出発するから、国家における全体は国民全体に拡大されて、単一点に凝縮するという求心力を持たないのである。故に、民主国家は、根本において遠心力を以て成り立っている国家である。それが、現実の統治の便宜上、国民代表とか多数決とかいうような擬制を積み重ねて、例えば議会中心という漠然とした求心組織に転換しているに過ぎないのである。これに反して、君主国家は、本質的にいって求心力によって成り立っている国家である。君主は、明確・絶対・不動なる国家の中心であり、部分たる国民の立場とは全く隔絶する高きに位する。君と民との別が截然と定まって動かないということは、君主国家の根本の特質でなければならぬ。

しかしながら、他面から見ると、国家における全体は、国家のあらゆる部分に遍在する。そうして国民の部分活動をば国家の全体活動として意味づけている。部分が部分たり得るのは、部分の中に全体の姿を宿すからである。部分は、全体の姿を中に宿すことによって、全体の分身となるのである。君主は国家における全体を体現して、国家の部分たる国民を統治するのであるが、君主の統治によって国家の目的が綜合的に実現されるためには、国民の一人一人の発揮する零細の目的力が全体の立場に吸収されて、君主の綜合統治力とならなければならない。君位は全体の地位であり、全体の地位は「公」の立場である。故に、国民が個人として経営する私的生活範域の中に、「公」の意味が賦与されるならば、それによって国民は全体の立場に帰一し、君主の分身となるのである。この側面から考察すると、君主と国民との間には正に一体の関係が存立する。

それであるから、君主と国民との間には、一方は統治権の主体であり、他方は統治権の客体であるという関係においては、絶対の距たりがある。国家における全体の理念が、部分たるいかなる国民からも絶対に隔絶し、単一不動の君主に凝結しているのは、君主国家の「求心性」である。しかも、その絶対の距離に在る君主と国民とは、全体と部分の不可分の牽聯関係においては、一体に結びついている。「公」の立場に立って君主の統治力を分掌する国民は、いずれも国家における全体の力を分有しているのである。かように、すべての国民が君主の分身となり、君位から発する統治の光を、国民各個の自己経営によって分担しているというところに、君主国家の「遠心性」がある。単一の中心から流れ出でる統治権の作用が、国民の目的力に「公」の意味を与え、国民のすべてが「公」の立場に立って、君主の統治を翼賛するというのは、君主国家における求心力と遠心力の不断の交流関係に他ならない。その意味で、真正の君主国家の基本構造は、第一には「君主中心」を本義とし、第二には「君民一体」を原理とするのである。

君主国家の全体と部分、中心と周辺の間に行われる求心力と遠心力の交流関係は、立憲制度によって明確に組織化される。すなわち、国民が「公」の立場に立って君主の統治を翼賛する筋道を、あるいは議会における立法権への参与として、あるいは裁判所を通じて行われる司法権の分掌として、あるいは行政官庁の行う行政作用として組織立てているのが、君主国家の立憲制度に他ならない。国民は、君主の直接または間接の任用によって各部局の国家機関たる部署に就き、統治権を分掌する権限を与えられる。君主の統治作用は、上下の階層を成す国家機関人の輔翼により、各国家機関の権限行為を通じて、国家活動の末梢にまで行き亙るのである。しかも、さような統治作用は、すべて憲法に拠って行われ、法の定立・適用・執行となって実現されるのであるから、終始一貫して法の作用たるの意味を有する。全国民の目的力が求心的に君主の統治権の中に統合され、その単一化した綜合力がさらに法の形式を通じて遠心的に作用して行くのは、正に力による法の実現であり、法を通路とする洋々たる力の流れであるといわなければならない。

しかしながら、かようにして法と力との諧調が保たれ、国家の綜合目的が法を通じて実現されて行くためには、法の定立・適用・執行を分掌する国民が、常に全体の立場に帰一し、「公」の精神を以て事に当る必要がある。いかに国家機関としての公の立場に立つ者といえども、部分の我執・偏局の利害によって統治方針を左右するならば、立憲制度を通じて分流する統治作用は、全体の統一点から離れて、不統一の対立と化するであろう。君主国家の内部に対立が生ずることは、国家の複合性と国家目的の多様性とからいって、或る点までは免れ難い。否、いかなる対立も、窮極の統一点から離れないかぎり、かえって国家の生命と発展との源泉となることが少くない。しかし、全体への帰一を忘れた対立は、往々にして民主主義の猜疑の政治にも劣らないほどに、国内分裂の弊を醸し出す虞れがある。立憲君主国家の構造に伴う危険は、何人もが表面上の名を「公」に藉りることが出来るだけに、公論の名を冠して実は互に我執と肆意とを遂げようとするところに生ずる。

これに反して、立憲君主国家の部分たる国民は、たとい組織規範に基づく公の国家機関たる立場に立たないでも、私の生活の中に公の精神を生かしている以上、何人といえども君主の分身であり、国家の綜合目的の実現者である。山間の僻地を耕す農民も、遠海の怒濤と闘う漁夫も、寒村の医療に携わる医師も、家庭の経営に没頭する主婦も、公の心を以て生業に従事している以上は、すべて均しく国家の「公民」である。故に、立憲君主国家の法は、これらの国家公民の暢達なる自己経営を可能ならしめるために、あるいは憲法上の基本権を認め、あるいは私法上の権利を保護している。国民が、国法の認める権利を活用して、道徳・宗教・経済・学問・芸術、等の目的活動に携わるのは、法の目的の多様なる分化であり、広大なる拡充である。しかも、広く分化した国民の目的活動が、公の中心に向って不断に統合帰一し、国家の全体目的を実現せしめて行くのは、多様なる法目的の調和に他ならぬ。そこに、立憲君主国家における法の実定性の根拠がある。それが、君主中心・君民一体の原理によって貫かれた立憲君主国家の実定法秩序である。

人名索引

本文と注において片仮名あるいは漢字で記された人名を採った。
文献注の著者名として記されたものは採らず、「マイヤア説」
「ヘエゲル哲学」「ヒトラア内閣」の類も採っていない。

尾高朝雄（おたか・ともお）

1899年生、1956年歿。法哲学者。朝鮮に生まれ東京に育つ。1923年東京帝大法学部卒業後、京都帝大文学部哲学科で学ぶ。京城帝大助教授、東京帝大法学部教授（法理学、のち法哲学講座担任）を歴任。欧米留学時代（1928年から1932年）にはウィーンでケルゼンに、フライブルクでフッサールに師事。1956年5月ペニシリン・ショックのため急逝。代表的著書に『国家構造論』（学位論文、1936年）『実定法秩序論』（1942年）『法の窮極に在るもの』（1947年）『法の究極にあるものについての再論』（1949年）『数の政治と理の政治』（1949年）『自由論』（1952年）『国民主権と天皇制』（増補版1954年）がある。また在欧中にオーストリアで刊行した Grundlegung der Lehre vom sozialen Verband〔社会団体論の基礎〕（1932年）はドイツ、オーストリアで高く評価され現在も刊行中（Springer 刊）。

実定法秩序論

刊　行　2019年4月
著　者　尾高 朝雄
刊行者　清 藤　洋
刊行所　書 肆 心 水

135-0016 東京都江東区東陽 6-2-27-1308
www.shoshi-shinsui.com
電話 03-6677-0101

ISBN978-4-906917-90-7 C0032

乱丁落丁本は恐縮ですが刊行所宛ご送付下さい
送料刊行所負担にて早急にお取り替え致します

—既刊書—

天皇制の国民主権とノモス主権論

政治の究極は力か理念か

尾高朝雄著

ノモス主権論の核心を示す

従来の主権概念では、国民の総意に基づく数の横暴を認めざるをえない。ソフィスト VS. ソクラテス以来の大問題を法哲学の立場で論じ、実力概念から責任概念へと改鋳された主権を提唱する。ノモス主権論をめぐる宮澤俊義との論争を増補した1954年版『国民主権と天皇制』の改題新版。

6300円＋税